Die Granny-Square-Bibel

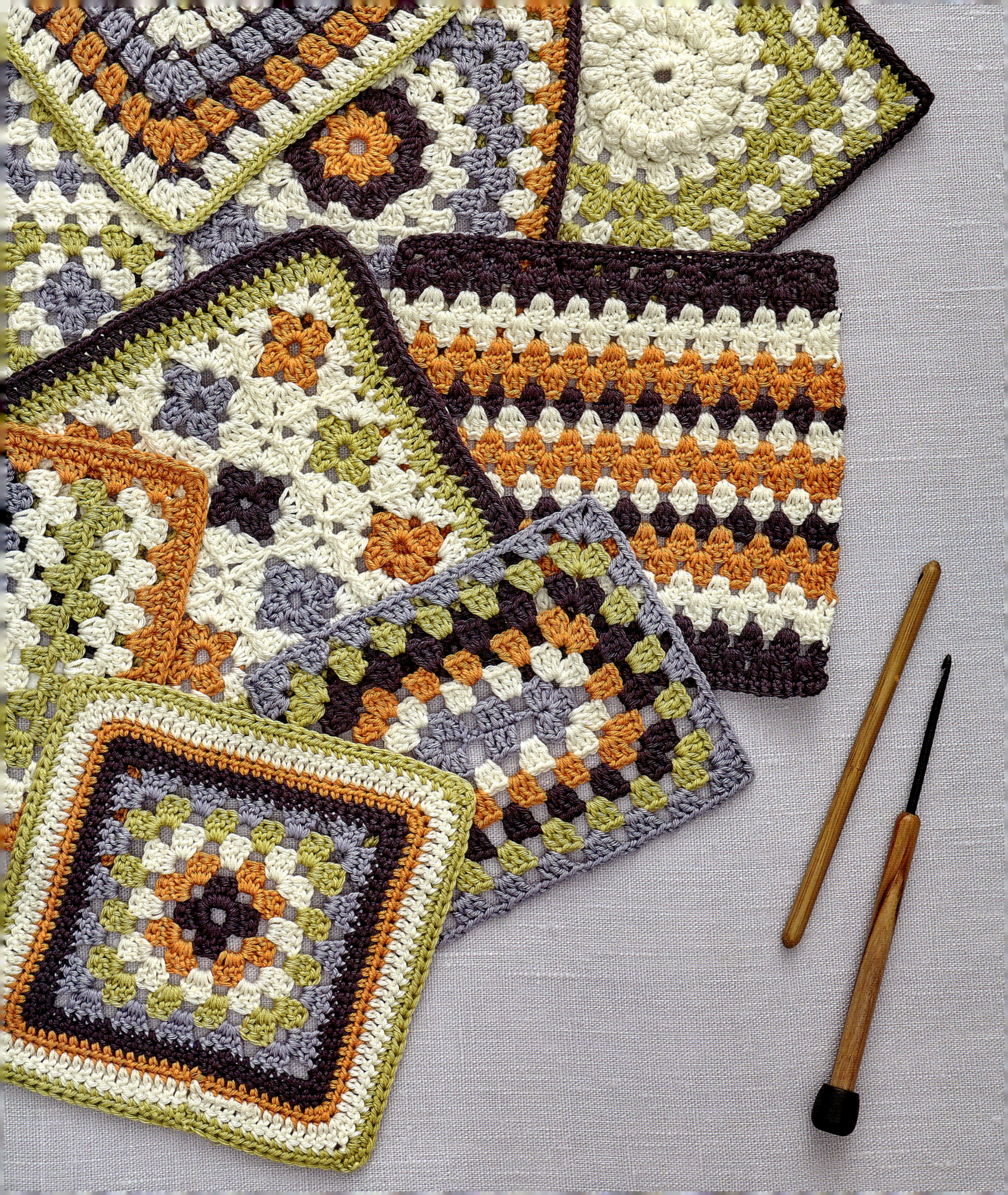

Die Granny-Square-Bibel

150 TOLLE IDEEN FÜR HÄKELQUADRATE

Sarah Hazell

Librero

Titel der Originalausgabe: *150 All-time Favorite Crochet Blocks*

Leitende Redakteurin: Chelsea Edwards
Leitende Artredakteurin: Emma Clayton
Designerin: Tanya Devonshire-Jones
Illustrationen: Kuo Kang Chen
Fotografen: Nicki Dowey (Standort) und Phil Wilkins (Studio)
Korrektorat: Liz Jones
Musterkontrolle: Rachel Atkinson
Designassistentin: Martina Calvio
Register: Helen Snaith

Art Director: Caroline Guest
Creative Director: Moira Clinch
Verleger: Paul Carslake

Übersetzung aus dem Englischen:
Daniela Schmid, Wien
Redaktion und Satz der deutschen Ausgabe:
Print Company Verlagsges.m.b.H., Wien

Printed in China

ISBN: 978-90-8998-824-9

Der Richtigkeit und Vollständigkeit der Informationen in diesem Buch wurde größte Sorgfalt gewidmet. Sollte unabsichtlicherweise dennoch ein Urheber nicht angegeben sein, werden wir dies nach Kenntnisnahme in der nächsten Ausgabe berichtigen.

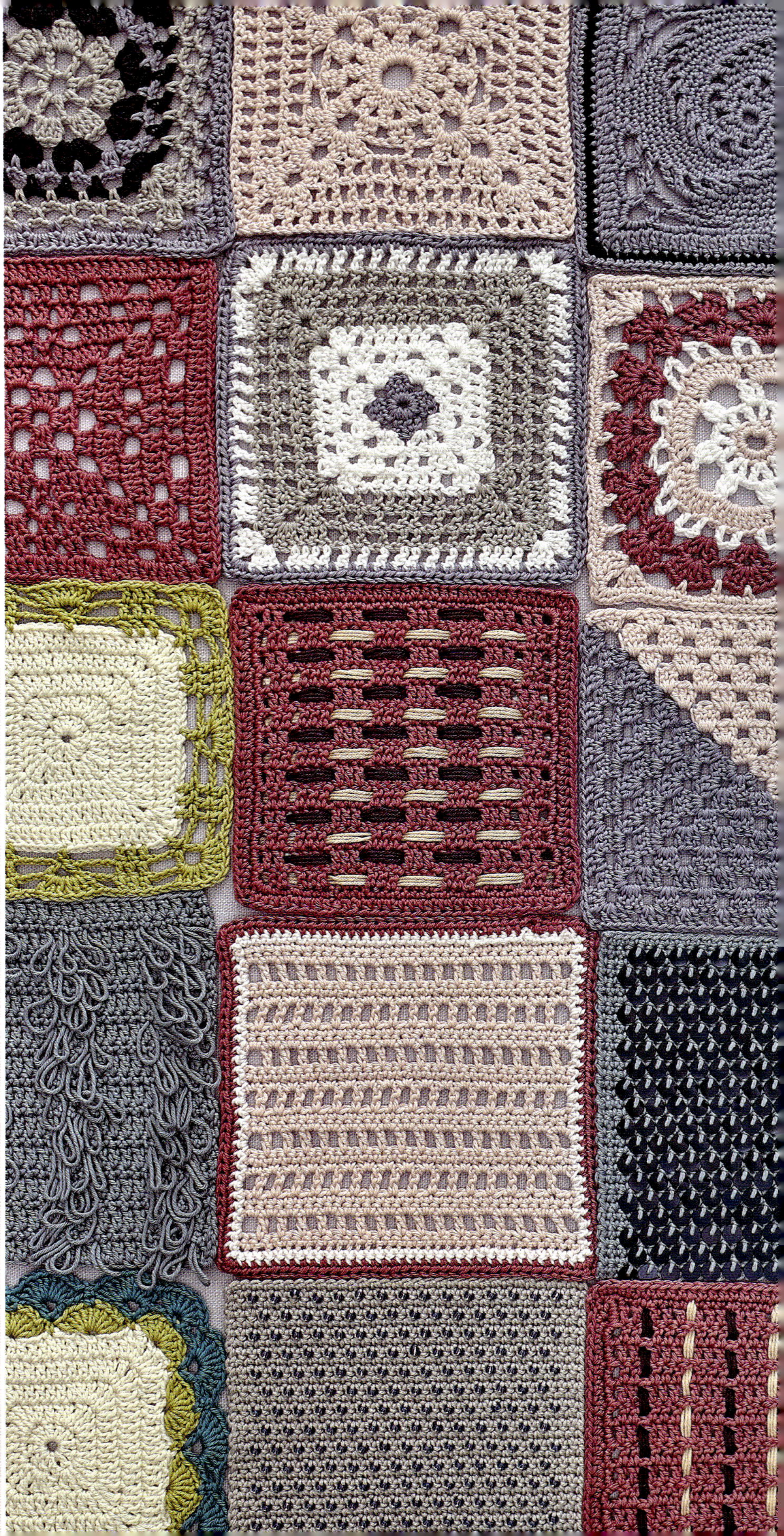

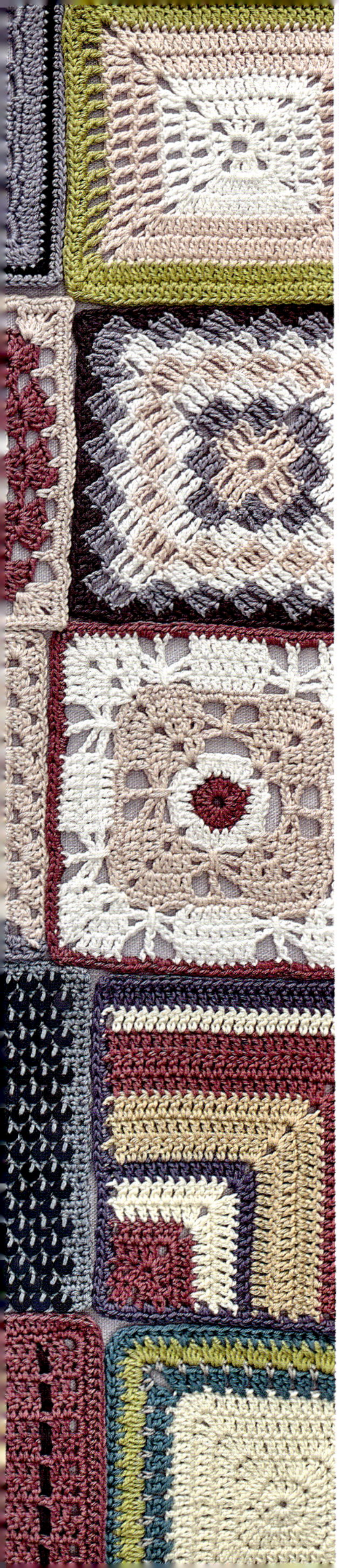

Inhalt

Sarahs Welt

Häkeln hat einen ganz besonderen Zauber: Mithilfe einer Häkelnadel entstehen aus ein wenig Wolle oder sogar Garnresten wunderschöne und nützliche Kreationen! Beim Häkeln werden mit einfachen Techniken tolle Muster gearbeitet, also lassen Sie Ihrer Kreativität freien Lauf – vor und zurück, nach oben und unten und rund herum! Ich liebe es, mit Häkelquadraten zu arbeiten, denn sie sind perfekte Projekte, wenn man wenig Zeit hat, und sie lassen sich ganz einfach unterwegs anfertigen. Das Häkeln im Quadrat ist unglaublich vielseitig und die fertigen Kreationen lassen sich auf unterschiedlichste Art und Weise kombinieren. Häkelquadrate sind außerdem perfekt, um mit ungewöhnlichen Farbkombinationen und unterschiedlichen Garnen zu experimentieren. Und das Beste: Sie sind zeitlos schön und mit ihrer Hilfe lassen sich ohne viel Aufwand tolle Projekte verwirklichen – die sich auch perfekt als Geschenke eignen!

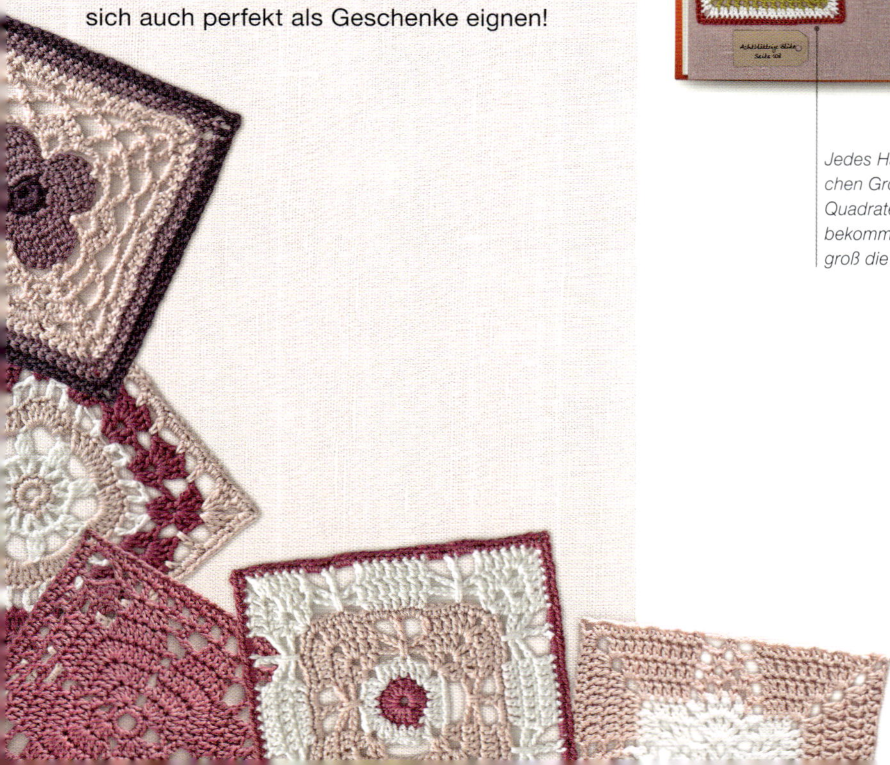

Über dieses Buch

Dieses Buch enthält Anleitungen für 150 beliebte Häkelquadrate, die sicher auch bald zu Ihren Lieblingsprojekten gehören werden! Jedes Häkelmuster wird Schritt für Schritt ausführlich erklärt und detaillierte farbige Häkelschriften veranschaulichen die einzelnen Arbeitsschritte. Hinzu kommen Anleitungen für tolle DIY-Häkelprojekte, die Ihnen zeigen, wie vielseitig die bunten Quadrate einsetzbar sind.

8-39 KAPITEL 1: HÄKELQUADRATGALERIE

In der Häkelquadratgalerie finden Sie alle 150 in diesem Buch enthaltenen Häkelquadrate. Lassen Sie sich von den unterschiedlichen Mustern und Farbkombinationen inspirieren und wählen Sie dann nach Lust und Laune ein Projekt. Auf der bei jedem Häkelquadrat angegebenen Seite finden Sie schließlich die dazugehörige detaillierte Schritt-für-Schritt-Anleitung.

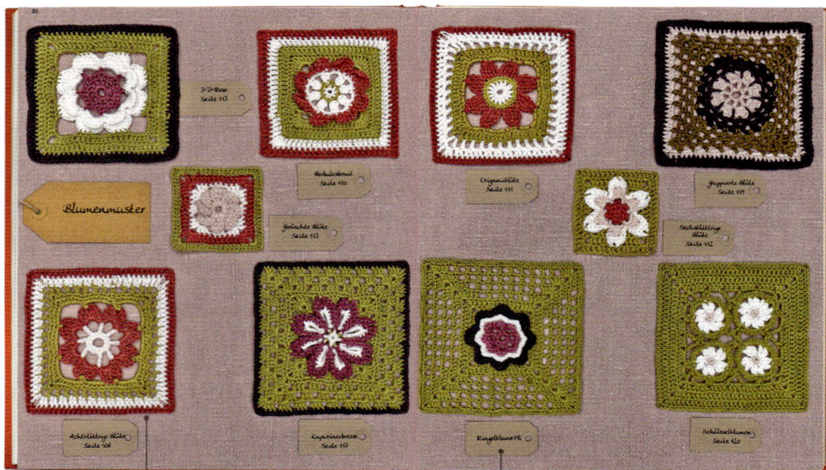

Jedes Häkelquadrat wird im tatsächlichen Größenverhältnis zu den anderen Quadraten auf der Seite dargestellt – so bekommen Sie ein Gefühl dafür, wie groß die fertigen Quadrate sind.

Die Häkelquadrate sind jeweils mit Namen und Seitenzahl versehen – so ist es ganz einfach, zur passenden Schritt-für-Schritt-Anleitung zu blättern.

40-137 KAPITEL 2: HÄKELMUSTER

Dieses Kapitel zum Nacharbeiten der 150 schönsten Häkelquadrate bildet das Herzstück dieses Titels. Hier finden Sie detaillierte Anleitungen für alle in der Galerie enthaltenen Muster – von traditionellen Mustern, über Muster mit Struktur bis hin zu Blumenmustern und bunten Farbkombinationen. Jeder Eintrag enthält Garnvorschläge, eine Schritt-für-Schritt-Anleitung und die dazugehörige farbige Häkelschrift. Entdecken Sie die bunte und vielseitige Welt der Häkelquadrate!

Farbfotografien zeigen die fertigen Muster.

Name des Musters

Sternsymbole zeigen den Schwierigkeitsgrad des Musters (einfach, mittel, anspruchsvoll).

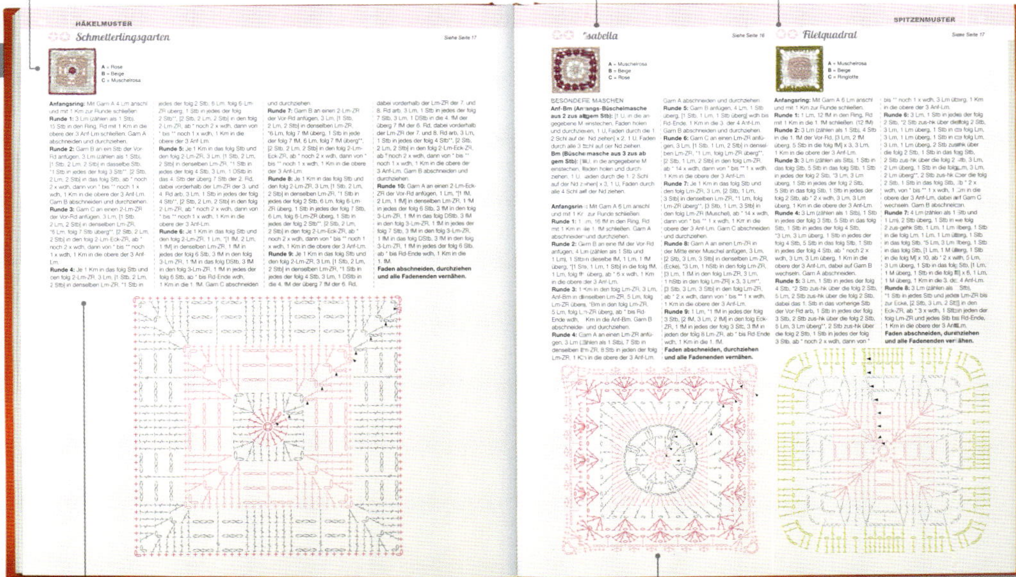

Ausführliche Anleitungen begleiten Sie Schritt für Schritt beim Nacharbeiten des Musters.

Detaillierte farbige Häkelschriften veranschaulichen die Arbeitsschritte.

138-145 KAPITEL 3: PROJEKTE

In diesem Kapitel finden Sie fünf tolle DIY-Beispielprojekte, die Ihnen zeigen, wie einfach und unkompliziert sich die bunten Häkelquadrate miteinander kombinieren lassen. Detaillierte Anleitungen zeigen Ihnen, wie Quadrate verbunden werden, und jedes Projekt enthält zusätzliche Informationen zum verwendeten Zubehör, den Materialien und besonderen Techniken. Gestalten Sie stylische Wohnaccessoires für ein gemütliches Zuhause oder überraschen Sie Freunde und Familie mit tollen selbstgemachten Häkelgeschenken!

Projektname

Zubehör und Materialien

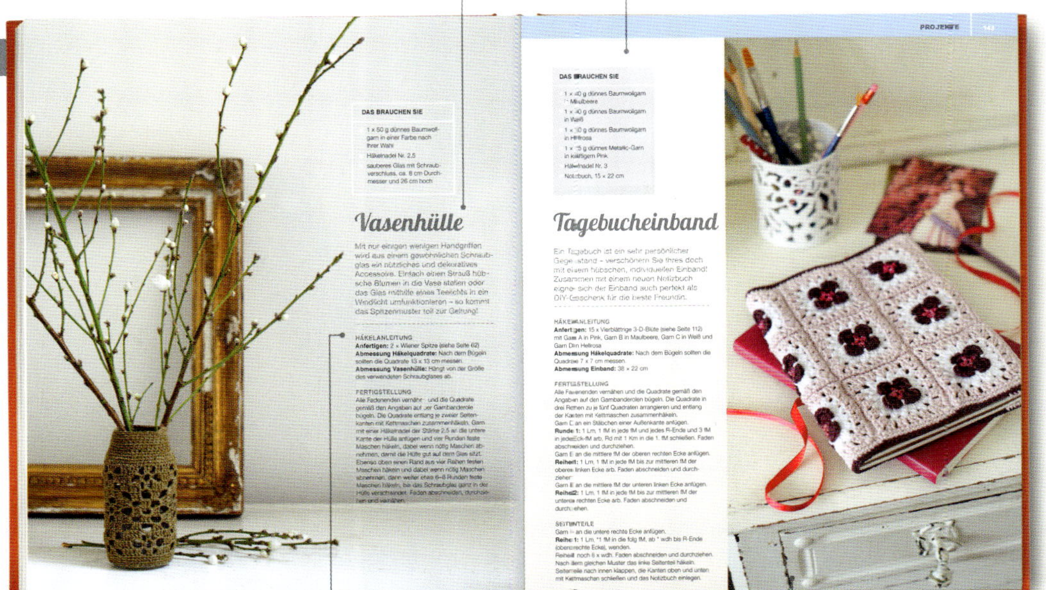

Abmessungen und Häkelanleitung

Anleitung zur Fertigstellung

Großformatige Farbfotografien zeigen die fertigen Projekte.

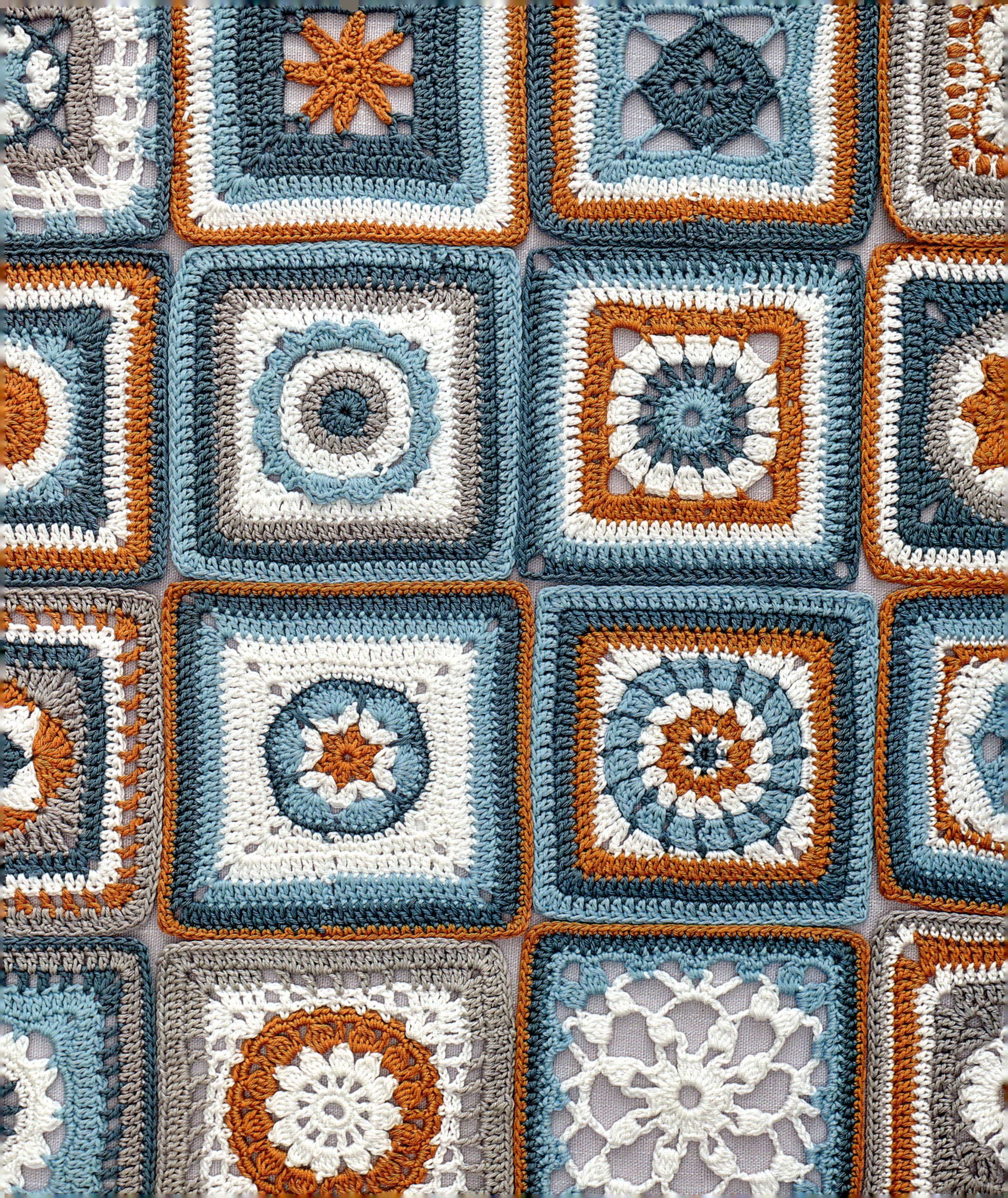

1

Häkelquadratgalerie

In der Häkelquadratgalerie finden Sie die 150 beliebtesten Häkelquadrate nach Themen sowie den verwendeten Techniken geordnet. Lassen Sie sich inspirieren, wählen Sie nach Lust und Laune ein Muster und blättern Sie dann zu der bei dem jeweiligen Häkelquadrat angegebenen Seite – hier finden Sie die dazugehörige Schritt-für-Schritt-Anleitung zum Nacharbeiten des Musters.

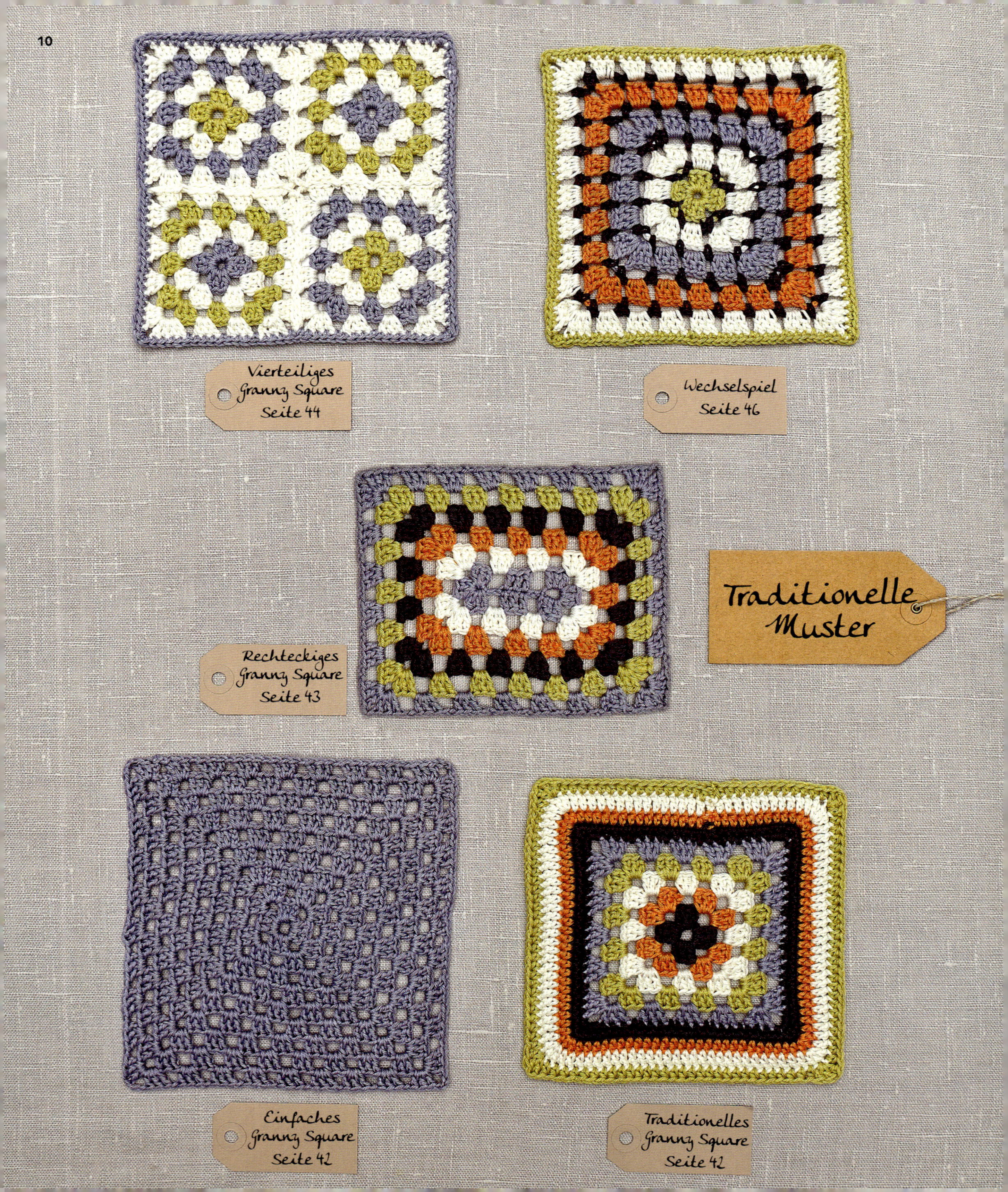
Vierteiliges Granny Square Seite 44
Wechselspiel Seite 46
Traditionelle Muster
Rechteckiges Granny Square Seite 43
Einfaches Granny Square Seite 42
Traditionelles Granny Square Seite 42

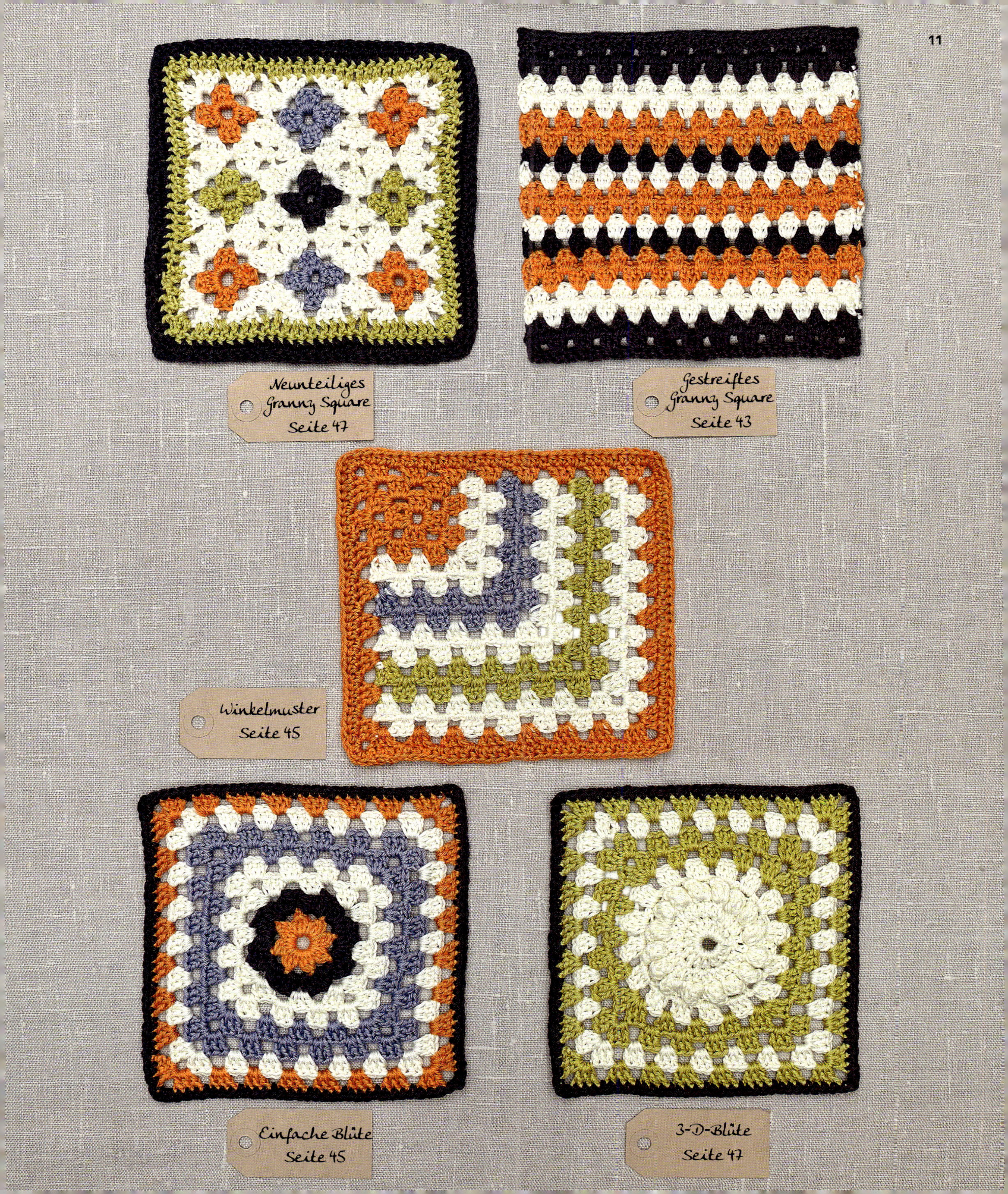
Neunteiliges
Granny Square
Seite 47
Gestreiftes
Granny Square
Seite 43
Winkelmuster
Seite 45
Einfache Blüte
Seite 45
3-D-Blüte
Seite 47

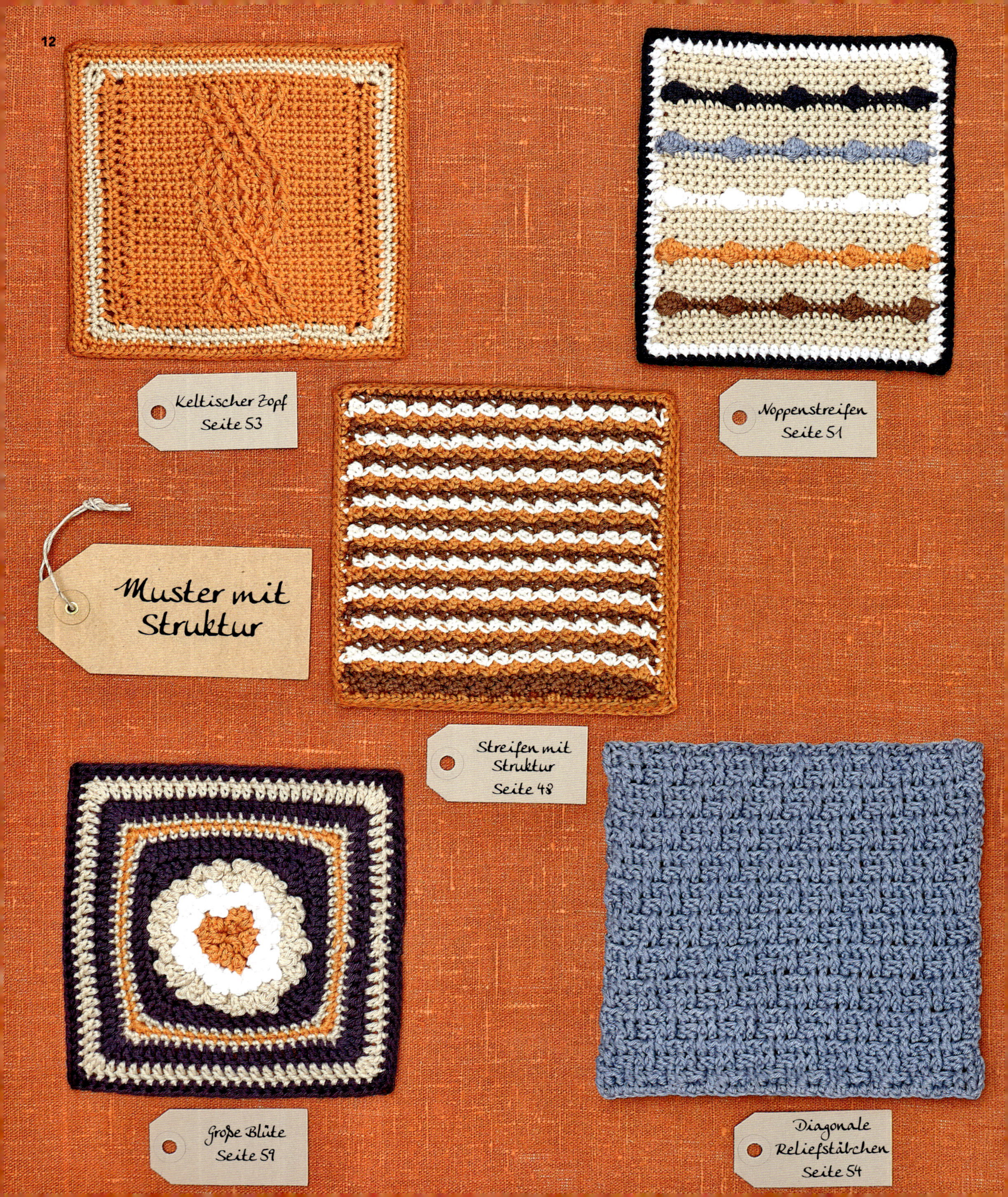
Keltischer Zopf
Seite 53
Noppenstreifen
Seite 51
Muster mit Struktur
Streifen mit Struktur
Seite 48
Große Blüte
Seite 59
Diagonale Reliefstäbchen
Seite 54

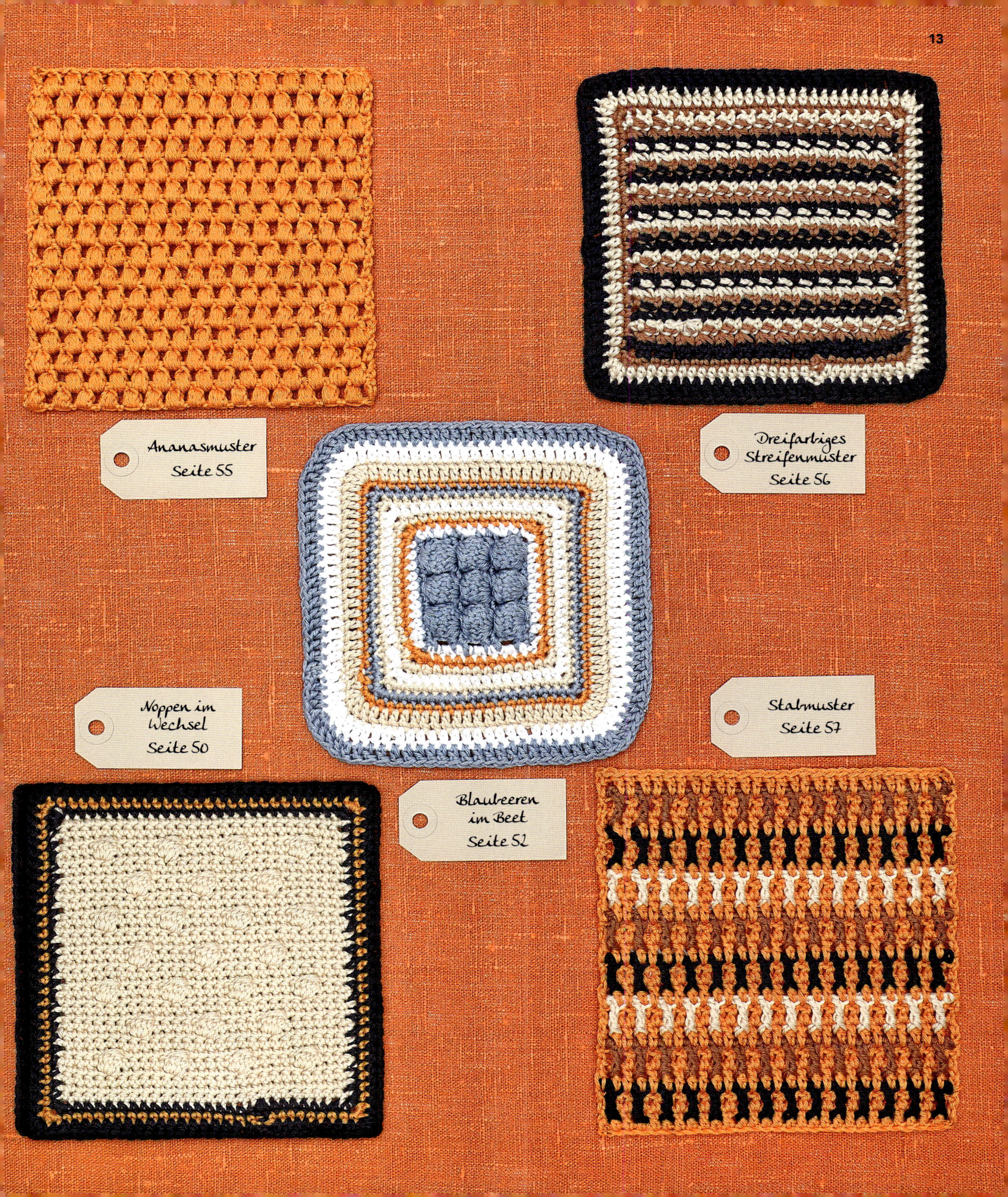
Ananasmuster
Seite 55
Dreifarbiges
Streifenmuster
Seite 56
Noppen im
Wechsel
Seite 50
Stabmuster
Seite 57
Blaubeeren
im Beet
Seite 52

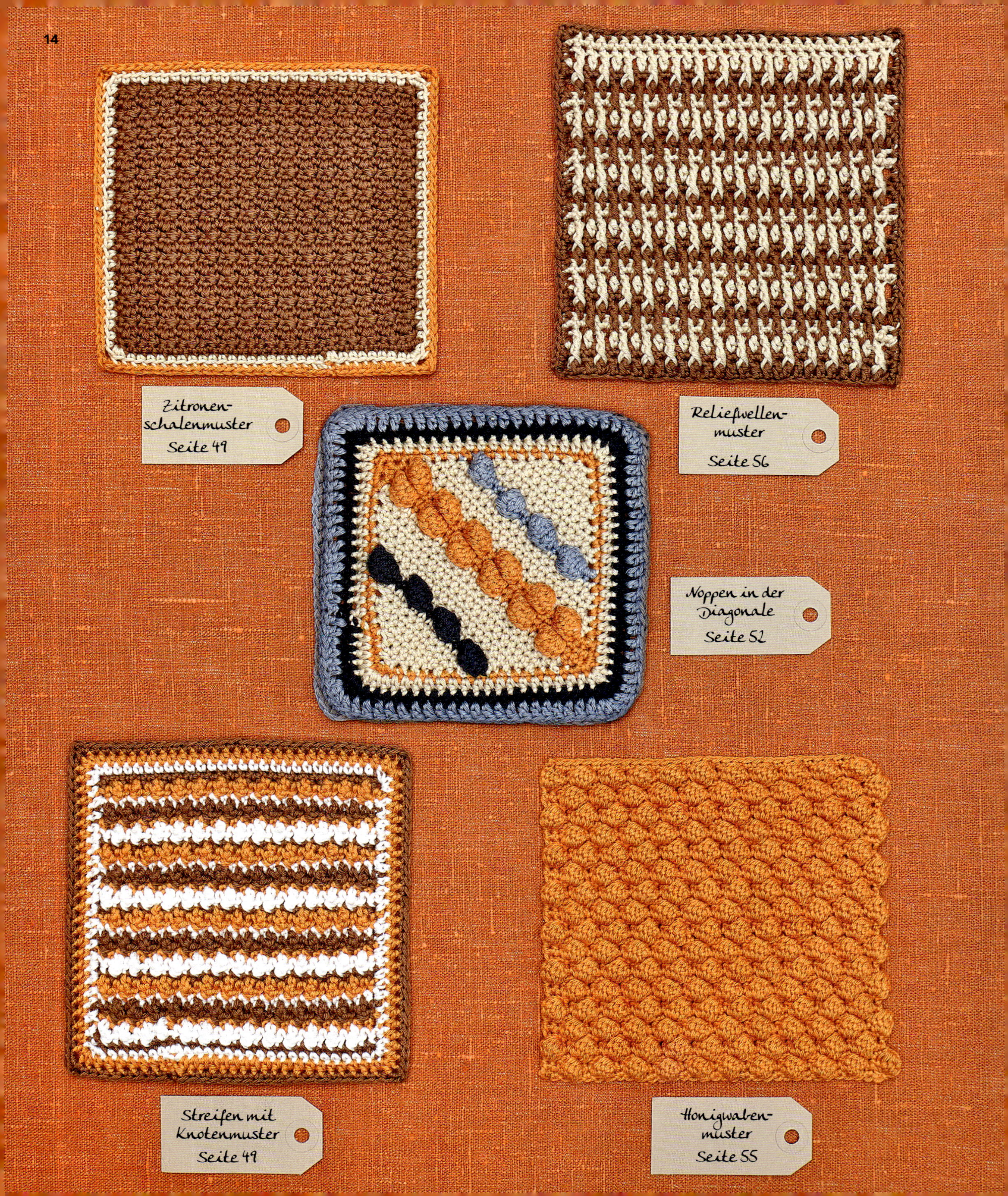
Zitronen-
schalenmuster
Seite 49
Reliefwellen-
muster
Seite 56
Noppen in der
Diagonale
Seite 52
Streifen mit
Knotenmuster
Seite 49
Honigwaben-
muster
Seite 55

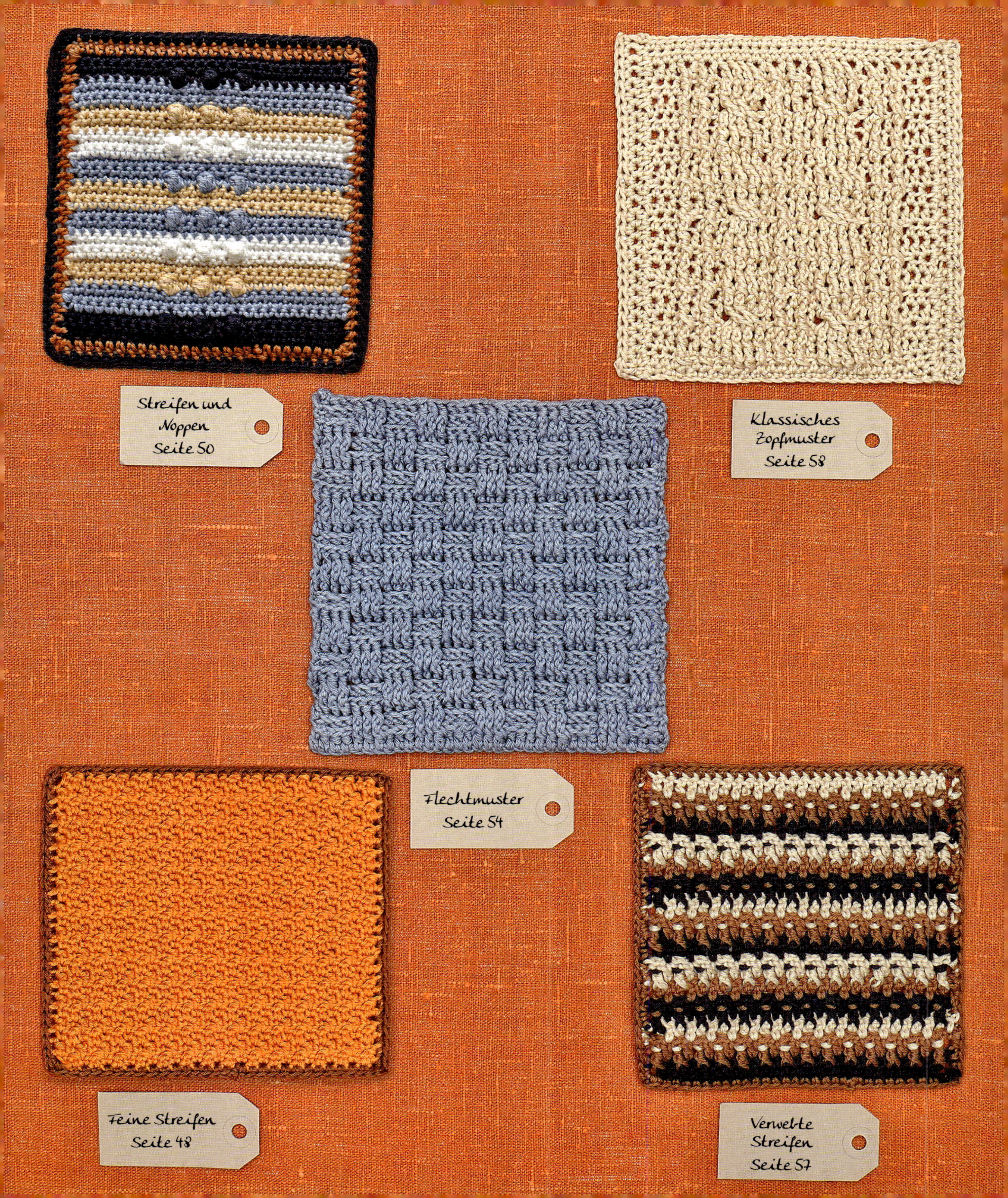
Streifen und Noppen Seite 50
Klassisches Zopfmuster Seite 58
Flechtmuster Seite 54
Feine Streifen Seite 48
Verwebte Streifen Seite 57

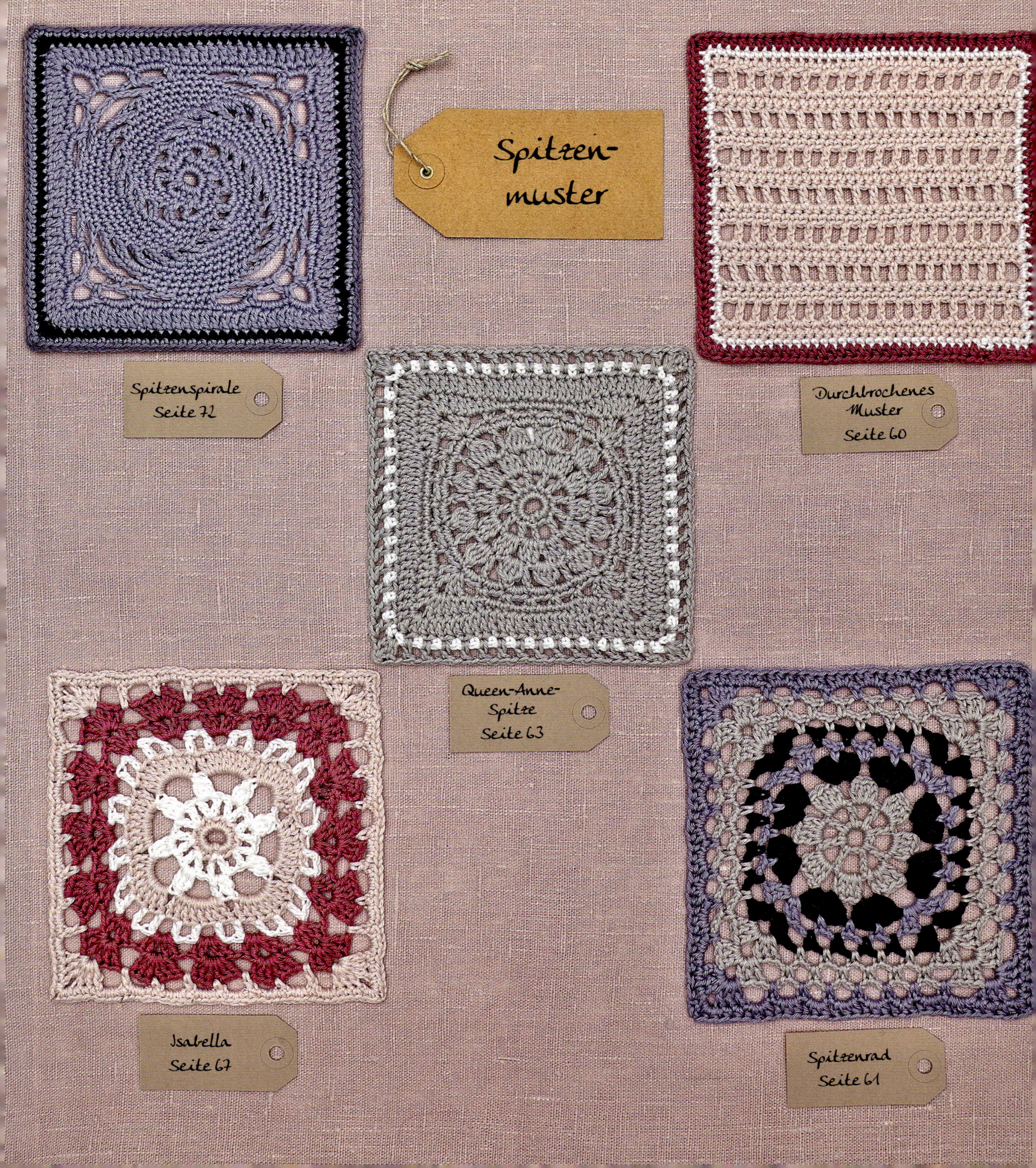
Spitzen-
muster
Spitzenspirale
Seite 72
Durchbrochenes
Muster
Seite 60
Queen-Anne-
Spitze
Seite 63
Isabella
Seite 67
Spitzenrad
Seite 61

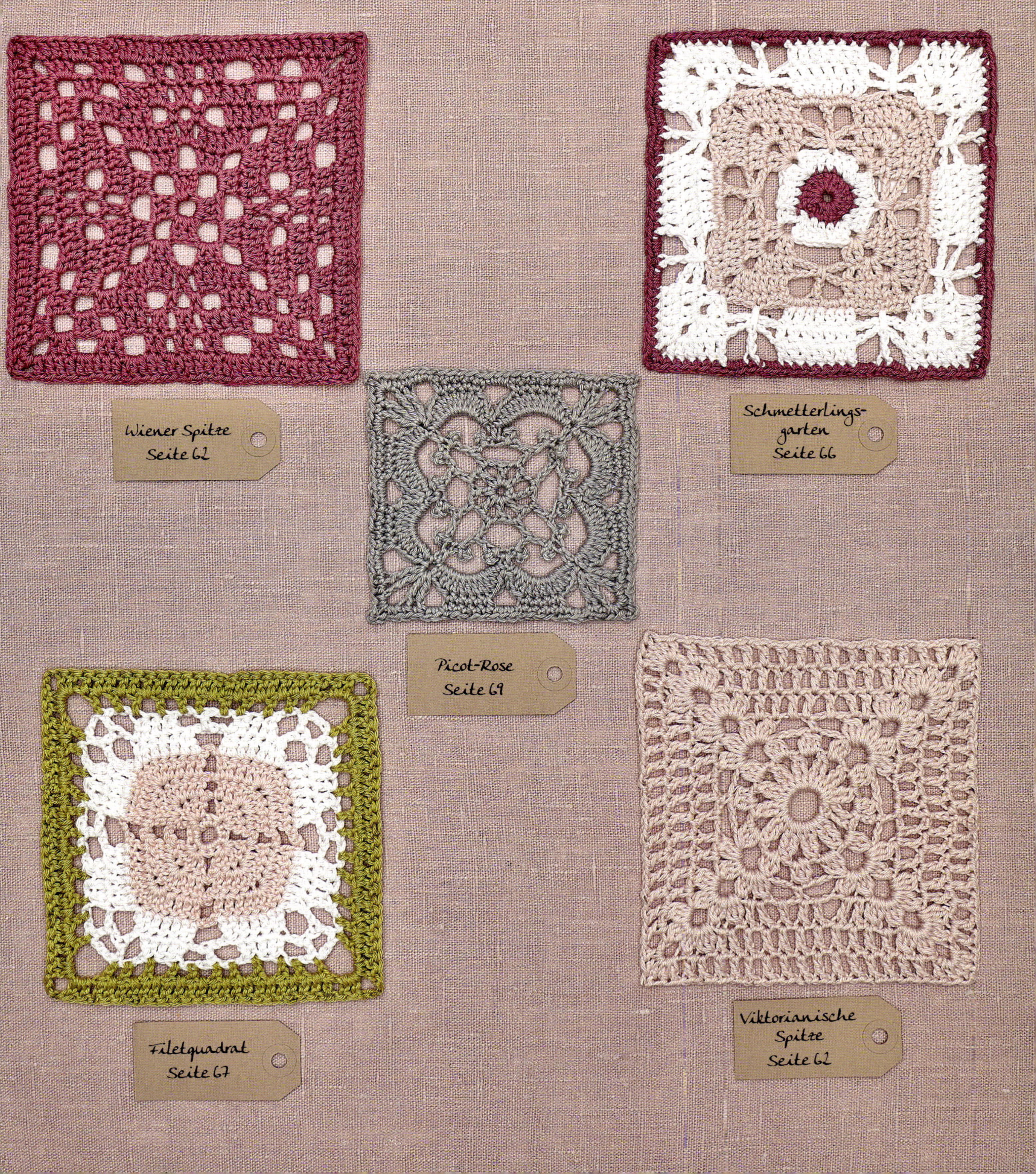
Wiener Spitze
Seite 62
Schmetterlings-
garten
Seite 66
Picot-Rose
Seite 69
Filetquadrat
Seite 67
Viktorianische
Spitze
Seite 62

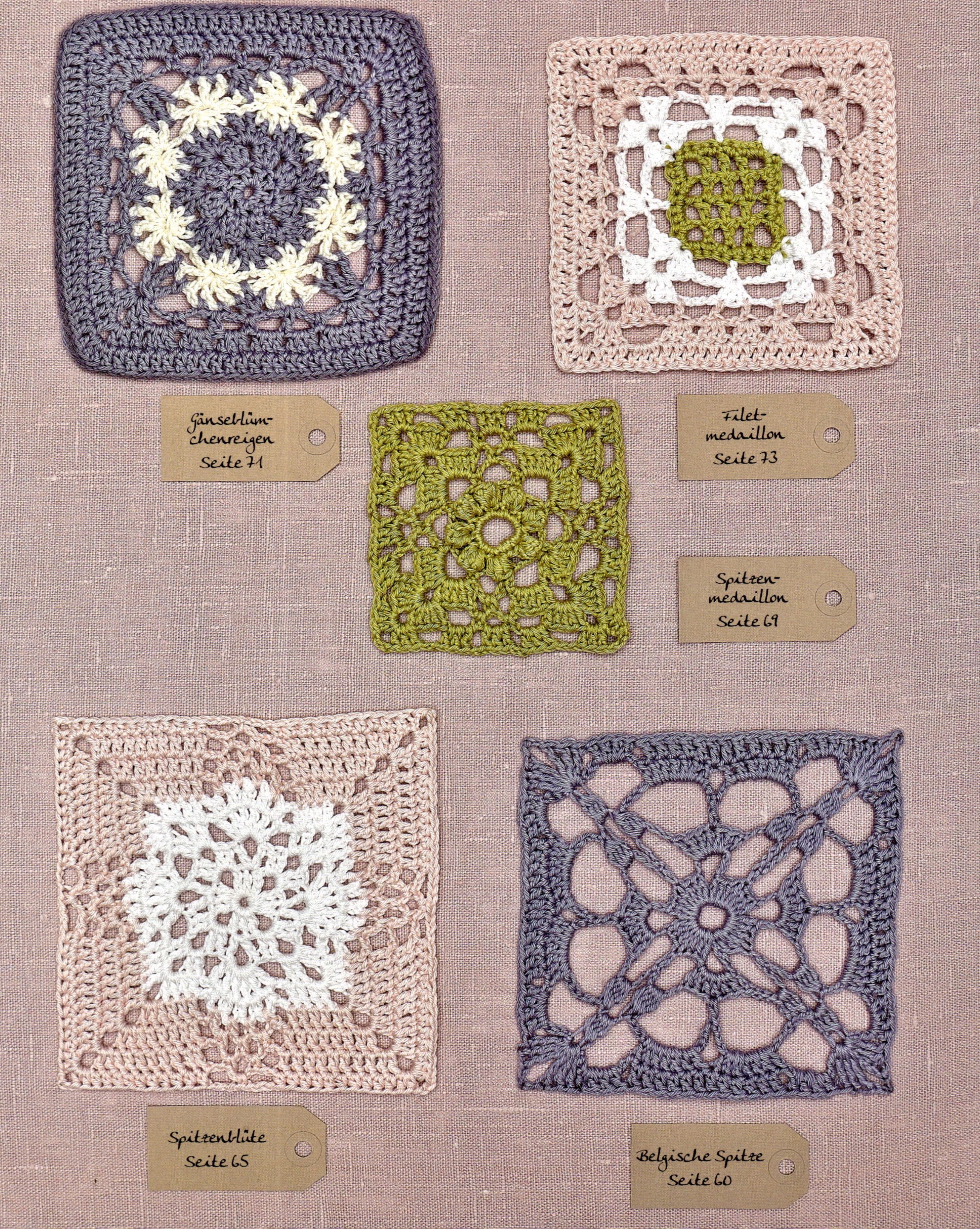
Gänseblüm-
chenreigen
Seite 71
Filet-
medaillon
Seite 73
Spitzen-
medaillon
Seite 69
Spitzenblüte
Seite 65
Belgische Spitze
Seite 60

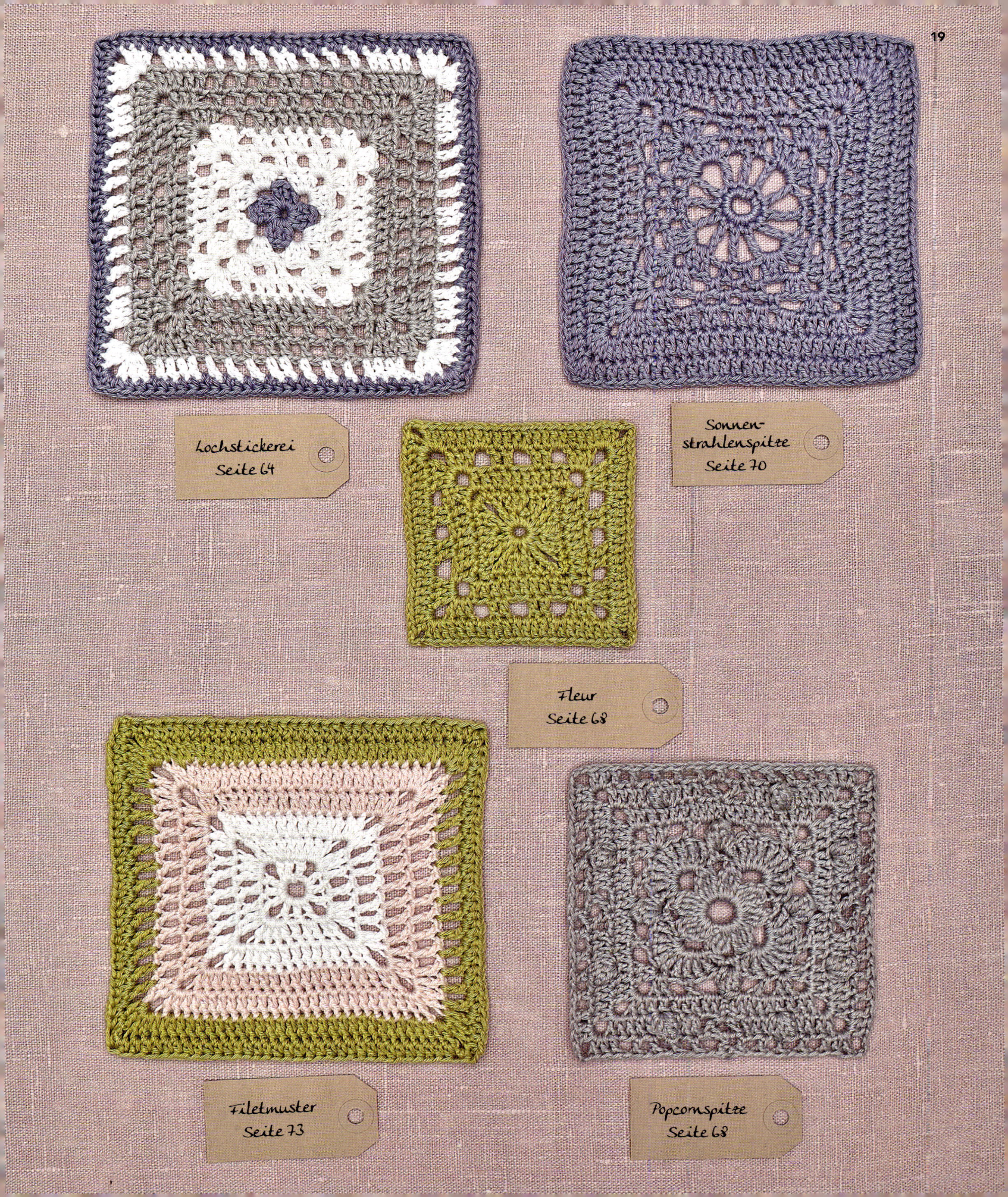
Lochstickerei
Seite 64
Sonnen-
strahlenspitze
Seite 70
Fleur
Seite 68
Filetmuster
Seite 73
Popcornspitze
Seite 68

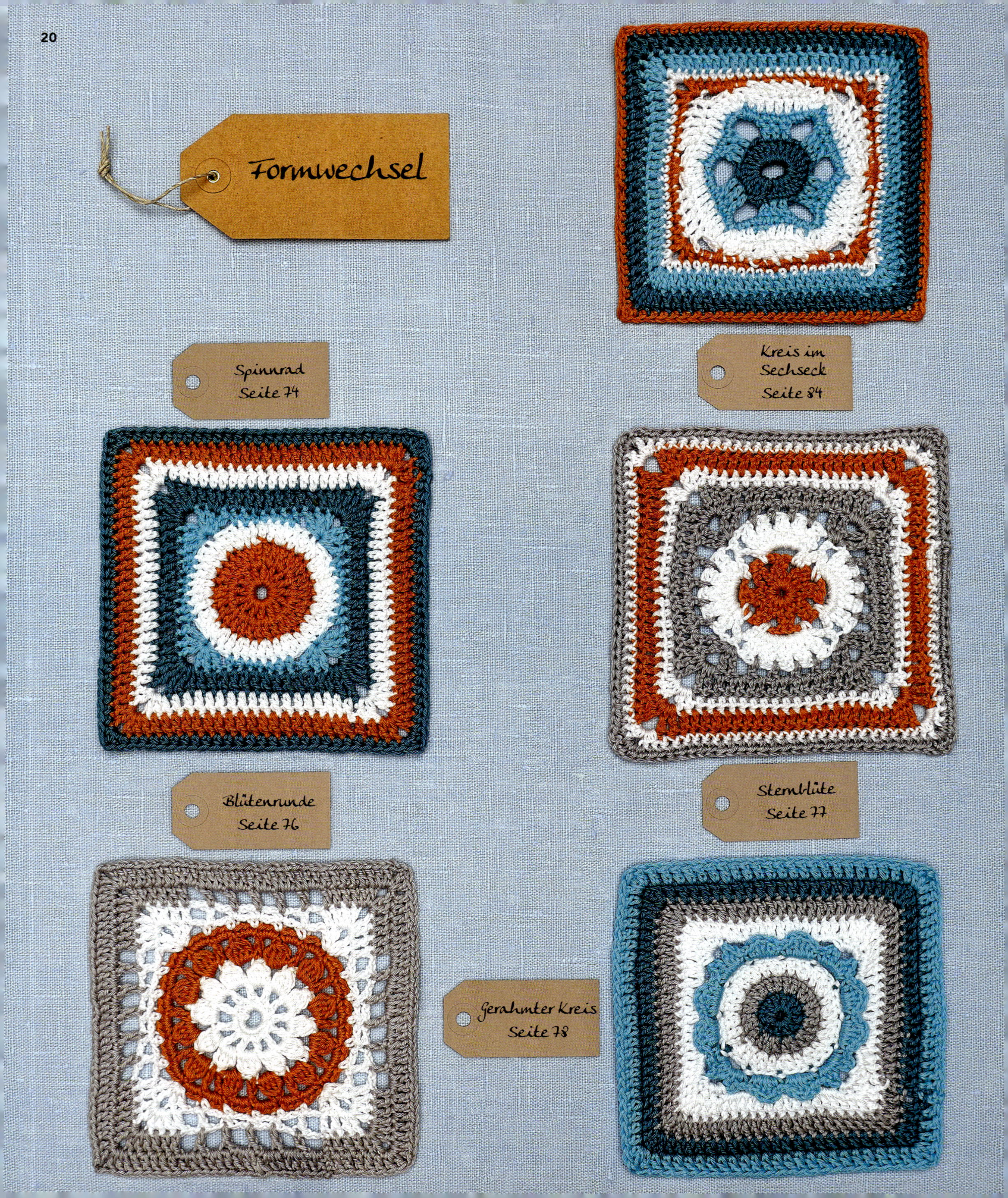
Formwechsel
Kreis im Sechseck Seite 84
Spinnrad Seite 74
Sternblüte Seite 77
Blütenrunde Seite 76
Gerahmter Kreis Seite 78

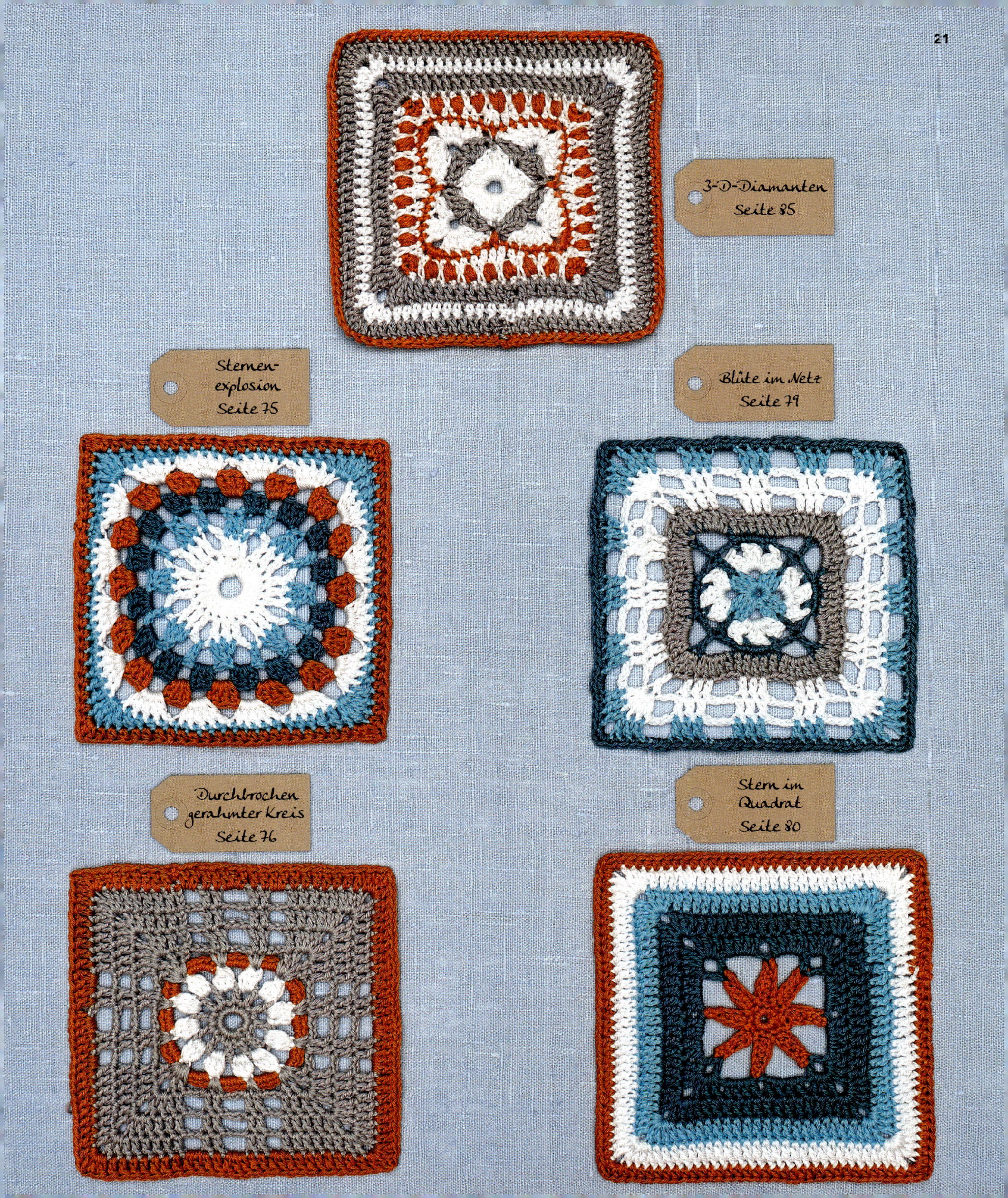
3-D-Diamanten
Seite 85
Sternen-
explosion
Seite 75
Blüte im Netz
Seite 79
Durchbrochen
gerahmter Kreis
Seite 76
Stern im
Quadrat
Seite 80

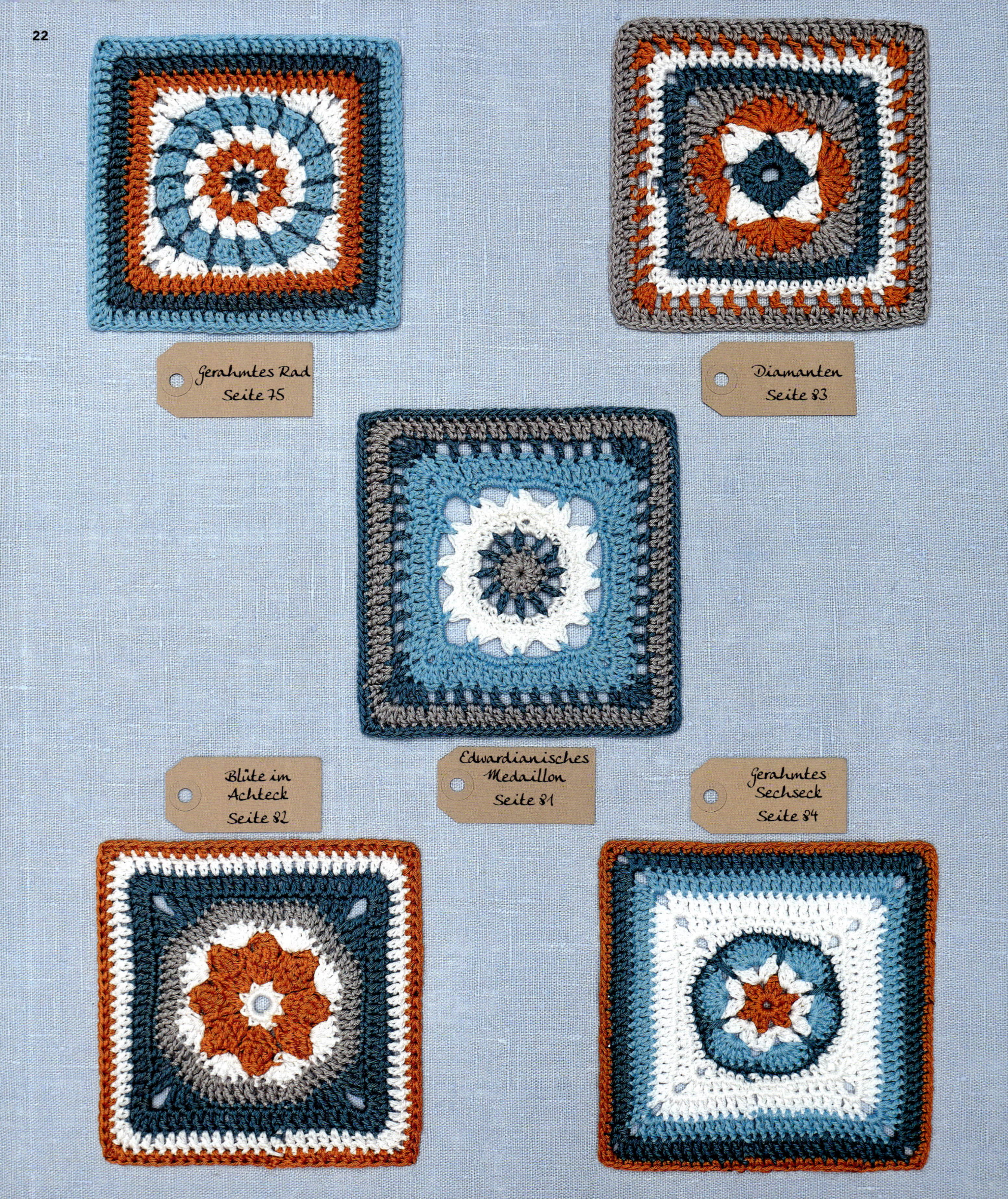
Gerahmtes Rad
Seite 75
Diamanten
Seite 83
Edwardianisches
Medaillon
Seite 81
Blüte im
Achteck
Seite 82
Gerahmtes
Sechseck
Seite 84

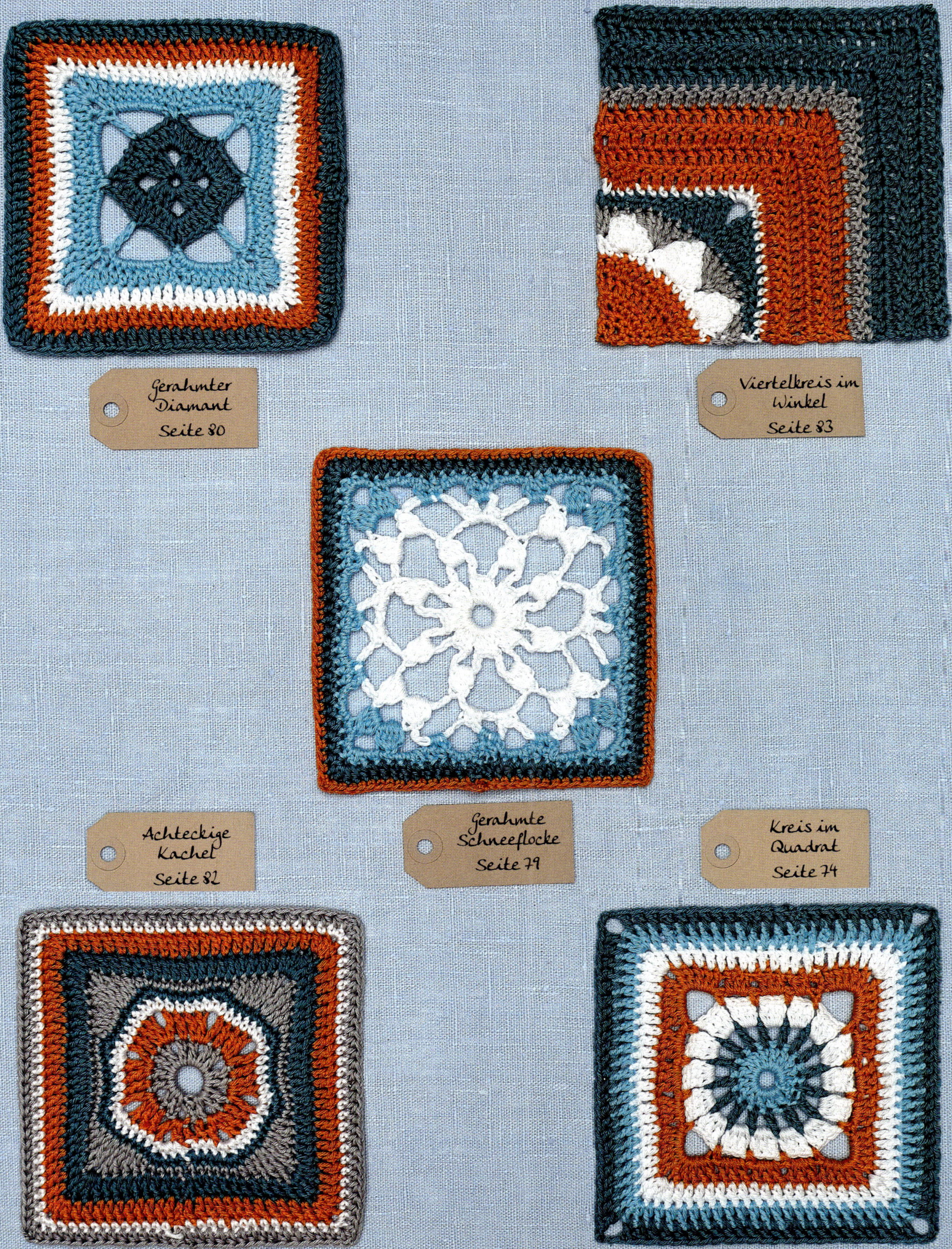
Gerahmter Diamant
Seite 80
Viertelkreis im Winkel
Seite 83
Gerahmte Schneeflocke
Seite 79
Achteckige Kachel
Seite 82
Kreis im Quadrat
Seite 74

Kreuzmuster

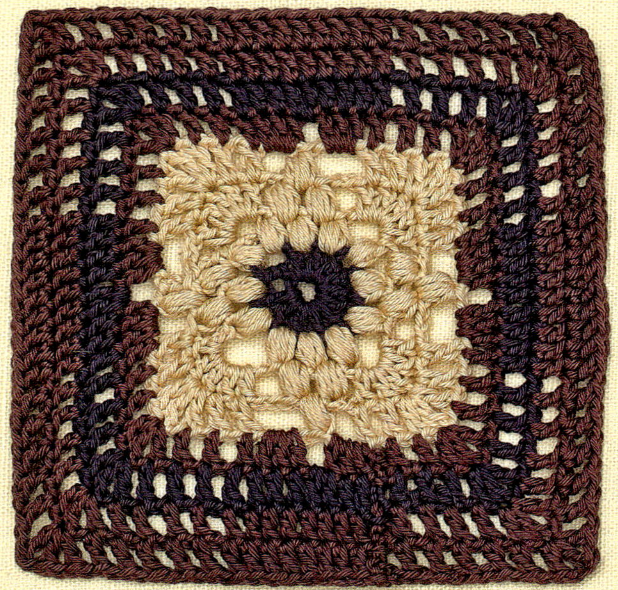

Italienisches Kreuz
Seite 89

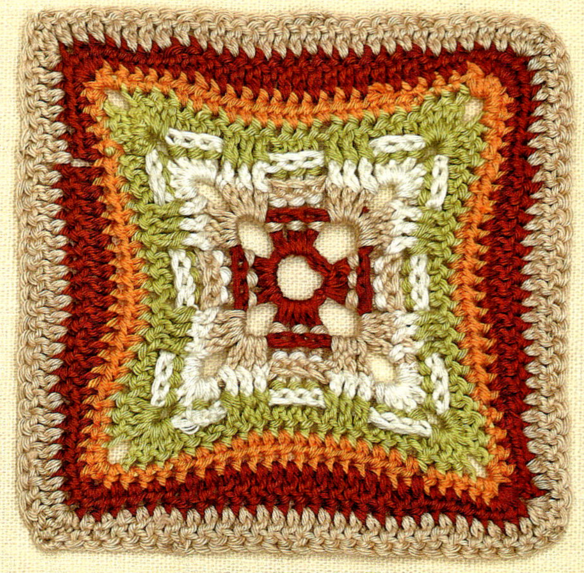

Sankt Petersburg
Seite 97

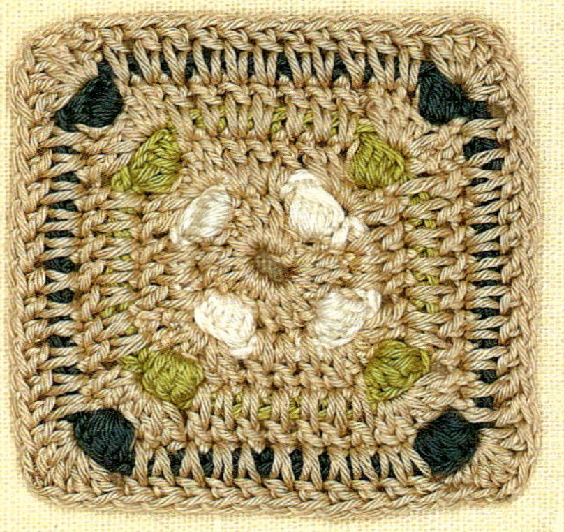

3-D-Kreuz
Seite 91

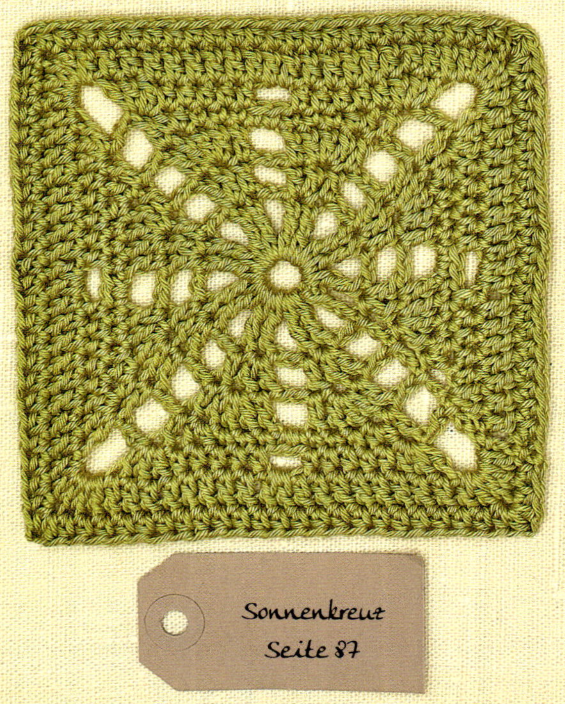

Sonnenkreuz
Seite 87

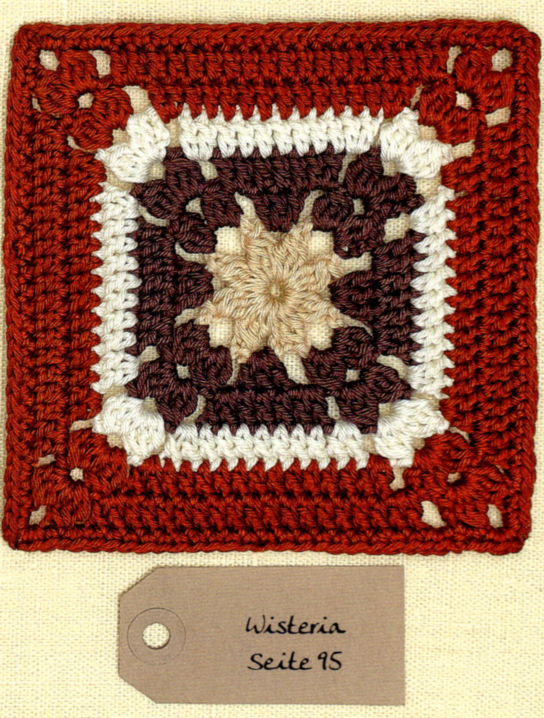

Wisteria
Seite 95

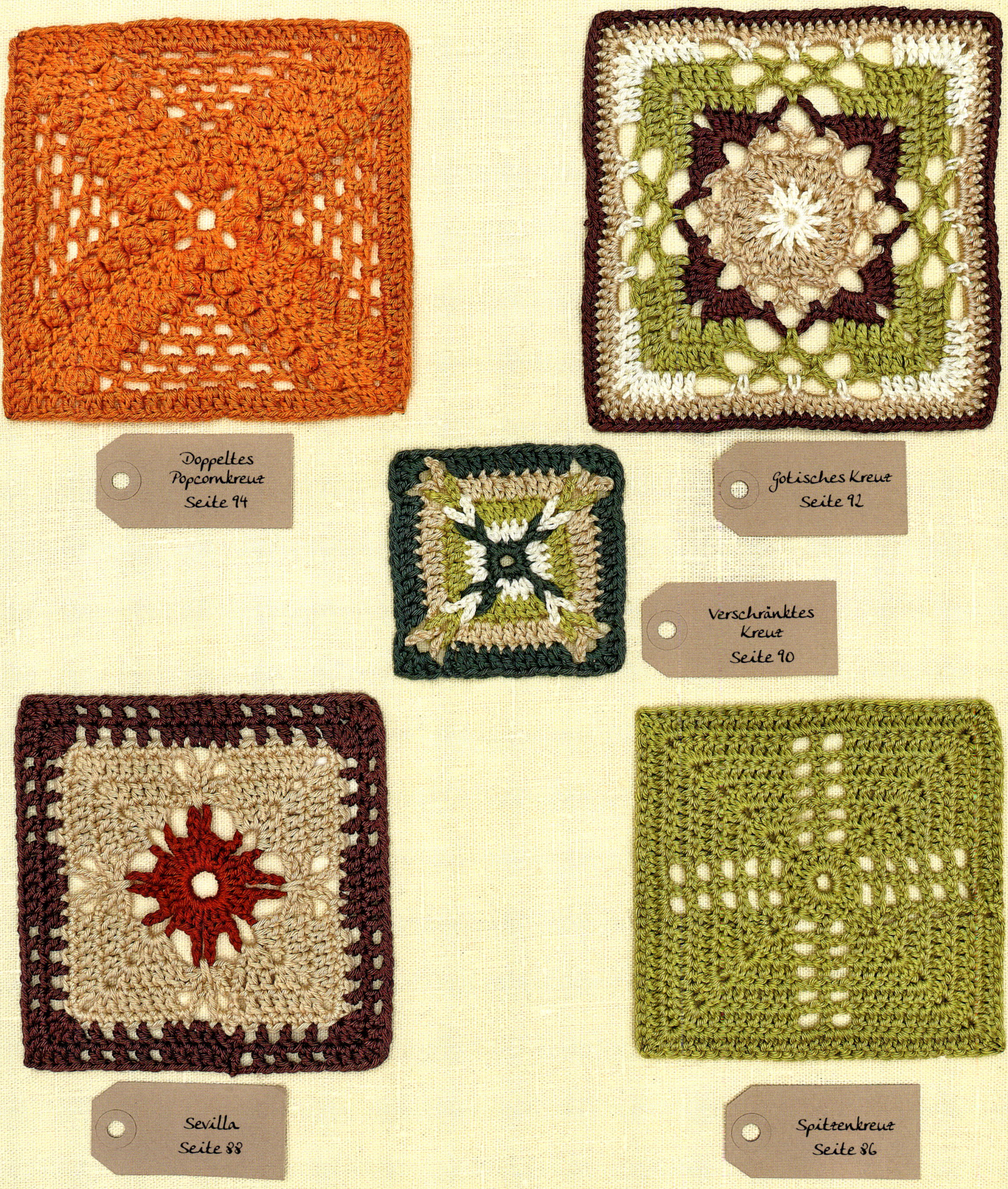
Doppeltes
Popcornkreuz
Seite 94
Gotisches Kreuz
Seite 92
Verschränktes
Kreuz
Seite 90
Sevilla
Seite 88
Spitzenkreuz
Seite 86

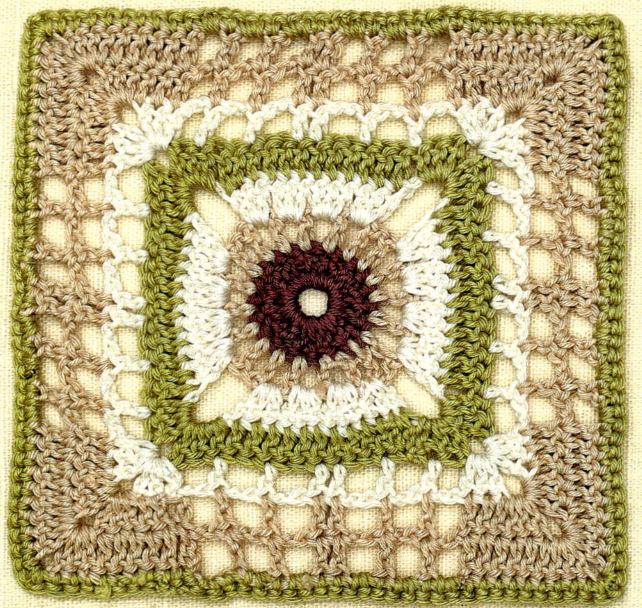

Feuerrad
Seite 92

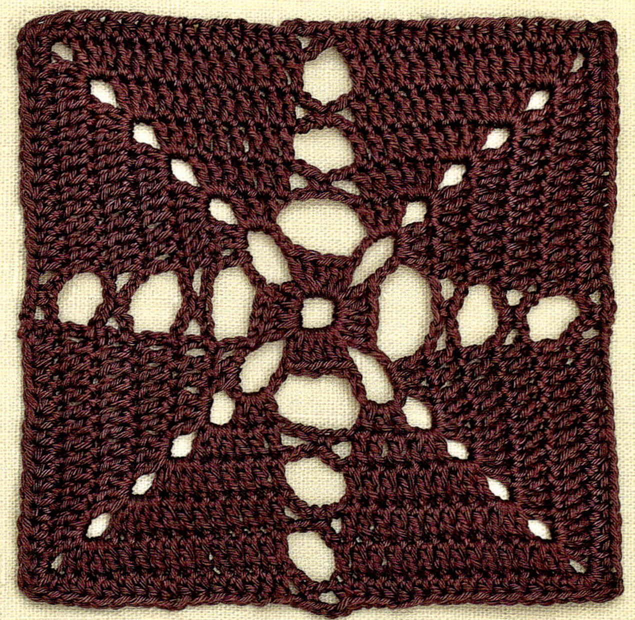

Kompassrose
Seite 94

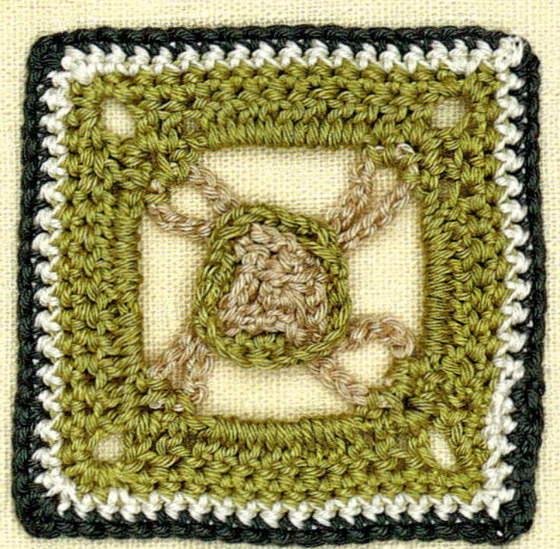

Schlaufenkreuz
Seite 90

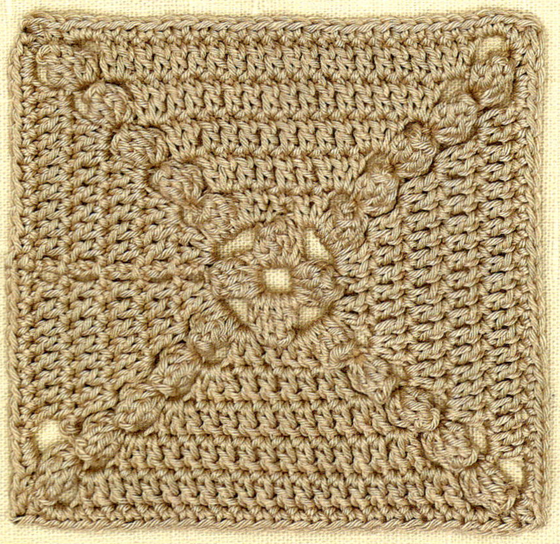

Popcornkreuz
Seite 87

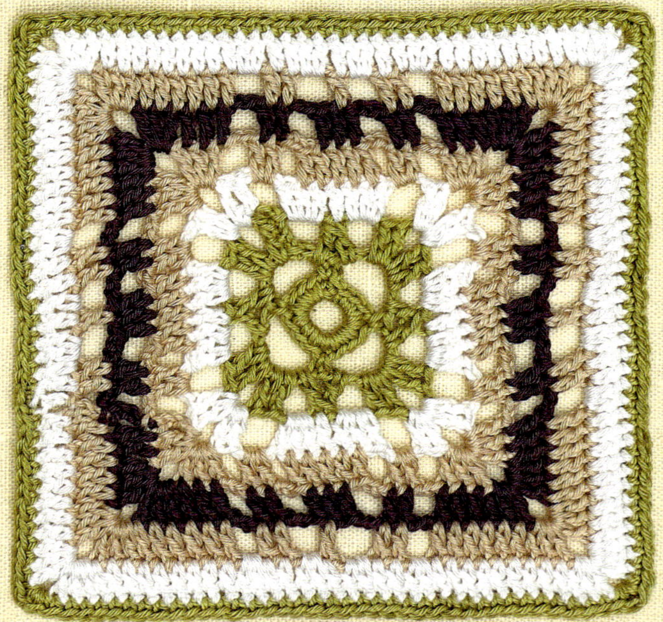

Dreifachkreuz
Seite 93

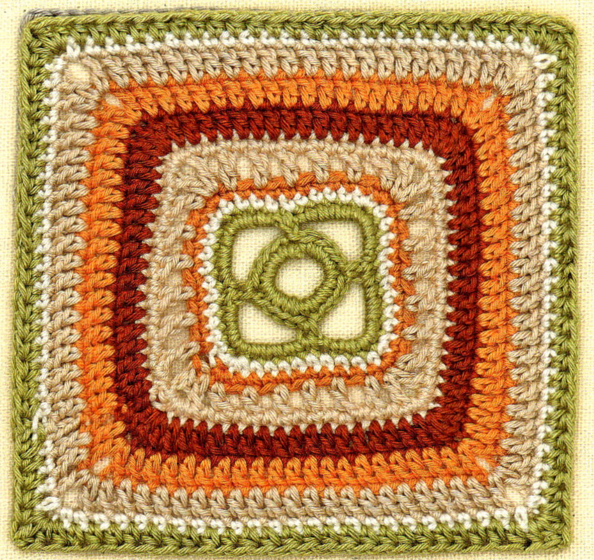

Dänischer Diamant
Seite 96

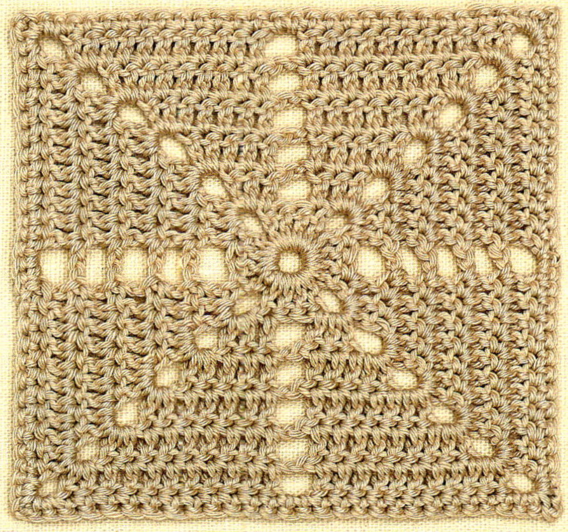

Doppelkreuz
Seite 86

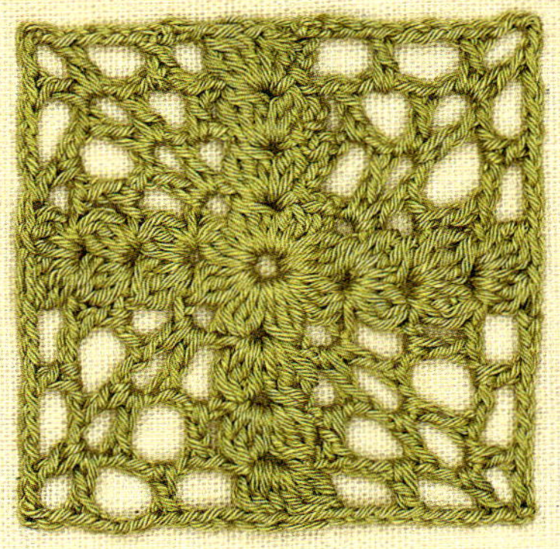

Gitterkreuz
Seite 91

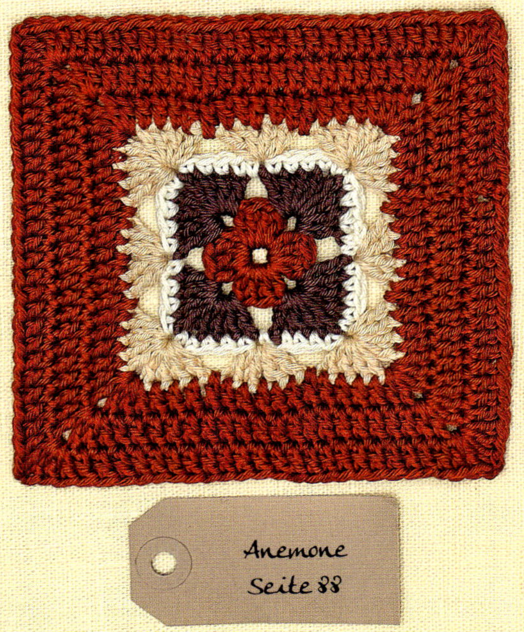

Anemone
Seite 88

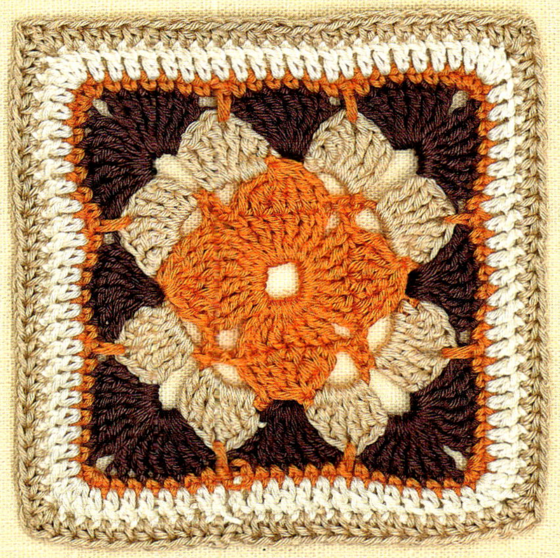

Dreifarbige Kreuzblüte
Seite 97

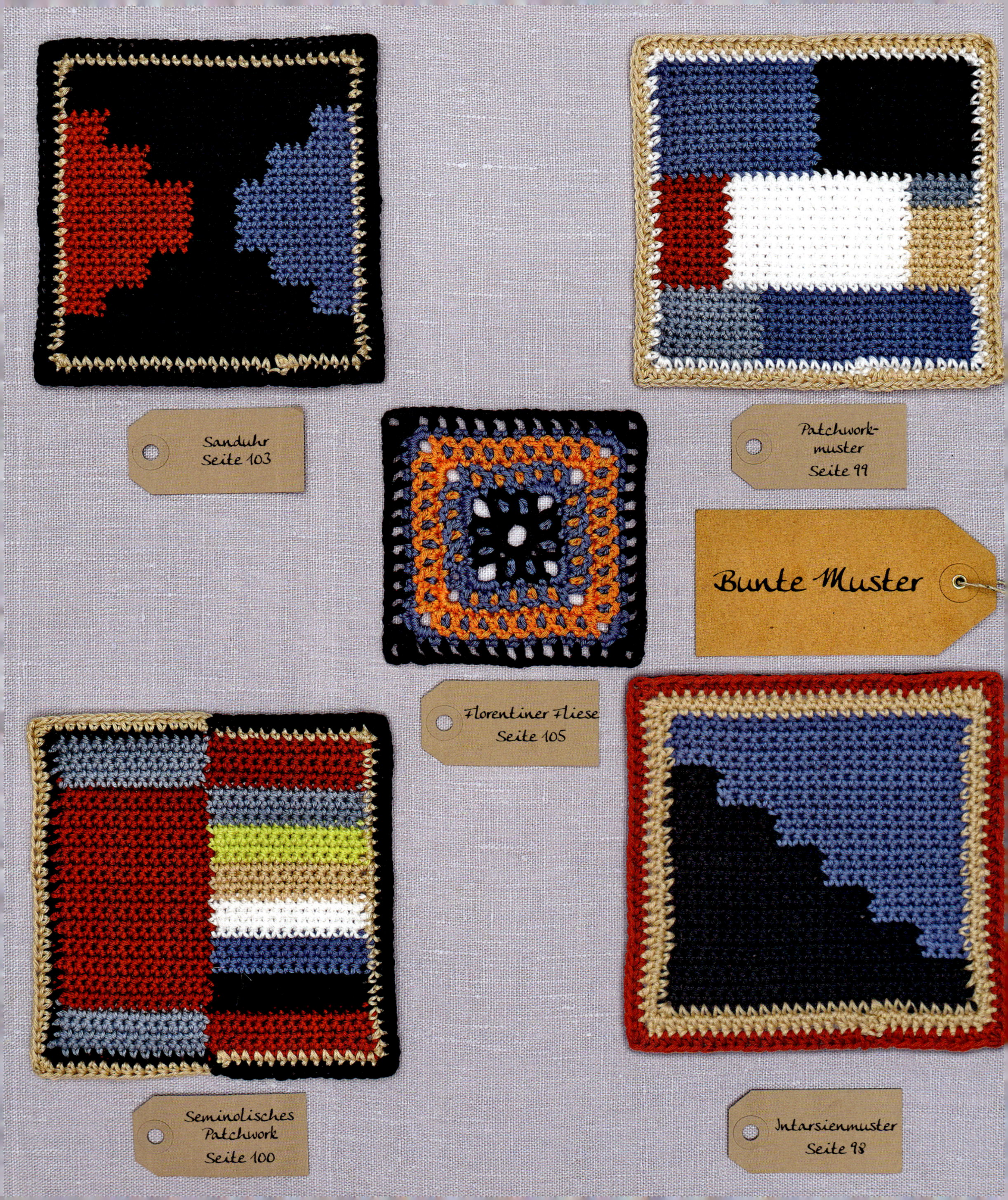
Sanduhr
Seite 103
Patchwork-
muster
Seite 99
Bunte Muster
Florentiner Fliese
Seite 105
Seminolisches
Patchwork
Seite 100
Intarsienmuster
Seite 98

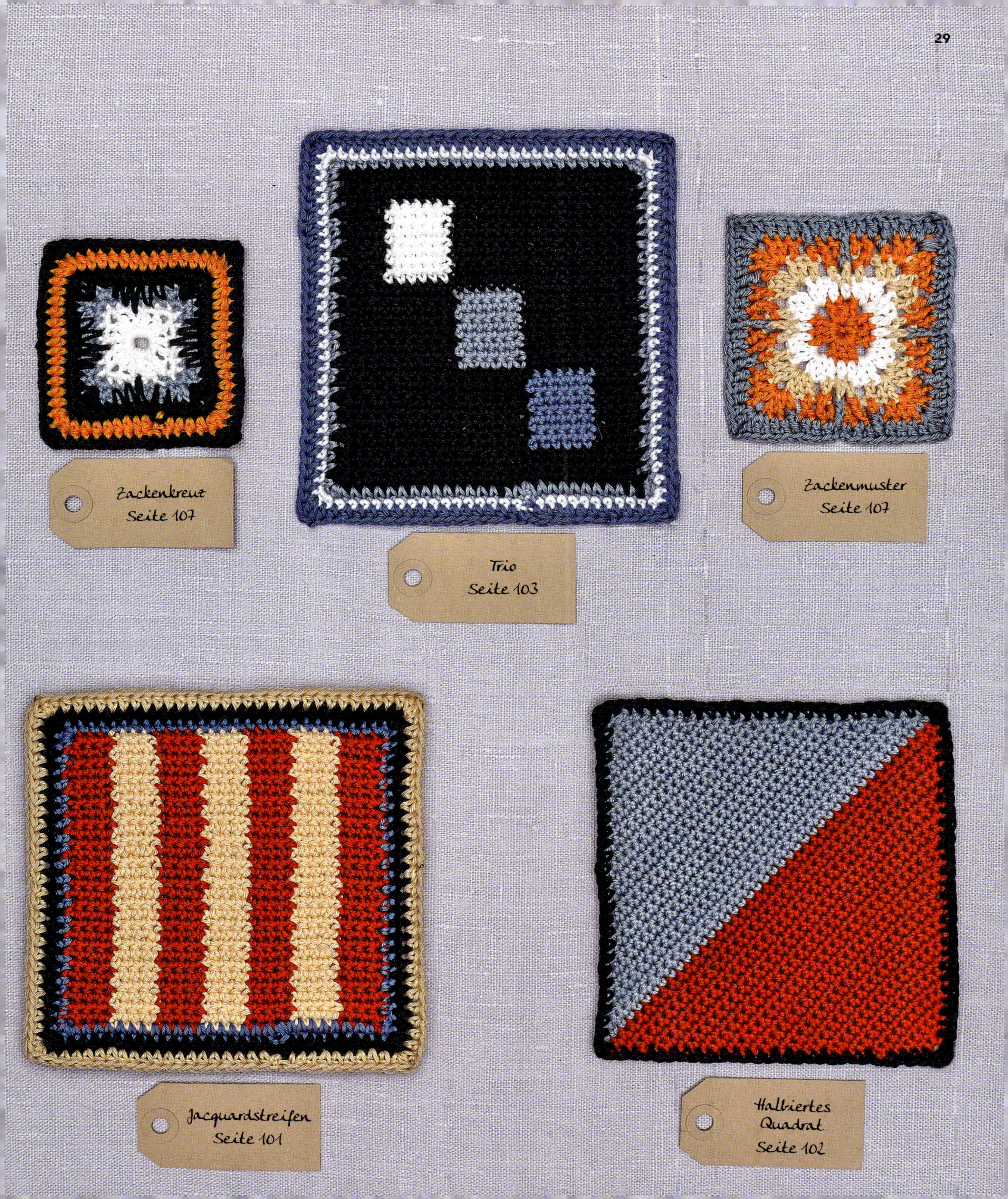
Zackenkreuz
Seite 107
Trio
Seite 103
Zackenmuster
Seite 107
Jacquardstreifen
Seite 101
Halbiertes
Quadrat
Seite 102

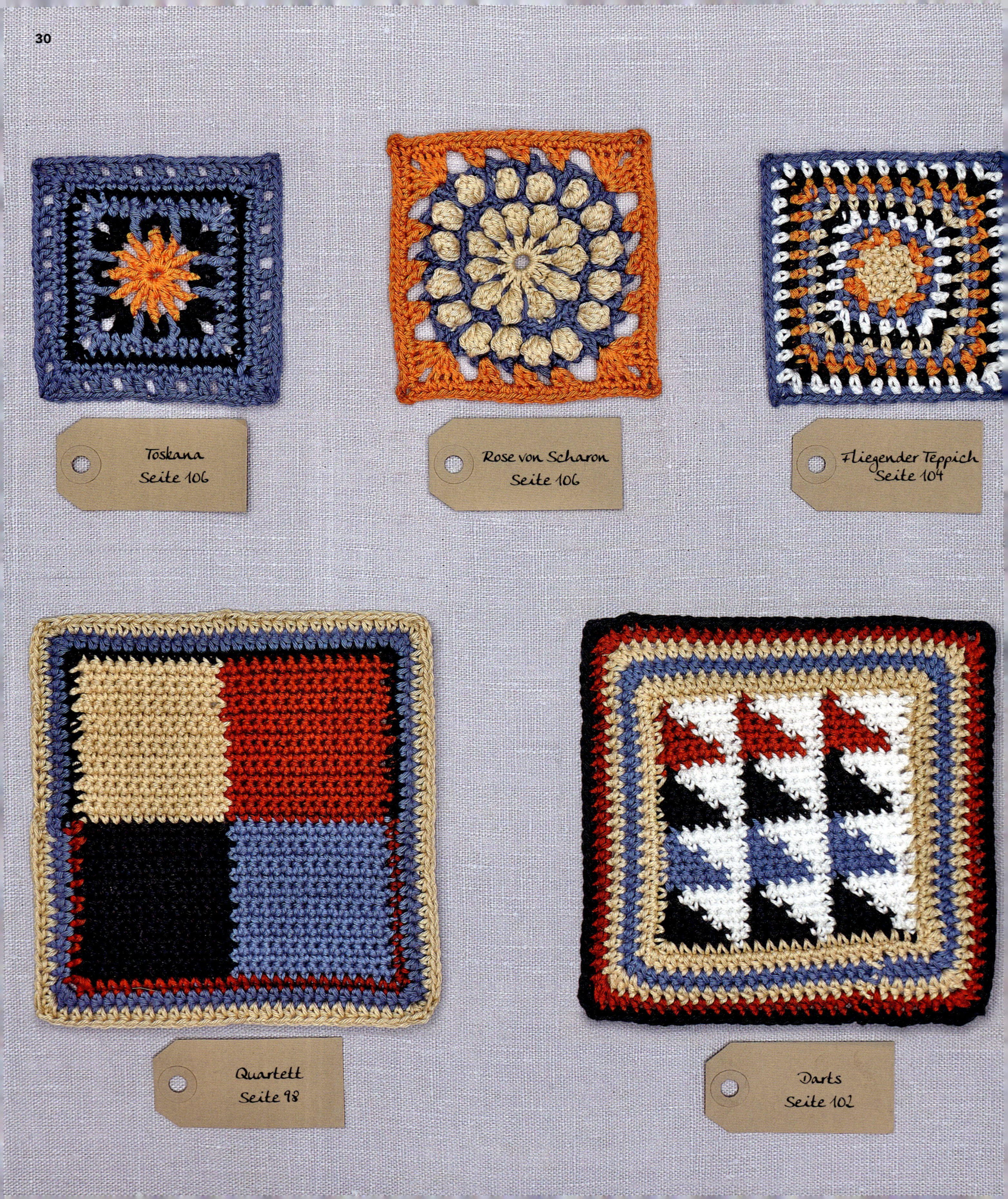
Toskana
Seite 106
Rose von Scharon
Seite 106
Fliegender Teppich
Seite 104
Quartett
Seite 98
Darts
Seite 102

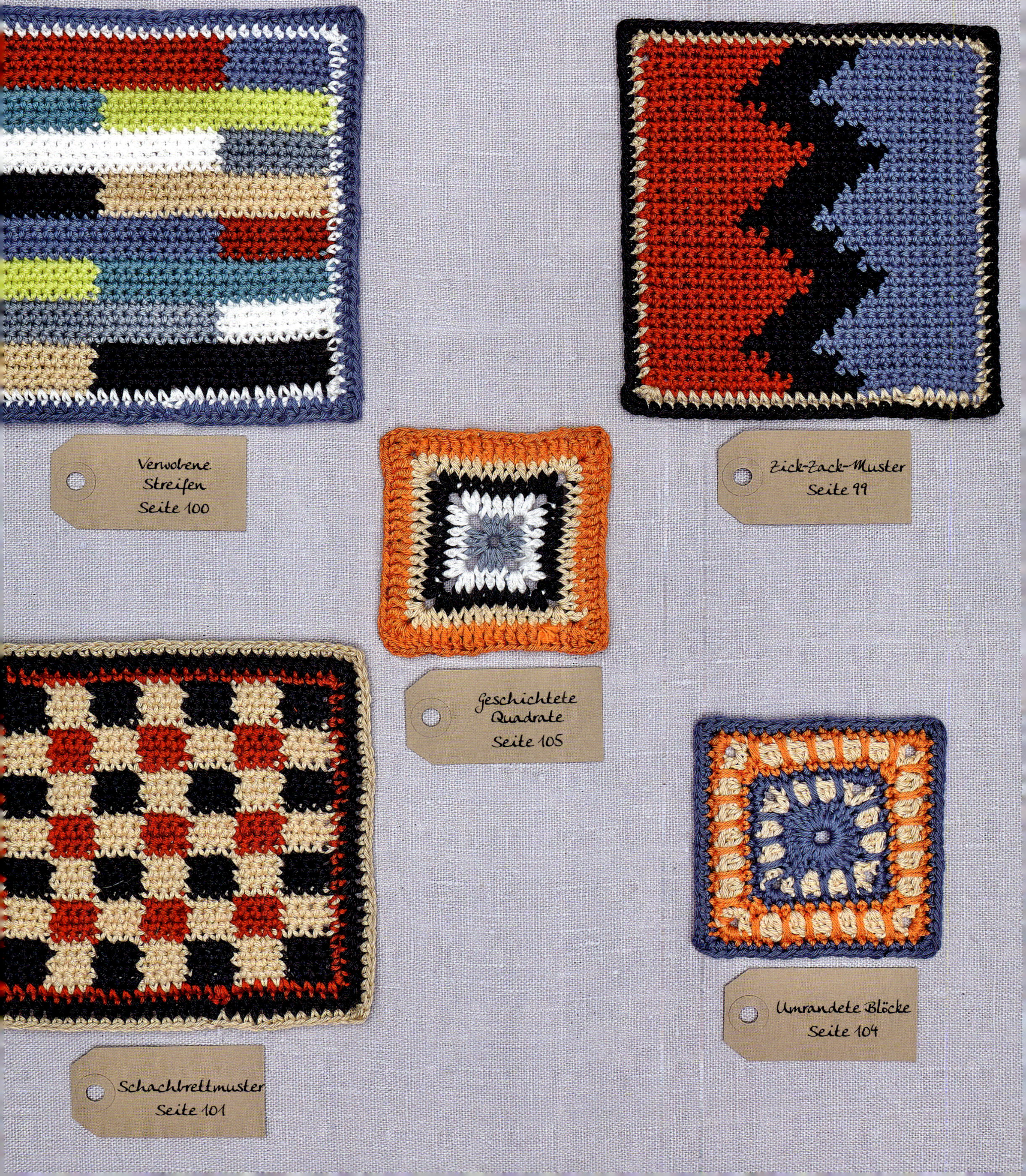
Verwobene Streifen Seite 100
Zick-Zack-Muster Seite 99
Geschichtete Quadrate Seite 105
Umrandete Blöcke Seite 104
Schachbrettmuster Seite 101

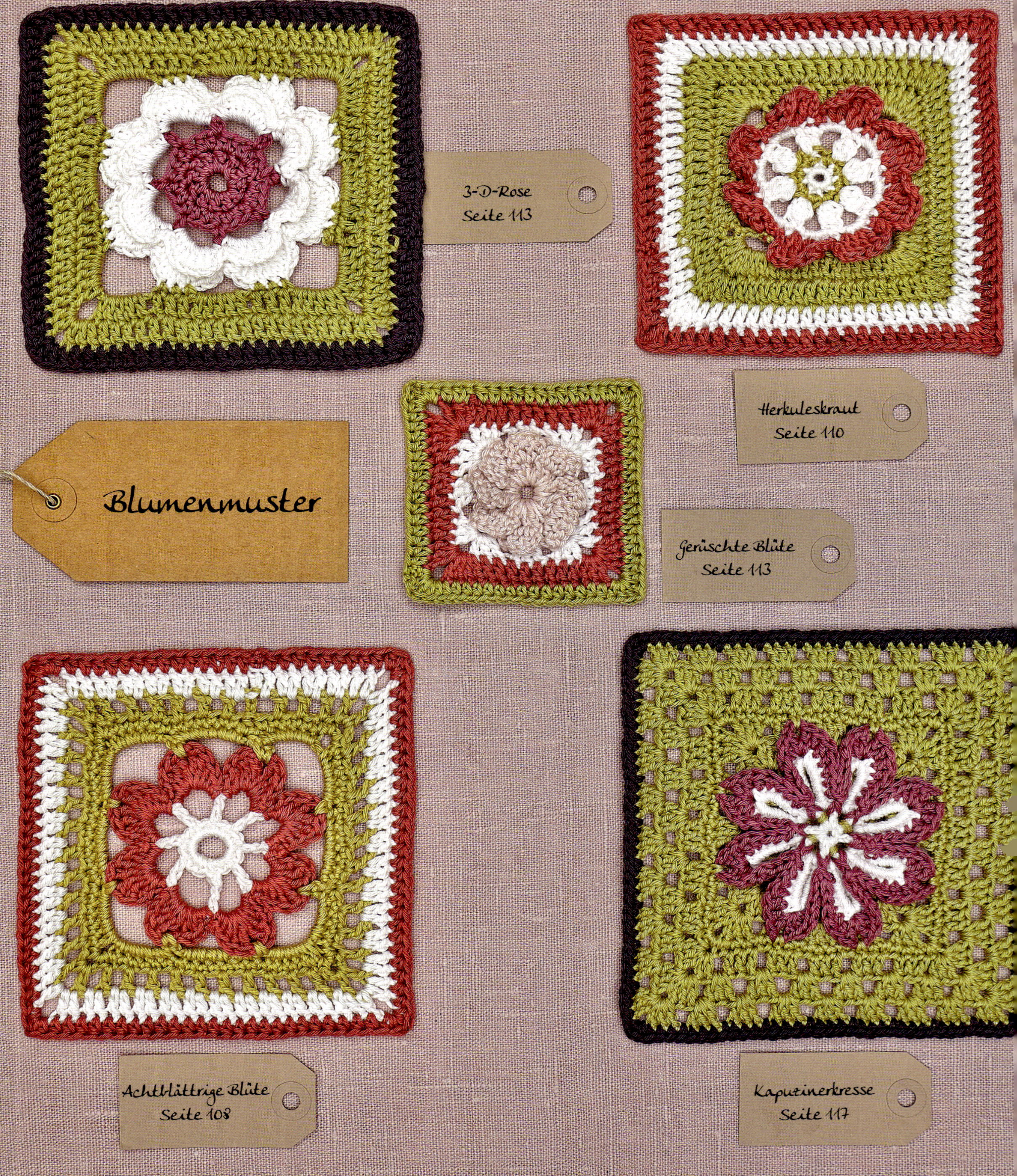

3-D-Rose
Seite 113
Herkuleskraut
Seite 110
Blumenmuster
Gemischte Blüte
Seite 113
Achtblättrige Blüte
Seite 108
Kapuzinerkresse
Seite 117

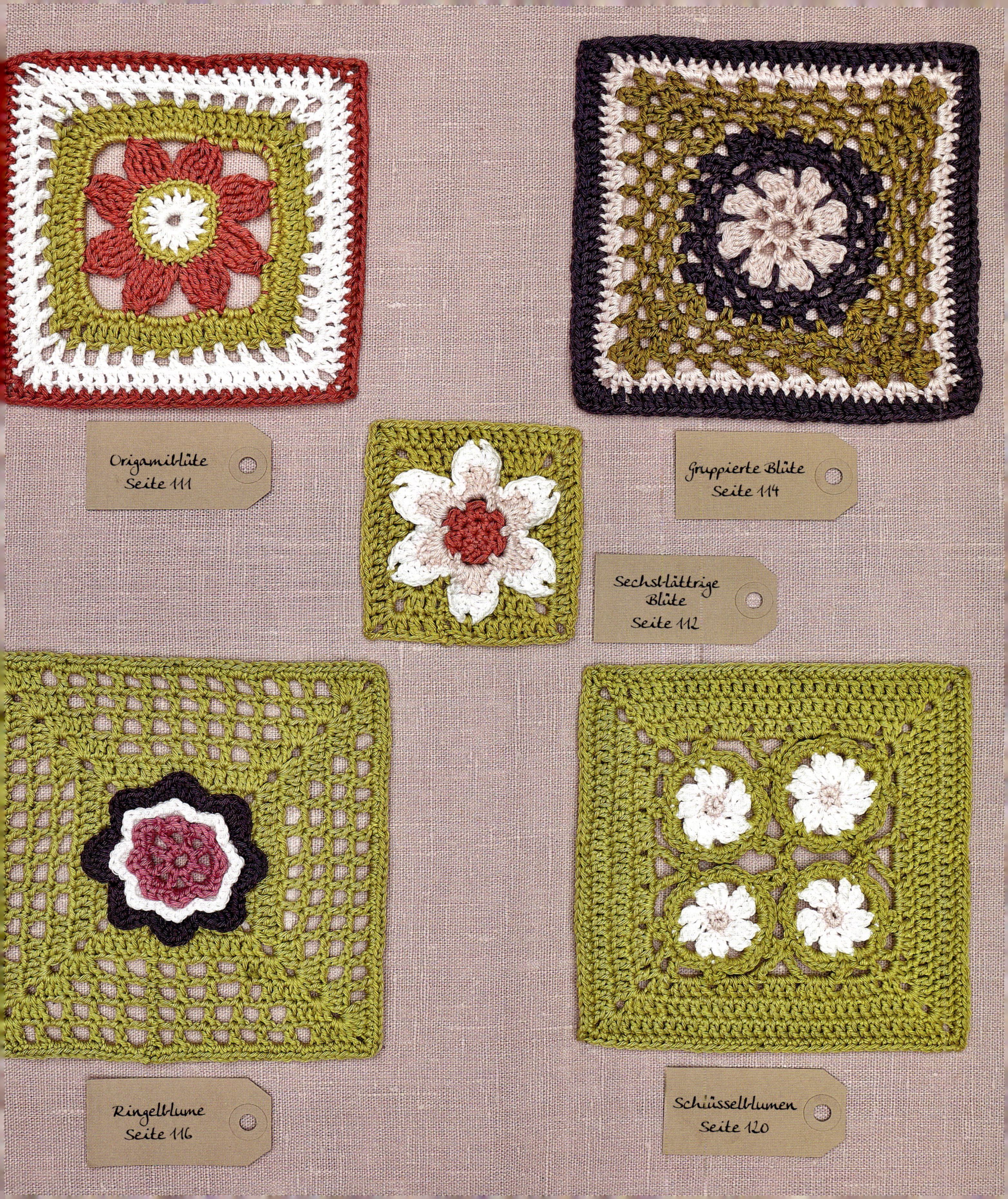
Origamiblüte
Seite 111
Gruppierte Blüte
Seite 114
Sechsblättrige
Blüte
Seite 112
Ringelblume
Seite 116
Schüsselblumen
Seite 120

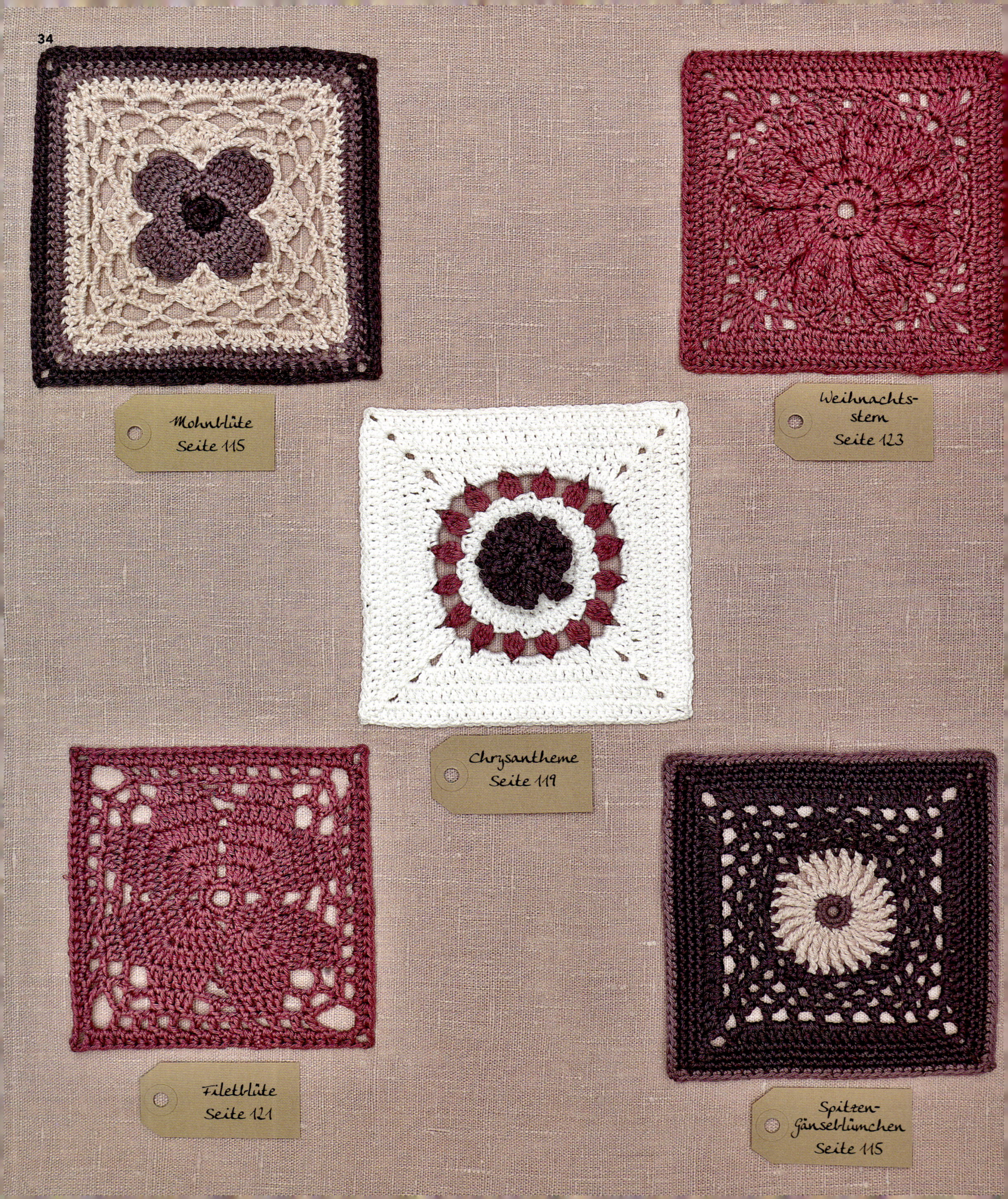
Mohnblüte
Seite 115
Weihnachts-
stern
Seite 123
Chrysantheme
Seite 119
Filetblüte
Seite 121
Spitzen-
Gänseblümchen
Seite 115

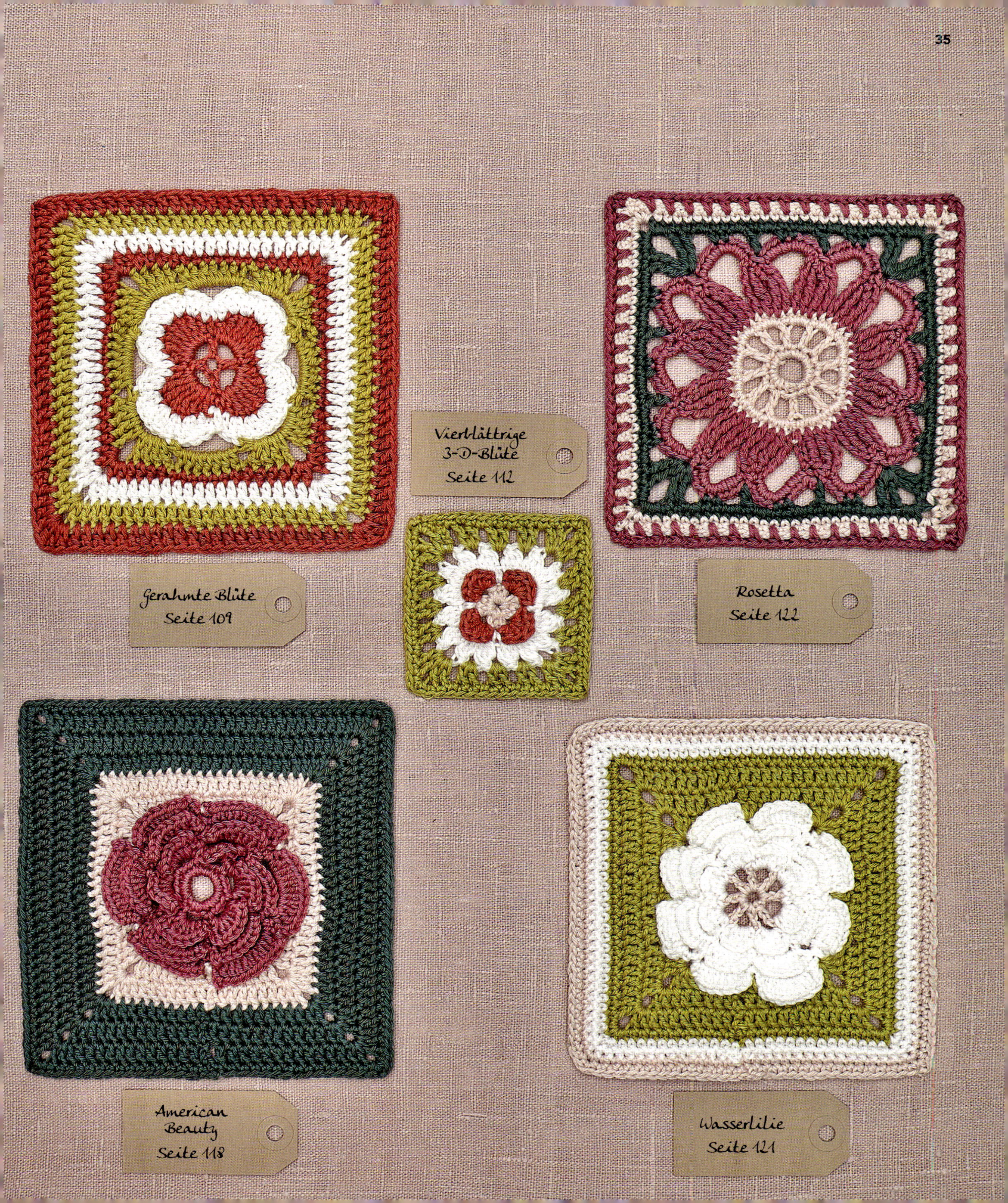
Gerahmte Blüte
Seite 109
Vierblättrige
3-D-Blüte
Seite 112
Rosetta
Seite 122
American
Beauty
Seite 118
Wasserlilie
Seite 121

Besondere Techniken

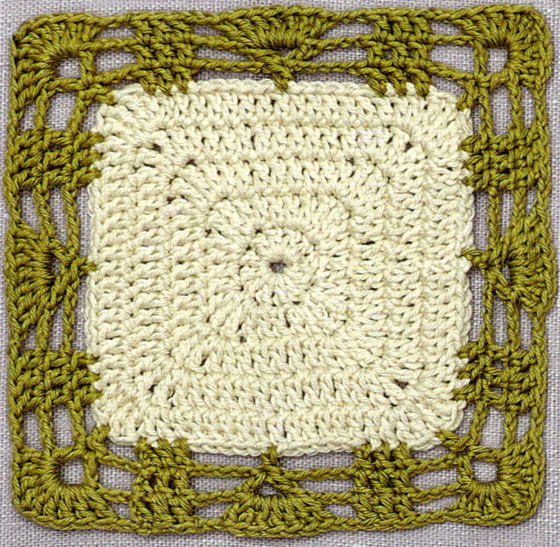

Bordüre aus verbundenen Muscheln
Seite 134

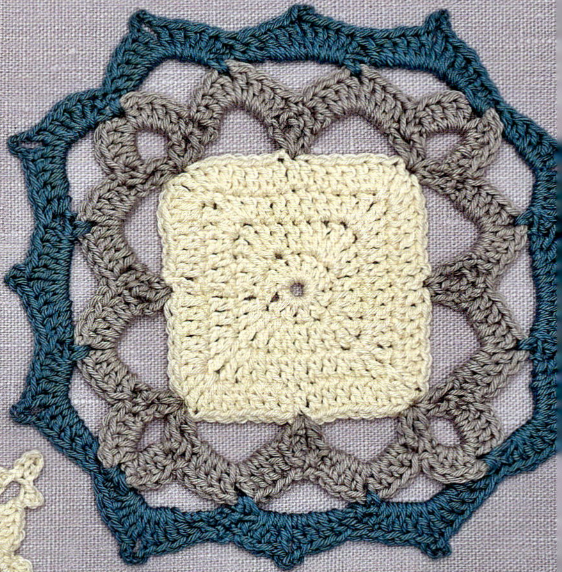

Bogenbordüre
Seite 135

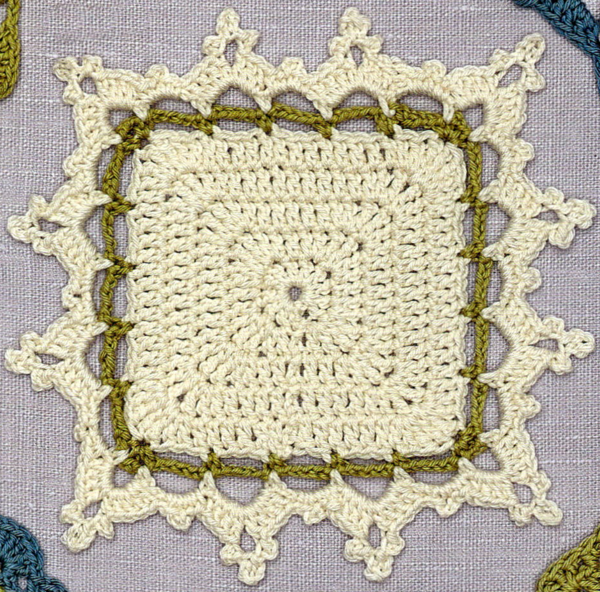

Picotbordüre
Seite 134

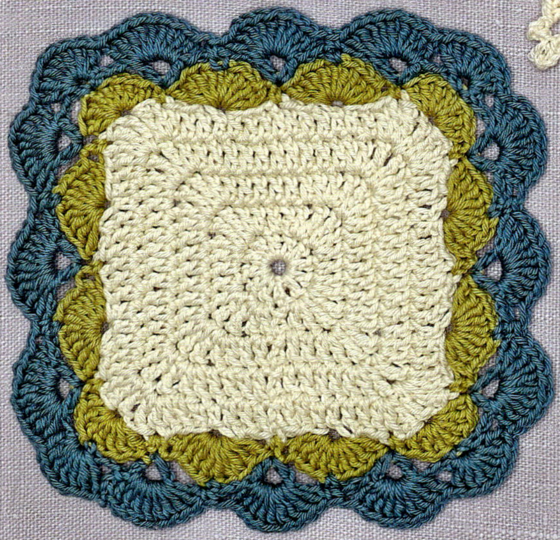

Fächerbordüre
Seite 135

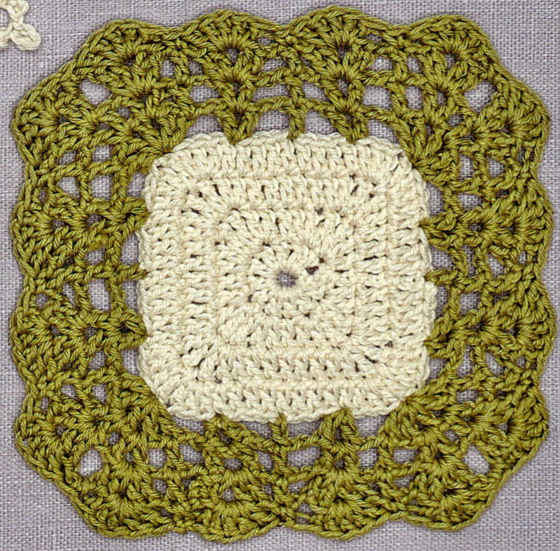

Muschelbordüre
Seite 133

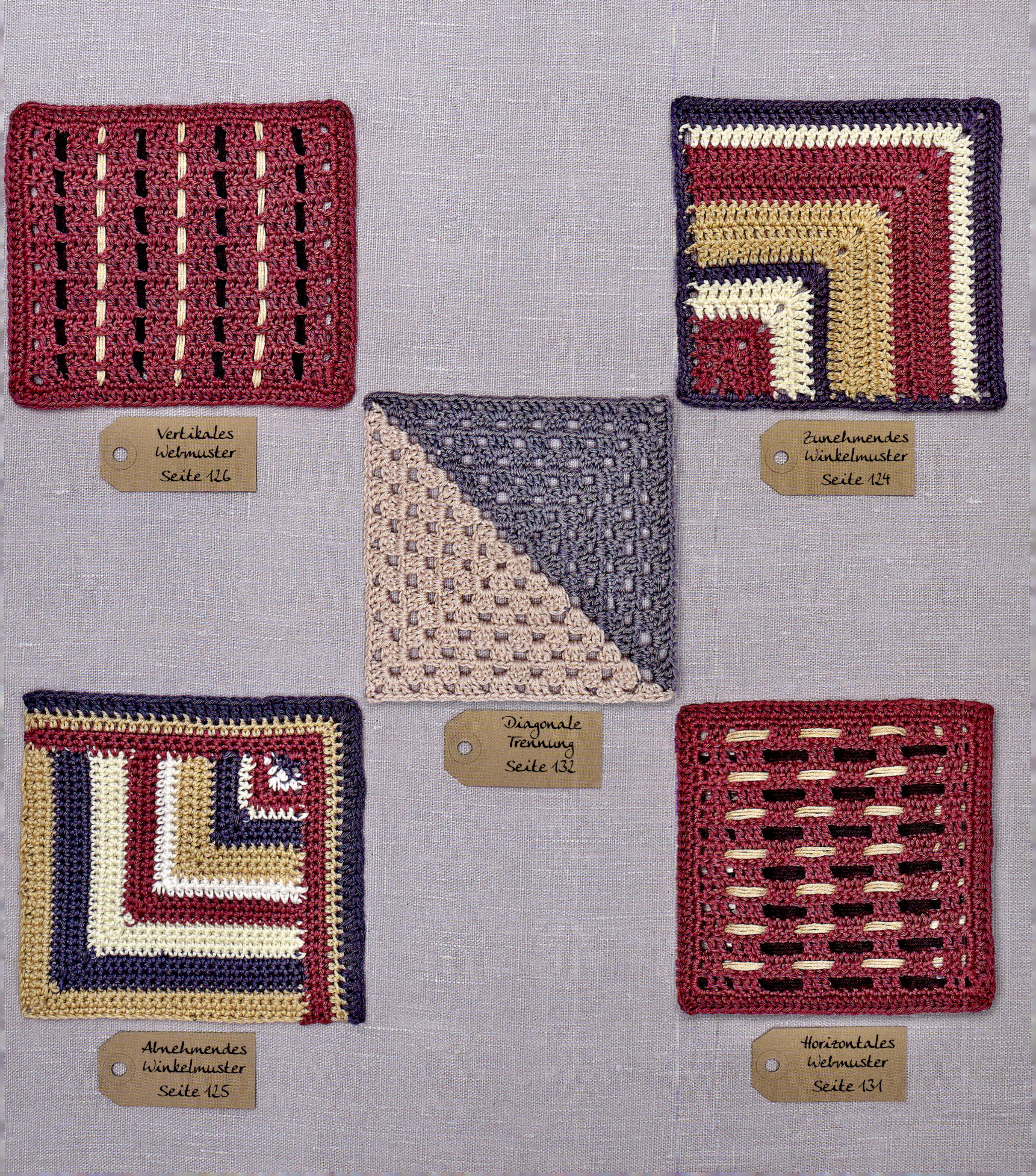
Vertikales Webmuster Seite 126
Zunehmendes Winkelmuster Seite 124
Diagonale Trennung Seite 132
Abnehmendes Winkelmuster Seite 125
Horizontales Webmuster Seite 131

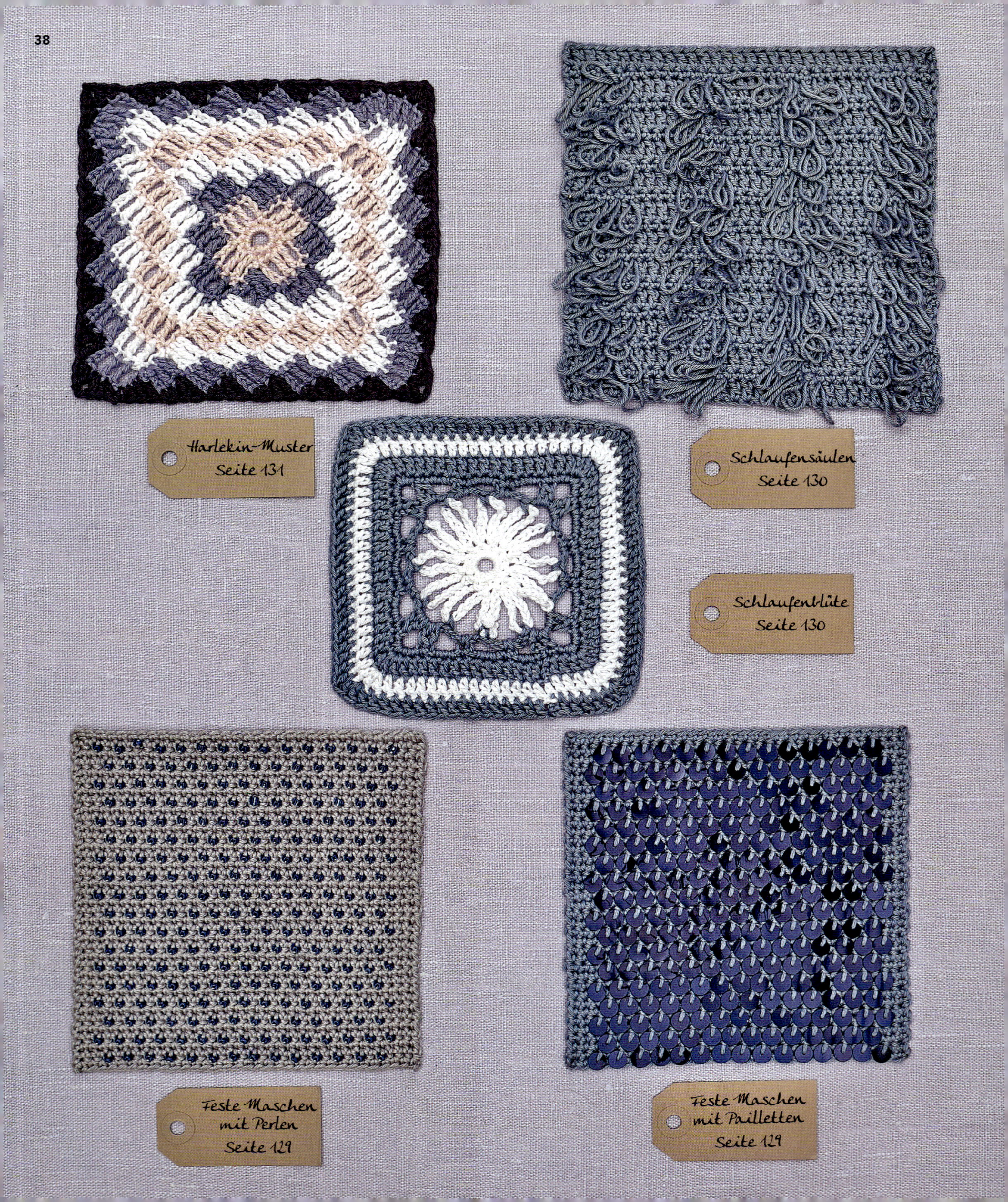
Harlekin-Muster
Seite 131
Schlaufensäulen
Seite 130
Schlaufenblüte
Seite 130
Feste Maschen
mit Perlen
Seite 129
Feste Maschen
mit Pailletten
Seite 129

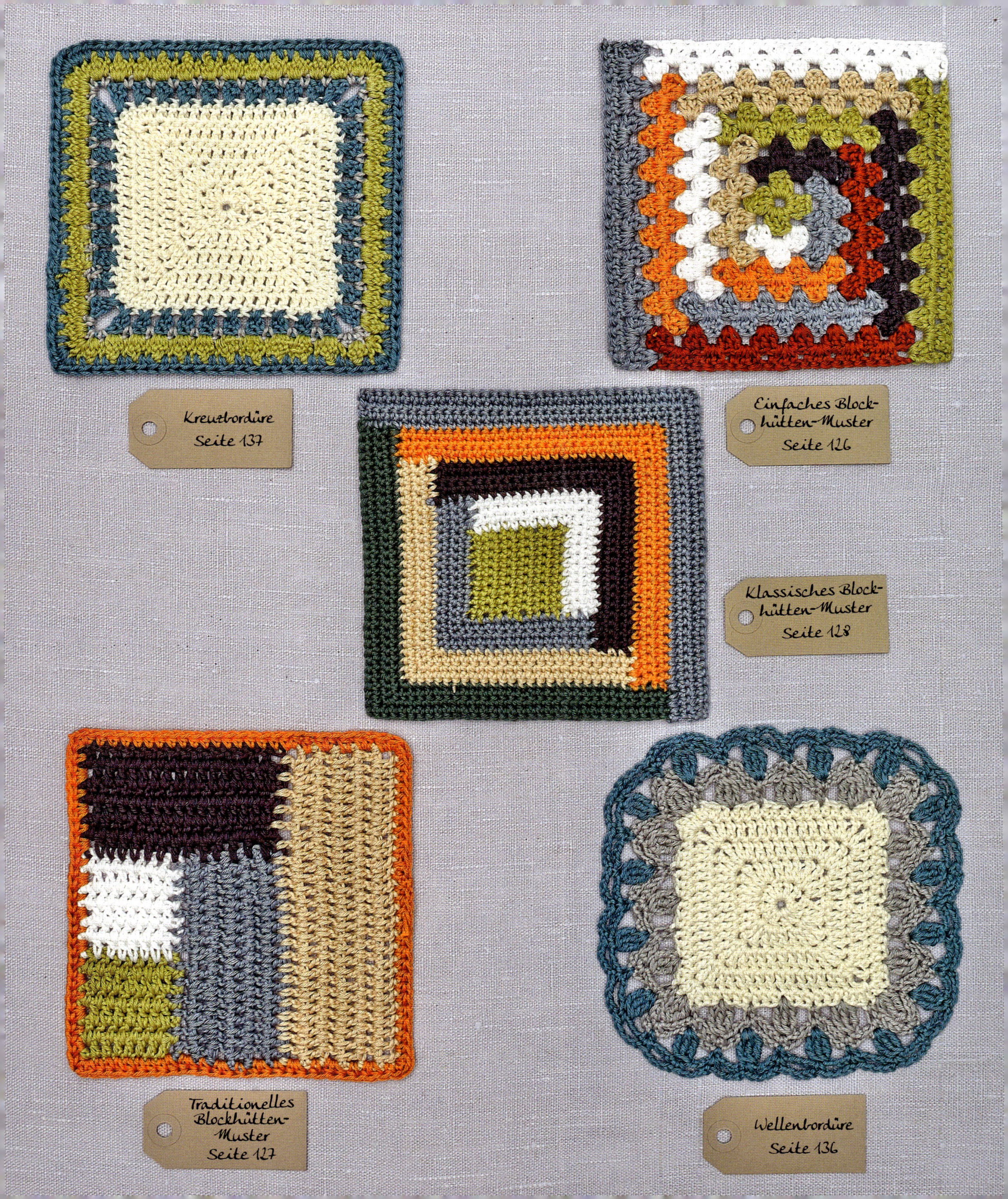
Kreuzbordüre
Seite 137
Einfaches Block-
hütten-Muster
Seite 126
Klassisches Block-
hütten-Muster
Seite 128
Traditionelles
Blockhütten-
Muster
Seite 127
Wellenbordüre
Seite 136

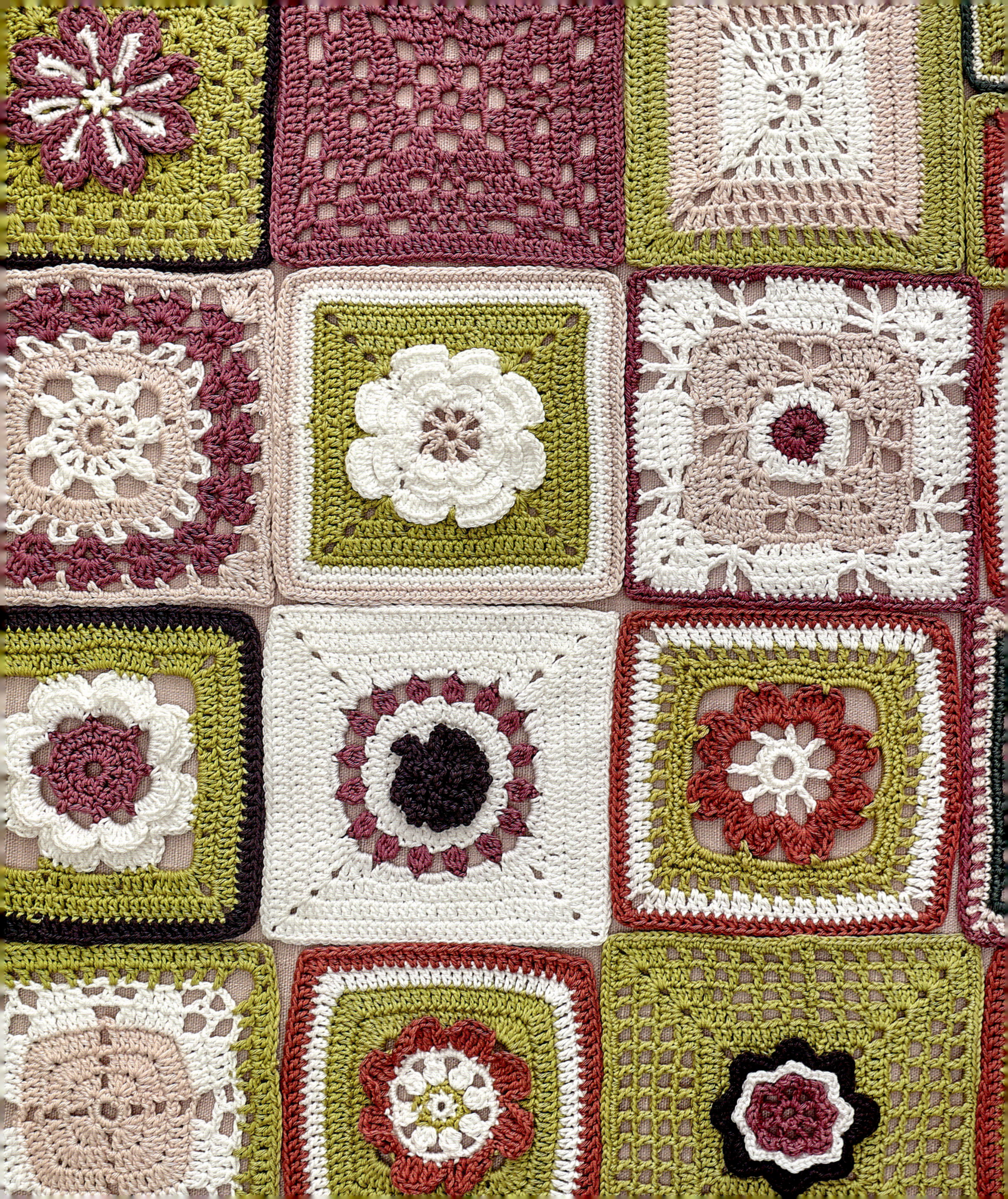

2

Häkelmuster

In diesem Kapitel finden Sie Schritt-für-Schritt-Anleitungen und farbige Häkelschriften für die in der Galerie enthaltenen Häkelquadrate.

Einfaches Granny Square

Siehe Seite 10

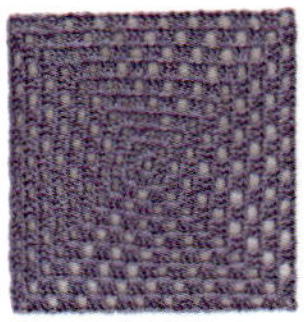

A = Lavendel

Anfangsring: Mit Garn A 6 Lm anschl und mit 1 Km zur Runde schließen.
Runde 1: 3 Lm (zählen als 1. Stb), 2 Stb in den Ring, 3 Lm, *3 Stb in den Ring, 3 Lm, ab * noch 2 x wdh, Rd mit 1 Km in die obere der 3 Anf-Lm schließen.
Runde 2: Je 1 Km in die folg 2 Stb und den folg 3-Lm-Eck-ZR, 3 Lm, für die Ecke [2 Stb, 3 Lm, 3 Stb] in denselben Eck-ZR, *1 Lm, [3 Stb, 3 Lm, 3 Stb] in den folg Eck-ZR, ab * noch 2 x wdh, 1 Lm, Rd mit 1 Km in die obere der 3 Anf-Lm schließen.
Runde 3: Je 1 Km in die folg 2 Stb und den folg 3-Lm-Eck-ZR, 3 Lm, für die Ecke [2 Stb, 3 Lm, 3 Stb] in denselben Eck-ZR, *1 Lm, 3 Stb in den folg Lm-ZR, 1 Lm, [3 Stb, 3 Lm, 3 Stb] in den folg Eck-ZR, ab * noch 2 x wdh, 1 Lm, 3 Stb in den folg Lm-ZR, 1 Lm, Rd mit 1 Km in die obere der 3 Anf-Lm schließen.
Runde 4: Je 1 Km in die folg 2 Stb und den folg 3-Lm-Eck-ZR, 3 Lm, für die Ecke [2 Stb, 3 Lm, 3 Stb] in denselben Eck-ZR, *[1 Lm, 3 Stb in den folg Lm-ZR] wdh entlang der Seite des Quadrats, 1 Lm, [3 Stb, 3 Lm, 3 Stb] in den folg Eck-ZR, ab * noch 2 x wdh, [1 Lm, 3 Stb in den folg Lm-ZR] wdh entlang der Seite des Quadrats, 1 Lm, Rd mit 1 Km in die obere der 3 Anf-Lm schließen.
Runde 5–9: Wie Runde 4 häkeln.
Faden abschneiden, durchziehen und vernähen.

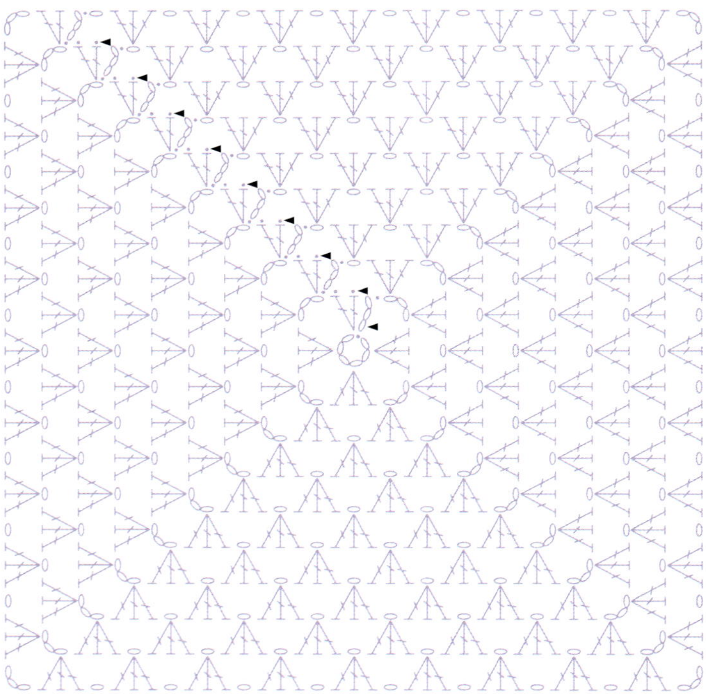

Traditionelles Granny Square

Siehe Seite 10

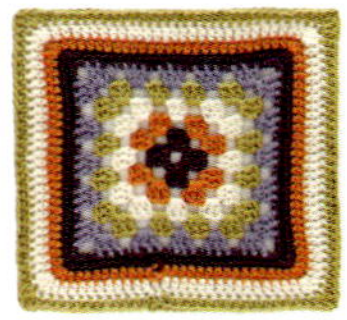

A = Johannisbeere
B = Kaki
C = Natur
D = Ringlotte
E = Lavendel

Anfangsring: Mit Garn A 6 Lm anschl und mit 1 Km zur Runde schließen.
Runde 1: 3 Lm (zählen als 1 Stb), 2 Stb in den Ring, 3 Lm, *3 Stb in den Ring, 3 Lm, ab * noch 2 x wdh, Rd mit 1 Km in die obere der 3 Anf-Lm schließen. Garn A abschneiden und durchziehen.
Runde 2: Garn B mit 1 Km an einen 3-Lm-Eck-ZR der Vor-Rd anfügen, 3 Lm, für die Ecke [2 Stb, 3 Lm, 3 Stb] in denselben Eck-ZR, *1 Lm, [3 Stb, 3 Lm, 3 Stb] in den folg Eck-ZR, ab * noch 2 x wdh, 1 Lm, Rd mit 1 Km in die obere der 3 Anf-Lm schließen. Garn B abschneiden und durchziehen.
Runde 3: Garn C mit 1 Km an einen 3-Lm-Eck-ZR der Vor-Rd anfügen, 3 Lm, für die Ecke [2 Stb, 3 Lm, 3 Stb] in denselben Eck-ZR, *1 Lm, 3 Stb in den folg Lm-ZR, 1 Lm, [3 Stb, 3 Lm, 3 Stb] in den folg Eck-ZR, ab * noch 2 x wdh, 1 Lm, 3 Stb in den folg Lm-ZR, 1 Lm, Rd mit 1 Km in die obere der 3 Anf-Lm schließen. Garn C abschneiden und durchziehen.
Runde 4: Garn D mit 1 Km an einen 3-Lm-Eck-ZR der Vor-Rd anfügen, 3 Lm, für die Ecke [2 Stb, 3 Lm, 3 Stb] in denselben Eck-ZR, *[1 Lm, 3 Stb in den folg Lm-ZR] wdh entlang der Seite des Quadrats, 1 Lm, [3 Stb, 3 Lm, 3 Stb] in den folg Eck-ZR, ab * noch 2 x wdh, [1 Lm, 3 Stb in den folg Lm-ZR] wdh entlang der Seite des Quadrats, 1 Lm, Rd mit 1 Km in die obere der 3 Anf-Lm schließen. Garn D abschneiden und durchziehen.
Runde 5: Garn E anfügen und wie Runde 4 arbeiten. Garn E abschneiden und durchziehen.
Runde 6: Garn A mit 1 Km an ein Stb der Vor-Rd anfügen. 1 Lm, 1 fM in jedes Stb und jeden Lm-ZR und 5 fM in jeden Eck-ZR der Vor-Rd arb, Rd mit 1 Km in die Anf-Lm schließen.
Runde 7: 1 Lm, 1 fM in jede fM der Vor-Rd und 3 fM in jede Eck-fM (mittlere der 5 fM an der Ecke) der Vor-Rd arb, Rd mit 1 Km in die Anf-Lm schließen, dabei auf Garn B wechseln. Garn A abschneiden.
Runde 8: 2 Lm, 1 hStb in jede fM und 3 hStb in jede Eck-fM (mittlere der 3 fM an der Ecke) der Vor-Rd arb, Rd mit 1 Km in die obere der 2 Anf-Lm schließen, dabei auf Garn C wechseln. Garn B abschneiden.
Runde 9: 2 Lm, 1 hStb in jedes hStb und 3 hStb in jedes Eck-hStb (mittleres der 3 hStb an der Ecke) der Vor-Rd arb, Rd mit 1 Km in die obere der 2 Anf-Lm schließen, dabei auf Garn D wechseln. Garn C abschneiden.
Runde 10: 1 Lm, 1 fM in jedes hStb und 3 fM in jedes Eck-hStb (mittleres der 3 hStb an der Ecke) der Vor-Rd arb, Rd mit 1 Km in die Anf-Lm schließen.
Faden abschneiden, durchziehen und alle Fadenenden vernähen.

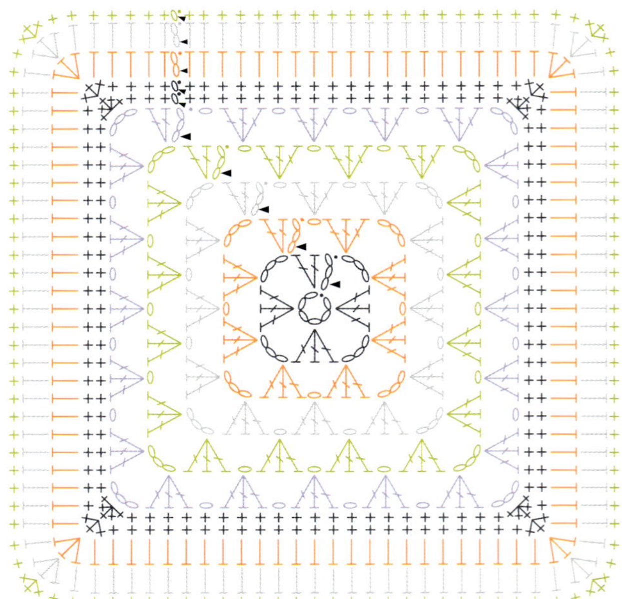

Rechteckiges Granny Square

Siehe Seite 10

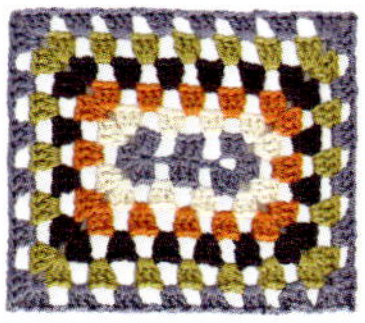

A = Lavendel
B = Natur
C = Kaki
D = Johannisbeere
E = Ringlotte

Luftmaschenkette: Mit Garn A 12 Lm anschl.

Runde 1: [2 Stb, 2 Lm, 3 Stb, 2 Lm, 3 Stb] in die 4 Lm ab Nd, 2 Lm, 2 Lm überg, 1 Stb in jede der folg 3 Lm, 2 Lm, 2 Lm überg, [3 Stb, 2 Lm, 3 Stb, 2 Lm, 3 Stb] in die 1. Lm der Lmk, ab jetzt weiter rund um die Lmk hk, 2 Lm, folg 2 Lm überg, 1 Stb in jede der folg 3 Lm, 2 Lm, 2 Lm überg, Rd mit 1 Km in die obere der 3 Anf-Lm schließen. Garn A abschneiden und durchziehen.

Runde 2: Garn B mit 1 Km an den letzten 2-Lm-ZR der Vor-Rd anfügen, 3 Lm (zählen als 1 Stb), 2 Stb in denselben Lm-ZR, 2 Lm, *[3 Stb, 2 Lm, 3 Stb, 2 Lm] in jeden der folg 2 Lm-ZR (2 Ecken), [3 Stb in den folg 2-Lm-ZR, 2 Lm] x 2, ab * noch 1 x wdh, dabei bei den vorletzten 2 Lm enden, Rd mit 1 Km in die obere der 3 Anf-Lm schließen. Garn B abschneiden und durchziehen.

Runde 3: Garn C mit 1 Km an den 1. 2-Lm-ZR der Vor-Rd anfügen, 3 Lm (zählen als 1 Stb), 2 Stb in denselben Lm-ZR, 2 Lm, *[3 Stb, 2 Lm, 3 Stb] in den folg 2-Lm-ZR (Ecke), 2 Lm, 3 Stb in den folg 2-Lm-ZR, 2 Lm, [3 Stb, 2 Lm, 3 Stb] in den folg 2-Lm-ZR (Ecke), [2 Lm, 3 Stb in den folg 2-Lm-ZR] x 3, 2 Lm, ab * noch 1 x wdh, dabei bei den vorletzten 2 Lm enden, Rd mit 1 Km in die obere der 3 Anf-Lm schließen. Garn C abschneiden und durchziehen.

Runde 4: Garn D mit 1 Km an den 1. 2-Lm-ZR der Vor-Rd anfügen, 3 Lm (zählen als 1 Stb), 2 Stb in denselben Lm-ZR, 2 Lm, *[3 Stb, 2 Lm, 3 Stb] in den folg 2-Lm-ZR (Ecke), [2 Lm, 3 Stb in den folg 2-Lm-ZR] wdh entlang der kurzen Seite des Rechtecks, 2 Lm, [3 Stb, 2 Lm, 3 Stb] in den folg 2-Lm-ZR (Ecke), [2 Lm, 3 Stb in den folg 2-Lm-ZR] wdh entlang der langen Seite des Rechtecks, 2 Lm, ab * noch 1 x wdh, Rd mit 1 Km in die obere der 3 Anf-Lm schließen. Garn D abschneiden und durchziehen.

Runde 5: Mit Garn E wie Runde 4 arbeiten. Garn E abschneiden und durchziehen.

Runde 6: Mit Garn A wie Runde 4 arbeiten.

Faden abschneiden, durchziehen und alle Fadenenden vernähen.

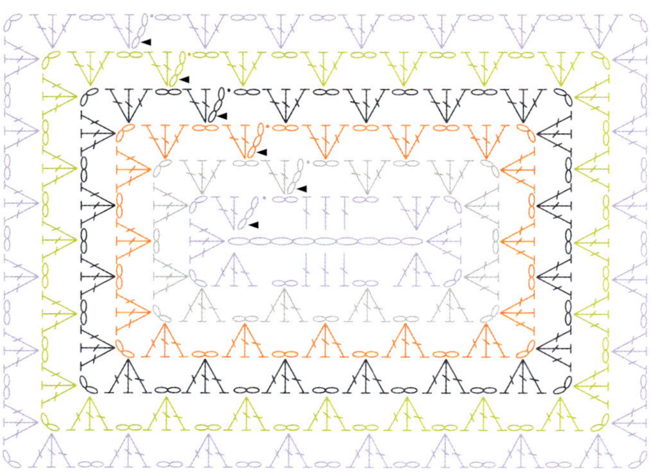

Gestreiftes Granny Square

Siehe Seite 11

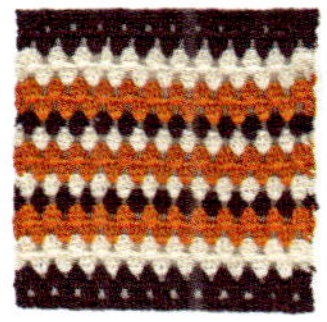

A = Johannisbeere
B = Natur
C = Kaki

Luftmaschenkette: Mit Garn A 38 Lm anschl.

Anfangsreihe (RS): 1 fM in die 2. Lm ab Nd, *1 fM in die folg Lm, ab * bis R-Ende wdh, wenden. (37 fM)

Reihe 1: 3 Lm (zählen als 1 Stb), 1 Stb in die letzte fM der Vor-R, [2 fM überg, 3 Stb in die folg fM] wdh bis zur drittletzten fM, 2 fM überg, 2 Stb in die letzte fM, wenden.

Reihe 2: 3 Lm (zählen als 1 Stb), 1 Stb in das letzte Stb der Vor-R, [3 Stb in den folg Stb-ZR] wdh bis R-Ende, 2 Stb in die obere der 3 Anf-Lm der Vor-R, wenden. Garn A abschneiden und durchziehen.

Reihe 3: Garn B anfügen, 3 Lm (zählen als 1 Stb), [3 Stb in den folg Stb-ZR] wdh bis R-Ende, 1 Stb in die obere der 3 Anf-Lm der Vor-R, wenden.

Reihe 4: 3 Lm (zählen als 1 Stb), 1 Stb in das letzte Stb der Vor-R, [3 Stb in den folg Stb-ZR] wdh bis R-Ende, 2 Stb in die obere der 3 Anf-Lm der Vor-R, wenden. Garn B abschneiden und durchziehen.

Reihe 5–6: Mit Garn C wie Reihe 3–4 arbeiten.

Reihe 7: Mit Garn A wie Reihe 3 arbeiten. Garn A abschneiden.

Reihe 8: Mit Garn B wie Reihe 4 arbeiten.

Reihe 9–10: Mit Garn C wie Reihe 3–4 arbeiten.

Reihe 11: Mit Garn B, wie Reihe 3 arbeiten. Garn B abschneiden

Reihe 12: Mit Garn A wie Reihe 4 arbeiten.

Reihe 13–14: Mit Garn C wie Reihe 3–4 arbeiten.

Reihe 15–16: Mit Garn B wie Reihe 3–4 arbeiten.

Reihe 17–18: Mit Garn A wie Reihe 3–4 arbeiten, aber Garn A nicht abschneiden.

Reihe 19: 1 Lm, *1 fM in das folg Stb, ab * wdh bis R-Ende.

Faden abschneiden, durchziehen und alle Fadenenden vernähen.

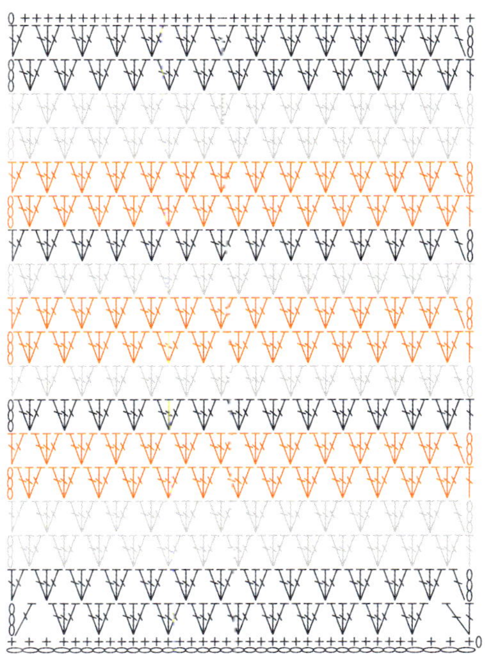

Vierteiliges Granny Square

Siehe Seite 10

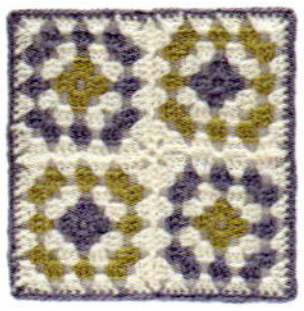

A = Ringlotte
B = Natur
C = Lavendel

ERSTES MOTIV

Anfangsring: Mit Garn A 6 Lm anschl und mit 1 Km zur Runde schließen.
Runde 1: 3 Lm (zählen als 1 Stb), 2 Stb in den Ring, 3 Lm, *3 Stb in den Ring, 3 Lm, ab * noch 2 x wdh, 1 Km in die obere der 3 Anf-Lm. Garn A abschneiden und durchziehen.
Runde 2: Garn B mit 1 Km an einen 3-Lm-Eck-ZR der Vor-Rd anfügen, 3 Lm, für die Ecke [2 Stb, 3 Lm, 3 Stb] in denselben Eck-ZR, *1 Lm, [3 Stb, 3 Lm, 3 Stb] in den folg Eck-ZR, ab * noch 2 x wdh, 1 Lm, 1 Km in die obere der 3 Anf-Lm. Garn B abschneiden und durchziehen.
Runde 3: Garn C mit 1 Km an einen 3-Lm-Eck-ZR der Vor-Rd anfügen, 3 Lm, für die Ecke [2 Stb, 3 Lm, 3 Stb] in denselben Eck-ZR, *1 Lm, 3 Stb in den folg Lm-ZR, 1 Lm, [3 Stb, 3 Lm, 3 Stb] in den folg Eck-ZR, ab * noch 2 x wdh, 1 Lm, 3 Stb in den folg LmZR, 1 Lm, 1 Km in die obere der 3 Anf-Lm. Garn C abschneiden und durchziehen.
Runde 4: Garn B mit 1 Km an einen 3-Lm-Eck-ZR der Vor-Rd anfügen, 3 Lm, für die Ecke [2 Stb, 3 Lm, 3 Stb] in denselben Eck-ZR, *[1 Lm, 3 Stb in den folg Lm-ZR] wdh entlang der Seite des Quadrats, 1 Lm, [3 Stb, 3 Lm, 3 Stb] in den folg Eck-ZR, ab * noch 2 x wdh, [1 Lm, 3 Stb in den folg Lm-ZR] wdh entlang der Seite des Quadrats, 1 Lm, 1 Km in die obere der 3 Anf-Lm. Faden abschneiden und durchziehen.

ZWEITES MOTIV

Anfangsring: Mit Garn C 6 Lm anschl und mit 1 Km zur Runde schließen.
Runde 1: 3 Lm (zählen als 1 Stb), 2 Stb in den Ring, 3 Lm, *3 Stb in den Ring, 3 Lm, ab * noch 2 x wdh, 1 Km in die obere der 3 Anf-Lm. Garn C abschneiden und durchziehen.
Runde 2: Garn B mit 1 Km an einen 3-Lm-Eck-ZR der Vor-Rd anfügen, 3 Lm, für die Ecke [2 Stb, 3 Lm, 3 Stb] in denselben Eck-ZR, *1 Lm, [3 Stb, 3 Lm, 3 Stb] in den folg Eck-ZR, ab * noch 2 x wdh, 1 Lm, 1 Km in die obere der 3 Anf-Lm. Garn B abschneiden und durchziehen.
Runde 3: Garn A mit 1 Km an einen 3-Lm-Eck-ZR der Vor-Rd anfügen, 3 Lm, für die Ecke [2 Stb, 3 Lm, 3 Stb] in denselben Eck-ZR, *1 Lm, 3 Stb in den folg Lm-ZR, 1 Lm, [3 Stb, 3 Lm, 3 Stb] in den folg Eck-ZR, ab * noch 2 x wdh, 1 Lm, 3 Stb in den folg Lm-ZR, 1 Lm, 1 Km in die obere der 3 Anf-Lm. Garn A abschneiden und durchziehen.
Runde 4: Garn B mit 1 Km an einen 3-Lm-Eck-ZR der Vor-Rd anfügen, 3 Lm, für die Ecke [2 Stb, 3 Lm, 3 Stb] in denselben Eck-ZR, [1 Lm, 3 Stb in den folg Lm-ZR] wdh entlang der Seite des Quadrats, 1 Lm, 3 Stb in den folg 3-Lm-ZR, 1 Lm, mit 2 Km in einen 3-Lm-Eck-ZR das 1. Motiv anfügen, nochmals 3 Stb in den Eck-ZR des 1. Motivs, [1 Km in den folg Lm-ZR des 1. Motivs, 3 Stb in den folg Lm-ZR des 2. Motivs] x 2, 1 Km in den folg Lm-ZR des 1. Motivs, 3 Stb in den folg 3-Lm-Eck-ZR des 2. Motivs, 2 Km in den folg 3-Lm-Eck-ZR des 1. Motivs, 1 Lm, nochmals 3 Stb in den Eck-ZR des 2. Motivs, [1 Lm, 3 Stb in den folg Lm-ZR] wdh entlang der Seite des Quadrats, 1 Lm, [3 Stb, 3 Lm, 3 Stb] in den folg 3-Lm-Eck-ZR, [1 Lm, 3 Stb in den folg Lm-ZR] wdh entlang der Seite des Quadrats, 1 Lm, 1 Km in die obere der 3 Anf-Lm. Faden abschneiden und durchziehen.

DRITTES MOTIV

Runde 1–3 des 2. Motivs arbeiten.
Runde 4: Garn B mit 1 Km an einen 3-Lm-Eck-ZR der Vor-Rd anfügen, 3 Lm, für die Ecke [2 Stb, 3 Lm, 3 Stb] in denselben Eck-ZR, [1 Lm, 3 Stb in den folg Lm-ZR] wdh entlang der Seite des Quadrats, 1 Lm, [3 Stb, 3 Lm, 3 Stb] in den folg Eck-ZR, [1 Lm, 3 Stb in den folg Lm-ZR] wdh entlang der Seite des Quadrats, 1 Lm, 3 Stb in den folg Eck-ZR, 1 Lm, 2 Km in den unteren linken 3-Lm-Eck-ZR des 1. Motivs, nochmals 3 Stb in den Eck-ZR des 3. Motivs, [1 Km in den folg Lm-ZR des 1. Motivs, 3 Stb in den folg Lm-ZR des 3. Motivs] x 2, 1 Km in den folg Lm-ZR des 1. Motivs, 3 Stb in den folg Eck-ZR, 2 Km in den oberen linken 3-Lm-Eck-ZR des 1. Motivs, 1 Lm, nochmal 3 Stb in den Eck-ZR des 3. Motivs, [1 Lm, 3 Stb in den folg Lm-ZR] x 2, 1 Lm, 1 Km in die obere der 3 Anf-Lm. Faden abschneiden und durchziehen.

VIERTES MOTIV

Runde 1–3 des 1. Motivs arbeiten.
Runde 4: Garn B mit 1 Km an einen 3-Lm-Eck-ZR der Vor-Rd anfügen, 3 Lm, für die Ecke [2 Stb, 3 Lm, 3 Stb] in denselben Eck-ZR, [1 Lm, 3 Stb in den folg Lm-ZR] wdh entlang der Seite des Quadrats, 1 Lm, 3 Stb in den folg Eck-ZR, 1 Lm, 2 Km in den oberen linken 3-Lm-Eck-ZR des 3. Motivs, nochmals 3 Stb in den Eck-ZR des 4. Motivs, [1 Km in den folg Lm-ZR des 3. Motivs, 3 Stb in den folg Lm-ZR des 4. Motivs] x 2, 1 Km in den folg Lm-ZR des 3. Motivs, 3 Stb in den folg Eck-ZR, 1 Km in den oberen rechten Eck-ZR des 3. Motivs, 1 Km in den oberen linken Eck-ZR des 1. Motivs, 1 Km in den unteren rechten Eck-ZR des 2. Motivs, nochmals 3 Stb in den Eck-ZR des 4. Motivs, [1 Km in den folg Lm-ZR des 2. Motivs, 3 Stb in den folg Lm-ZR des 4. Motivs] x 2, 1 Km in den folg Lm-ZR des 2. Motivs, 3 Stb in den folg Eck-ZR, 2 Km in den oberen linken Eck-ZR des 2. Motivs, 1 Lm, nochmals 3 Stb in den Eck-ZR des 4. Motivs, [1 Lm, 3 Stb in den folg LmZR] x 2, 1 Lm, 1 Km in die obere der 3 Anf-Lm. Faden abschneiden und durchziehen.
Rand: Garn C mit 1 Km an ein Stb der Vor-Rd anfügen, 1 Lm, 1 fM in dasselbe Stb, 1 fM in jedes Stb und jeden Lm-ZR und 3 fM in jeden Eck-ZR der Vor-Rd arb, 1 Km in die Anf-Lm.
Faden abschneiden, durchziehen und alle Fadenenden vernähen.

Viertes Motiv

Zweites Motiv

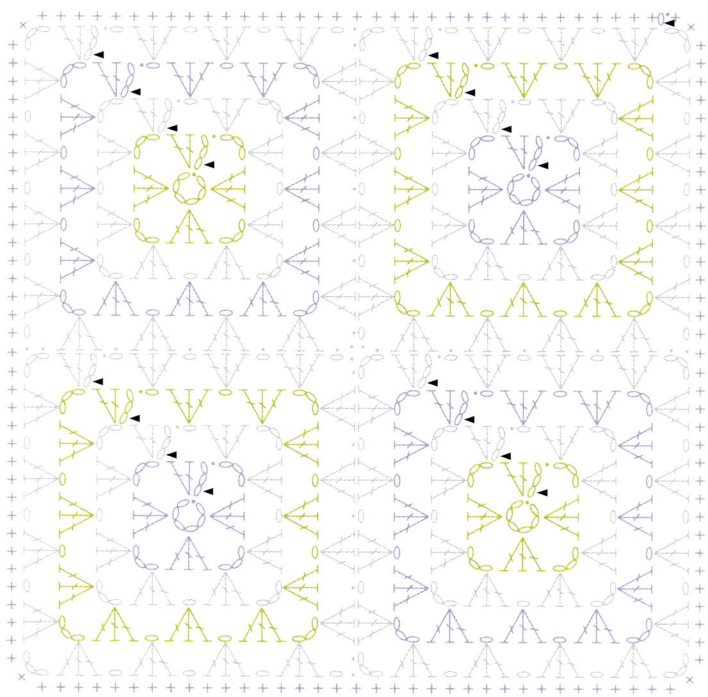

Drittes Motiv

Erstes Motiv

Winkelmuster

Siehe Seite 11

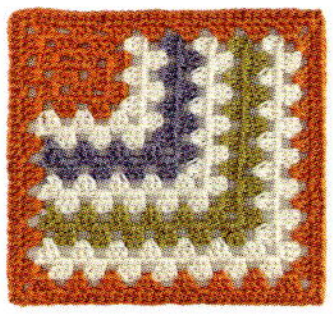

A = Kaki
B = Natur
C = Lavendel
D = Ringlotte

Anfangsring: Mit Garn A 6 Lm anschl und mit 1 Km zur Runde schließen.
Runde 1: 3 Lm (zählen als 1 Stb), 2 Stb in den Ring, 3 Lm, *3 Stb in den Ring, 3 Lm, ab * noch 2 x wdh, Rd mit 1 Km in die obere der 3 Anf-Lm schließen.
Runde 2: Je 1 Km in die folg 2 Stb und den folg 3-Lm-Eck-ZR der Vor-Rd, 3 Lm, für die Ecke [2 Stb, 3 Lm, 3 Stb] in denselben Eck-ZR, *1 Lm, [3 Stb, 3 Lm, 3 Stb] in den folg Eck-ZR, ab * noch 2 x wdh, 1 Lm, Rd mit 1 Km in die obere der 3 Anf-Lm schließen. Garn A abschneiden und durchziehen.
Reihe 3: Garn B mit 1 Km an einen 3-Lm-Eck-ZR der Vor-Rd anfügen, 3 Lm, 2 Stb in denselben Eck-ZR, *1 Lm, 3 Stb in den folg Lm-ZR**, 1 Lm, [3 Stb, 3 Lm, 3 Stb] in den folg Eck-ZR, von * bis ** noch 1 x wdh, 1 Lm, 3 Stb in die Eck-Lm (2. der 3 Lm des Eck-ZR), wenden.
Reihe 4: 3 Lm (zählen als 1 Stb), *[1 Lm, 3 Stb in den folg Lm-ZR] wdh entlang der Seite des Quadrats**, 1 Lm, [3 Stb, 3 Lm, 3 Stb] in den 3-Lm-Eck-ZR, von * bis ** noch 1 x wdh, 1 Lm, 1 Stb in die obere der 3 Anf-Lm der Vor-R. Garn B abschneiden und durchziehen.
Reihe 5: Garn C anfügen, 3 Lm (zählen als 1 Stb), 2 Stb in das letzte Stb der Vor-Rd, *[1 Lm, 3 Stb in den folg Lm-ZR] wdh entlang der Seite des Quadrats**, 1 Lm, [3 Stb, 3 Lm, 3 Stb] in den Eck-ZR, von * bis ** noch 1 x wdh, 1 Lm, 3 Stb in die obere der 3 Anf-Lm der Vor-R, wenden.
Reihe 6: 3 Lm (zählen als 1 Stb), *[1 Lm, 3 Stb in den folg Lm-ZR] wdh entlang der Seite des Quadrats**, 1 Lm, [3 Stb, 3 Lm, 3 Stb] in den 3-Lm-Eck-ZR, von * bis ** noch 1 x wdh, 1 Lm, 1 Stb in die obere der 3 Anf-Lm der Vor-R, wenden. Garn C abschneiden und durchziehen.
Reihe 7–8: Mit Garn B wie R 5–6 arb.
Reihe 9–10: Mit Garn D wie R 5–6 arb.
Reihe 11–12: Wie Reihe 7–8 arbeiten.
Runde 13: Garn A an einen Lm-ZR der Vor-Rd anfügen, 3 Lm, 2 Stb in denselben Lm-ZR, *[1 Lm, 3 Stb in den folg Lm-ZR] wdh entlang der Seite des Quadrats**, 1 Lm, [3 Stb, 3 Lm, 3 Stb] in den folg Eck-ZR, ab * noch 2 x wdh, von * bis ** noch 1 x wdh, 3 Lm, Rd mit 1 Km in die obere der 3 Anf-Lm schließen.
Runde 14: 2 Lm (zählen als 1 hStb), 1 hStb in jedes Stb und jeden Lm-ZR und [1 hStb, 1 Stb, 1 hStb] in jeden Eck-ZR der Vor-Rd arb, Rd mit 1 Km in die obere der 2 Anf-Lm schließen.
Faden abschneiden, durchziehen und alle Fadenenden vernähen.

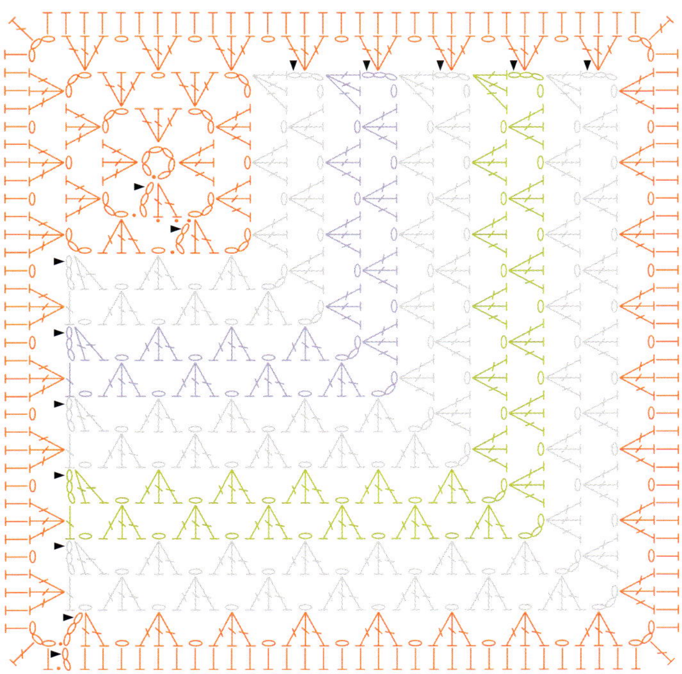

Einfache Blüte

Siehe Seite 11

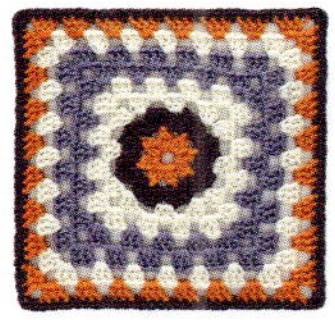

A = Kaki
B = Johannisbeere
C = Natur
D = Lavendel

BESONDERE MASCHEN

Anf-Bm (Anfangs-Büschelmasche aus 2 zus abgem Stb): [1 U, in die angegebene M einstechen, Faden holen und durchziehen, 1 U, Faden durch die 1. 2 Schl auf der Nd ziehen] x 2, 1 U, Faden durch alle 3 Schl auf der Nd ziehen.
Bm (Büschelmasche aus 3 zus abgem Stb): [1 U, in die angegebene M einstechen, Faden holen und durchziehen, 1 U, Faden durch die 1. 2 Schl auf der Nd ziehen] x 3, 1 U, Faden durch alle 4 Schl auf der Nd ziehen.

Anfangsring: Mit Garn A 6 Lm anschl und mit 1 Km zur Runde schließen.
Runde 1: 3 Lm (zählen als 1 Stb), Anf-Bm in den Ring, 3 Lm, [Bm in den Ring, 3 Lm] x 7, 1 Km in die Anf-Bm. Garn A abschneiden und durchziehen.
Runde 2: Garn B mit 1 Km an einen 3-Lm-ZR der Vor-Rd anfügen, 3 Lm (zählen als 1 Stb), [Anf-Bm, 1 Lm, Bm] in denselben Lm-ZR, 1 Lm, *[Bm, 1 Lm, Bm] in den folg Lm-ZR, 1 Lm, ab * noch 6 x wdh, 1 Km in die Anf-Bm. Garn B abschneiden und durchziehen.
Runde 3: Garn C mit 1 Km an eine Bm der Vor-Rd anfügen, 3 Lm, [2 Stb, 3 Lm, 3 Stb] in dieselbe Bm, *1 Lm, 1 Lm-ZR und 1 Bm überg, 1 Stb in den folg Lm-ZR, 1 Stb in die folg Bm, 1 Stb in den folg Lm-ZR, 1 Lm, 1 Bm und 1 Lm-ZR überg, [3 Stb, 3 Lm, 3 Stb] in die folg Bm, ab * noch 2 x wdh, 1 Lm, 1 Lm-ZR und 1 Bm überg, 1 Stb in den folg Lm-ZR, 1 Stb in die folg Bm, 1 Stb in den folg Lm-ZR, 1 Lm, 1 Km in die obere der 3 Anf-Lm.
Runde 4: Je 1 Km in die folg 2 Stb und in den 3-Lm-Eck-ZR der Vor-Rd, 3 Lm, [2 Stb, 3 Lm, 3 Stb] in denselben Eck-ZR, *[1 Lm, 3 Stb in den folg Lm-ZR] wdh entlang der Seite des Quadrats, 1 Lm, [3 Stb, 3 Lm, 3 Stb] in den folg Eck-ZR, ab * noch 2 x wdh, [1 Lm, 3 Stb in den folg Lm-ZR] wdh entlang der Seite des Quadrats, 1 Lm, 1 Km in die obere der 3 Anf-Lm. Garn C abschneiden und durchziehen.
Runde 5: Garn D mit 1 Km an einen 3-Lm-Eck-ZR der Vor-Rd anfügen, 3 Lm, [2 Stb, 3 Lm, 3 Stb] in denselben Eck-ZR, *[1 Lm, 3 Stb in den folg Lm-ZR] wdh entlang der Seite des Quadrats, 1 Lm, [3 Stb, 3 Lm, 3 Stb] in den folg Eck-ZR, ab * noch 2 x wdh, [1 Lm, 3 Stb in den folg Lm-ZR] wdh entlang der Seite des Quadrats, 1 Lm, 1 Km in die obere der 3 Anf-Lm.
Runde 6: Mit Garn D wie Rd 4 arb.
Runde 7: Mit Garn C wie Rd 5 arb. Garn C abschneiden und durchziehen.
Runde 8: Mit Garn A wie Rd 7 arb.
Runde 9: Garn B an ein Stb der Vor-Rd anfügen, 1 Lm, 1 fM in dasselbe Stb, 1 fM in jedes Stb und jeden Lm-ZR und [1 fM, 1 hStb, 1 fM] in jeden Eck-ZR der Vor-Rd arb, 1 Km in die 1. fM.
Faden abschneiden, durchziehen und alle Fadenenden vernähen.

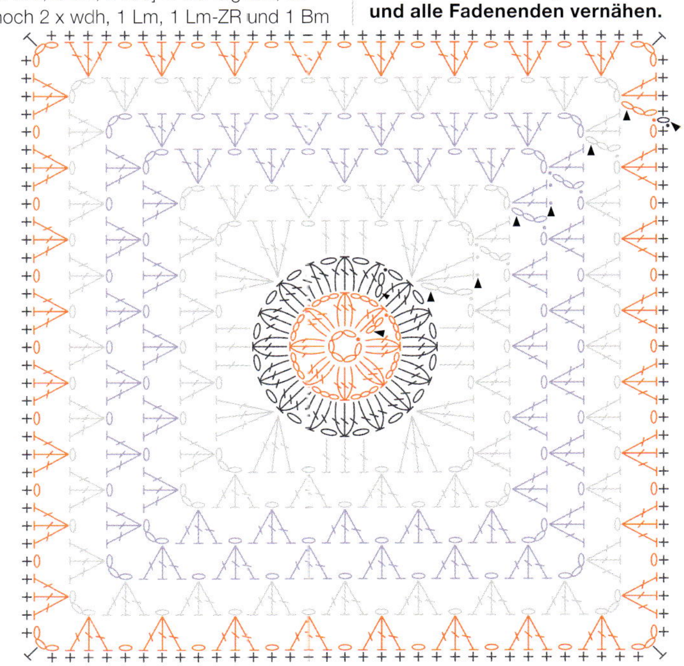

Wechselspiel

Siehe Seite 10

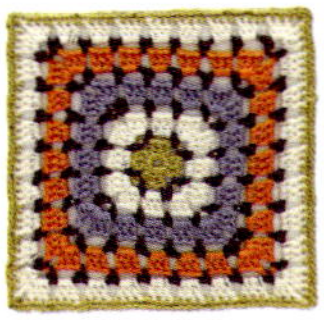

A = Ringlotte
B = Johannisbeere
C = Natur
D = Lavendel
E = Kaki

Anfangsring: Mit Garn A 4 Lm anschl und mit 1 Km zur Runde schließen.
Runde 1: 3 Lm (zählen als 1 Stb), 2 Stb in den Ring, 2 Lm, *3 Stb in den Ring, 2 Lm, ab * noch 2 x wdh, Rd mit 1 Km in die obere der 3 Anf-Lm schließen. Garn A abschneiden und durchziehen.
Runde 2: Garn B mit 1 Km an einen 2-Lm-ZR der Vor-Rd anfügen, 1 Lm, [1 fM, 3 Lm, 1 fM] in denselben Lm-ZR, *3 Lm, [1 fM, 3 Lm, 1 fM] in den folg 2-Lm-ZR, ab * noch 2 x wdh, 3 Lm, Rd mit 1 Km in die 1. fM schließen. Garn B abschneiden und durchziehen.
Runde 3: Garn C mit 1 Km an einen 3-Lm-Eck-ZR der Vor-Rd anfügen, 3 Lm, [2 Stb, 3 Lm, 3 Stb] in denselben Eck-ZR, 1 Lm, 3 Stb in den folg 3-Lm-ZR, 1 Lm, *[3 Stb, 3 Lm, 3 Stb] in den folg Eck-ZR, 1 Lm, 3 Stb in den folg 3-Lm-ZR, 1 Lm, ab * noch 2 x wdh, Rd mit 1 Km in die obere der 3 Anf-Lm schließen. Garn C abschneiden und durchziehen.
Runde 4: Garn B mit 1 Km an einen 3-Lm-Eck-ZR der Vor-Rd anfügen, 1 Lm, [1 fM, 3 Lm, 1 fM] in denselben Eck-ZR, 3 Lm, [1 fM in den folg Lm-ZR, 3 Lm] x 2, *[1 fM, 3 Lm, 1 fM] in den folg Eck-ZR, 3 Lm, [1 fM in den folg Lm-ZR, 3 Lm] x 2, ab * noch 2 x wdh, Rd mit 1 Km in die 1. fM schließen. Garn B abschneiden und durchziehen.
Runde 5: Garn D mit 1 Km an einen 3-Lm-Eck-ZR der Vor-Rd anfügen, 3 Lm, [2 Stb, 3 Lm, 3 Stb] in denselben Eck-ZR, 1 Lm, [3 Stb in den folg Lm-ZR, 1 Lm] x 3, *[3 Stb, 3 Lm, 3 Stb] in den folg Eck-ZR, 1 Lm, [3 Stb in den folg Lm-ZR, 1 Lm] x 3, ab * noch 2 x wdh, Rd mit 1 Km in die obere der 3 Anf-Lm schließen. Garn D abschneiden und durchziehen.
Runde 6: Garn B mit 1 Km an einen 3-Lm-Eck-ZR der Vor-Rd anfügen, 1 Lm, [1 fM, 3 Lm, 1 fM] in denselben Eck-ZR, 3 Lm, [1 fM in den folg Lm-ZR, 3 Lm] x 4, *[1 fM, 3 Lm, 1 fM] in den folg Eck-ZR, 3 Lm, [1 fM in den folg Lm-ZR, 3 Lm] x 4, ab * noch 2 x wdh, Rd mit 1 Km in die 1. fM schließen. Garn B abschneiden und durchziehen.
Runde 7: Garn E mit 1 Km an einen 3-Lm-Eck-ZR der Vor-Rd anfügen, 3 Lm, [2 Stb, 3 Lm, 3 Stb] in denselben Eck-ZR, 1 Lm, [3 Stb in den folg Lm-ZR, 1 Lm] x 5, *[3 Stb, 3 Lm, 3 Stb] in den folg Eck-ZR, 1 Lm, [3 Stb in den folg Lm-ZR, 1 Lm] x 5, ab * noch 2 x wdh, Rd mit 1 Km in die obere der 3 Anf-Lm schließen. Garn E abschneiden und durchziehen.
Runde 8: Garn B mit 1 Km an einen 3-Lm-Eck-ZR der Vor-Rd anfügen, 1 Lm, [1 fM, 3 Lm, 1 fM] in denselben Eck-ZR, 3 Lm, [1 fM in den folg Lm-ZR, 3 Lm] x 6, *[1 fM, 3 Lm, 1 fM] in den folg Eck-ZR, 3 Lm, [1 fM in den folg Lm-ZR, 3 Lm] x 6, ab * noch 2 x wdh, Rd mit 1 Km in die 1. fM schließen. Garn B abschneiden und durchziehen.
Runde 9: Garn C mit 1 Km an einen 3-Lm-Eck-ZR der Vor-Rd anfügen, 3 Lm, [2 Stb, 3 Lm, 3 Stb] in denselben Eck-ZR, 1 Lm, [3 Stb in den folg Lm-ZR, 1 Lm] x 7, *[3 Stb, 3 Lm, 3 Stb] in den folg Eck-ZR, 1 Lm, [3 Stb in den folg Lm-ZR, 1 Lm] x 7, ab * noch 2 x wdh, Rd mit 1 Km in die obere der 3 Anf-Lm schließen. Garn C abschneiden und durchziehen.
Runde 10: Garn A mit 1 Km an ein Stb der Vor-Rd anfügen, 1 Lm, 1 fM in dasselbe Stb, 1 fM in jedes Stb und jeden Lm-ZR und 3 fM in jeden Eck-ZR der Vor-Rd arb, Rd mit 1 Km in die 1. fM schließen.
Faden abschneiden, durchziehen und alle Fadenenden vernähen.

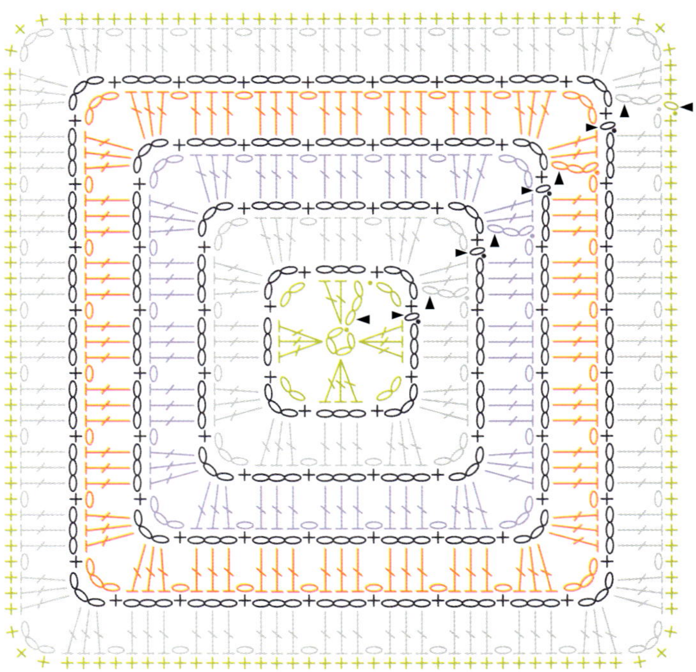

3-D-Blüte

Siehe Seite 11

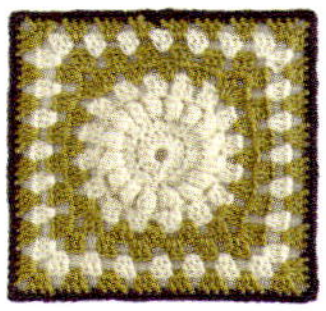

A = Natur
B = Ringlotte
C = Johannisbeere

BESONDERE MASCHEN

Pm (Popcornmasche): 5 Stb in die angegebene M arb, die Schl vorsichtig von der Nd nehmen, von vorne nach hinten in das Köpfchen des 1. Stb einstechen, die fallengelassene Schl wieder auf die Nd nehmen und durchziehen.

Anfangsring: Mit Garn A 6 Lm anschl und mit 1 Km zur Runde schließen.
Runde 1: 3 Lm (zählen als 1 Stb), 15 Stb in den Ring, 1 Km in die obere der 3 Anf-Lm. (16 Stb)
Runde 2: 3 Lm (zählen als 1 Stb), 1 Stb in die obere der 3 Anf-Lm der Vor-Rd, *2 Stb in das folg Stb, ab * wdh bis Rd-Ende, 1 Km in die obere der 3 Anf-Lm. (32 Stb)
Runde 3: 3 Lm (zählen als 1 Stb), 1 Pm in das folg Stb, [1 Stb in das folg Stb, 1 Pm in das folg Stb] x 15, 1 Km in die obere der 3 Anf-Lm. (16 Pm, 16 Stb)
Runde 4: 1 Lm, 1 fM in das 1. Stb (obere der 3 Anf-Lm der Vor-Rd), *2 Lm, 1 Pm überg, 1 fM in das folg Stb, ab * noch 14 x wdh, 2 Lm, 1 Km in die 1. fM. (16 2-Lm-ZR)
Runde 5: 1 Km in den folg 2-Lm-ZR, 3 Lm (zählen als 1 Stb), 2 Stb in denselben Lm-ZR, *[1 Lm, 3 Stb] in den folg 2-Lm-ZR, ab * noch 14 x wdh, 1 Lm, 1 Km in die obere der 3 Anf-Lm. (16 Lm-ZR) Garn A abschneiden und durchziehen.
Runde 6: Garn B mit 1 Km an einen Lm-ZR der Vor-Rd anfügen, 3 Lm, [2 Stb, 3 Lm, 3 Stb] in denselben Lm-ZR, *[1 Lm, 3 Stb in den folg Lm-ZR] x 3, 1 Lm, [3 Stb, 3 Lm, 3 Stb] in den folg Lm-ZR, ab * noch 2 x wdh, [1 Lm, 3 Stb in den folg Lm-ZR] x 3, 1 Lm, 1 Km in die obere der 3 Anf-Lm.
Runde 7: Je 1 Km in die folg 2 Stb und den folg 3-Lm-Eck-ZR der Vor-Rd, 3 Lm, [2 Stb, 3 Lm, 3 Stb] in denselben Eck-ZR, *[1 Lm, 3 Stb in den folg Lm-ZR] wdh entlang der Seite des Quadrats, 1 Lm, [3 Stb, 3 Lm, 3 Stb] in den folg Eck-ZR, ab * noch 2 x wdh, [1 Lm, 3 Stb in den folg Lm-ZR] wdh entlang der Seite des Quadrats, 1 Lm, 1 Km in die obere der 3 Anf-Lm. Garn B abschneiden und durchziehen.
Runde 8: Garn A an einen Eck-ZR der Vor-Rd anfügen, Rd wie Rd 7 arb, dabei mit 3 Lm beginnen.
Runde 9: Mit Garn B wie Rd 8 arb.
Runde 10: Garn C mit 1 Km an ein Stb der Vor-Rd anfügen, 1 Lm, 1 fM in dasselbe Stb, 1 fM in jedes Stb und jeden Lm-ZR und 3 fM in jeden Eck-ZR der Vor-Rd arb, 1 Km in die 1. fM.
Faden abschneiden, durchziehen und alle Fadenenden vernähen.

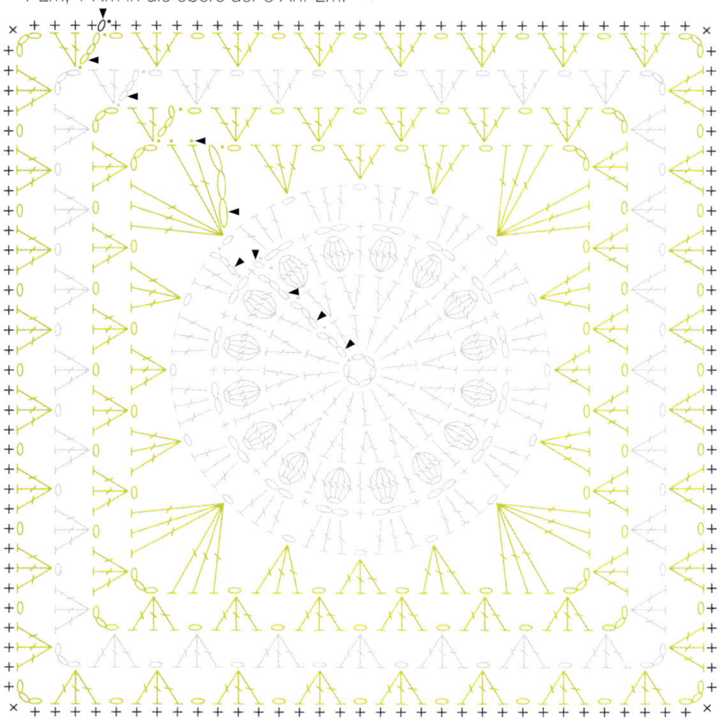

Neunteiliges Granny Square

Siehe Seite 11

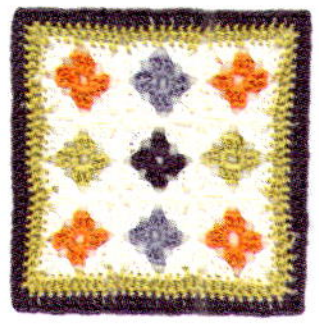

A = Kaki
B = Natur
C = Lavendel
D = Ringlotte
E = Johannisbeere

Erstes Motiv
Anfangsring: Mit Garn A 6 Lm anschl und mit 1 Km zur Runde schließen.
Runde 1: 3 Lm (zählen als 1 Stb), 2 Stb in den Ring, 3 Lm, *3 Stb in den Ring, 3 Lm, ab * noch 2 x wdh, Rd mit 1 Km in die obere der 3 Anf-Lm schließen. Garn A abschneiden und durchziehen.
Runde 2: Garn B mit 1 Km an einen 3-Lm-Eck-ZR der Vor-Rd anfügen, 3 Lm, für die Ecke [2 Stb, 3 Lm, 3 Stb] in denselben Eck-ZR, *1 Lm, [3 Stb 3 Lm, 3 Stb] in den folg Eck-ZR, ab * noch 2 x wdh, 1 Lm, Rd mit 1 Km in die obere der 3 Anf-Lm schließen. Garn B abschneiden und durchziehen.
Zweites bis neuntes Motiv
Anfangsring und 1. Rd des 3., 7. und 9. Motivs mit Garn A, des 2. und 8. Motivs mit Garn C, des 4. und 6. Motivs mit Garn D und des 5. Motivs mit Garn E arbeiten. Die 2. Rd mit Garn B arbeiten, dabei beim 2. Motiv beginnen und die Motive nacheinander nach demselben Prinzip wie beim Vierteiligen Granny Square (siehe Seite 44) zusammenhäkeln.
Rand
Runde 1: Garn D mit 1 Km an ein Stb der Vor-Rd anfügen, 3 Lm (zählen als 1 Stb), 1 Stb in jedes Stb, jeden Lm-ZR, jeden ZR zw 2 Motiven und [1 Stb, 1 Dstb, 1 Stb] in jeden Eck-ZR der Vor-Rd arb, Rd mit 1 Km in die obere der 3 Anf-Lm schließen. Garn D abschneiden und durchziehen.
Runde 2: Garn E mit 1 Km an ein Stb der Vor-Rd anfügen, 3 Lm (zählen als 1 Stb), 1 Stb in jedes Stb und 3 Stb in jedes Eck-DStb der Vor-Rd arb, Rd mit 1 Km in die obere der 3 Anf-Lm schließen.
Faden abschneiden, durchziehen und alle Fadenenden vernähen.

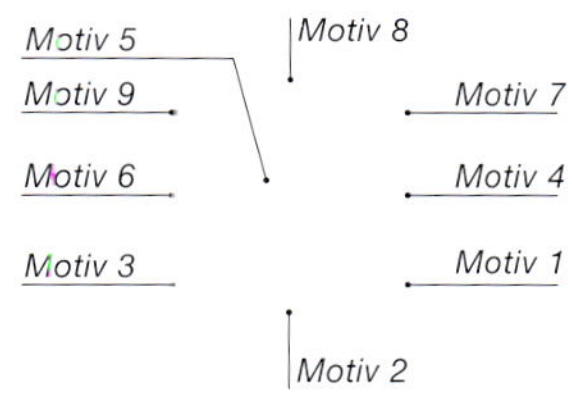

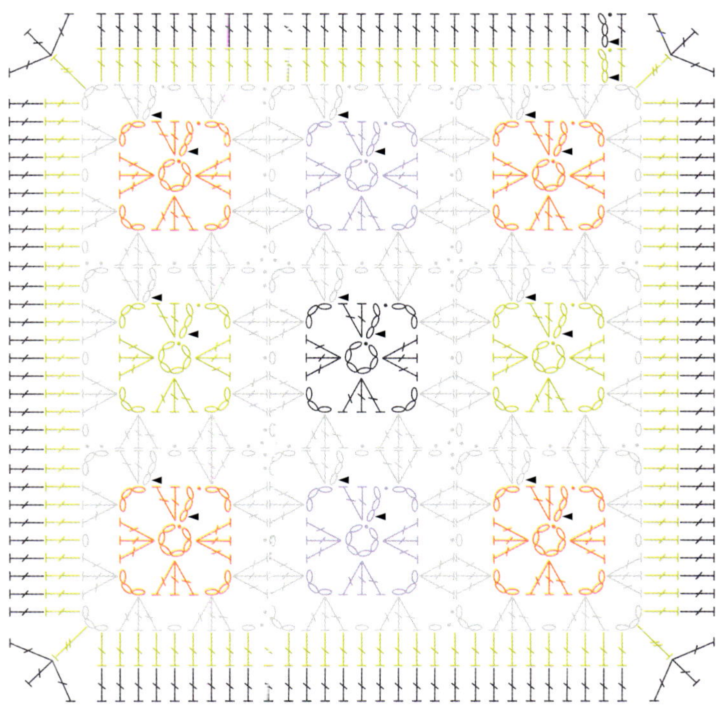

Feine Streifen

Siehe Seite 15

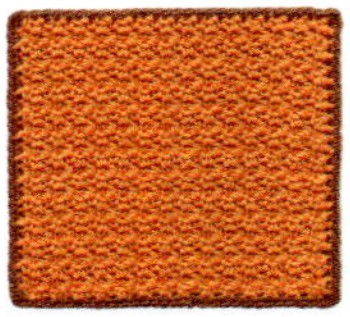

A = Kaki
B = Karamell

Luftmaschenkette: Mit Garn A 32 Lm anschl.
Anfangsreihe (RS): 1 fM in die 2. Lm ab Nd, * 1 fM in die folg Lm, ab * wdh bis R-Ende, wenden. (31 fM)
Reihe 1: 1 Lm, 1 fM in die 1. fM, *1 Lm, 1 fM überg, 1 fM in die folg fM, ab * bis R-Ende wdh, wenden.
Reihe 2: 1 Lm, 1 fM in die 1. fM, *1 Stb in den folg Lm-ZR, 1 fM in die folg fM, ab * bis R-Ende wdh, wenden.
Reihe 3: 1 Lm, 1 fM in die 1. fM, *1 Lm, 1 Stb überg, 1 fM in die folg fM, ab * bis R-Ende wdh, wenden.
Reihe 2–3 noch 11 x wdh.
Nächste Reihe: 1 Lm, * 1 fM in die folg fM, ab * wdh bis R-Ende. Garn A abscheiden und durchziehen.

Rand
Runde 1: Garn B mit 1 Km an eine Lm der Lmk anfügen, 1 Lm, 1 fM in dieselbe Lm, 1 fM in jede Lm bis zur Ecke, *[1 fM, 1 hStb, 1 fM] in die Ecke, 22 fM entlang der Kante mit den R-Enden arb, [1 fM, 1 hStb, 1 fM] in die Ecke**, 1 fM in jede der folg 29 fM, von * bis ** noch 1 x wdh, 1 fM in jede der folg Lm der Lmk, Rd mit 1 Km in die 1. fM schließen.
Faden abschneiden, durchziehen und alle Fadenenden vernähen.

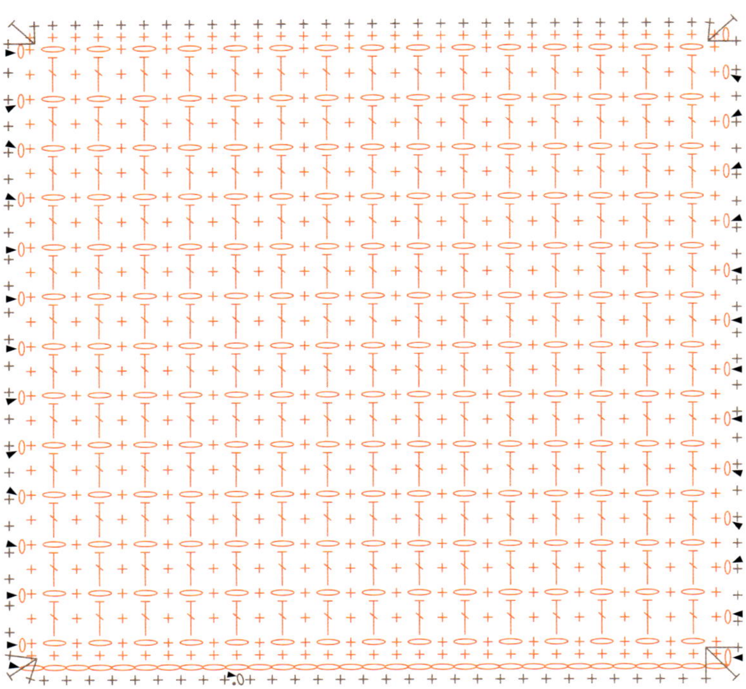

Streifen mit Struktur

Siehe Seite 12

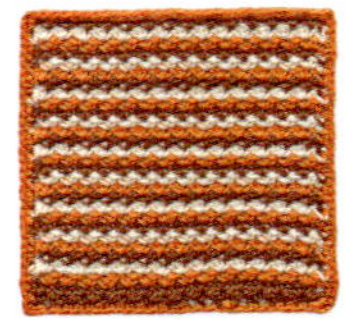

A = Karamell
B = Kaki
C = Beige

Luftmaschenkette: Mit Garn A 29 Lm anschl.
Anfangsreihe (LS): [1 fM, 1 Lm, 1 fM] in die 2. Lm ab Nd, *1 Lm überg, [1 fM, 1 Lm, 1 fM] in die folg Lm, ab * bis zur letzten Lm wdh, 1 fM in die letzte Lm, wenden.
Reihe 1: 1 Lm, *[1 fM, 1 Lm, 1 fM] in die 1. fM der folg Mg der Vor-R, ab * bis zur letzten M wdh, 1 fM in die letzte M, dabei beim letzten U auf Garn B wechseln, wenden. Garn A nicht abschneiden.
Reihe 2: 1 Lm, *[1 fM, 1 Lm, 1 fM] in die 1. fM der folg Mg der Vor-R, ab * bis zur letzten M wdh, 1 fM in die letzte M, dabei auf Garn C wechseln, wenden. Garn B nicht abschneiden.
Reihe 3: 1 Lm, *[1 fM, 1 Lm, 1 fM] in die 1. fM der folg Mg der Vor-R, ab * bis zur letzten M wdh, 1 fM in die letzte M, dabei auf Garn A wechseln, wenden. Garn C nicht abschneiden.
Reihe 1–3 noch 8 x wdh, dann Reihe 1 noch 1 x wdh, dabei nicht auf Garn B wechseln. Alle Fäden abschneiden und durchziehen.

Rand
Runde 1: Garn B mit 1 Km an eine Lm der Lmk anfügen, 1 Lm, 1 fM in dieselbe Lm, 1 fM in jede Lm bis zur Ecke, *[1 fM, 1 hStb, 1 fM] in die Ecke, 26 fM entlang der Kante mit den R-Enden arb, [1 fM, 1 hStb, 1 fM] in die Ecke**, 1 fM in jede der folg 27 fM, von * bis ** noch 1 x wdh, 1 fM in jede der folg Lm der Lmk, Rd mit 1 Km in die 1. fM schließen.
Faden abschneiden, durchziehen und alle Fadenenden vernähen.

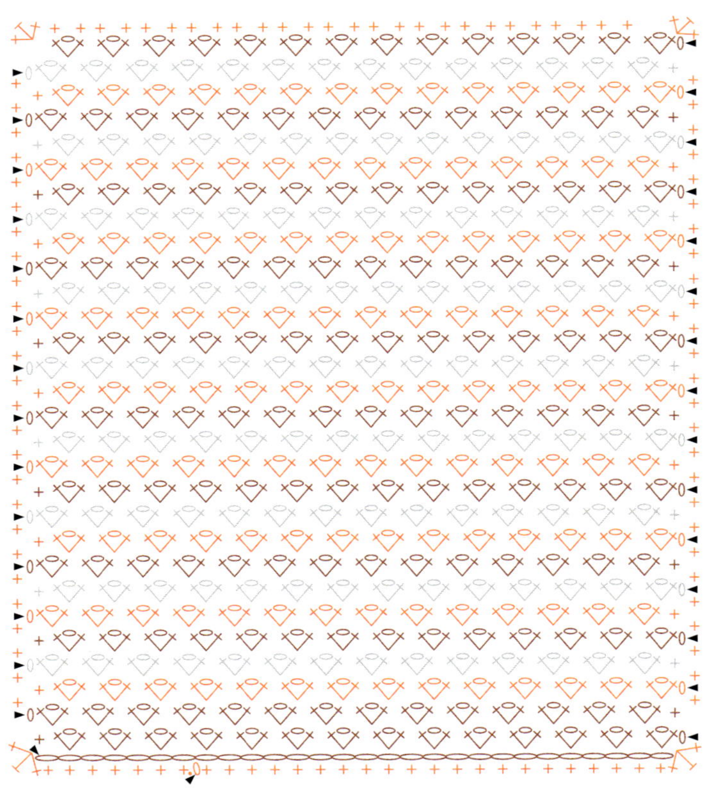

Streifen mit Knotenmuster

Siehe Seite 14

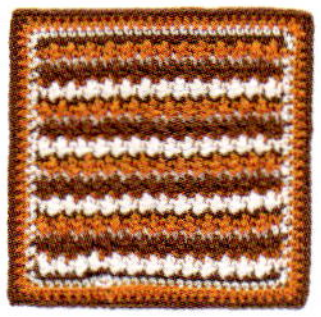

A = Karamell
B = Beige
C = Kaki

Luftmaschenkette: Mit Garn A 29 Lm anschl.
Reihe 1: 1 fM in die 2. Lm ab Nd, *1 fM in die folg Lm, ab * wdh bis R-Ende, wenden. Garn A abschneiden und durchziehen. (28 fM)
Reihe 2: Garn B anfügen, 1 Lm, 1 fM in die folg fM, *1 Stb in die folg fM, 1 fM in die folg fM, ab * bis zur letzten M wdh, 1 fM in die letzte fM, wenden. Garn B abschneiden und durchziehen.
Reihe 3: Garn C anfügen, 1 Lm, *1 fM in die folg M, ab * wdh bis R-Ende, wenden. Garn C abschneiden und durchziehen.
Reihe 4: Garn A anfügen, 1 Lm, 1 fM in jeder der folg 2 fM, *1 Stb in die folg fM, 1 fM in die folg fM, ab * bis zu den letzten 2 M wdh, 1 fM in jede der letzten 2 fM, wenden. Garn A abschneiden und durchziehen.
Reihe 5: Garn B anfügen, 1 Lm, *1 fM in die folg M, ab * wdh bis R-Ende, wenden.
Reihe 2–5 noch 5 x wdh, dabei Farbwechsel nach jeder Reihe. Mit einer Reihe 5 mit Garn A enden. Garn A abschneiden und durchziehen.
Rand: Garn B mit 1 Km an eine Lm der Lmk anfügen.
Runde 1: 1 Lm, 1 fM in jede fM und jedes R-Ende und 3 fM in jede Ecke der Vor-Rd arb, Rd mit 1 Km in die 1. fM schließen. Garn B abschneiden und durchziehen.
Runde 2: Garn C anfügen, 1 Lm, 1 fM in jede fM und 3 fM in jede Eck-fM (mittlere der 3 fM an der Ecke) der Vor-Rd arb, Rd mit 1 Km in die 1. fM schließen. Garn C abschneiden und durchziehen.
Runde 3: Garn A anfügen, 1 Lm, 1 fM in jede fM und 3 fM in jede Eck-fM (mittlere der 3 fM an der Ecke) der Vor-Rd arb, Rd mit 1 Km in die 1. fM schließen.
Faden abschneiden, durchziehen und alle Fadenenden vernähen.

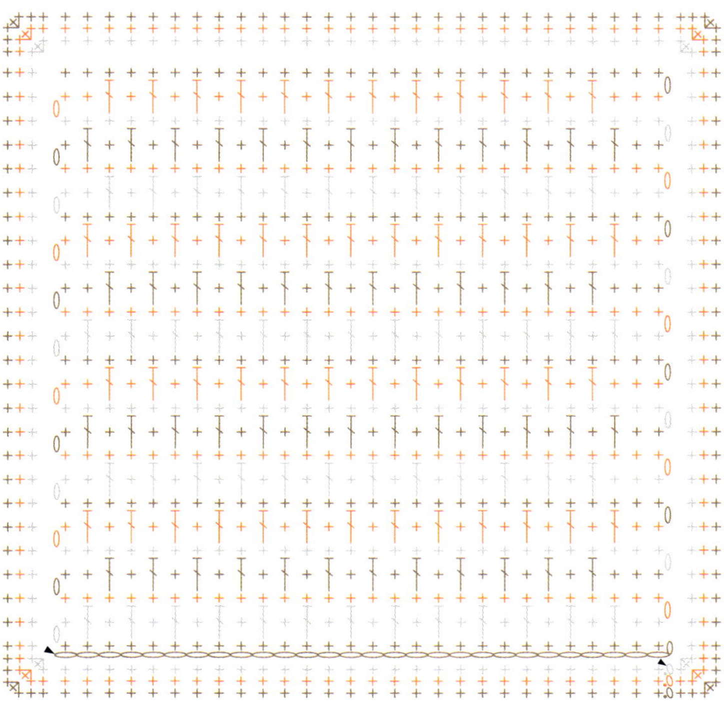

Zitronenschalenmuster

Siehe Seite 14

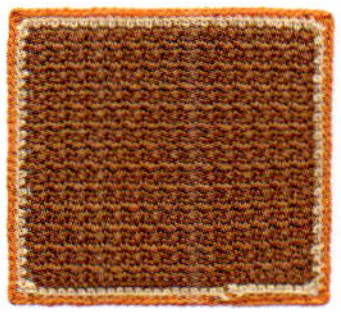

A = Karamell
B = Natur
C = Kaki

Luftmaschenkette: Mit Garn A 31 Lm anschl.
Anfangsreihe (RS): 1 fM in die 2. Lm ab Nd, *1 Stb in die folg Lm, 1 fM in die folg Lm, ab * bis zur letzten Lm wdh, 1 Stb in die letzte Lm, wenden.
Reihe 1: 1 Lm, 1 fM in das 1. Stb der Vor-R, 1 Stb in die folg fM, *1 fM in das folg Stb, 1 Stb in die folg fM, ab * bis R-Ende wdh.
Reihe 1 noch 23 x wdh. Faden abschneiden und durchziehen.
Rand
Runde 1: Garn B mit 1 Km an eine Lm der Lmk anfügen, 1 Lm, 1 fM in dieselbe Lm, 1 fM in jede Lm bis zur Ecke, *[1 fM, 1 hStb, 1 fM] in die Ecke, 24 fM entlang der Kante mit den R-Enden arb, [1 fM, 1 hStb, 1 fM] in die Ecke**, 1 fM in jede der folg 29 M, von * bis ** noch 1 x wdh, 1 fM in jede folg Lm der Lmk, Rd mit 1 Km in die 1. fM schließen, dabei auf Garn C wechseln. Garn B abschneiden.
Runde 2: 1 Lm, 1 fM in das hMgl jeder fM und [1 fM, 1 hStb, 1 fM] in jedes Eck-hStb der Vor-Rd arb, Rd mit 1 Km in die 1. fM schließen.
Faden abschneiden, durchziehen und alle Fadenenden vernähen.

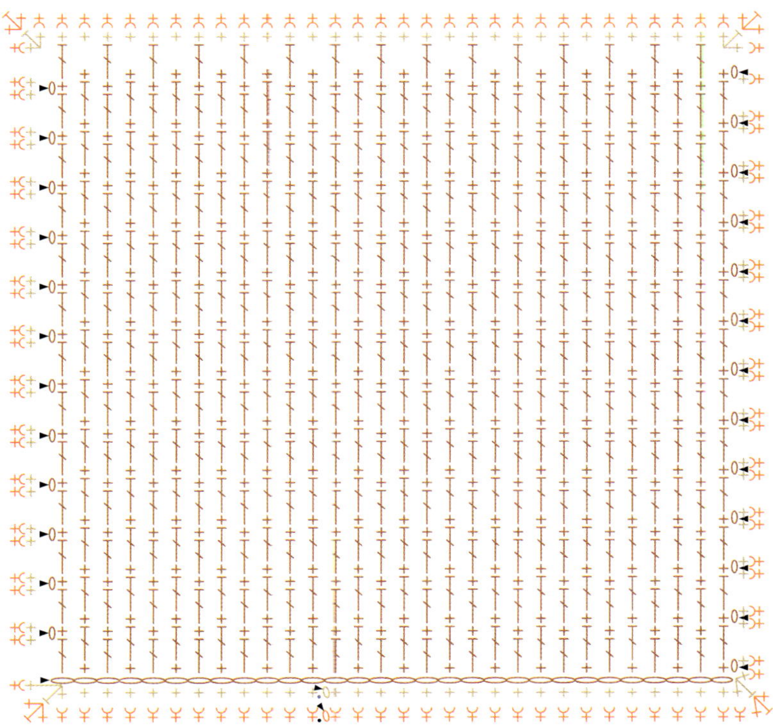

Noppen im Wechsel

Siehe Seite 13

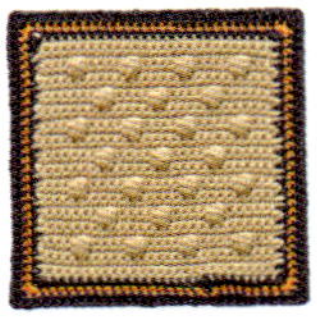

A = Auster
B = Nachtschatten
C = Kaki

BESONDERE MASCHEN

N (Noppe aus 4 zus abgem Stb): Alle Stb werden in dieselbe Einstich-M gearbeitet. [1 U, in die angegebene M einstechen, Faden holen und durchziehen, 1 U, Faden durch die 1. 2 Schl auf der Nd ziehen] x 4, 1 U, Faden durch alle 5 Schl auf der Nd ziehen.

Luftmaschenkette: Mit Garn A 28 Lm anschl.
Reihe 1 (LS): 1 fM in die 2. Lm ab Nd, *1 fM in die folg Lm, ab * wdh bis R-Ende, wenden. (27 fM)
Reihe 2–4: 1 Lm, *1 fM in die folg fM, ab * wdh bis R-Ende, wenden.
Reihe 5: 1 Lm, 1 fM in jede der folg 4 fM, [1 N in die folg M, 1 fM in jede der folg 5 fM] x 3, 1 N in die folg M, 1 fM in jede der folg 4 fM, wenden.
Reihe 6–8: Wie Reihe 2–4 arbeiten.
Reihe 9: 1 Lm, 1 fM in jede der folg 7 fM, [1 N in die folg M, 1 fM in jede der folg 5 fM] x 2, 1 N in die folg M, 1 fM in jede der folg 7 fM, wenden.
Reihe 2–9 noch 2 x wdh, dann Reihe 2–8 noch 1 x wdh. Faden abschneiden und durchziehen.

Rand
Runde 1: Garn B mit 1 Km an eine Lm der Lmk anfügen, 1 Lm, 1 fM in dieselbe Lm, 1 fM in jede Lm bis zur Ecke, *[1 fM, 1 hStb, 1 fM] in die Ecke, 25 fM entlang der Kante mit den R-Enden arb, [1 fM, 1 hStb, 1 fM] in die Ecke**, 1 fM in jede der folg 25 fM, von * bis ** noch 1 x wdh, 1 fM in jede der folg Lm der Lmk, Rd mit 1 Km in die 1. fM schließen, dabei auf Garn C wechseln.
Runde 2: 1 Lm, 1 fM in jede fM und [1 fM, 1 hStb, 1 fM] in jedes Eck-hStb der Vor-Rd arb, Rd mit 1 Km in die 1. fM schließen, dabei auf Garn B wechseln. Garn C abschneiden.
Runde 3: 2 Lm (zählen als 1 hStb), 1 hStb in jede fM und [1 hStb, 1 Stb, 1 hStb] in jedes Eck-hStb der Vor-Rd arb, Rd mit 1 Km in die 1. fM schließen.
Faden abschneiden, durchziehen und alle Fadenenden vernähen.

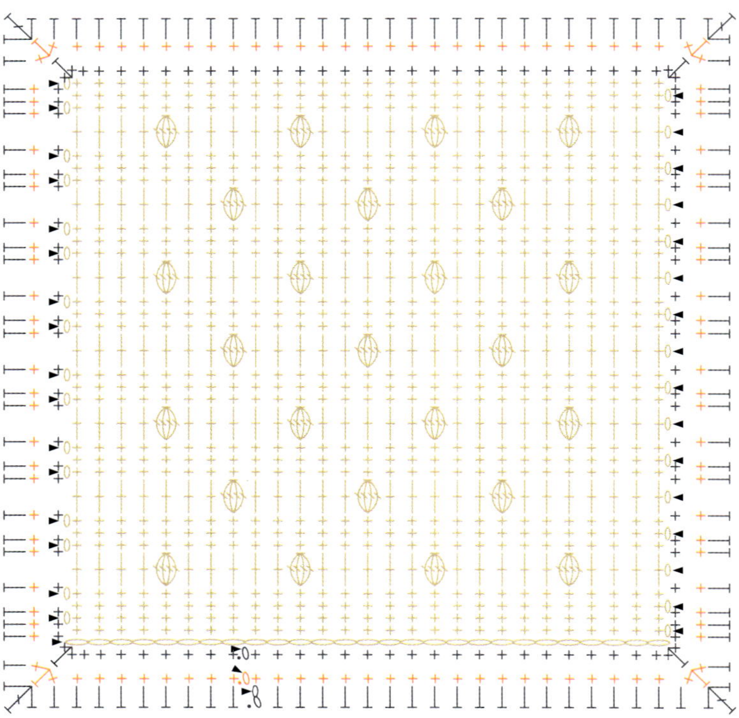

Streifen und Noppen

Siehe Seite 15

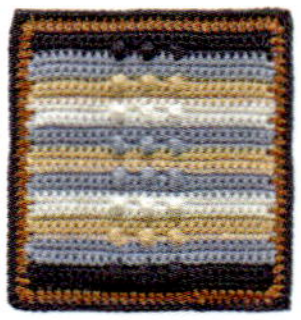

A = Nachtschatten
B = Himmelblau
C = Auster
D = Beige
E = Karamell

BESONDERE MASCHEN

N (Noppe aus 4 zus abgem Stb): Alle Stb werden in dieselbe Einstich-M gearbeitet. [1 U, in die angegebene M einstechen, Faden holen und durchziehen, 1 U, Faden durch die 1. 2 Schl auf der Nd ziehen] x 4, 1 U, Faden durch alle 5 Schl auf der Nd ziehen.

Luftmaschenkette: Mit Garn A 28 Lm anschl.
Anfangsreihe (LS): 1 fM in die 2. Lm ab Nd, *1 fM in die folg Lm, ab * wdh bis R-Ende, wenden. (27 fM)
Reihe 1: 1 Lm, *1 fM in die folg fM, ab * wdh bis R-Ende, wenden.
Reihe 2: 1 Lm, 1 fM in jede der folg 10 fM, [1 N in die folg M, 1 fM in jede der folg 2 fM] x 2, 1 N in die folg M, 1 fM in jede der folg 10 fM, wenden.
Die letzten 2 Reihen nach folgendem Farbmuster wdh:
Mit Garn B Reihe 1 3 x arb.
Mit Garn C Reihe 2 und dann 2 x Reihe 1 arb.
Mit Garn D Reihe 1, Reihe 2 und nochmals Reihe 1 arb.
Mit Garn B Reihe 1 2 x und dann Reihe 2 arb.
Mit Garn C Reihe 1 3 x arb.
Mit Garn B Reihe 2 und dann 2 x Reihe 1 arb.
Mit Garn D Reihe 1, Reihe 2 und nochmals Reihe 1 arb.
Mit Garn C Reihe 1 2 x und dann Reihe 2 arb.
Mit Garn B Reihe 1 3 x arb.
Mit Garn A Reihe 2 und dann 2 x Reihe 1 arb.
Faden abschneiden und durchziehen.

Rand
Runde 1: Garn E mit 1 Km an eine Lm der Lmk anfügen, 2 Lm (zählen als 1 hStb), 1 hStb in jede Lm bis zur Ecke, *[1 hStb, 1 Stb, 1 hStb] in die Ecke, hStb entlang der Kante mit den R-Enden arb, [1 hStb, 1 Stb, 1 hStb] in die Ecke**, 1 hStb in jede der folg fM der oberen Kante, von * bis ** noch 1 x wdh, 1 hStb in jede der folg Lm der Lmk, Rd mit 1 Km in die obere der 2 Anf-Lm schließen, dabei auf Garn A wechseln. Garn E abschneiden.
Runde 2: 1 Lm, 1 fM in jedes hStb und [1 fM, 1 hStb, 1 fM] in jedes Eck-Stb der Vor-Rd arb, Rd mit 1 Km in die 1. fM schließen.
Faden abschneiden, durchziehen und alle Fadenenden vernähen.

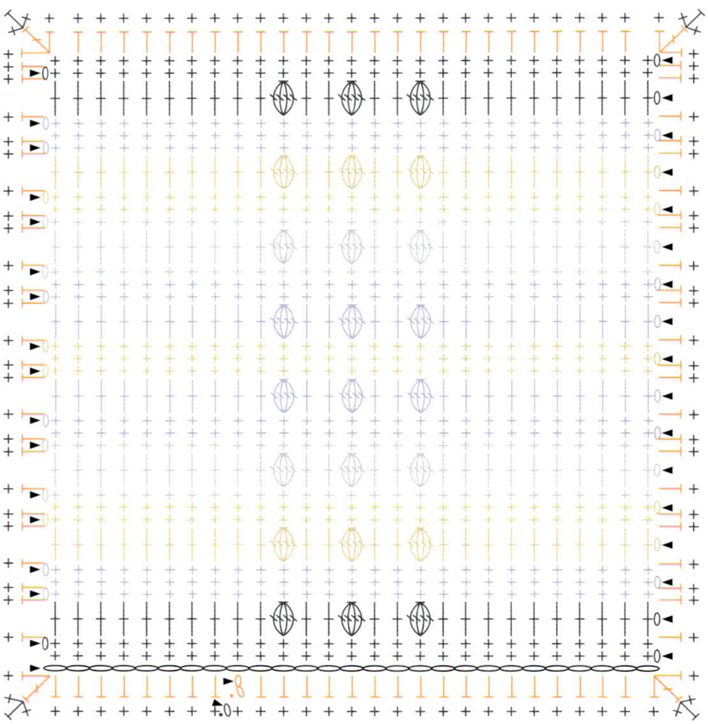

Noppenstreifen

Siehe Seite 12

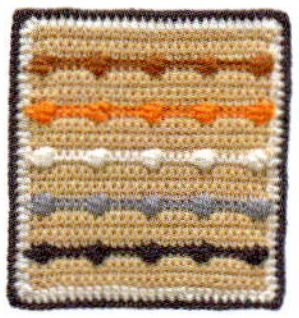

A = Auster
B = Nachtschatten
C = Himmelblau
D = Beige
E = Kaki
F = Karamell

BESONDERE MASCHEN

N (Noppe aus 4 zus abgem Stb): Alle M werden in dieselbe Einstich-M gearbeitet. [1 U, in die angegebene M einstechen, Faden holen und durchziehen, 1 U, Faden durch die 1. 2 Schl auf der Nd ziehen] x 4, 1 U, Faden durch alle 5 Schl auf der Nd ziehen.

Luftmaschenkette: Mit Garn A 28 Lm anschl.
Reihe 1 (LS): 1 fM in die 2. Lm ab Nd, *1 fM in die folg Lm, ab * wdh bis R-Ende, wenden. (27 fM)
Reihe 2: 1 Lm, *1 fM in die folg fM, ab * wdh bis R-Ende, wenden.
Reihe 3–4: Wie Reihe 2 arbeiten, dabei bei der letzten fM der 4. Reihe auf Garn B wechseln, wenden. Garn A abschneiden.
Reihe 5: 1 Lm, 1 fM in die folg fM, [1 N in die folg M, 1 fM in jede der folg 5 fM] x 4, 1 N in die folg M, 1 fM in die folg fM, dabei beim letzten U auf Garn A wechseln, wenden. Garn B abschneiden.
Reihe 6–10: Wie Reihe 2 arbeiten, dabei bei der letzten fM der 10. Reihe auf Garn C wechseln, wenden. Garn A abscheiden.
Reihe 11: Wie Reihe 5 arbeiten, dabei bei der letzten fM auf Garn A wechseln, wenden. Garn C abschneiden.
Reihe 12–16: Wie Reihe 2 arbeiten, dabei bei der letzten fM der 16. Reihe auf Garn D wechseln, wenden. Garn A abschneiden.
Reihe 17: Wie Reihe 5 arbeiten, dabei bei der letzten fM auf Garn A wechseln, wenden. Garn D abschneiden.
Reihe 18–22: Wie Reihe 2 arbeiten, dabei bei der letzten fM der 22. Reihe auf Garn E wechseln, wenden. Garn A abschneiden.
Reihe 23: Wie Reihe 5 arbeiten, dabei bei der letzten fM auf Garn A wechseln, wenden. Garn E abschneiden.
Reihe 24–28: Wie Reihe 2 arbeiten, dabei bei der letzten fM der 28. Reihe auf Garn F wechseln, wenden. Garn A abschneiden.
Reihe 29: Wie Reihe 5 arbeiten, dabei bei der letzten fM auf Garn A wechseln, wenden. Garn F abschneiden.
Reihe 30–33: Wie Reihe 2 arbeiten. Faden abschneiden und durchziehen.

Rand
Runde 1: Garn D mit 1 Km an eine Lm der Lmk anfügen, 2 Lm (zählen als 1 hStb), 1 hStb in jede Lm bis zur Ecke, *[1 hStb, 1 Stb, 1 hStb] in die Ecke, 27 hStb entlang der Kante mit den R-Enden arb, [1 hStb, 1 Stb, 1 hStb] in die Ecke**, 1 hStb in jede der folg 25 fM, von * bis ** noch 1 x wdh, 1 hStb in jede der folg Lm der Lmk, Rd mit 1 Km in die obere der 2 Anf-Lm schließen, dabei auf Garn B wechseln Garn D abschneiden.
Runde 2: 1 Lm, 1 fM in jedes hStb und [1 fM, 1 hStb, 1 fM] in jedes Eck-Stb der Vor-Rd arb, Rd mit 1 Km in die 1. fM schließen.
Faden abschneiden, durchziehen und alle Fadenenden vernähen.

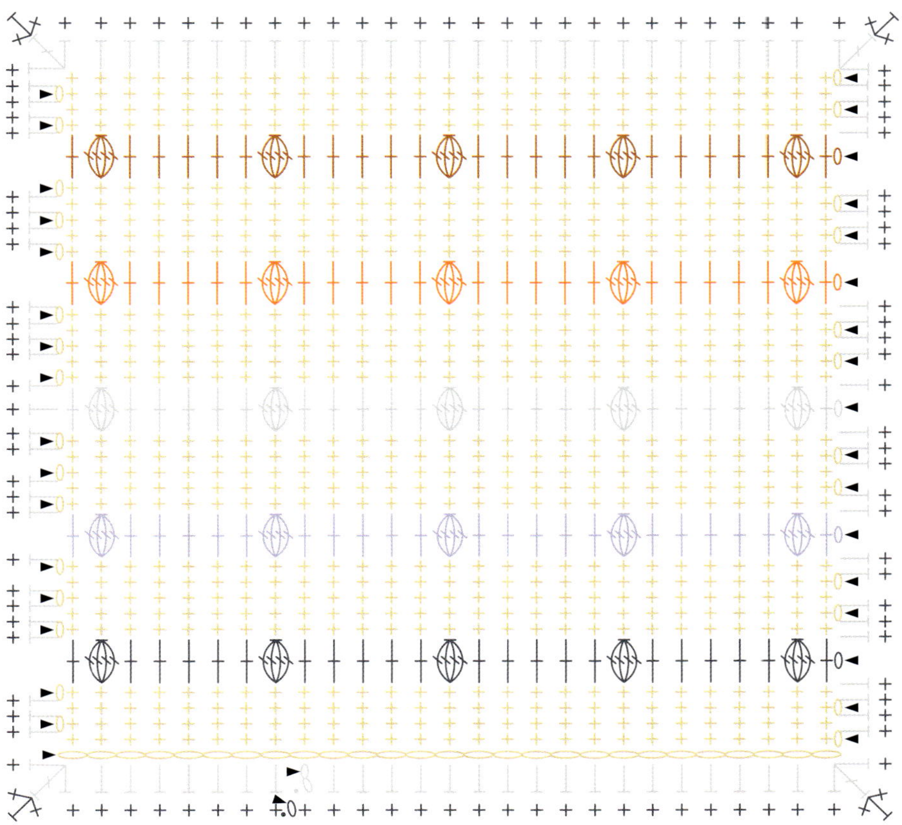

Blaubeeren im Beet

Siehe Seite 13

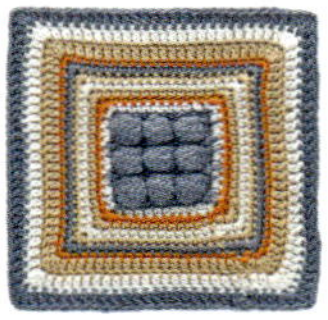

A = Himmelblau
B = Natur
C = Kaki
D = Auster

BESONDERE MASCHEN

N (Noppe aus 7 zus abgem DStb): Alle Stb werden in dieselbe Einstich-M gearbeitet. [2 U, in die angegebene M einstechen, Faden holen und durchziehen, (1 U, Faden durch die 1. 2 Schl auf der Nd ziehen) x 2] x 7, 1 U, Faden durch alle 8 Schlingen auf der Nd ziehen.

Luftmaschenkette: Mit Garn A 12 Lm anschlangen.
Reihe 1 (RS): 1 fM in die 2. Lm ab Nd, 1 fM in jede folg Lm bis R-Ende, wenden. (11 fM)
Reihe 2: 3 Lm (zählen als 1 Stb), 1 Stb in die folg fM, [1 N in die folg fM, 1 Stb in jede der folg 2 fM] x 3, wenden.
Reihe 3: 1 Lm, * 1 fM in die folg M, ab * wdh bis R-Ende, wenden.
Reihe 4–7: Reihe 2–3 noch 2 x wdh. Garn A abschneiden und durchziehen.
In Runden wie folgt arbeiten:
Runde 1: Garn B mit 1 Lm an die letzte fM anfügen, 1 Lm, 1 fM in dieselbe fM, *[1 fM in das linke Mgl der folg fM, 2 fM in den 3-Lm-ZR] x 3, 1 fM in das linke Mgl der folg fM**, 2 fM in die 1. Lm der Lmk, 1 fM in jede der folg 9 Lm, 2 fM in die letzte Lm, von * bis ** 1 x wdh, dabei die fM in das rechte Mgl des Stb und das Stb arb, 1 fM in jede der folg 10 fM, 1 Km in die 1. fM, dabei auf Garn C wechseln. Garn B abschneiden. (44 M)
Runde 2: 1 Lm, *[1 fM, 1 hStb, 1 fM] in die Eck-M (1. fM der Vor-Rd), 1 fM in jede der folg 10 fM, ab * 3 x wdh, 1 Km in die 1. fM, dabei auf Garn D wechseln. Garn C abschneiden. (52 M)
Runde 3: 1 Lm, 1 fM in die 1. fM der Vor-Rd, *[1 fM, 1 hStb, 1 fM] in das Eck-hStb**, 1 fM in jede folg M bis zum folg Eck-hStb, ab * 2 x wdh, von * bis ** 1 x wdh, 1 fM in jede der folg M bis Rd-Ende, 1 Km in die 1. fM, dabei auf Garn B wechseln. Garn D abschneiden. (60 M)
Runde 4: Mit Garn B wie Runde 3 arb, dabei mit 1 Lm beg und 1 fM in jede folg M bis zum Eck-hStb arb, dann ab * bis Rd-Ende wdh.
Runde 5: Mit Garn D wie Runde 4 arb.
Runde 6: Mit Garn A wie Runde 4 arb.
Runde 7: Mit Garn C wie Runde 4 arb, dabei bei der Km auf Garn D wechseln. Garn C abschneiden.
Runde 8: 3 Lm, 1 Stb in jede fM und 3 Stb in jedes Eck-hStb der Vor-Rd arb, 1 Km in die obere der 3 Anf-Lm, dabei auf Garn B wechseln. Garn D abschneiden.
Runde 9: 3 Lm, 1 Stb in jedes Stb und 3 Stb in jedes Eck-Stb (mittleres der 3 Stb an der Ecke) der Vor-Rd arb, 1 Km in die obere der 3 Anf-Lm, dabei auf Garn A wechseln. Garn B abschneiden.
Runde 10: Wie Rd 9 arb, dabei mit der Km in die obere der 3 Anf-Lm enden.
Faden abschneiden, durchziehen und alle Fadenenden vernähen.

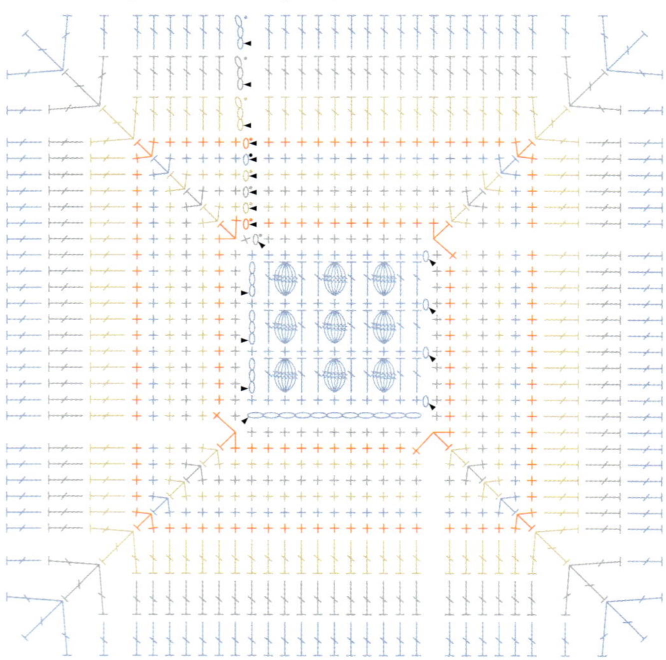

Noppen in der Diagonale

Siehe Seite 14

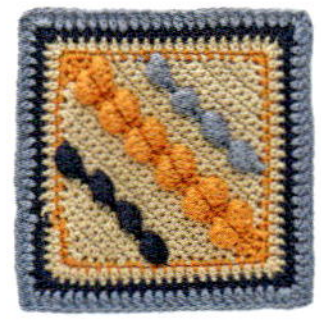

A = Auster
B = Nachtschatten
C = Kaki
D = Himmelblau

BESONDERE MASCHEN

N (Noppe aus 5 zus abgem DStb): [2 U, in die angegebene M einstechen, Faden holen und durchziehen, (1 U, Faden durch die 1. 2 Schl auf der Nd ziehen) x 2] x 5, 1 U, Faden durch alle 6 Schl auf der Nd ziehen.
3 fM zus-hk: 3 fM bis zum letzten U arb, 1 U, Faden durch alle 4 Schl auf der Nd ziehen. (2 M abgenommen)

Luftmaschenkette: Mit Garn A 2 Lm anschl.
Reihe 1: 3 fM in die 2. Lm ab Nd, wenden.
Reihe 2: 1 Lm, 2 fM in die 1. M, 1 fM in die folg fM bis zu letzten M, 2 fM in die letzte M, wenden. (5 M)
Reihe 3–4: Wie R 2 arb. (9 M)
Reihe 5: 1 Lm, 1 fM in jede fM, wenden.
Reihe 6-8: Wie R 2 arb. (15 M)
Reihe 9: Wie R 5 arb, dabei bei der letzten fM auf Garn B wechseln, wenden. Garn A abschneiden.
Reihe 10: 1 Lm, 2 fM in die 1. M, [1 N in die folg M, 1 fM in jede der folg 3 M] x 3, 1 N in die folg M, 2 fM in die letzte M, wenden. Garn B abschneiden und durchziehen. (17 M)
Reihe 11–12: Mit Garn A wie R 2 arb. (21 M)
Reihe 13: Wie R 5 arb.
Reihe 14-15: Wie R 2 arb. Garn A abschneiden und durchziehen. (25 M)
Reihe 16: Garn C anfügen, 1 Lm, 2 fM in die 1. M der Vor-R, 1 fM in die folg M, [1 N in die folg M, 1 fM in jede der folg 3 M] x 5, 1 N in die folg M, 1 fM in die folg M, 2 fM in die letzte M, wenden. (27 M)
Reihe 17: Wie R 2 arb. (29 M)
Reihe 18: 1 Lm, 1 M überg, 1 fM in jede der folg 3 M, [1 N in die folg M, 1 fM in jede der folg 3 M] x 5, 1 N in die folg M, 1 fM in jede der folg 2 M, 1 M überg, 1 fM in die letzte M, wenden. Garn C abschneiden und durchziehen. (27 M)
Reihe 19: Garn A anfügen, 1 Lm, 1 M überg, 1 fM in jede der folg M bis zu den letzten 2 M, 1 M überg, 1 fM in die letzte M wenden. (25 M)
Reihe 20: Wie R 19 arb. (23 M)
Reihe 21: Wie R 5 arb. (23 M)
Reihe 22–24: Wie R 19 arb. (17 M)
Reihe 25: Wie R 5 arb. Garn A abschneiden und durchziehen. (17 M)
Reihe 26: Garn D anfügen, 1 Lm, 1 M überg, 1 fM in die folg M, [1 N in die folg M, 1 fM in jede der folg 3 M] x 3, 1 N in die folg M, 1 M überg, 1 fM in die letzte fM, wenden. Garn D abschneiden und durchziehen (15 M)
Reihe 27: Mit Garn A wie R 19 arb. (13 M)
Reihe 28: Wie R 19 arb. (11 M)
Reihe 29: Wie R 5 arb. (11 M)
Reihe 30–33: Wie R 19 arb. (3 M)
Reihe 34: 1 Lm, 3 fM zus-hk über die letzten 3 M. Faden abschneiden und durchziehen.
Rand:
Runde 1: Garn C mit 1 Km an ein R-Ende anfügen, 1 Lm, 1 fM in dasselbe R-Ende, *1 fM in jedes R-Ende bis zur Ecke, [1 fM, 1 hStb, 1 fM] in die Ecke, ab * noch 3 x wdh, 1 fM in jedes R-Ende bis Rd-Ende, 1 Km in 1. fM, dabei auf Garn A wechseln. Garn C abschneiden.
Runde 2: 1 Lm, 1 fM in jede fM und [1 fM, 1 hStb, 1 fM] in jedes Eck-hStb der Vor-Rd, 1 Km in die 1. fM, dabei auf Garn B wechseln. Garn A abschneiden.
Runde 3: Mit Garn B wie Rd 2 arb und auf Garn D wechseln. Garn B abschneiden.
Runde 4: 2 Lm, 1 hStb in jede fM und [1 hStb, 1 Stb, 1 hStb] in jedes Eck-hStb der Vor-Rd arb, 1 Km in obere der 2 Anf-Lm.
Faden abschneiden, durchziehen und alle Fadenenden vernähen.

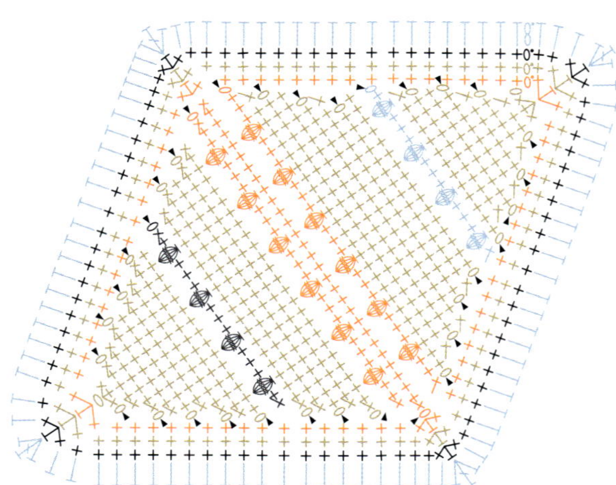

Keltischer Zopf

Siehe Seite 12

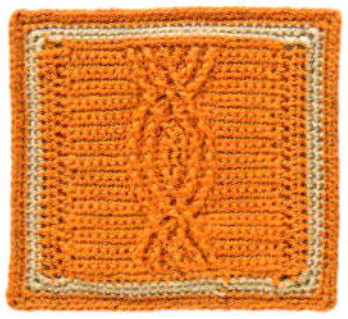

A = Kaki
B = Auster

BESONDERE MASCHEN

RStbv (Reliefstäbchen vorne): 1 U, von vorne nach hinten rechts der angegebenen M einstechen, links neben dem Schaft der M ausstechen, Faden holen und durchziehen, [1 U, Faden durch die 1. 2 Schl auf der Nd ziehen] x 2.

Luftmaschenkette: Mit Garn A 26 Lm anschl.

Reihe 1: 1 fM in die 2. Lm ab Nd, *1 fM in die folg Lm, ab * wdh bis R-Ende, wenden. (25 M)

Reihe 2 und alle folg Rück-R: 1 Lm (zählt nicht als 1. M), *1 fM in die folg fM, ab * wdh bis R-Ende, wenden.

Reihe 3: 1 Lm, 1 fM in jede der folg 7 M, RStbv um die folg fM, [1 fM in die folg fM, RStbv um die folg fM] x 5, 1 fM in jede der folg 7 fM, wenden.

Reihe 5: 1 Lm, 1 fM in jede der folg 8 M, RStbv um das 1. RStbv 2 R unterhalb der Arbeits-R, 1 fM in die folg fM, RStbv um das folg RStbv, 1 RStbv überg, RStbv um das folg RStbv, 1 fM in die folg fM, hinter dem soeben gearb RStbv 1 RStbv um das überg RStbv, 1 RStbv um das folg RStbv, 1 fM in die folg fM, 1 RStbv um das folg RStbv, 1 fM in jede der folg 8 fM, wenden.

Reihe 7: 1 Lm, 1 fM in jede der folg 9 M, RStbv um das 1. RStbv 2 R unterhalb der Arbeits-R, 1 RStbv überg, 1 RStbv um das folg RStbv, vor dem soeben gearb RStbv 1 RStbv um das überg RStbv, 1 fM in die folg fM, 1 RStbv überg, 1 RStbv um das folg RStbv, vor dem soeben gearb RStbv 1 RStbv um das überg RStbv, 1 RStbv um das folg RStbv, 1 fM in jede der folg 9 fM, wenden.

Reihe 9: 1 Lm, 1 fM in jede der folg 9 M, 1 RStbv überg, 1 RStbv um das folg RStbv 2 R unterhalb der Arbeits-R, hinter dem soeben gearb RStv 1 RStbv in das überg RStbv, 1 RStbv überg, 1 RStbv um das folg RStbv, 1 fM in die folg fM, hinter dem soeben gearb RStv 1 RStbv in das überg RStbv, 1 RStbv überg, 1 RStbv um das folg RStbv, hinter dem soeben gearb RStv 1 RStbv in das überg RStbv, 1 fM in jede der folg 9 fM, wenden.

Reihe 11: 1 Lm, 1 fM in jede der folg 8 fM, 1 RStbv um das 1. RStbv 2 R unterhalb der Arbeits-R, 1 fM in die folg fM, *1 RStbv überg, 1 RStbv um das folg RStbv, vor dem soeben gearb RStbv 1 RStbv um das überg RStbv, 1 fM in die folg fM, ab * 1 x wdh, 1 RStbv um das folg RStbv, 1 fM in jede der folg 8 fM, wenden.

Reihe 13: 1 Lm, 1 fM in jede der folg 7 fM, [1 RStbv um das RStbv 2 R unterhalb der Arbeits-R, 1 fM in die folg fM] x 2, 1 RStbv überg, 1 RStbv um das folg RStbv, 1 fM in die folg fM, hinter dem soeben gearb RStbv 1 RStbv um das überg RStbv, [1 fM in die folg fM, 1 RStbv um das folg RStbv] x 2, 1 fM in jede der folg 7 fM, wenden.

Reihe 15, 17, 19: 1 Lm, 1 fM in jede der folg 7 fM, 1 RStbv um das 1. RStbv 2 R unterhalb der Arbeits-R, [1 fM in die folg fM, 1 RStbv um das folg RStbv] x 5, 1 fM in jede der folg 7 fM, wenden.

Reihe 20: 1 Lm, *1 fM in die folg fM, ab * wdh bis R-Ende, wenden.

Reihe 5–15 noch 1 x wdh.

Nächste Reihe: 1 Lm, *1 fM in die folg fM, ab * wdh bis R-Ende. Nicht wenden.

Seitenkanten: Erste Kante

Reihe 1: 2 Lm (zählen als 1 hStb), 23 hStb entlang der Kante mit den R-Enden arb, wenden. (24 hStb)

Reihe 2: 2 Lm (zählen als 1 hStb), 1 hStb in jedes hStb bis R-Ende. Faden abschneiden und durchziehen.

Garn A an die zweite Seitenkante anfügen und wie die 1. Kante arb.

Rand: Garn B mit 1 Km an eine Lm der Lmk anfügen.

Runde 1: 1 Lm, 1 fM in dieselbe Lm, 1 fM in jede folg Lm bis zum 1. Kanten-R-Ende, 2 fM in dieses R-Ende, [1 fM, 1 hStb, 1 fM] in das 2. Kanten-R-Ende, *1 fM in jedes hStb bis zum folg Kanten-R-Ende, [1 fM, 1 hStb, 1 fM] in dieses R-Ende, 2 fM in das 2. Kanten-R-Ende**, 1 fM in jede fM bis zum folg Kanten-R-Ende, 2 fM in dieses R-Ende, [1 fM, 1 hStb, 1 fM] in das 2. Kanten-R-Ende, von * bis ** noch 1 x wdh, 1 fM in jede folg Lm der Lmk, Rd mit 1 Km in die 1. fM schließen.

Runde 2: 1 Lm, 1 fM in jede fM und 3 fM in jedes Eck-hStb der Vor-Rd arb, Rd mit 1 Km in die 1. fM schließen, dabei auf Garn A wechseln. Garn B abschneiden.

Runde 3: 1 Lm, 1 fM in jede fM und 3 fM in die Eck-fM (mittlere der 3 fM an der Ecke) der Vor-Rd arb, Rd mit 1 Km in die 1. fM schließen.

Runde 4: Wie Runde 3 arbeiten.

Faden abschneiden, durchziehen und alle Fadenenden vernähen.

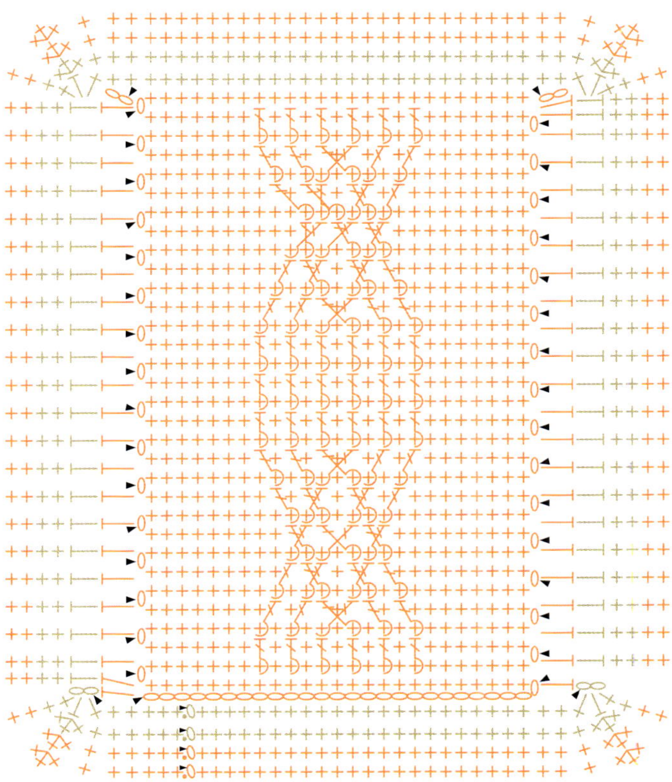

Flechtmuster

Siehe Seite 15

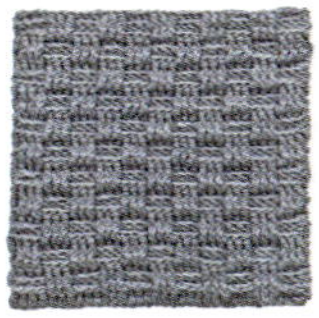

A = Himmelblau

BESONDERE MASCHEN

RStbv (Reliefstäbchen vorne): 1 U, von vorne nach hinten rechts der angegebenen M einstechen, links neben dem Schaft der M ausstechen, Faden holen und durchziehen, [1 U, Faden durch die 1. 2 Schl auf der Nd ziehen] x 2.

RStbh (Reliefstäbchen hinten): 1 U, von hinten nach vorne rechts der angegebenen M einstechen, links neben dem Schaft der M ausstechen, Faden holen und durchziehen, [1 U, Faden durch die 1. 2 Schl auf der Nd ziehen] x 2.

Luftmaschenkette: Mit Garn A 37 Lm anschl.

Reihe 1: 1 Stb in die 4. Lm ab Nd, 1 Stb in jede folg Lm, wenden. (34 Stb)

Reihe 2: 2 Lm, 1 Stb überg, *1 RStbv um jedes der folg 3 Stb, 1 RStbh um jedes der folg 3 Stb, ab * bis zu den letzten 3 M wdh, 1 RStbv um jedes der folg 3 Stb, 1 Stb in die obere der 3 Anf-Lm, wenden.

Reihe 3: 2 Lm, 1 Stb überg, *1 RStbh um jedes der folg 3 RStbv, 1 RStbv um jedes der folg 3 RStbh, ab * bis zu den letzten 3 M wdh, 1 RStbh um jedes der folg 3 RStbv, 1 Stb in die obere der 2 Anf-Lm, wenden.

Reihe 4: 2 Lm, 1 Stb überg, *1 RStbh um jedes der folg 3 RStbh, 1 RStbv um jedes der folg 3 RStbv, ab * bis zu den letzten 3 M wdh, 1 RStbh um jedes der folg 3 RStbh, 1 Stb in die obere der 2 Anf-Lm, wenden.

Reihe 5: 2 Lm, 1 Stb überg, *1 RStbv um jedes der folg 3 RStbh, 1 RStbh um jedes der folg 3 RStbv, ab * bis zu den letzten 3 M wdh, 1 RStbv um jedes der folg 3 RStbh, 1 Stb in die obere der 2 Anf-Lm, wenden.

Reihe 6: 2 Lm, 1 Stb überg, *1 RStbv um jedes der folg 3 RStbv, 1 RStbh um jedes der folg 3 RStbh, ab * bis zu den letzten 3 M wdh, 1 RStbv um jedes der folg 3 RStbv, 1 Stb in die obere der 2 Anf-Lm, wenden.

Reihe 3–6 4 x wdh, Reihe 3–4 1 x wdh.

Faden abschneiden, durchziehen und vernähen.

Diagonale Reliefstäbchen

Siehe Seite 12

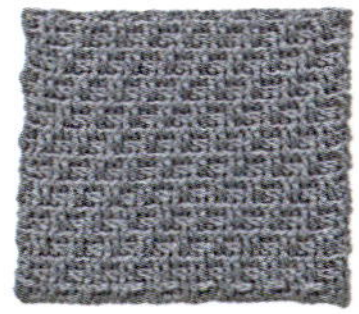

A = Himmelblau

BESONDERE MASCHEN

RStbv (Reliefstäbchen vorne): 1 U, von vorne nach hinten rechts von der angegebenen M einstechen, links neben dem Schaft der M ausstechen, Faden holen und durchziehen, [1 U, Faden durch die 1. 2 Schl auf der Nd ziehen] x 2.

RStbh (Reliefstäbchen hinten): 1 U, von hinten nach vorne rechts von der angegebenen M einstechen, links neben dem Schaft der M ausstechen, Faden holen und durchziehen, [1 U, Faden durch die 1. 2 Schl auf der Nd ziehen] x 2.

Luftmaschenkette: Mit Garn A 40 Lm anschl.

Reihe 1: 1 Stb in die 4. Lm ab Nd, 1 Stb in jede folg Lm bis R-Ende, wenden.

Reihe 2: 2 Lm, 1 Stb überg, *1 RStbv um jede der folg 2 M, 1 RStbh um jede der folg 2 M, ab * bis R-Ende wdh, 1 Stb in die obere der 2 Anf-Lm, wenden.

Reihe 3: 2 Lm, 1 Stb überg, 1 RStbv um das 1. RStbh, *1 RStbh um jede der folg 2 M, 1 RStbv um jede der folg 2 M, ab * bis zu den letzten 3 M wdh, 1 RStbh um jede der folg 2 M, 1 RStbv um die letzte M, 1 Stb in die obere der 2 Anf-Lm, wenden.

Reihe 4: 2 Lm, 1 Stb überg, *1 RStbh um jede der folg 2 M, 1 RStbv um jede der folg 2 M, ab * bis R-Ende wdh, 1 Stb in die obere der 2 Anf-Lm, wenden.

Reihe 5: 2 Lm, 1 Stb überg, 1 RStbh um das 1. RStbv, *1 RStbv um jede der folg 2 M, 1 RStbh um jede der folg 2 M, ab * bis zu den letzten 3 M wdh, 1 RStbv um jede der folg 2 M, 1 RStbh um das folg RStbh, 1 Stb in die obere der 2 Anf-Lm, wenden.

Reihe 6: Wie Reihe 2 arbeiten, wenden.

Reihe 3–6 noch 4 x wdh.

Faden abschneiden, durchziehen und vernähen.

Ananasmuster

Siehe Seite 13

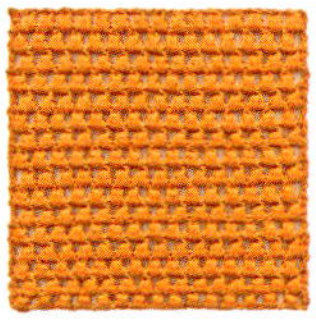

A = Kaki

BESONDERE MASCHEN

Am (Ananasmasche): [1 U, in die angegebene M einstechen, Faden holen und durchziehen] x 4 in dieselbe Einstich-M, 1 U, Faden durch alle 8 Schl auf der Nd ziehen, 1 U, Faden durch alle 2 Schl auf der Nd ziehen.

Luftmaschenkette: Mit Garn A 35 Lm anschl.
Reihe 1: 1 Am in die 6. Lm ab Nd, 1 Lm, *1 Lm überg, 1 Am in die folg Lm, 1 Lm, ab * bis zu den letzten 3 Lm wdh, 1 Lm überg, 1 Am in die folg Lm, 1 Stb in die letzte Lm, wenden.
Reihe 2: 4 Lm, 1. Am überg, *1 Am in den folg Lm-ZR, 1 Lm, ab * bis zum letzten Lm-ZR wdh, 1 Am in den Lm-ZR, 1 Stb in die 2. Lm, wenden.
Reihe 3: 4 Lm, *1 Am in den 1. Lm-ZR, 1 Lm, ab * bis zum letzten Lm-ZR wdh, 1 Am in die 4. der 4 Anf-Lm, 1 Stb in die 3. der 4 Anf-Lm, wenden.
Reihe 3 noch 13 x wdh.
Faden abschneiden, durchziehen und vernähen.

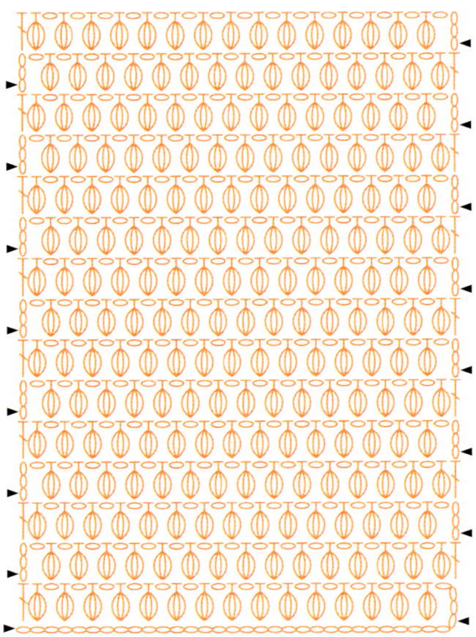

Honigwabenmuster

Siehe Seite 14

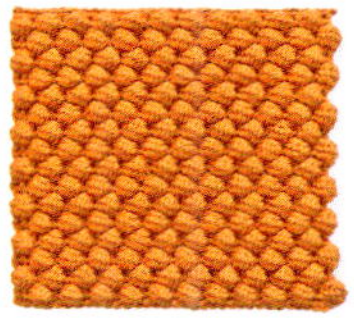

A = Kaki

BESONDERE MASCHEN

N (Noppe aus 5 zus abgem Stb): Alle Stb werden in dieselbe Einstich-M gearbeitet. [1 U, in die angegebene M einstechen, Faden holen und durchziehen, 1 U, Faden durch die 1. 2 Schl auf der Nd ziehen] x 5, 1 U, Faden durch alle 6 Schl auf der Nd ziehen.

Luftmaschenkette: Mit Garn A 34 Lm anschl.
Reihe 1: 1 fM in die 2. Lm ab Nd, *1 fM in die folg Lm, ab * wdh bis R-Ende, wenden.
Reihe 2: 1 Lm, 1 fM in jede der folg 2 fM, *1 N in die folg fM, 1 fM in jede der folg 2 fM, ab * bis zur letzten fM wdh, 1 N in die letzte fM, wenden.
Reihe 3: 1 Lm, *1 fM in das Köpfchen der folg N, 1 fM in jede der folg 2 fM, ab * bis R-Ende wdh, wenden.
Reihe 4: 1 Lm, 1 N in die folg fM, *1 fM in jede der folg 2 fM, 1 N in die folg fM, ab * bis zu den letzten 2 fM wdh, 1 fM in jede der letzten 2 fM, wenden.
Reihe 5: 1 Lm, 1 fM in jede der 1. 2 fM, *1 fM in das Köpfchen der folg N, 1 fM in jede der folg 2 fM, ab * bis zur letzten N wdh, 1 fM in das Köpfchen der letzten N, wenden.
Reihe 2–5 noch 7 x wdh.
Faden abschneiden, durchziehen und vernähen.

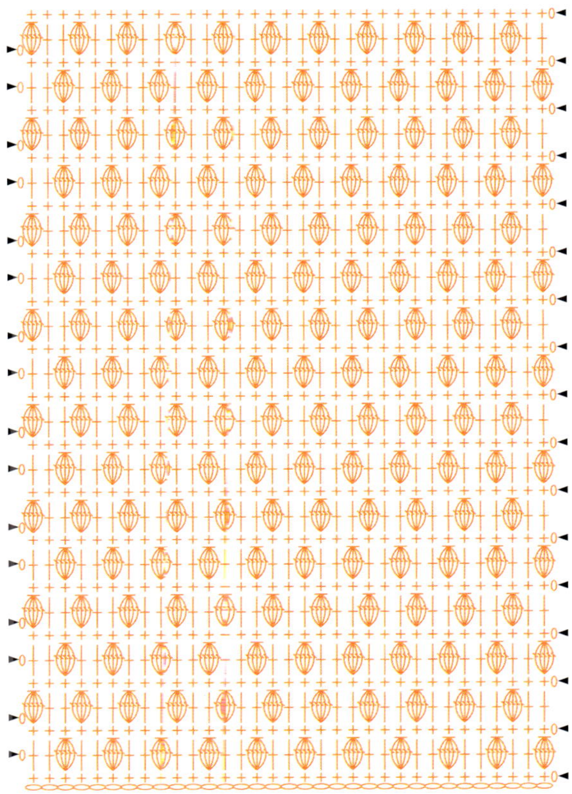

Dreifarbiges Streifenmuster

Siehe Seite 13

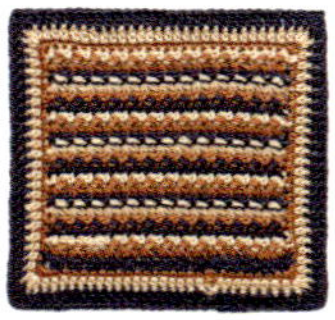

A = Nachtschatten
B = Karamell
C = Auster

BESONDERE MASCHEN

Bm (Büschelmasche aus 3 zus abgem fM): [Nd in die angegebene M einstechen, Faden holen und durchziehen] x 3, 1 U, Faden durch alle 4 Schl auf der Nd ziehen.

Luftmaschenkette: Mit Garn A 30 Lm anschl.

Reihe 1: 1 fM in die 2. Lm ab Nd, 1 Bm, dabei die 1. fM in die 2. Lm ab Nd und die folg 2 fM in die folg 2 Lm arb, *1 Lm, 1 Bm, dabei die 1. fM in dieselbe M wie die 3. fM der vorherigen Bm und die folg 2 fM in die folg 2 Lm arb, ab * bis zur letzten Lm wdh, 1 fM in dieselbe M wie die 3. fM der vorherigen Bm, dabei auf Garn B wechseln, wenden. Garn A abschneiden.

Reihe 2: 1 Lm, 1 fM in die letzte fM der Vor-R, 1 Bm, dabei die 1. fM ebenfalls in die letzte fM der Vor-R, die 2. fM in das Köpfchen der folg Bm und die 3. fM in den folg Lm-ZR arb, *1 Lm, 1 Bm, dabei die 1. fM in dieselbe M wie die 3. fM der vorherigen Bm, die 2. fM in das Köpfchen der folg Bm und die 3. fM in den folg Lm-ZR arb, ab * bis R-Ende wdh, dabei die 3. fM der letzten Bm in die 1. fM der Vor-R arb, 1 fM in dieselbe fM, dabei auf Garn C wechseln, wenden. Garn B abschneiden.

Reihe 3: Wie Reihe 2 arbeiten, dabei am R-Ende nach dem Muster unten auf die folgende Garnfarbe wechseln.
Reihe 2 nach folgendem Muster noch 6 x wdh: [A, B, C]. Faden abschneiden und durchziehen.

Rand

Runde 1: Garn B mit 1 Km an eine Lm der Lmk anfügen, 1 Lm, 1 fM in dieselbe Lm, 1 fM in jede Lm bis zur Ecke, *[1 fM, 1 hStb, 1 fM] in die Ecke, fM entlang der Kante mit den R-Enden arb, [1 fM, 1 hStb, 1 fM] in die Ecke**, 1 fM in jede der folg Bm und jeden Lm-ZR bis zur Ecke arb, von * bis ** noch 1 x wdh, 1 fM in jede der folg Lm der Lmk, Rd mit 1 Km in die 1. fM schließen, dabei auf Garn C wechseln. (102 fM, 4 hStb) Garn B abschneiden.

Runde 2: 2 Lm (zählen als 1 hStb), 1 hStb in jede fM und [1 hStb, 1 Stb, 1 hStb] in jedes Eck-hStb der Vor-Rd arb, Rd mit 1 Km in die obere der 2 Anf-Lm schließen, dabei auf Garn A wechseln. Garn C abschneiden.

Runde 3: 3 Lm (zählen als 1 Stb), 1 Stb in jedes hStb und 3 Stb in jedes Eck-Stb der Vor-Rd arb, Rd mit 1 Km in die obere der 3 Anf-Lm schließen.

Faden abschneiden, durchziehen und alle Fadenenden vernähen.

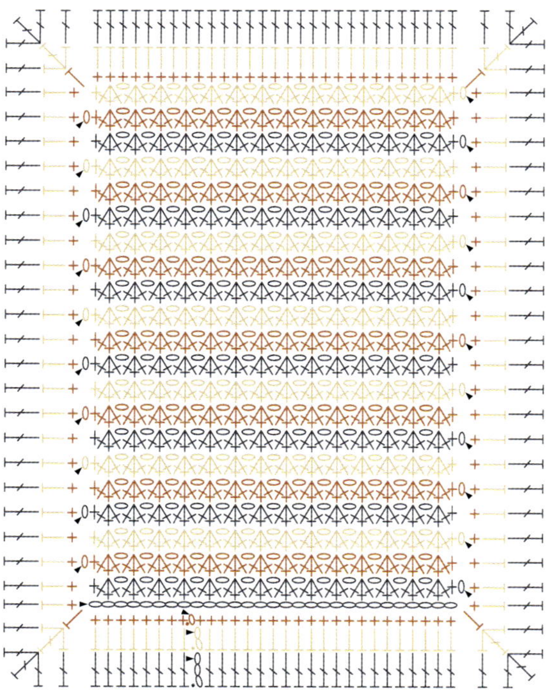

Reliefwellenmuster

Siehe Seite 14

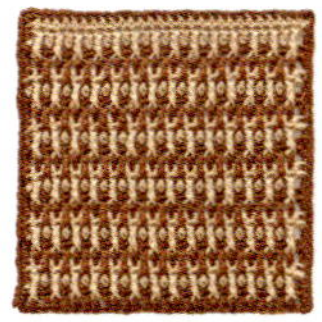

A = Karamell
B = Auster

BESONDERE MASCHEN

RStbv (Reliefstäbchen vorne): 1 U, von vorne nach hinten rechts von der angegebenen M einstechen, links neben dem Schaft der M ausstechen, Faden holen und durchziehen, [1 U, Faden durch die 1. 2 Schl auf der Nd ziehen] x 2.

Luftmaschenkette: Mit Garn A 31 Lm anschl.

Reihe 1: 1 Stb in die 4. Lm ab Nd, *1 Stb in die folg Lm, ab * wdh bis R-Ende, wenden.

Reihe 2: 1 Lm, 1. Stb überg, *1 fM in das folg Stb, ab * wdh bis R-Ende, 1 fM in die obere der 3 Anf-Lm, dabei auf Garn B wechseln. Garn A abschneiden.

Reihe 3: 3 Lm, 1. fM überg, *1 RStbv um das folg Stb 2 R unterhalb der Arbeits-R, 1 Stb in die folg fM, ab * bis R-Ende wdh, 1 Stb in die Lm, wenden.

Reihe 4: Wie R 2 arb, dabei bei der letzten fM in die obere der 3 Anf-Lm auf Garn A wechseln, wenden. Garn B abschneiden.

Reihe 5: 3 Lm, 1. fM überg, *1 Stb in die folg fM, 1 RStbv um das folg Stb 2 R unterhalb der Arbeits-R, ab * bis zum letzten Stb wdh, 1 Stb in die Lm, wenden.
Reihe 2–5 noch 4 x wdh, dann Reihe 2–4 noch 1 x wdh. Faden abschneiden und durchziehen.

R-Enden-Kanten: Rechte Seite der Arbeit zeigt nach oben. Garn A mit 1 Lm an die obere linke Ecke des Quadrats anfügen, 1 Lm, nochmals 1 fM in die Ecke, 32 fM entlang der Kante arb. Faden abschneiden und durchziehen.
Für die andere Kante wdh, dabei das Garn an die untere rechte Ecke anfügen und ebenso 32 fM entlang der Kante arb. Faden nicht abschneiden.

Kante oben: 3 fM in die Ecke, 1 fM in jede M der letzten R, 2 fM in die Ecke, R mit 1 Km in die 1. Lm der linken Kante schließen.

Faden abschneiden, durchziehen und alle Fadenenden vernähen.

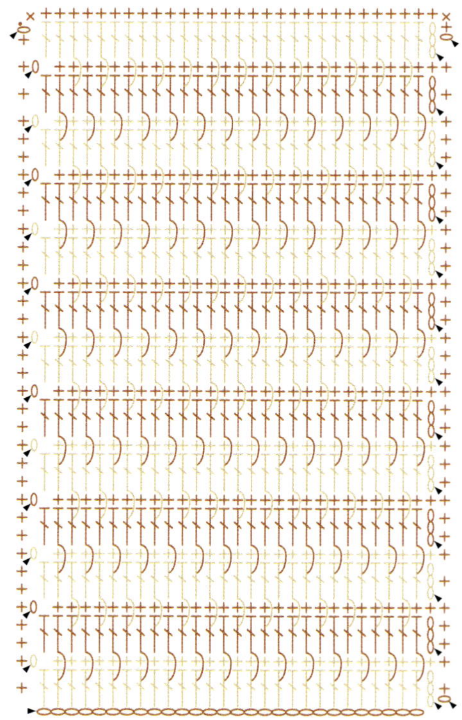

Verwebte Streifen

Siehe Seite 15

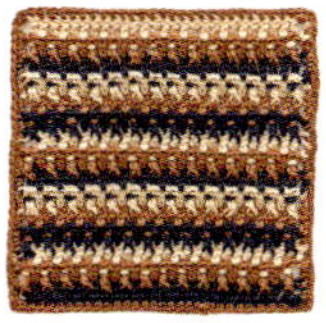

A = Nachtschatten
B = Karamell
C = Auster

BESONDERE MASCHEN

DRStbv (doppeltes Reliefstäbchen vorne): 2 U, von vorne nach hinten rechts von der angegebenen M einstechen, links neben dem Schaft der M ausstechen, Faden holen und durchziehen, [1 U, Faden durch die 1. 2 Schl auf der Nd ziehen] x 3.

Luftmaschenkette: Mit Garn A 31 Lm anschl.
Reihe 1 (RS): 1 Stb in die 4. Lm ab Nd, *1 Stb in die folg Lm, ab * wdh bis R-Ende, dabei beim letzten Stb auf Garn B wechseln, wenden. (28 Stb) Garn A abschneiden.
Reihe 2: 3 Lm (zählen als 1 Stb), 1. M überg, *1 DRStbv um die folg M, 1 Stb in die folg M, ab * bis R-Ende wdh, 1 Stb in die obere der 3 Anf-Lm arb, dabei auf Garn C wechseln, wenden. Garn B abschneiden.
Reihe 3: Wie Reihe 2 arbeiten, dabei am R-Ende nach dem Muster unten auf die folgende Garnfarbe wechseln. Reihe 2 nach folgendem Muster noch 12 x wdh: [A, B, C]. Faden abschneiden und durchziehen.

Rand
Runde 1: Garn B mit 1 Km an eine Lm der Lmk anfügen, 1 Lm, 1 fM in dieselbe Lm, 1 fM in jede Lm bis zur Ecke, *[1 fM, 1 hStb, 1 fM] in die Ecke, 26 fM entlang der Kante mit den R-Enden arb, [1 fM, 1 hStb, 1 fM] in die Ecke**, 1 fM in jede der folg 27 M, von * bis ** noch 1 x wdh, 1 fM in jede der folg Lm der Lmk, Rd mit 1 Km in die 1. fM schließen.
Faden abschneiden, durchziehen und alle Fadenenden vernähen.

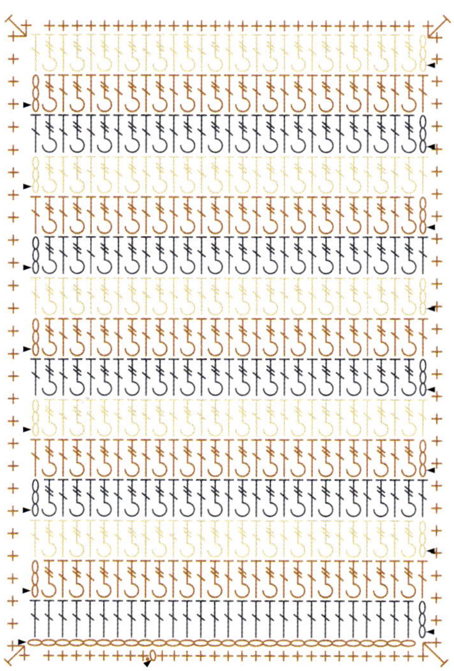

Stabmuster

Siehe Seite 13

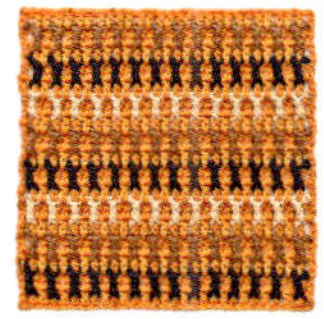

A = Kaki
B = Nachtschatten
C = Karamell
D = Auster
Zubehör: Maschenhalter oder Sicherheitsnadel

BESONDERE MASCHEN

DRStbv (doppeltes Reliefstäbchen vorne): 2 U, von vorne nach hinten rechts von der angegebenen M einstechen, links neben dem Schaft der M ausstechen, Faden holen und durchziehen, [1 U, Faden durch die 1. 2 Schl auf der Nd ziehen] x 3.

Luftmaschenkette: Mit Garn A 31 Lm anschl.
Reihe 1: 1 Stb in die 4. Lm ab Nd, *1 Stb in die folg Lm, ab * wdh bis R-Ende, wenden. (28 M)
Reihe 2: 3 Lm (zählen als 1 Stb), folg M überg, 1 Stb in jedes folg Stb bis R-Ende, 1 Stb in die obere der 3 Anf-Lm.
Reihe 3: Arbeitsschlinge auf den Maschenhalter schieben, in das letzten Stb einstechen, Garn B holen und durchziehen, 1 Lm, 1 DRStbv um das folg Stb 2 R unterhalb der Arbeits-R arb, *1 Lm, 1 Stb überg, 1 DRStbv um das folg Stb 2 R unterhalb der Arbeits-R arb, ab * bis R-Ende wdh, 1 Km in die obere der 3 Anf-Lm der Vor-R. Faden abschneiden und durchziehen, aber die Arbeit nicht wenden.
Reihe 4: Garn A vom Maschenhalter wieder auf die Nd schieben, 3 Lm, Nd in das folg DRStbv und das darunterliegende Stb einstechen und 1 Stb arb, *Nd in die folg Lm der Vor-R und das folg darunterliegende Stb einstechen und 1 Stb arb, Nd in das folg DRStbv und das darunterliegende Stb einstechen und 1 Stb arb, ab * bis Ende wdh, 1 Stb in die obere der 3 Anf-Lm, wenden.
Reihe 5: Wie Reihe 2 arb.
Reihe 3–5 noch 6 x wdh, dann Reihe 3–4 noch 1 x wdh, dabei Reihe 3 in folg Farbmuster arb: [C, D, B] x 2, C.
Faden abschneiden, durchziehen und alle Fadenenden vernähen.

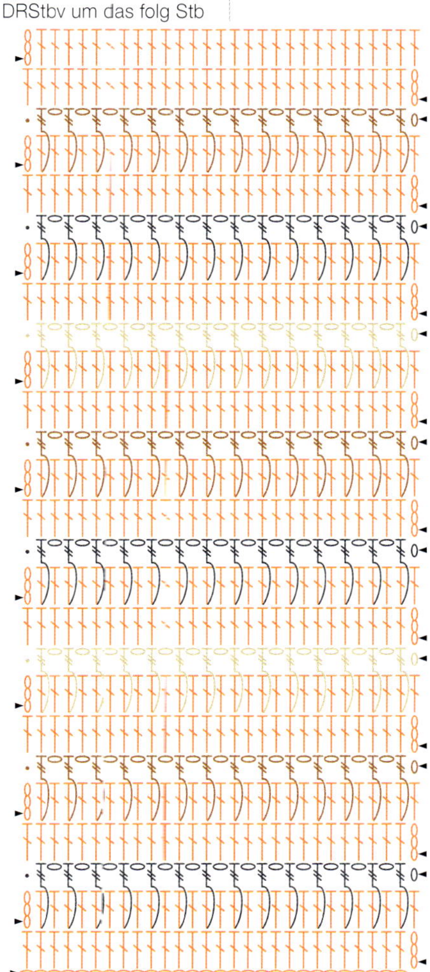

Klassisches Zopfmuster

Siehe Seite 15

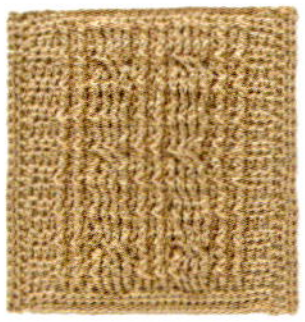

A = Auster

BESONDERE MASCHEN

DRStbv (doppeltes Reliefstäbchen vorne): 2 U, von vorne nach hinten rechts von der angegebenen M einstechen, links neben dem Schaft der M ausstechen, Faden holen und durchziehen, [1 U, Faden durch die 1. 2 Schl auf der Nd ziehen] x 3.

DRStbh (doppeltes Reliefstäbchen hinten): 2 U, von hinten nach vorne rechts von der angegebenen M einstechen, links neben dem Schaft der M ausstechen, Faden holen und durchziehen, [1 U, Faden durch die 1. 2 Schl auf der Nd ziehen] x 3.

Luftmaschenkette: Mit Garn A 30 Lm anschl.

Reihe 1: 1 fM in die 2. Lm ab Nd, *1 fM in die folg Lm, ab * wdh bis R-Ende, wenden.

Reihe 2: 2 Lm, *1 hStb in die folg fM, ab * wdh bis R-Ende, wenden.

Reihe 3: 2 Lm, 1 hStb in jedes der folg 3 hStb, *[1 DRStbv um das folg Stb, 1 hStb in das folg Stb] x 2, 1 DRStbv um jedes der folg 4 Stb, 1 hStb in das folg Stb, ab * noch 1 x wdh, [1 DRStbv um das folg Stb, 1 hStb in das folg Stb] x 2, 1 hStb in jedes der folg 3 hStb, wenden.

Reihe 4: 2 Lm, 1 hStb in jedes der folg 3 hStb, *[1 DRStbh um die folg M, 1 hStb in die folg M] x 2, 1 DRStbh um jede der folg 4 M, 1 hStb in die folg M, ab * noch 1 x wdh, [1 DRStbh um die folg M, 1 hStb in die folg M] x 2, 1 hStb in jedes der folg 3 hStb, wenden.

Reihe 5: 2 Lm, 1 hStb in jedes der folg 3 hStb *[1 DRStbv um die folg M, 1 hStb in die folg M] x 2, folg 2 M überg, 1 DRStbv um jede der folg 2 M, vor den 2 soeben ge-hk DRStbv je 1 DRStbv um jede der 2 überg M arb, 1 hStb in die folg M, ab * noch 1 x wdh, [1 DRStbv um die folg M, 1 hStb in die folg M] x 2, 1 hStb in jedes der folg 3 hStb, wenden.

Reihe 6: Wie Reihe 4 arb.

Reihe 7–14: 2 x Reihe 3–6 arb.

Reihe 15–17: Wie Reihe 3–5 arb.

Reihe 18: 2 Lm, *1 hStb in die folg M, ab * wdh bis R-Ende, wenden.

Reihe 19: 1 Lm, 1 fM in jedes hStb bis R-Ende. Faden nicht abschneiden und Arbeit nicht wenden.

1. Kante: 2 Lm, 1 hStb in jedes R-Ende links arb. Faden abschneiden und durchziehen. (18 hStb)

2. Kante: Garn A an die rechte untere Ecke anfügen, 2 Lm, 1 hStb in jedes R-Ende arb. Faden abschneiden und durchziehen.

Rand

Runde 1: Garn A an die obere linke Ecke anfügen, 1 Lm, 1 fM in jede M und [1 fM, 1 Lm, 1 fM] in jede Ecke arb, Rd mit 1 Km in die 1. fM schließen.

Faden abschneiden, durchziehen und vernähen.

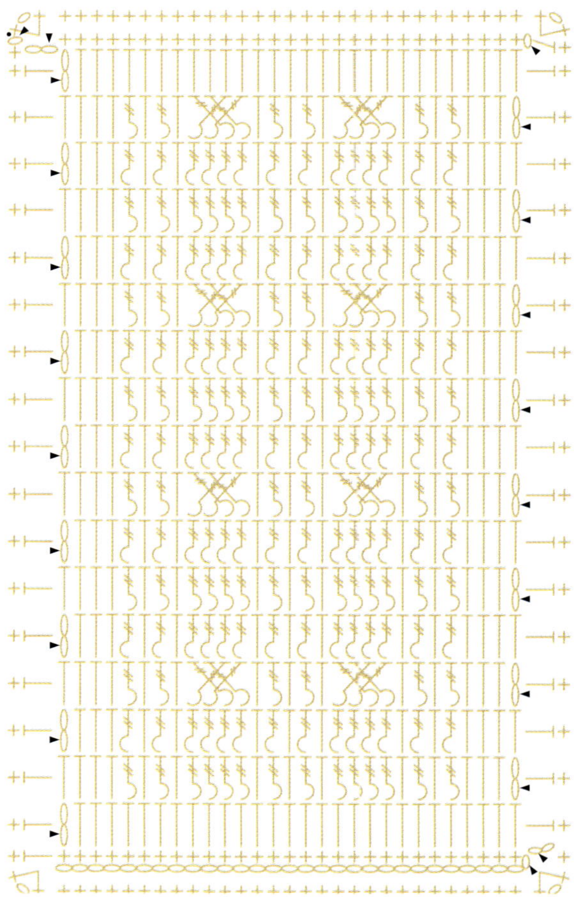

Große Blüte

Siehe Seite 12

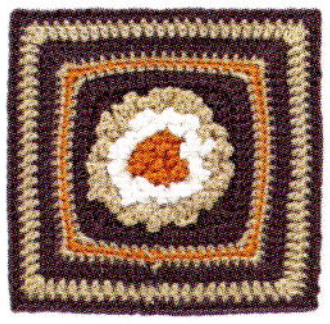

A = Kaki
B = Beige
C = Auster
D = Johannisbeere

Anfangsring: Mit Garn A einen Fadenring arbeiten (siehe Seite 153).
Runde 1: 2 Lm (zählen als 1 hStb), 11 hStb in den Ring, 1 Km in das vMgl der oberen der 2 Anf-Lm. (12 hStb)
Runde 2: *7 Lm, 1 Km in das vMgl des folg hStb, ab * noch 10 x wdh, 7 Lm, 1 Km in das hMgl der oberen der 2 Anf-Lm der 1. Rd. (12 Lm-ZR)
Runde 3: 2 Lm (zählen als 1 hStb), 1 hStb in das hMgl des 1. hStb der 1. Rd arb, 2 hStb in das hMgl jedes folg hStb der 1. Rd arb, 1 Km in das hMgl der oberen der 2 Anf-Lm. Garn A abschneiden und durchziehen. (24 M)
Runde 4: Garn B anfügen, *7 Lm, 1 Km in das vMgl des folg hStb, ab * 22 x wdh, 7 Lm, 1 Km in das hMgl der oberen der 2 Anf-Lm der 3. Rd. (24 Lm-ZR)
Runde 5: 2 Lm (zählen als 1 hStb), *2 hStb in das hMgl des folg hStb der 3. Rd, 1 hStb in das hMgl des folg hStb der 3. Rd, ab * noch 10 x wdh, 2 hStb in das hMgl des folg hStb der 3. Rd, 1 Km in das hMgl der oberen der 2 Anf-Lm. Garn B abschneiden und durchziehen. (36 M)
Runde 6: Garn C anfügen, *7 Lm, 1 Km in das vMgl des folg hStb; ab * noch 34 x wdh, 7 Lm, 1 Km in das hMgl der oberen der 2 Anf-Lm der 5. Rd. Garn C abschneiden und durchziehen. (36 Lm-ZR)
Runde 7: Garn D an das hMgl eines hStb der Rd 5 anfügen, 1 Lm, 1 fM in das hMgl desselben hStb, *in die hMgl der M der Rd 5 arb, 1 fM in die folg M, 1 hStb in die folg M, 1 Stb in jede der folg 2 M, [1 Stb, 1 DStb, 1 Stb] in die folg M (Ecke), 1 Stb in jede der folg 2 M, 1 hStb in die folg M**, 1 fM in das hMgl der folg M, ab * noch 2 x wdh, dann von * bis ** noch 1 x wdh, 1 Km in die 1. fM. (44 M)
Runde 8: 3 Lm (zählen als 1 Stb), *1 Stb in jede M bis zum Eck-DStb, [1 Stb, 1 DStb, 1 Stb] in das Eck-DStb, ab * noch 3 x wdh, 1 Stb in jede M bis Rd-Ende, 1 Km in die obere der 3 Anf-Lm. (52 M)
Runde 9: Wie Runde 8 arb. Garn D abschneiden und durchziehen. (60 M)
Runde 10: Garn C anfügen, 1 Lm, 1 fM in dieselbe M, *1 fM in jede M bis zum Eck-DStb, [1 fM, 1 hStb, 1 fM] in das Eck-DStb, ab * noch 3 x wdh, 1 fM in jede M bis Rd-Ende, 1 Km in die 1. fM. Garn C abschneiden und durchziehen. (68 M)
Runde 11: Mit Garn A wie Runde 10 arb. (76 M)
Runde 12: Mit Garn C wie Runde 10 arb. (84 M)
Runde 13: Garn D anfügen, 3 Lm, *1 Stb in jede M bis zum Eck-hStb, [1 Stb, 1 DStb, 1 Stb] in das Eck-hStb, ab * noch 3 x wdh, 1 Stb in jede M bis Rd-Ende, 1 Km in die obere der 3 Anf-Lm. Garn D abschneiden und durchziehen. (92 M)
Runde 14: Mit Garn C wie Runde 13 arb. (100 M)
Runde 15: Garn D anfügen, 2 Lm, *1 hStb in jede M bis zum Eck-DStb, [1 hStb, 1 Stb, 1 hStb] in das Eck-DStb, ab * noch 3 x wdh, 1 hStb in in jede M bis Rd-Ende, 1 Km in die obere der 2 Anf-Lm. (108 M)
Faden abschneiden, durchziehen und alle Fadenenden vernähen.

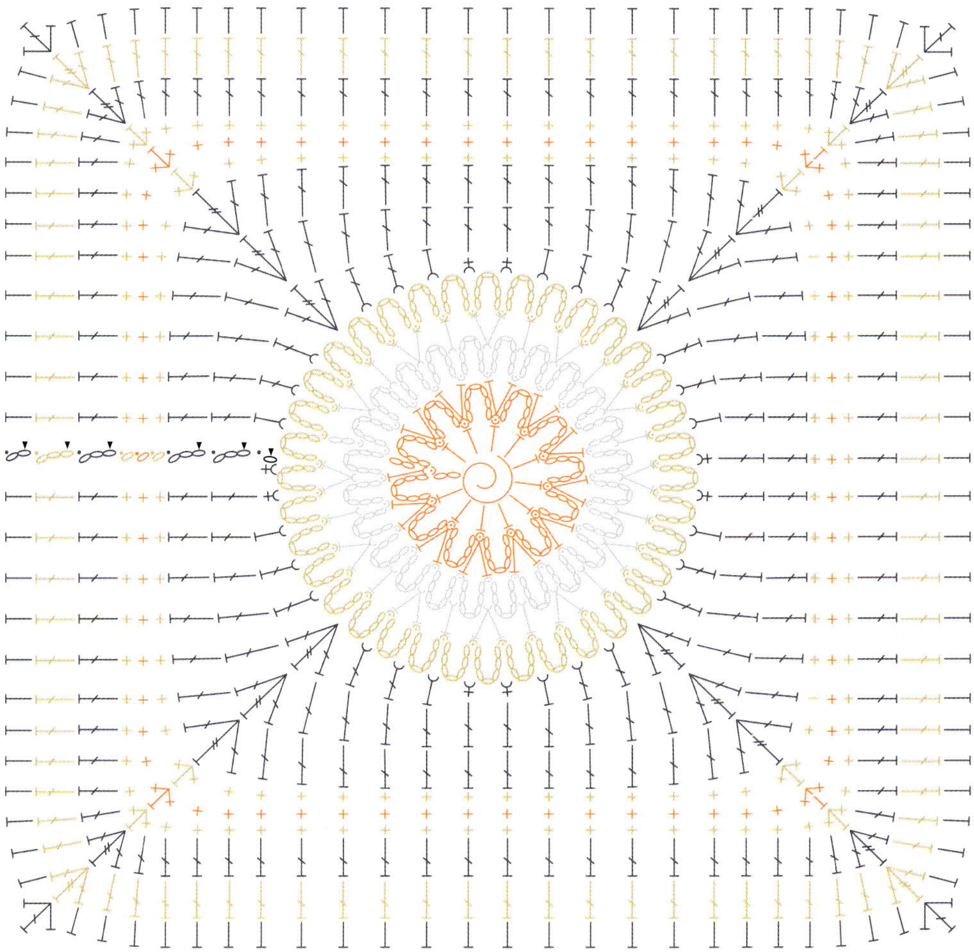

Durchbrochenes Muster

Siehe Seite 16

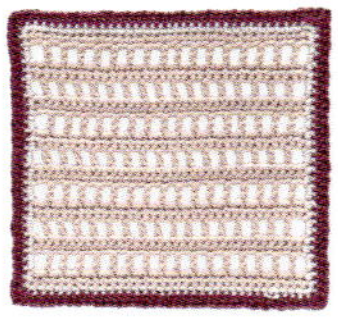

A = Muschelrosa
B = Beige
C = Rose

Luftmaschenkette: Mit Garn A 36 Lm anschl.
Reihe 1 (RS): 1 fM in die 2. Lm ab Nd, *1 fM in die folg Lm, ab * wdh bis R-Ende, wenden. (35 fM)
Reihe 2: 4 Lm (zählen als 1 Stb und 1 Lm), 1 fM überg, 1 Stb in die folg fM, *1 Lm, 1 fM überg, 1 Stb in die folg fM, ab * wdh bis R-Ende, wenden. (17 Lm-ZR)
Reihe 3: 1 Lm, 2 fM in jeden Lm-ZR der Vor-Rd arb, 1 fM in die 3. der 4 Anf-Lm der Vor-Rd, wenden. (35 fM)
Reihe 4: 1 Lm, *1 fM in die folg fM, ab * wdh bis R-Ende, wenden.
Reihe 2–4 noch 6 x wdh. Faden abschneiden und durchziehen.

Rand
Runde 1: Garn B an eine fM der Vor-R anfügen, 1 Lm, 1 fM in dieselbe fM, 1 fM in jede fM und jedes R-Ende und 3 fM in jede Ecke der Vor-Rd arb, Rd mit 1 Km in die 1. fM schließen. Garn B abschneiden und durchziehen.
Runde 2: Garn C an eine fM der Vor-Rd anfügen, 2 Lm, 1 hStb in jede fM und [1 hStb, 1 Stb, 1 hStb] in jede Eck-fM (mittlere der 3 fM an der Ecke) der Vor-Rd arb, Rd mit 1 Km in die obere der 2 Anf-Lm schließen.
Faden abschneiden, durchziehen und alle Fadenenden vernähen.

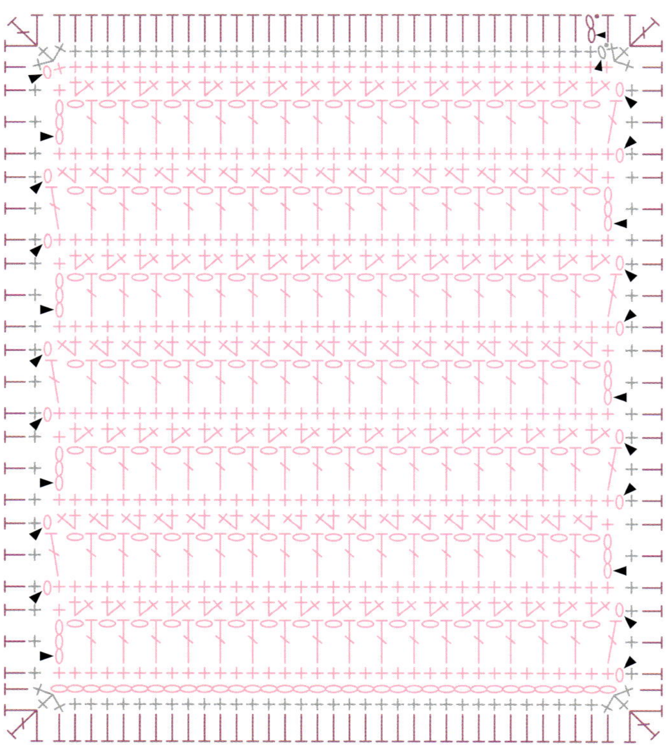

Belgische Spitze

Siehe Seite 18

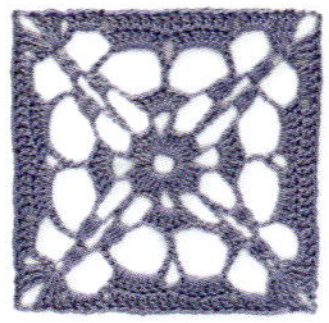

A = Lavendel

BESONDERE MASCHEN
Anf-Bm (Anfangs-Büschelmasche aus 3 zus abgem Stb): 3 Lm (zählen als 1 Stb), [1 U, in die angegebene M einstechen, Faden holen und durchziehen, 1 U, Faden durch die 1. 2 Schl auf der Nd ziehen] x 3, 1 U, Faden durch alle 4 Schl auf der Nd ziehen.
Bm (Büschelmasche aus 4 zus abgem Stb): [1 U, in die angegebene M einstechen, Faden holen und durchziehen, 1 U, Faden durch die 1. 2 Schl auf der Nd ziehen] x 4, 1 U, Faden durch alle 5 Schl auf der Nd ziehen.

Anfangsring: Mit Garn A 8 Lm anschl und mit 1 Km zur Runde schließen.
Runde 1: 3 Lm (zählen als 1 Stb), 6 Stb in den Ring, [7 Lm, 7 Stb in den Ring] x 3, 4 Lm, 1 Stb in die obere der 3 Anf-Lm. (4 7-Lm-ZR)
Runde 2: 10 Lm (zählen als 1 Stb und 7 Lm), folg 2 Stb überg, *1 fM in das folg Stb, 7 Lm, folg 3 Stb überg**, 7 Stb in den folg 7-Lm-ZR, 7 Lm, folg 3 Stb überg, ab * noch 2 x wdh, dann von * bis ** noch 1 x wdh, 6 Stb in den folg 7-Lm-ZR, Rd mit 1 Km in die 3. der 10 Anf-Lm schließen. (8 7-Lm-ZR)
Runde 3: 3 Km in den folg 7-Lm-ZR, Anf-Bm in denselben ZR, *3 Lm, Bm in den folg 7-Lm-ZR, 11 Lm, folg 3 Stb überg, 1 Stb in das folg Stb, 11 Lm**, 1 Bm in den folg 7-Lm-ZR, ab * noch 2 x wdh, dann von * bis ** noch 1 x wdh, Rd mit 1 Km in die Anf-Bm schließen.
Runde 4: 2 Km in den folg 3-Lm-ZR, Anf-Bm in denselben ZR, *8 Lm, 7 Stb in jeden der folg 2 11-Lm-ZR, 8 Lm**, 1 Bm in den folg 3-Lm-ZR, ab * noch 2 x wdh, dann von * bis ** noch 1 x wdh, Rd mit 1 Km in die Anf-Bm schließen.
Runde 5: 4 Lm (zählen als 1 DStb), 2 DStb in die Anf-Bm der Vor-Rd (halbe Ecke), *4 Stb in den folg 8-Lm-ZR, 1 Stb überg, 1 Stb in jedes der folg 12 Stb, 1 Stb überg, 4 Stb in den folg 8-Lm-ZR**, [3 DStb, 4 Lm, 3 DStb] in die folg Bm (Ecke), ab * noch 2 x wdh, dann von * bis ** noch 1 x wdh, 3 DStb in die Anf-Bm der Vor-Rd, 4 Lm, Rd mit 1 Km in die obere der 4 Anf-Lm schließen.
Faden abschneiden, durchziehen und vernähen.

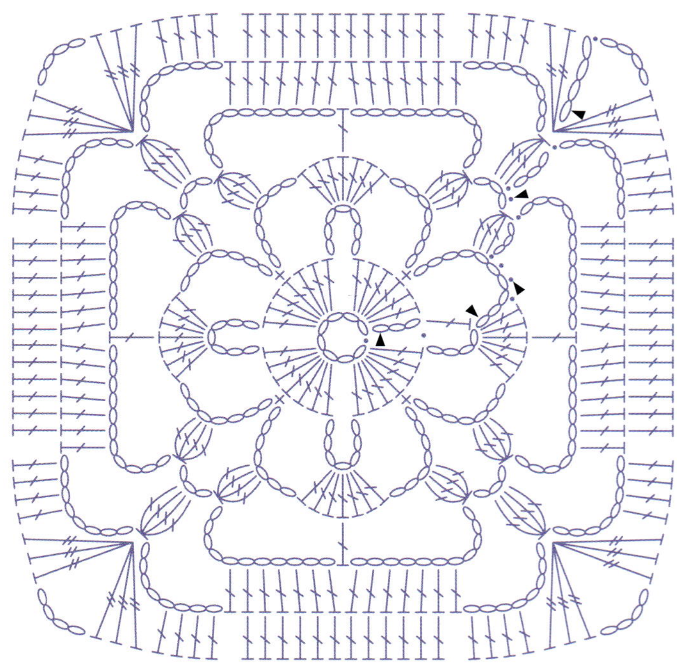

Spitzenrad

Siehe Seite 16

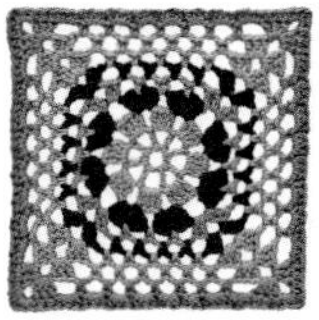

A = Hellgrau
B = Nachtschatten
C = Lavendel

Anfangsring: Mit Garn A 8 Lm anschl und mit 1 Km zur Runde schließen.
Runde 1: 6 Lm (zählen als 1 Stb und 3 Lm), [1 Stb in den Ring, 3 Lm] x 7, Rd mit 1 Km in die 3. der 6 Anf-Lm schließen. (8 Stb, 8 3-Lm-ZR)
Runde 2: 1 Km in den folg 3-Lm-ZR, 3 Lm (zählen als 1 Stb), 3 Stb in denselben Lm-ZR, [2 Lm, 4 Stb in den folg 3-Lm-ZR] x 7, 2 Lm, Rd mit 1 Km in die obere der 3 Anf-Lm schließen. Garn A abschneiden und durchziehen.
Runde 3: Garn B an einen 2-Lm-ZR der Vor-Rd anfügen, 3 Lm (zählen als 1 Stb), 5 Stb in denselben Lm-ZR, *1 Lm, 6 Stb in den folg 2-Lm-ZR, ab * noch 6 x wdh, 1 Lm, Rd mit 1 Km in die obere der 3 Anf-Lm schließen. Garn B abschneiden und durchziehen.
Runde 4: Garn C an einen Lm-ZR der Vor-Rd anfügen, 1 Lm, 1 fM in denselben Lm-ZR, *3 Lm, 1 fM zw das 3. und 4. der folg 6 Stb, 3 Lm, [2 Stb, 3 Lm, 2 Stb] in den folg Lm-ZR, 3 Lm, 1 fM zw das 3. und 4. der folg 6 Stb, 3 Lm**, 1 fM in den folg Lm-ZR, ab * noch 2 x wdh, dann von * bis ** noch 1 x wdh, Rd mit 1 Km in die 1. fM schließen. Garn C abschneiden und durchziehen.
Runde 5: Garn B an einen 3-Lm-Eck-ZR der Vor-Rd anfügen, 3 Lm (zählen als 1 Stb), [1 Stb, 3 Lm, 2 Stb] in denselben Lm-ZR, *[3 Lm, 1 fM in den folg 3-Lm-ZR] x 4, 3 Lm**, [2 Stb, 3 Lm, 2 Stb] in den folg Eck-ZR, ab * noch 2 x wdh, und von * bis ** noch 1 x wdh, Rd mit 1 Km in die obere der 3 Anf-Lm schließen. Garn B abschneiden und durchziehen.
Runde 6: Garn A an einen 3-Lm-Eck-ZR der Vor-Rd anfügen, 3 Lm (zählen als 1 Stb), [2 Stb, 3 Lm, 3 Stb] in denselben Lm-ZR, *[3 Lm, 1 fM in den folg 3-Lm-ZR] x 5, 3 Lm**, [3 Stb, 3 Lm, 3 Stb] in den folg Eck-ZR, ab * noch 2 x wdh, und von * bis ** noch 1 x wdh, Rd mit 1 Km in die obere der 3 Anf-Lm schließen.
Runde 7: Je 1 Km in die folg 2 Stb und in den folg Eck-ZR, 3 Lm (zählen als 1 Stb), [2 Stb, 3 Lm, 3 Stb] in denselben Lm-ZR, *[3 Lm, 1 fM in den folg 3-Lm-ZR] x 6, 3 Lm**, [3 Stb, 3 Lm, 3 Stb] in den folg Eck-ZR, ab * noch 2 x wdh, und von * bis ** noch 1 x wdh, Rd mit 1 Km in die obere der 3 Anf-Lm schließen. Garn A abschneiden und durchziehen.
Runde 8: Garn C an einen 3-Lm-Eck-ZR der Vor-Rd anfügen, 3 Lm (zählen als 1 Stb), [2 Stb, 3 Lm, 3 Stb] in denselben Lm-ZR, *[3 Lm, 1 fM in den folg 3-Lm-ZR] x 7, 3 Lm**, [3 Stb, 3 Lm, 3 Stb] in den folg Eck-ZR, ab * noch 2 x wdh, und von * bis ** noch 1 x wdh, Rd mit 1 Km in die obere der 3 Anf-Lm schließen.
Runde 9: Je 1 Km in die folg 2 Stb und in den folg Eck-ZR, 2 Lm (zählen als 1 hStb), [1 Stb, 1 hStb] in denselben Lm-ZR, *1 hStb in jedes der folg 3 Stb, 3 hStb in jeden 3-Lm-ZR bis zur Ecke, 1 hStb in jedes der folg 3 Stb, [1 hStb, 1 Stb, 1 hStb] in den folg Eck-ZR, ab * noch 2 x wdh, 1 hStb in jedes der folg 3 Stb, 3 hStb in jeden 3-Lm-ZR bis zur Ecke, 1 hStb in jedes der folg 3 Stb, Rd mit 1 Km in die obere der 2 Anf-Lm schließen.
Faden abschneiden, durchziehen und alle Fadenenden vernähen.

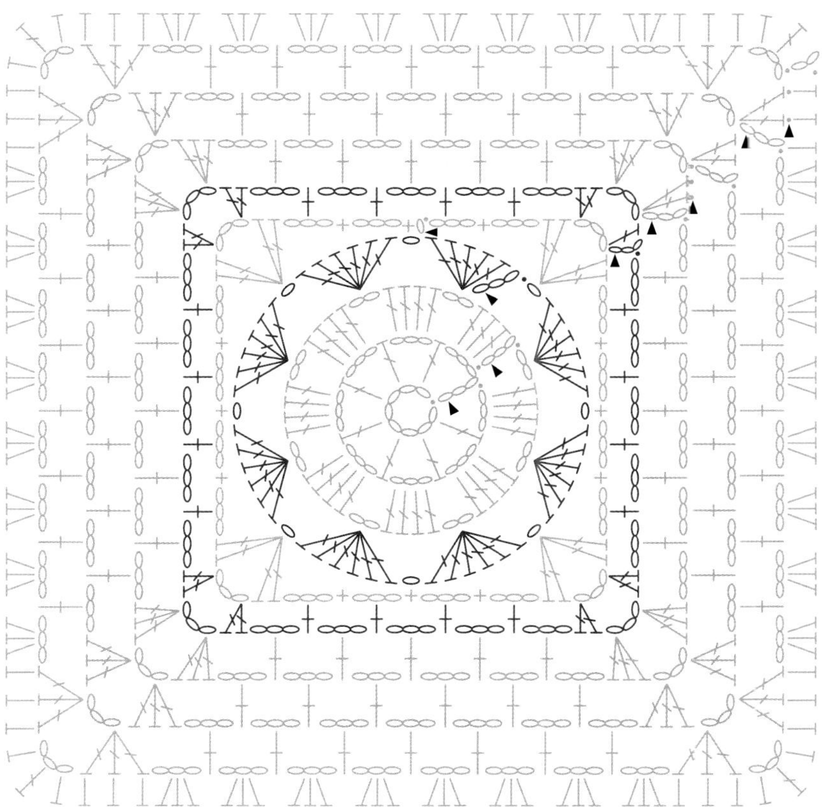

Viktorianische Spitze

Siehe Seite 17

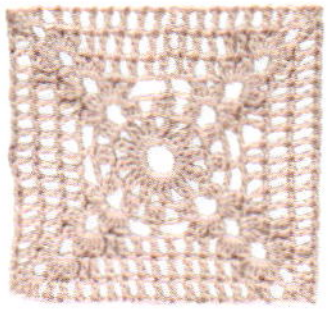

A = Muschelrosa

BESONDERE MASCHEN

2 DStb zus-hk: [2 U, in die angegebene M einstechen, Faden holen und durchziehen, (1 U, Faden durch die 1. 2 Schl auf der Nd ziehen) x 2] x 2, 1 U, Faden durch alle 3 Schl auf der Nd ziehen.

Anf-Bm (Anfangs-Büschelmasche aus 2 zus abgem Stb): [1 U, in die angegebene M einstechen, Faden holen und durchziehen, 1 U, Faden durch die 1. 2 Schl auf der Nd ziehen] x 2, 1 U, Faden durch alle 3 Schl auf der Nd ziehen.

Bm (Büschelmasche aus 3 zus abgem Stb): [1 U, in die angegebene M einstechen, Faden holen und durchziehen, 1 U, Faden durch die 1. 2 Schl auf der Nd ziehen] x 3, 1 U, Faden durch alle 4 Schl auf der Nd ziehen.

Anfangsring: 10 Lm anschl und mit 1 Km zur Runde schließen.

Runde 1: 4 Lm (zählen als 1 DStb), 1 DStb in den Ring, 2 Lm, [2 DStb zus-hk in den Ring, 2 Lm] x 11, 1 Km in die obere der 4 Anf-Lm.

Runde 2: Je 1 Km in das folg DStb und den folg Lm-ZR, 3 Lm, Anf-Bm in denselben Lm-ZR, 3 Lm, [Bm in den folg Lm-ZR, 3 Lm] x 11, 1 Km in die Anf-Bm.

Runde 3: 5 Lm (zählen als 1 hStb und 3 Lm), folg 3-Lm-ZR überg, [Bm, 2 Lm, Bm, 4 Lm, Bm, 2 Lm, Bm] in den folg Lm-ZR, 3 Lm, *folg Lm-ZR überg, 1 hStb in die folg Bm, 3 Lm, folg Lm-ZR überg, [Bm, 2 Lm, Bm, 4 Lm, Bm, 2 Lm, Bm] in den folg 3-Lm-ZR, 3 Lm, ab * 2 x wdh, 1 Km in die 2. der 5 Anf-Lm.

Runde 4: 4 Lm (zählen als 1 Stb und 1 Lm), 1 Stb in den 1. Lm-ZR der Vor-Rd, *1 Lm, 1 Stb in die folg Bm, 1 Lm, 1 Stb in den folg 2-Lm-ZR, 1 Lm, [Bm, 2 Lm, Bm, 4 Lm, Bm, 2 Lm, Bm] in den folg 4-Lm-ZR, 1 Lm, 1 Stb in den folg 2-Lm-ZR, 1 Lm, 1 Stb in die folg Bm, 1 Lm, 1 Stb in den folg 3-Lm-ZR, 1 Lm**, 1 Stb in das folg hStb, 1 Lm, 1 Stb in den folg 3-Lm-ZR, ab * 2 x wdh, dann von * bis ** 1 x wdh, 1 Km in die 3. der 4 Anf-Lm.

Runde 5: 4 Lm, [1 Stb in das folg Stb, 1 Lm] x 3, *1 Stb in die folg Bm, 1 Lm, 1 Stb in den folg 2-Lm-ZR, 1 Lm, [Bm, 2 Lm, Bm, 4 Lm, Bm, 2 Lm, Bm] in den folg 4-Lm-ZR, 1 Lm, 1 Stb in den folg 2-Lm-ZR, 1 Lm, 1 Stb in die folg Bm, 1 Lm**, [1 Stb in das folg Stb, 1 Lm] x 7, ab * 2 x wdh, von * bis ** 1 x wdh, [1 Stb in das folg Stb, 1 Lm] x 3, 1 Km in die 3. der 4 Anf-Lm.

Runde 6: 4 Lm, [1 Stb in das folg Stb, 1 Lm] x 5, *1 Stb in die folg Bm, 1 Lm, 1 Stb in den folg 2-Lm-ZR, 1 Lm, 5 Stb in den folg 4-Lm-ZR, 1 Lm, 1 Stb in den folg 2-Lm-ZR, 1 Lm, 1 Stb in die folg Bm, 1 Lm**, [1 Stb in das folg Stb, 1 Lm] x 11, ab * 2 x wdh, dann von * bis ** 1 x wdh, [1 Stb in das folg Stb, 1 Lm] x 5, 1 Km in die 3. der 4 Anf-Lm.

Runde 7: 2 Lm, 1 hStb in jedes Stb und jeden Lm-ZR und [1 hStb, 1 Stb, 1 hStb] in jedes 3. der 5 Eck-Stb der Vor-Rd arb, 1 Km in die obere der 2 Anf-Lm.

Faden abschneiden und vernähen.

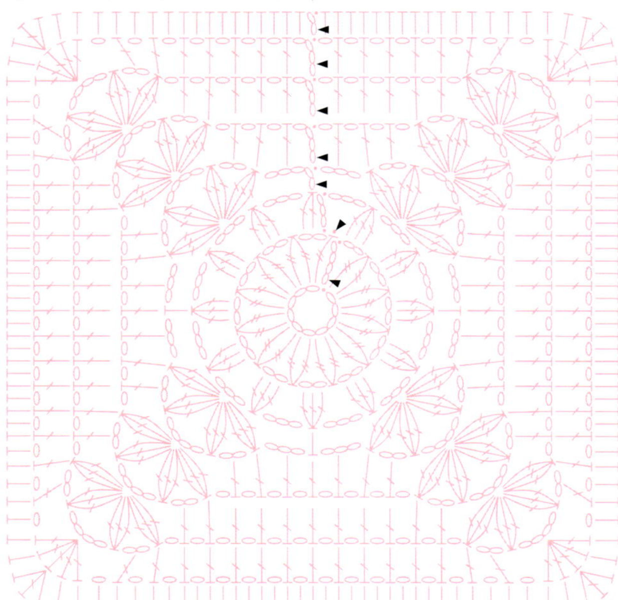

Wiener Spitze

Siehe Seite 17

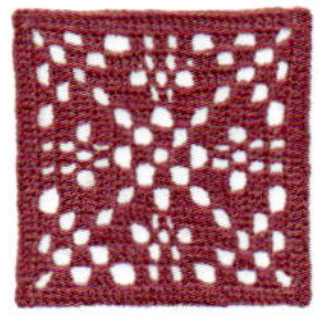

A = Rose

Anfangsring: 8 Lm anschl und mit 1 Km zur Runde schließen.

Runde 1: 3 Lm (zählen als 1 Stb), 2 Stb in den Ring, 5 Lm, *3 Stb in den Ring, 5 Lm, ab * noch 2 x wdh, 1 Km in die obere der 3 Anf-Lm.

Runde 2: Je 1 Km in die folg 2 Stb und den folg 5-Lm-ZR, 3 Lm, [2 Stb, 5 Lm, 3 Stb] in denselben Lm-ZR, *3 Lm, [3 Stb, 5 Lm, 3 Stb] in den folg 5-Lm-ZR, ab * noch 2 x wdh, 3 Lm, 1 Km in die obere der 3 Anf-Lm.

Runde 3: 3 Lm, 1 Stb in jedes der folg 2 Stb, *[3 Stb, 5 Lm, 3 Stb] in den folg 5-Lm-ZR, 1 Stb in jedes der folg 3 Stb, 3 Lm, 1 Stb in den folg 3-Lm-ZR, 3 Lm**, 1 Stb in jedes der folg 3 Stb, ab * noch 2 x wdh, dann von * bis ** noch 1 x wdh, 1 Km in die obere der 3 Anf-Lm.

Runde 4: 1 Km in jedes der folg 3 Stb, 3 Lm, 1 Stb in jedes der folg 2 Stb, *[3 Stb, 5 Lm, 3 Stb] in den folg 5-Lm-ZR, 1 Stb in jedes der folg 3 Stb, 3 Lm, [1 fM in den folg 3-Lm-ZR, 3 Lm] x 2**, folg 3 Stb überg, 1 Stb in jedes der folg 3 Stb, ab * noch 2 x wdh, dann von * bis ** noch 1 x wdh, 1 Km in die obere der 3 Anf-Lm.

Runde 5: 3 Lm (zählen als 1. Stb), 1 Stb in jedes der folg 2 Stb, 2 Lm, 3 Stb überg, *[3 Stb, 5 Lm, 3 Stb] in den folg 5-Lm-ZR, 2 Lm, folg 3 Stb überg, 1 Stb in jedes der folg 3 Stb, [2 Stb in den folg 3-Lm-ZR, 1 Lm] x 2, 2 Stb in den folg 3-Lm-ZR**, 1 Stb in jedes der folg 3 Stb, 2 Lm, ab * noch 2 x wdh, dann von * bis ** noch 1 x wdh, 1 Km in die obere der 3 Anf-Lm.

Runde 6: Je 1 Km in die folg 2 Stb und den folg 2-Lm-ZR, 3 Lm, 2 Stb in denselben Lm-ZR, 3 Lm, folg 3 Stb überg, *[3 Stb, 5 Lm, 3 Stb] in den folg 5-Lm-ZR, 3 Lm, folg 3 Stb überg, 3 Stb in den folg 2-Lm-ZR, 3 Lm, folg 3 Stb überg, [1 Stb in jedes der folg 2 Stb, 1 Lm] x 2, 1 Stb in jedes der folg 2 Stb, 3 Lm, 3 Stb überg**, 3 Stb in den folg 2-Lm-ZR, 3 Lm, ab * noch 2 x wdh, dann von * bis ** noch 1 x wdh, 1 Km in die obere der 3 Anf-Lm.

Runde 7: 3 Lm, 1 Stb in jedes der folg 2 Stb, 3 Stb in den folg 3-Lm-ZR, *1 Stb in jedes der folg 3 Stb, [1 Stb, 1 Lm, 1 DStb, 1 Lm, 1 Stb] in den Eck-ZR, 1 Stb in jedes der folg 3 Stb, 3 Stb in den folg 3-Lm-ZR, 1 Stb in jedes der folg 3 Stb, 3 Stb in den folg 3-Lm-ZR, [1 Stb in jedes der folg 2 Stb, 1 Stb in den folg Lm-ZR] x 2, 1 Stb in jedes der folg 2 Stb, 3 Stb in den folg 3-Lm-ZR**, 1 Stb in jedes der folg 3 Stb, 3 Stb in den folg 3-Lm-ZR, ab * noch 2 x wdh, dann von * bis ** noch 1 x wdh, 1 Km in die obere der 3 Anf-Lm.

Faden abschneiden, durchziehen und vernähen.

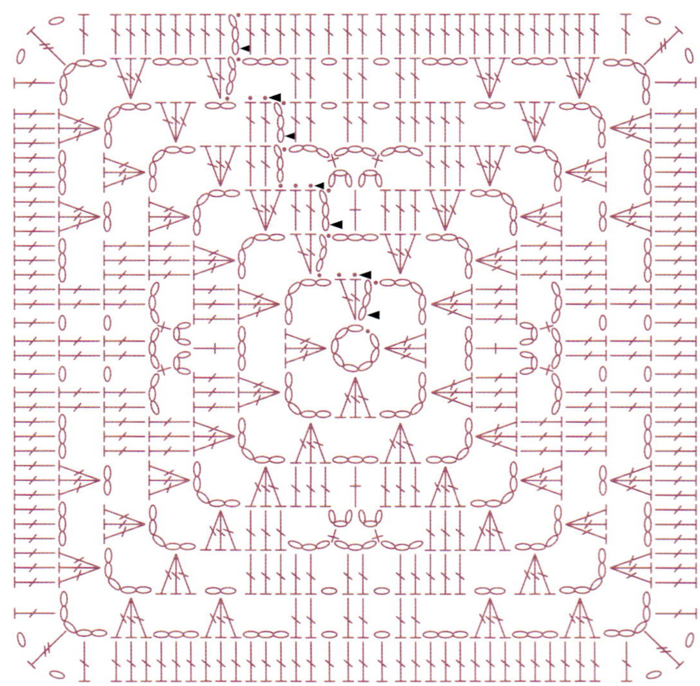

Queen-Anne-Spitze

Siehe Seite 16

A = Hellgrau
B = Beige

BESONDERE MASCHEN

Anf-Bm (Anfangs-Büschelmasche aus 3 zus abgem Stb): [1 U, in die angegebene M einstechen, Faden holen und durchziehen, 1 U, Faden durch die 1. 2 Schl auf der Nd ziehen] x 3, 1 U, Faden durch alle 4 Schl auf der Nd ziehen.

Bm (Büschelmasche aus 4 zus abgem Stb): [1 U, in die angegebene M einstechen, Faden holen und durchziehen, 1 U, Faden durch die 1. 2 Schl auf der Nd ziehen] x 4, 1 U, Faden durch alle 5 Schl auf der Nd ziehen.

Anfangsring: Mit Garn A 6 Lm anschl und mit 1 Km zur Runde schließen.

Runde 1: 1 Lm, 12 fM in den Ring, Rd mit 1 Km in die 1. fM schließen.

Runde 2: 4 Lm (zählen als 1 Stb und 1 Lm), [1 Stb in die folg fM, 1 Lm] x 11, Rd mit 1 Km in die 3. der 4 Anf-Lm schließen.

Runde 3: 1 Km in den folg Lm-ZR, 3 Lm (zählen als 1 Stb), 2 Stb in denselben Lm-ZR, 1 Lm, [3 Stb in den folg Lm-ZR, 1 Lm] x 11, Rd mit 1 Km in die obere der 3 Anf-Lm schließen.

Runde 4: Je 1 Km in die folg 2 Stb und den folg Lm-ZR, 3 Lm (zählen als 1 Stb), Anf-Bm in denselben Lm-ZR, *2 Lm, 1 Stb überg, 1 Stb in das folg Stb, 2 Lm, Bm in den folg Lm-ZR, ab * noch 10 x wdh, 2 Lm, 1 Stb überg, 1 Stb in das folg Stb, 2 Lm, Rd mit 1 Km in die Anf-Bm schließen.

Runde 5: 1 Km in den folg 2-Lm-ZR, 1 Lm, 3 fM in denselben Lm-ZR, 3 fM in jeden 2-Lm-ZR bis Rd-Ende, Rd mit 1 Km in die 1. fM schließen.

Runde 6: 3 Lm (zählen als 1 Stb), [1 Stb, 2 Lm, 2 Stb] in die 1. fM der Vor-Rd, *[2 Lm, 1 fM in den ZR zw den folg 2 3-fM-Mg] x 5, 2 Lm**, [2 Stb, 2 Lm, 2 Stb] in den folg ZR zw 2 3-fM-Mg über der Bm, ab * noch 2 x wdh, dann von * bis ** 1 x wdh, Rd mit 1 Km in die obere der 3 Anf-Lm schließen.

Runde 7: 3 Lm (zählen als 1 Stb), 1 Stb in das folg Stb, *[2 Stb, 2 Lm, 2 Stb] in den folg 2-Lm-Eck-ZR, 1 Stb in jedes der folg 2 Stb, [1 Stb, 1 hStb] in den folg 2-Lm-ZR, 1 hStb in die folg fM, [2 fM in den folg 2-Lm-ZR, 1 fM in die folg fM] x 3, 2 fM in den folg 2-Lm-ZR, 1 hStb in die folg fM, [1 hStb, 1 Stb] in den folg 2-Lm-ZR**, 1 Stb in jedes der folg 2 Stb, ab * noch 2 x wdh, dann von * bis ** noch 1 x wdh, Rd mit 1 Km in die obere der 3 Anf-Lm schließen. Garn A abschneiden und durchziehen.

Runde 8: Garn B in das 2. Stb links von einer Ecke der Vor-Rd anfügen, 1 Lm, 1 fM in dasselbe Stb, 1 Lm, folg M überg, *[1 fM in die folg M, 1 Lm, folg M überg] wdh bis zum folg 2-Lm-Eck-ZR, [1 fM, 1 Lm, 1 fM] in den Eck-ZR, 1 Lm, folg M überg, ab * bis Rd-Ende wdh, Rd mit 1 Km in die 1. fM schließen. Garn B abschneiden und durchziehen.

Runde 9: Garn A an einen Eck-ZR der Vor-Rd anfügen, 3 Lm (zählen als 1 Stb), [1 DStb, 1 Stb] in denselben Lm-ZR, *[1 Lm, 1 fM überg, 1 Stb in den folg Lm-ZR] wdh bis zur Ecke**, 1 Lm, [1 Stb, 1 DStb, 1 Stb] in den Eck-ZR, ab * noch 2 x wdh, dann von * bis ** noch 1 x wdh, 1 Lm, Rd mit 1 Km in die obere der 3 Anf-Lm schließen.

Faden abschneiden, durchziehen und alle Fadenenden vernähen.

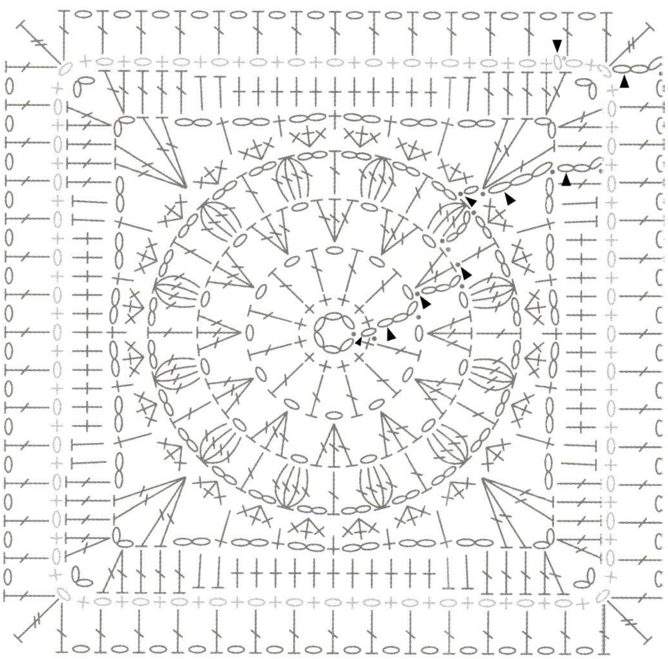

Lochstickerei

Siehe Seite 19

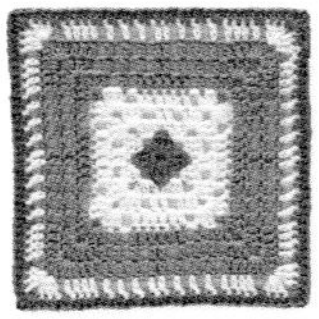

A = Lavendel
B = Beige
C = Hellgrau

Anfangsring: Mit Garn A 4 Lm anschl und mit 1 Km zur Runde schließen.
Runde 1: 3 Lm (zählen als 1 Stb), 2 Stb in den Ring, 2 Lm, [3 Stb in den Ring, 2 Lm] x 3, Rd mit 1 Km in die obere der 3 Anf-Lm schließen. Garn A abschneiden und durchziehen.
Runde 2: Garn B an einen 2-Lm-ZR der Vor-Rd anfügen, 3 Lm (zählen als 1 Stb), [2 Stb, 3 Lm, 3 Stb] in denselben Lm-ZR, [(3 Stb, 3 Lm, 3 Stb) in den folg 2-Lm-ZR] x 3, Rd mit 1 Km in die obere der 3 Anf-Lm schließen.
Runde 3: Je 1 Km in die folg 2 Stb und den folg 3-Lm-ZR, 3 Lm (zählen als Stb), [2 Stb, 3 Lm, 3 Stb] in denselben Lm-ZR, *1 Lm, folg 2 Stb überg, 1 Stb in jedes der folg 2 Stb, 1 Lm, folg 2 Stb überg**, [3 Stb, 3 Lm, 3 Stb] in den folg Eck-ZR, ab * noch 2 x wdh, dann von * bis ** noch 1 x wdh, Rd mit 1 Km in die obere der 3 Anf-Lm schließen.
Runde 4: Je 1 Km in die folg 2 Stb und den folg 3-Lm-ZR, 3 Lm (zählen als 1 Stb), [2 Stb, 3 Lm, 3 Stb] in denselben Lm-ZR, *1 Lm, folg 2 Stb überg, 1 Stb in das folg Stb, 1 Stb in den folg Lm-ZR, 1 Stb in jedes der folg 2 Stb, 1 Stb in den folg Lm-ZR, 1 Stb in das folg Stb, 1 Lm, folg 2 Stb überg**, [3 Stb, 3 Lm, 3 Stb] in den folg Eck-ZR, ab * noch 2 x wdh, dann von * bis ** noch 1 x wdh, Rd mit 1 Km in die obere der 3 Anf-Lm schließen. Garn B abschneiden und durchziehen.
Runde 5: Garn C an einen 3-Lm-Eck-ZR der Vor-Rd anfügen, 3 Lm (zählen als 1 Stb), [2 Stb, 3 Lm, 3 Stb] in denselben Lm-ZR, *1 Lm, folg 2 Stb überg, 1 Stb in das folg Stb, 1 Lm, 1 Stb in jedes der folg 6 Stb, 1 Lm, 1 Stb in das folg Stb, 1 Lm, folg 2 Stb überg**, [3 Stb, 3 Lm, 3 Stb] in den folg Eck-ZR, ab * noch 2 x wdh, dann von * bis ** noch 1 x wdh, Rd mit 1 Km in die obere der 3 Anf-Lm schließen.
Runde 6: Je 1 Km in die folg 2 Stb und in den folg 3-Lm-ZR, 3 Lm (zählen als 1 Stb), [2 Stb, 3 Lm, 3 Stb] in denselben Lm-ZR, *1 Lm, folg 2 Stb überg, 1 Stb in das folg Stb, [1 Lm, 1 Stb in das folg Stb] x 2, 1 Lm, 1 Stb überg, 1 Stb in jedes der folg 2 Stb, 1 Lm, 1 Stb überg, 1 Stb in das folg Stb, [1 Lm, 1 Stb in das folg Stb] x 2, 1 Lm**, [3 Stb, 3 Lm, 3 Stb] in den folg Eck-ZR, ab * noch 2 x wdh, dann von * bis ** noch 1 x wdh, Rd mit 1 Km in die obere der 3 Anf-Lm schließen.
Runde 7: Je 1 Km in die folg 2 Stb und den folg 3-Lm-ZR, 3 Lm (zählen als 1 Stb), [2 Stb, 3 Lm, 3 Stb] in denselben Lm-ZR, *1 Stb in jedes der folg 3 Stb, [1 Lm, 1 Stb in das folg Stb] x 4, [1 Stb in das folg Stb, 1 Lm] x 4, 1 Stb in jedes der folg 3 Stb**, [3 Stb, 3 Lm, 3 Stb] in den folg Eck-ZR, ab * 2 x wdh, dann von * bis ** noch 1 x wdh, Rd mit 1 Km in die obere der 3 Anf-Lm schließen. Garn C abschneiden und durchziehen.
Runde 8: Garn B an einen 3-Lm-Eck-ZR der Vor-Rd anfügen, 3 Lm (zählen als 1 Stb), [2 Stb, 3 Lm, 3 Stb] in denselben Lm-ZR, *1 Lm, folg 2 Stb überg, 1 Stb in jedes der folg 4 Stb, [1 Lm, 1 Stb in das folg Stb] x 4, [1 Stb in das folg Stb, 1 Lm] x 4, 1 Stb in jedes der folg 4 Stb, 1 Lm**, [3 Stb, 3 Lm, 3 Stb] in den folg Eck-ZR, ab * noch 2 x wdh, dann von * bis ** noch 1 x wdh, Rd mit 1 Km in die obere der 3 Anf-Lm schließen. Garn B abschneiden und durchziehen.
Runde 9: Garn A an ein Stb der Vor-Rd anfügen, 2 Lm, 1 hStb in jedes Stb und jeden Lm-ZR und [1 hStb, 1 Stb, 1 hStb] in jeden 3-Lm-Eck-ZR der Vor-Rd arb, Rd mit 1 Km in die obere der 2 Anf-Lm schließen.
Faden abschneiden, durchziehen und alle Fadenenden vernähen.

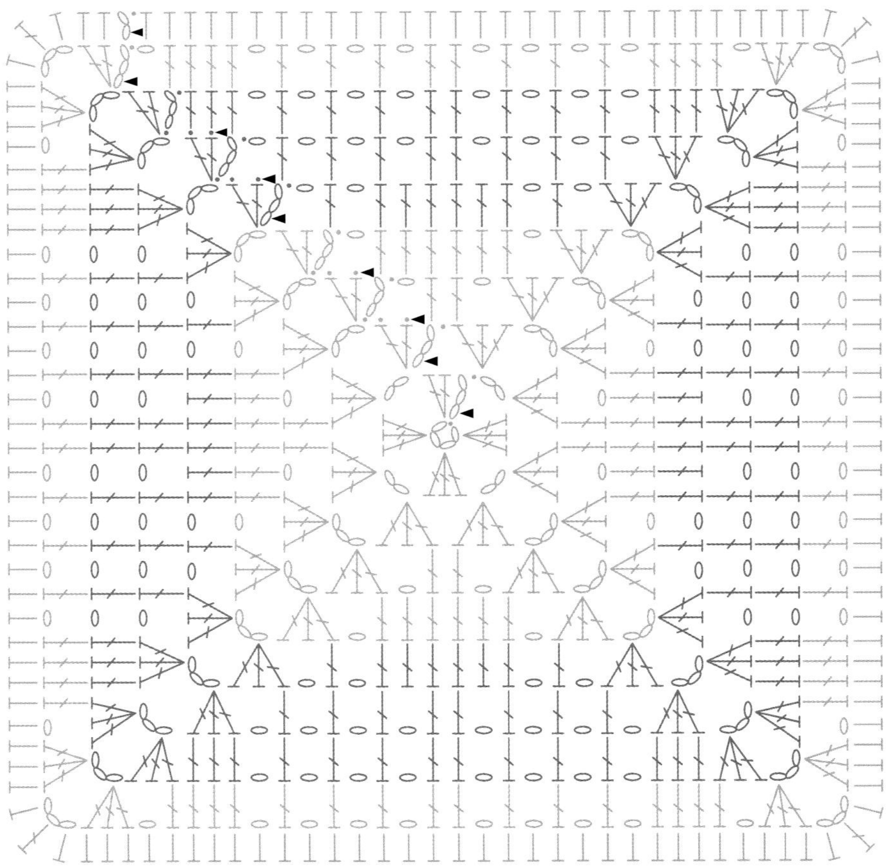

Spitzenblüte

Siehe Seite 18

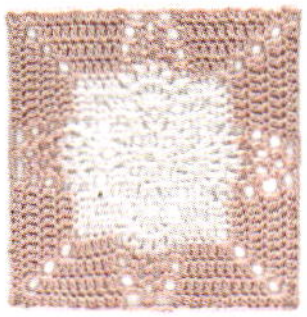

A = Beige
B = Muschelrosa

Anfangsring: Mit Garn A 4 Lm anschl und mit 1 Km zur Runde schließen.
Runde 1: 3 Lm (zählen als 1 Stb), 2 Stb in den Ring, [3 Lm, 3 Stb in den Ring] x 3, 3 Lm, Rd mit 1 Km in die obere der 3 Anf-Lm schließen.
Runde 2: Je 1 Km in die folg 2 Stb und den folg 3-Lm-ZR, 3 Lm (zählen als 1 Stb), [2 Stb, 3 Lm, 3 Stb] in denselben Lm-ZR, 1 Lm, *[3 Stb, 3 Lm, 3 Stb] in den folg Eck-ZR, 1 Lm, ab * noch 2 x wdh, Rd mit 1 Km in die obere der 3 Anf-Lm schließen.
Runde 3: Je 1 Km in die folg 2 Stb und den 3-Lm-Eck-ZR, 3 Lm (zählen als 1 Stb), [1 Stb, 3 Lm, 2 Stb] in denselben Lm-ZR, *2 Lm, [(1 Stb, 1 Lm) x 5, 1 Stb] in den folg Lm-ZR, 2 Lm**, [2 Stb, 3 Lm, 2 Stb] in den folg Eck-ZR, ab * noch 2 x wdh, von * bis ** noch 1 x wdh, Rd mit 1 Km in die obere der 3 Anf-Lm schließen.
Runde 4: Je 1 Km in das folg Stb und den folg 3-Lm-Eck-ZR, 3 Lm (zählen als 1 Stb), [1 Stb, 3 Lm, 2 Stb] in denselben Lm-ZR, *1 Stb in jedes der folg 2 Stb, 2 Lm, [1 fM in den folg 1-Lm-ZR, 3 Lm] x 4, 1 fM in den folg Lm-ZR, 2 Lm, 1 Stb in jedes der folg 2 Stb**, [2 Stb, 3 Lm, 2 Stb] in den 3-Lm-ZR, ab * noch 2 x wdh, dann von * bis ** noch 1 x wdh, Rd mit 1 Km in die obere der 3 Anf-Lm schließen. Garn A abschneiden und durchziehen.
Runde 5: Garn B an einen 3-Lm-Eck-ZR der Vor-Rd anfügen, 3 Lm (zählen als 1 Stb), 1 Stb in denselben Lm-ZR, *1 Stb in jedes der folg 4 Stb, 2 Lm, 1 fM in den folg 3-Lm-ZR, [3 Lm, 1 fM in den folg 3-Lm-ZR] x 3, 2 Lm, 1 Stb in jedes der folg 4 Stb**, [2 Stb, 3 Lm, 2 Stb] in den folg 3-Lm-ZR, ab * noch 2 x wdh, dann von * bis ** noch 1 x wdh, 2 Stb in den folg 3-Lm-ZR, 3 Lm, Rd mit 1 Km in die obere der 3 Anf-Lm schließen.
Runde 6: 3 Lm (zählen als 1 Stb), 1 Stb in den letzten Lm-ZR der Vor-Rd, *1 Stb in jedes der folg 6 Stb, 2 Lm, [1 fM in den folg 3-Lm-ZR, 3 Lm] x 2, 1 fM in den folg 3-Lm-ZR, 2 Lm, 1 Stb in jedes der folg 6 Stb**, [2 Stb, 3 Lm 2 Stb] in den folg 3-Lm-ZR, ab * noch 2 x wdh, dann von * bis ** noch 1 x wdh, 2 Stb in den folg 3-Lm-ZR, 3 Lm, Rd mit 1 Km in die obere der 3 Anf-Lm schließen.
Runde 7: 3 Lm (zählen als 1 Stb), 1 Stb in den letzten Lm-ZR der Vor-Rd, *1 Stb in jedes der folg 8 Stb, 2 Lm, 1 fM in den folg 3-Lm-ZR, 3 Lm, 1 fM in den folg 3-Lm-ZR, 2 Lm, 1 Stb in jedes der folg 8 Stb**, [2 Stb, 3 Lm, 2 Stb] in den folg 3-Lm-ZR, ab * noch 2 x wdh, dann von * bis ** noch 1 x wdh, 2 Stb in den folg 3-Lm-ZR, 3 Lm, Rd mit 1 Km in die obere der 3 Anf-Lm schließen.
Runde 8: 2 Lm (zählen als 1 hStb), 1 hStb in den letzten Lm-ZR der Vor-Rd, *1 hStb in jedes der folg 10 Stb, 3 Lm, 1 fM in den folg 3-Lm-ZR, 3 Lm, 1 hStb in jedes der folg 10 Stb**, [2 hStb, 3 Lm, 2 hStb] in den folg 3-Lm-ZR, ab * noch 2 x wdh, dann von * bis ** noch 1 x wdh, 2 hStb in den folg 3-Lm-ZR, 3 Lm, Rd mit 1 Km in die obere der 2 Anf-Lm schließen.
Faden abschneiden, durchziehen und alle Fadenenden vernähen.

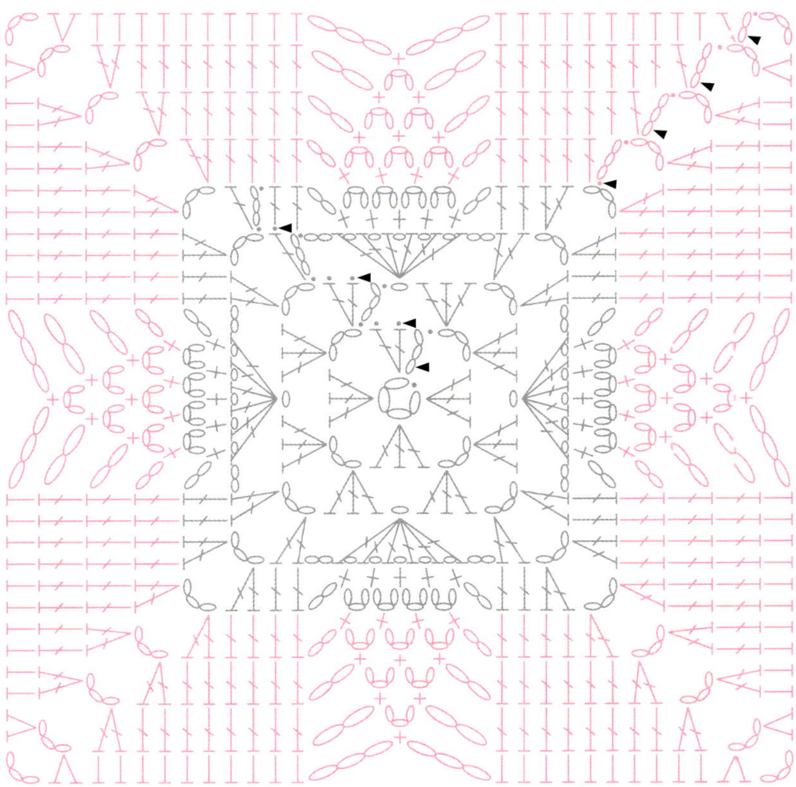

Schmetterlingsgarten

Siehe Seite 17

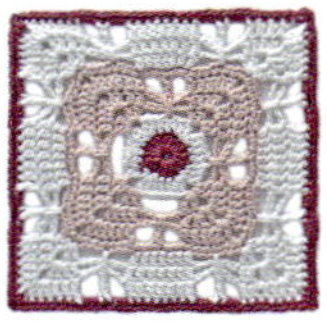

A = Rose
B = Beige
C = Muschelrosa

Anfangsring: Mit Garn A 4 Lm anschl und mit 1 Km zur Runde schließen.
Runde 1: 3 Lm (zählen als 1 Stb), 15 Stb in den Ring, Rd mit 1 Km in die obere der 3 Anf-Lm schließen. Garn A abschneiden und durchziehen.
Runde 2: Garn B an ein Stb der Vor-Rd anfügen, 3 Lm (zählen als 1 Stb), [1 Stb, 2 Lm, 2 Stb] in dasselbe Stb, *1 Stb in jedes der folg 3 Stb**, [2 Stb, 2 Lm, 2 Stb] in das folg Stb, ab * noch 2 x wdh, dann von * bis ** noch 1 x wdh, 1 Km in die obere der 3 Anf-Lm. Garn B abschneiden und durchziehen.
Runde 3: Garn C an einen 2-Lm-ZR der Vor-Rd anfügen, 3 Lm, [1 Stb, 2 Lm, 2 Stb] in denselben Lm-ZR, *6 Lm, folg 7 Stb überg**, [2 Stb, 2 Lm, 2 Stb] in den folg 2-Lm-Eck-ZR, ab * noch 2 x wdh, dann von * bis ** noch 1 x wdh, 1 Km in die obere der 3 Anf-Lm.
Runde 4: Je 1 Km in das folg Stb und den folg 2-Lm-ZR, 3 Lm, [1 Stb, 2 Lm, 2 Stb] in denselben Lm-ZR, *1 Stb in jedes der folg 2 Stb, 6 Lm, folg 6-Lm-ZR überg, 1 Stb in jedes der folg 2 Stb**, [2 Stb, 2 Lm, 2 Stb] in den folg 2-Lm-ZR, ab * noch 2 x wdh, dann von * bis ** noch 1 x wdh, 1 Km in die obere der 3 Anf-Lm.
Runde 5: Je 1 Km in das folg Stb und den folg 2-Lm-ZR, 3 Lm, [1 Stb, 2 Lm, 2 Stb] in denselben Lm-ZR, *1 Stb in jedes der folg 4 Stb, 3 Lm, 1 DStb in das 4. Stb der überg 7 Stb der 2. Rd, dabei vorderhalb der Lm-ZR der 3. und 4. Rd arb, 3 Lm, 1 Stb in jedes der folg 4 Stb**, [2 Stb, 2 Lm, 2 Stb] in den folg 2-Lm-ZR, ab * noch 2 x wdh, dann von * bis ** noch 1 x wdh, 1 Km in die obere der 3 Anf-Lm.
Runde 6: Je 1 Km in das folg Stb und den folg 2-Lm-ZR, 1 Lm, *[1 fM, 2 Lm, 1 fM] in denselben Lm-ZR, 1 fM in jedes der folg 6 Stb, 3 fM in den folg 3-Lm-ZR, 1 fM in das folg DStb, 3 fM in den folg 3-Lm-ZR, 1 fM in jedes der folg 6 Stb, ab * bis Rd-Ende wdh, 1 Km in die 1. fM. Garn C abschneiden und durchziehen.
Runde 7: Garn B an einen 2-Lm-ZR der Vor-Rd anfügen, 3 Lm, [1 Stb, 2 Lm, 2 Stb] in denselben Lm-ZR, *6 Lm, folg 7 fM überg, 1 Stb in jede der folg 7 fM, 6 Lm, folg 7 fM überg**, [2 Stb, 2 Lm, 2 Stb] in den folg 2-Lm-Eck-ZR, ab * noch 2 x wdh, dann von * bis ** noch 1 x wdh, 1 Km in die obere der 3 Anf-Lm.
Runde 8: Je 1 Km in das folg Stb und den folg 2-Lm-ZR, 3 Lm, [1 Stb, 2 Lm, 2 Stb] in denselben Lm-ZR, *1 Stb in jedes der folg 2 Stb, 6 Lm, folg 6-Lm-ZR überg, 1 Stb in jedes der folg 7 Stb, 6 Lm, folg 6-Lm-ZR überg, 1 Stb in jedes der folg 2 Stb**, [2 Stb, 2 Lm, 2 Stb] in den folg 2-Lm-Eck-ZR, ab * noch 2 x wdh, dann von * bis ** noch 1 x wdh, 1 Km in die obere der 3 Anf-Lm.
Runde 9: Je 1 Km in das folg Stb und den folg 2-Lm-ZR, 3 Lm, [1 Stb, 2 Lm, 2 Stb] in denselben Lm-ZR, *1 Stb in jedes der folg 4 Stb, 3 Lm, 1 DStb in die 4. fM der überg 7 fM der 6. Rd, dabei vorderhalb der Lm-ZR der 7. und 8. Rd arb, 3 Lm, 1 Stb in jedes der folg 7 Stb, 3 Lm, 1 DStb in die 4. fM der überg 7 fM der 6. Rd, dabei vorderhalb der Lm-ZR der 7. und 8. Rd arb, 3 Lm, 1 Stb in jedes der folg 4 Stb**, [2 Stb, 2 Lm, 2 Stb] in den folg 2-Lm-Eck-ZR, ab * noch 2 x wdh, dann von * bis ** noch 1 x wdh, 1 Km in die obere der 3 Anf-Lm. Garn B abschneiden und durchziehen.
Runde 10: Garn A an einen 2-Lm-Eck-ZR der Vor-Rd anfügen, 1 Lm, *[1 fM, 2 Lm, 1 fM] in denselben Lm-ZR, 1 fM in jedes der folg 6 Stb, 3 fM in den folg 3-Lm-ZR, 1 fM in das folg DStb, 3 fM in den folg 3-Lm-ZR, 1 fM in jedes der folg 7 Stb, 3 fM in den folg 3-Lm-ZR, 1 fM in das folg DStb, 3 fM in den folg 3-Lm-ZR, 1 fM in jedes der folg 6 Stb, ab * bis Rd-Ende wdh, 1 Km in die 1. fM.
Faden abschneiden, durchziehen und alle Fadenenden vernähen.

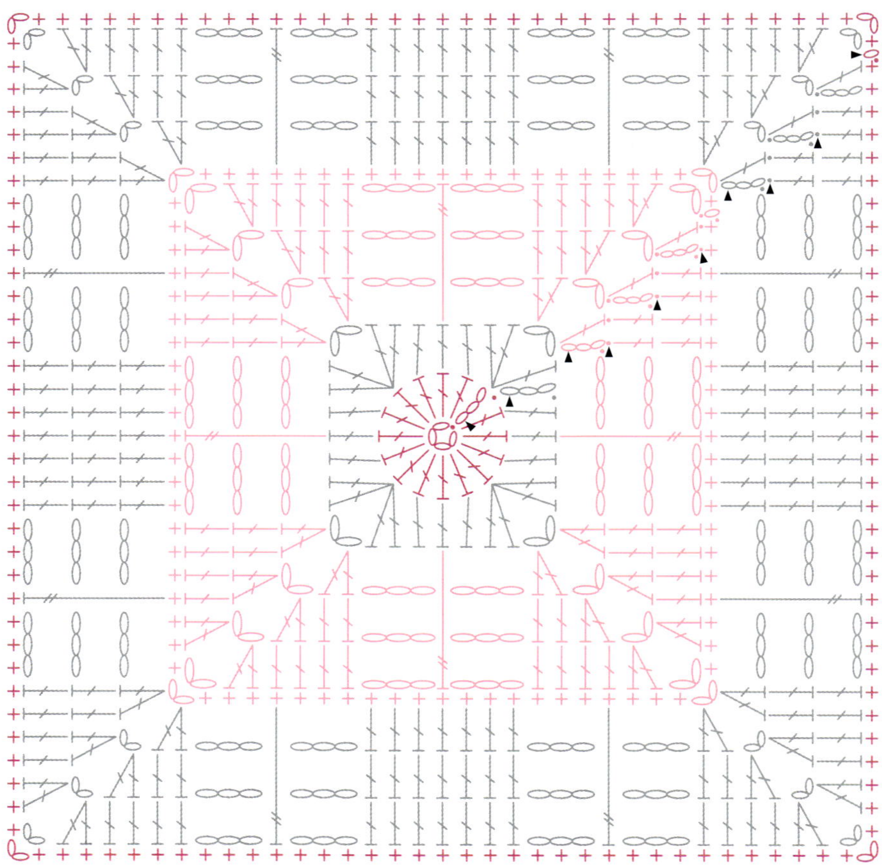

Isabella

Siehe Seite 16

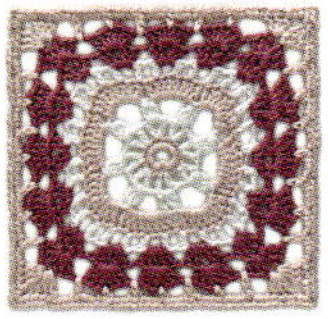

A = Muschelrosa
B = Beige
C = Rose

BESONDERE MASCHEN

Anf-Bm (Anfangs-Büschelmasche aus 2 zus abgem Stb): [1 U, in die angegebene M einstechen, Faden holen und durchziehen, 1 U, Faden durch die 1. 2 Schl auf der Nd ziehen] x 2, 1 U, Faden durch alle 3 Schl auf der Nd ziehen.

Bm (Büschelmasche aus 3 zus abgem Stb): [1 U, in die angegebene M einstechen, Faden holen und durchziehen, 1 U, Faden durch die 1. 2 Schl auf der Nd ziehen] x 3, 1 U, Faden durch alle 4 Schl auf der Nd ziehen.

Anfangsring: Mit Garn A 6 Lm anschl und mit 1 Km zur Runde schließen.
Runde 1: 1 Lm, 16 fM in den Ring, Rd mit 1 Km in die 1. fM schließen. Garn A abschneiden und durchziehen.
Runde 2: Garn B an eine fM der Vor-Rd anfügen, 4 Lm (zählen als 1 Stb und 1 Lm), 1 Stb in dieselbe fM, 1 Lm, 1 fM überg, *[1 Stb, 1 Lm, 1 Stb] in die folg fM, 1 Lm, folg fM überg, ab * 6 x wdh, 1 Km in die obere der 3 Anf-Lm.
Runde 3: 1 Km in den folg Lm-ZR, 3 Lm, Anf-Bm in denselben Lm-ZR, 5 Lm, folg Lm-ZR überg, *Bm in den folg Lm-ZR, 5 Lm, folg Lm-ZR überg, ab * bis Rd-Ende wdh, 1 Km in die Anf-Bm. Garn B abschneiden und durchziehen.
Runde 4: Garn A an einen Lm-ZR anfügen, 3 Lm (zählen als 1 Stb), 7 Stb in denselben Lm-ZR, 8 Stb in jeden der folg Lm-ZR, 1 Km in die obere der 3 Anf-Lm. Garn A abschneiden und durchziehen.
Runde 5: Garn B anfügen, 4 Lm, 1 Stb überg, [1 Stb, 1 Lm, 1 Stb überg] wdh bis Rd-Ende, 1 Km in die 3. der 4 Anf-Lm. Garn B abschneiden und durchziehen.
Runde 6: Garn C an einen Lm-ZR anfügen, 3 Lm, [1 Stb, 1 Lm, 2 Stb] in denselben Lm-ZR, *1 Lm, folg Lm-ZR überg**, [2 Stb, 1 Lm, 2 Stb] in den folg Lm-ZR, ab * 14 x wdh, dann von * bis ** 1 x wdh, 1 Km in die obere der 3 Anf-Lm.
Runde 7: Je 1 Km in das folg Stb und den folg Lm-ZR, 3 Lm, [2 Stb, 1 Lm, 3 Stb] in denselben Lm-ZR, *1 Lm, folg Lm-ZR überg**, [3 Stb, 1 Lm, 3 Stb] in den folg Lm-ZR (Muschel), ab * 14 x wdh, dann von * bis ** 1 x wdh, 1 Km in die obere der 3 Anf-Lm. Garn C abschneiden und durchziehen.
Runde 8: Garn A an einen Lm-ZR in der Mitte einer Muschel anfügen, 3 Lm, [2 Stb, 3 Lm, 3 Stb] in denselben Lm-ZR, (Ecke), *3 Lm, 1 hStb in den folg Lm-ZR, [3 Lm, 1 fM in den folg Lm-ZR, 3 Lm, 1 hStb in den folg Lm-ZR] x 3, 3 Lm**, [3 Stb, 3 Lm, 3 Stb] in den folg Lm-ZR, ab * 2 x wdh, dann von * bis ** 1 x wdh, 1 Km in die obere der 3 Anf-Lm.
Runde 9: 1 Lm, *1 fM in jedes der folg 3 Stb, [2 fM, 3 Lm, 2 fM] in den folg Eck-ZR, 1 fM in jedes der folg 3 Stb, 3 fM in jeden der folg 8 Lm-ZR, ab * bis Rd-Ende wdh, 1 Km in die 1. fM.
Faden abschneiden, durchziehen und alle Fadenenden vernähen.

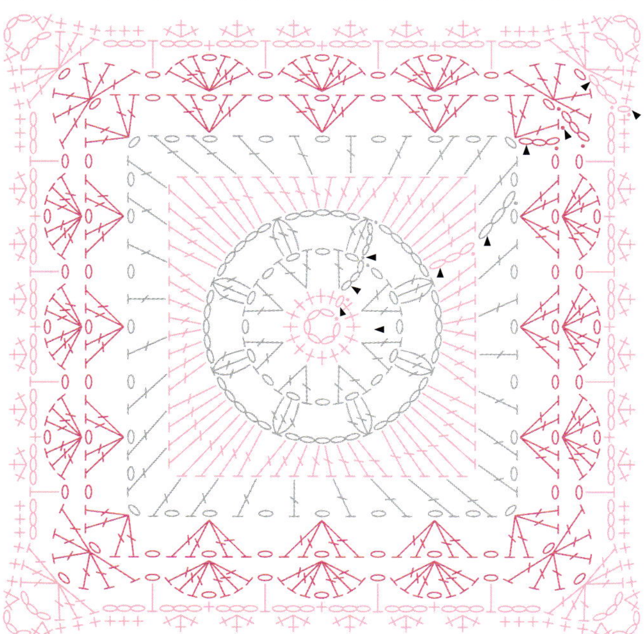

Filetquadrat

Siehe Seite 17

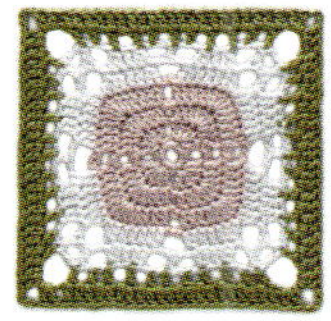

A = Muschelrosa
B = Beige
C = Ringlotte

Anfangsring: Mit Garn A 6 Lm anschl und mit 1 Km zur Runde schließen.
Runde 1: 1 Lm, 12 fM in den Ring, Rd mit 1 Km in die 1. fM schließen. (12 fM)
Runde 2: 3 Lm (zählen als 1 Stb), 4 Stb in die 1. fM der Vor-Rd, [3 Lm, 2 fM überg, 5 Stb in die folg fM] x 3, 3 Lm, 1 Km in die obere der 3 Anf-Lm.
Runde 3: 3 Lm (zählen als Stb), 1 Stb in das folg Stb, 5 Stb in das folg Stb, 1 Stb in jedes der folg 2 Stb, *3 Lm, 3 Lm überg, 1 Stb in jedes der folg 2 Stb, 5 Stb in das folg Stb, 1 Stb in jedes der folg 2 Stb, ab * 2 x wdh, 3 Lm, 3 Lm überg, 1 Km in die obere der 3 Anf-Lm.
Runde 4: 3 Lm (zählen als 1 Stb), 1 Stb in jedes der folg 3 Stb, 5 Stb in das folg Stb, 1 Stb in jedes der folg 4 Stb, *3 Lm, 3 Lm überg, 1 Stb in jedes der folg 4 Stb, 5 Stb in das folg Stb, 1 Stb in jedes der folg 4 Stb, ab * noch 2 x wdh, 3 Lm, 3 Lm überg, 1 Km in die obere der 3 Anf-Lm, dabei auf Garn B wechseln. Garn A abschneiden.
Runde 5: 3 Lm, 1 Stb in jedes der folg 4 Stb, *2 Stb zus-hk über die folg 2 Stb, 5 Lm, 2 Stb zus-hk über die folg 2 Stb, dabei das 1. Stb in das vorherige Stb der Vor-Rd arb, 1 Stb in jedes der folg 3 Stb, 2 Stb zus-hk über die folg 2 Stb, 5 Lm, 3 Lm überg**, 2 Stb zus-hk über die folg 2 Stb, 1 Stb in jedes der folg 3 Stb, ab * noch 2 x wdh, dann von * bis ** noch 1 x wdh, 3 Lm überg, 1 Km in die obere der 3 Anf-Lm.
Runde 6: 3 Lm, 1 Stb in jedes der folg 2 Stb, *2 Stb zus-hk über die folg 2 Stb, 3 Lm, 1 Lm überg, 1 Stb in die folg Lm, 3 Lm, 1 Lm überg, 1 Stb in die folg Lm, 3 Lm, 1 Lm überg, 2 Stb zus-hk über die folg 2 Stb, 1 Stb in das folg Stb, 2 Stb zus-hk über die folg 2 Stb, 3 Lm, 2 Lm überg, 1 Stb in die folg Lm, 3 Lm, 2 Lm überg**, 2 Stb zus-hk über die folg 2 Stb, 1 Stb in das folg Stb, ab * 2 x wdh, von * bis ** 1 x wdh, 1 Km in die obere der 3 Anf-Lm, dabei auf Garn C wechseln. Garn B abschneiden.
Runde 7: 4 Lm (zählen als 1 Stb und 1 Lm), 2 Stb überg, 1 Stb in die folg 2 zus-gehk Stb, 1 Lm, 1 Lm überg, 1 Stb in die folg Lm, 1 Lm, 1 Lm überg, 1 Stb in das folg Stb, *5 Lm, 3 Lm überg, 1 Stb in das folg Stb, [1 Lm, 1 M überg, 1 Stb in die folg M] x 10, ab * 2 x wdh, 5 Lm, 3 Lm überg, 1 Stb in das folg Stb, [1 Lm, 1 M überg, 1 Stb in die folg M] x 6, 1 Lm, 1 M überg, 1 Km in die 3. der 4 Anf-Lm.
Runde 8: 3 Lm (zählen als 1 Stb), *1 Stb in jedes Stb und jeden Lm-ZR bis zur Ecke, [2 Stb, 3 Lm, 2 Stb] in den Eck-ZR, ab * 3 x wdh, 1 Stb in jeden der folg Lm-ZR und jedes Stb bis Rd-Ende, 1 Km in die obere der 3 Anf-Lm.
Faden abschneiden, durchziehen und alle Fadenenden vernähen.

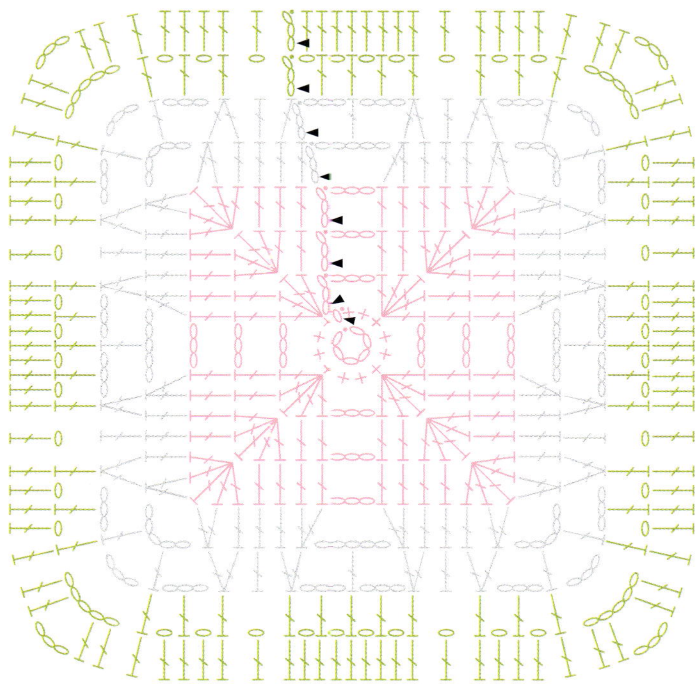

Popcornspitze

Siehe Seite 19

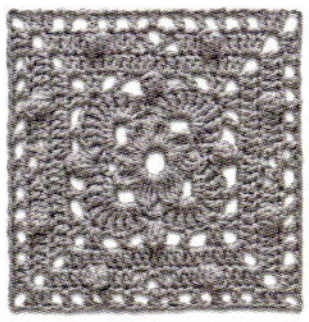

A = Hellgrau

BESONDERE MASCHEN

Anf-Bm (Anfangs-Büschelmasche aus 3 zus abgem Stb): 3 Lm (zählen als 1 Stb), [1 U, in die angegebene M einstechen, Faden holen und durchziehen, 1 U, Faden durch die 1. 2 Schl auf der Nd ziehen] x 3, 1 U, Faden durch alle Schl auf der Nd ziehen.

Bm (Büschelmasche aus 4 zus ab gem Stb): [1 U, in die angegebene M einstechen, Faden holen und durchziehen, 1 U, Faden durch die 1. 2 Schl auf der Nd ziehen] x 4, 1 U, Faden durch alle 5 Schl auf der Nd ziehen.

Anf-Pm (Anfangs-Popcornmasche): 3 Lm (zählen als 1 Stb), 4 Stb in die angegebene M arb, Schl von der Nd nehmen, von vorne nach hinten in die obere der 3 Anf-Lm einstechen, die Schl wieder auf die Nd nehmen und durchziehen.

Pm (Popcornmasche): 5 Stb in die angegebene M arb, die Schl vorsichtig von der Nd nehmen, von vorne nach hinten in das 1. Stb einstechen, die Schl wieder auf die Nd nehmen und durchziehen.

Anfangsring: Mit Garn A 8 Lm anschl und mit 1 Km zur Runde schließen.

Runde 1: Anf-Bm in den Ring, *3 Lm, Bm in den Ring, 5 Lm**, Bm in den Ring, ab * 2 x wdh, von * bis ** 1 x wdh, 1 Km in die obere der 3 Anf-Lm.

Runde 2: 1 Km in den folg 3-Lm-ZR, 1 Lm, 1 fM in denselben Lm-ZR, *9 Stb in den folg 5-Lm-ZR, 1 fM in den folg 3-Lm-ZR, ab * bis Rd-Ende wdh, dabei die letzte fM überg, 1 Km in die 1. fM.

Runde 3: Anf-Pm in die 1. fM der Vor-Rd, *2 Lm, folg 2 Stb überg, 1 Stb in das folg Stb, 2 Lm, 1 Stb überg, [2 Stb, 3 Lm, 2 Stb] in das folg Stb, 2 Lm, 1 Stb überg, 1 Stb in das folg Stb, 2 Lm, folg 2 Stb überg**, 1 Pm in die folg fM, ab * 2 x wdh, von * bis ** 1 x wdh, 1 Km in die 1. Pm.

Runde 4: 3 Lm, *[2 Stb in den folg 2-Lm-ZR, 1 Stb in das folg Stb] x 2, 1 Stb in das folg Stb, [2 Stb, 3 Lm, 2 Stb] in den folg 3-Lm-ZR, 1 Stb in das folg Stb, [1 Stb in das folg Stb, 2 Stb in den folg 2-Lm-ZR] x 2**, 1 Stb in die folg Pm, ab * 2 x wdh, dann von * bis ** 1 x wdh, 1 Km in die obere der 3 Anf-Lm.

Runde 5: 6 Lm, 1 Stb in die obere der 3-Anf-Lm der Vor-Rd, *2 Stb überg, 1 Stb in jedes der folg 3 Stb, 1 Pm in das folg Stb, 1 Stb in jedes der folg 3 Stb, [2 Stb, 3 Lm, 2 Stb] in den folg 3-Lm-ZR, 1 Stb in jedes der folg 3 Stb, 1 Pm in das folg Stb, 1 Stb in jedes der folg 3 Stb, folg 2 Stb überg**, [1 Stb, 3 Lm, 1 Stb] in das folg Stb, ab * 2 x wdh, dann von * bis ** 1 x wdh, 1 Km in die 3. der 6 Anf-Lm.

Runde 6: Je 1 Km in die 1. 2 Lm des folg 3 Lm-ZR, 4 Lm (zählen als 1 Stb und 1 Lm), *1 Stb überg, 1 Stb in das folg Stb, [1 Lm, folg M überg, 1 Stb in die folg M] x 4, [2 Stb, 3 Lm, 2 Stb] in den folg 3-Lm-ZR, [1 Stb in das folg Stb, 1 Lm, folg M überg] x 5**, 1 Stb in die 2. Lm des folg 3-Lm-ZR, 1 Lm, ab * 2 x wdh, von * bis ** 1 x wdh, 1 Km in die 3. der 4 Anf-Lm.

Faden abschneiden, durchziehen und vernähen.

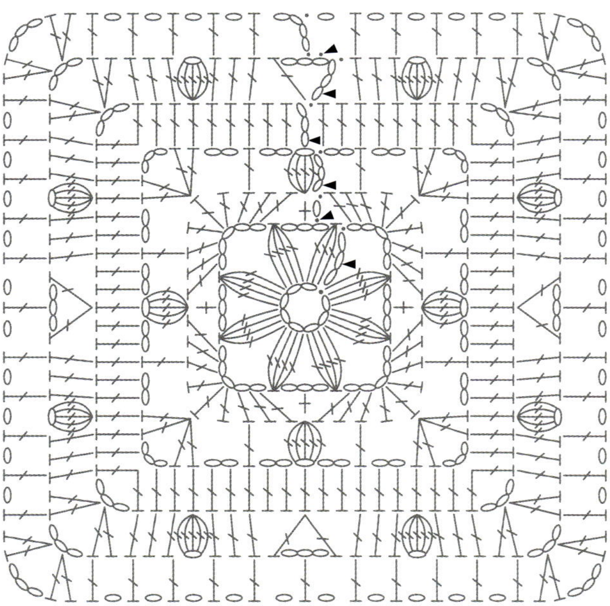

Fleur

Siehe Seite 19

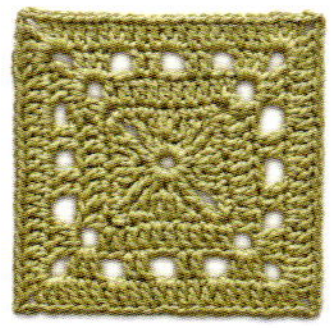

A = Ringlotte

Anfangsring: Mit Garn A 6 Lm anschl und mit 1 Km zur Runde schließen.

Runde 1: 1 Lm, [1 fM, 3 Lm, 1 DStb, 3 Lm, 1 DStb, 3 Lm] x 4 in den Ring, Rd mit 1 Km in die 1. fM schließen. (4 Blütenblätter)

Runde 2: Wenden, 3 Km in den letzten 3-Lm-ZR und 1 Km in das letzte DStb der Vor-Rd, wenden, 1 Lm, 1 fM in dasselbe DStb, *1 fM in die 3. Lm des folg 3-Lm-ZR, 2 Stb in die folg fM zw 2 Blütenblättern, 1 fM in die 3. Lm des folg 3-Lm-ZR, 1 fM in das folg DStb, 1 fM in die 1. Lm des folg 3-Lm-ZR, 3 Lm, folg Lm überg, 1 fM in die folg Lm**, 1 fM in das folg DStb, ab * noch 2 x wdh, dann von * bis ** noch 1 x wdh, Rd mit 1 Km in die 1. fM schließen.

Runde 3: 3 Lm (zählen als 1 Stb), 1 Stb in jede der folg 6 M, *[1 Stb, 3 Lm, 1 Stb] in den folg 3-Lm-ZR (Ecke)**, 1 Stb in jede der folg 8 M, ab * noch 2 x wdh, dann von * bis ** noch 1 x wdh, 1 Stb in die folg M, Rd mit 1 Km in die obere der 3 Anf-Lm schließen.

Runde 4: Wenden, je 1 Km in die letzten 2 Stb und den letzen 3-Lm-Eck-ZR der Vor-Rd, wenden, 3 Lm (zählen als 1 Stb), 2 Stb in denselben Lm-ZR, *[2 Lm, folg 2 Stb überg, 1 Stb in jedes der folg 2 Stb] x 2, 2 Lm, folg 2 Stb überg**, [3 Stb, 3 Lm, 3 Stb] in den folg Eck-ZR (Ecke), ab * noch 2 x wdh, dann von * bis ** noch 1 x wdh, 3 Stb in den folg 3-Lm-Eck-ZR, 3 Lm, Rd mit 1 Km in die obere der 3 Anf-Lm schließen.

Runde 5: Wenden, 1 Km in den letzten 3-Lm-Eck-ZR der Vor-Rd, wenden, 3 Lm (zählen als 1 Stb), 2 Stb in denselben Lm-ZR, *1 Stb in jedes der folg 3 Stb, 2 Stb in den folg 2-Lm-ZR, [1 Stb in jedes der folg 2 Stb, 2 Stb in den folg 2-Lm-ZR] x 2, 1 Stb in jedes der folg 3 Stb**, [3 Stb, 3 Lm, 3 Stb] in den folg 3-Lm-ZR (Ecke), ab * noch 2 x wdh, dann von * bis ** noch 1 x wdh, 3 Stb in den 3-Lm-ZR, 3 Lm, Rd mit 1 Km in die obere der 3 Anf-Lm schließen.

Faden abschneiden, durchziehen und vernähen.

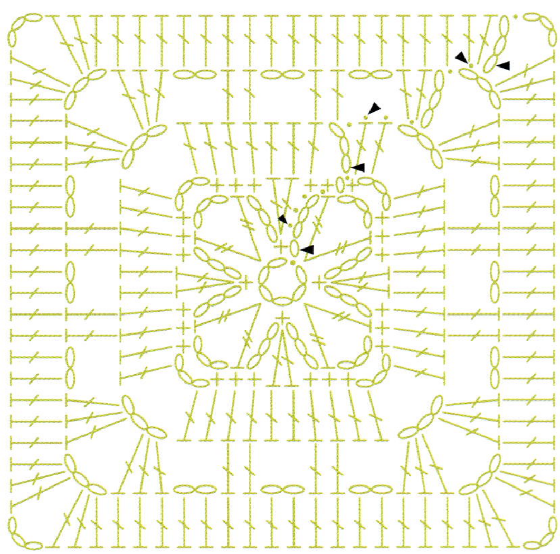

Picot-Rose

Siehe Seite 17

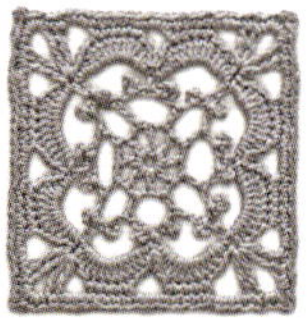

A = Hellgrau

BESONDERE MASCHEN

Picot: 3 Lm, 1 Km in die 1. der 3 Lm.

Anfangsring: Mit Garn A 4 Lm anschl und mit 1 Km zur Runde schließen.
Runde 1: 5 Lm (zählen als 1 Stb und 2 Lm), [1 Stb in den Ring, 2 Lm] x 7, Rd mit 1 Km in die 3. der 5 Anf-Lm schließen. (8 2-Lm-ZR, 8 Stb)
Runde 2: 1 Km in den folg 2-Lm-ZR, 4 Lm (zählen als 1 Stb und 1 Lm), [Picot, 1 Lm] x 2, [1 Stb in den folg 2-Lm-ZR, [1 Lm, Picot] x 2, 1 Lm] x 7, Rd mit 1 Km in die 3. der 4 Anf-Lm schließen.
Runde 3: Je 1 Km in die folg Lm und in den folg Lm-ZR zw 2 Picots, 1 Lm, 1 fM in denselben Lm-ZR, *7 Lm, 2 Picots überg**, 1 fM in den folg Lm-ZR zw 2 Picots, ab * noch 6 x wdh, dann von * bis ** noch 1 x wdh, Rd mit 1 Km in die 1. fM schließen.
Runde 4: 1 Km in den folg 7-Lm-ZR, 1 Lm, [1 fM, 1 hStb, 9 Stb, 1 hStb, 1 fM] in jeden 7-Lm-ZR bis Rd-Ende, Rd mit 1 Km in die 1. fM schließen.
Runde 5: 1 Km in jede der folg 4 M, 1 Lm, 1 fM in jede der folg 5 M, 3 Lm, folg 4 M überg, [2 DStb, 3 Lm, 2 DStb] in den folg ZR zw 2 fM der 4. Rd, *3 Lm, folg 4 M überg, 1 fM in jedes der folg 5 Stb, 3 Lm, folg 8 M überg, 1 fM in jedes der folg 5 Stb, 3 Lm, folg 4 M überg, [2 DStb, 3 Lm, 2 DStb] in den ZR zw der letzten überg und der folg fM (Ecke), ab * noch 2 x wdh, 3 Lm, folg 4 M überg, 1 fM in jedes der folg 5 Stb, 3 Lm, Rd mit 1 Km in die 1. fM schließen.
Runde 6: 1 Lm, 1 fM in jede der folg 5 fM, *3 fM in den folg 3-Lm-ZR, 1 fM in jedes der folg 2 DStb, [2 fM, 3 Lm, 2 fM] in den folg 3-Lm-ZR, 1 fM in jedes der folg 2 DStb**, [3 fM in den folg 3-Lm-ZR, 1 fM in jede der folg 5 fM] x 2, ab * noch 2 x wdh, dann von * bis ** noch 1 x wdh, 3 fM in den folg 3-Lm-ZR, 1 fM in jede der folg 5 fM, 3 fM in den folg Lm-ZR, Rd mit 1 Km in die 1. fM schließen.
Faden abschneiden, durchziehen und vernähen.

Spitzenmedaillon

Siehe Seite 18

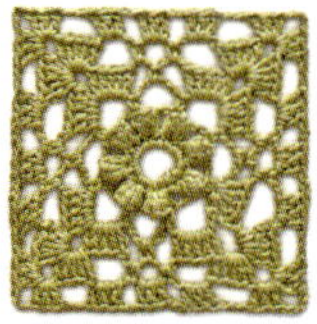

A = Ringlotte

BESONDERE MASCHEN

Anf-Pm (Anfangs-Popcornmasche): 3 Lm (zählen als 1 Stb), 4 Stb in die angegebene M arb, Schl von der Nd nehmen, von vorne nach hinten in die obere der 3 Anf-Lm einstechen, die Schl wieder auf die Nd nehmen und durchziehen.
Pm (Popcornmasche): 5 Stb in die angegebene M arb, die Schl vorsichtig von der Nd nehmen, von vorne nach hinten in das Köpfchen des 1. Stb einstechen, die fallengelassene Schl wieder auf die Nd nehmen und durchziehen.

Anfangsring: Mit Garn A 10 Lm anschl und mit 1 Km zur Runde schließen.
Runde 1: 1 Lm, 16 fM in den Ring, Rd mit 1 Km in die 1. fM schließen. (16 M)
Runde 2: Anf-Pm in die 1. fM der Vor-Rd, 3 Lm, 1 fM überg, [Pm in die folg fM, 3 Lm, folg fM überg] x 7, Rd mit 1 Km in die Anf-Pm schließen. (8 Pm, 8 3-Lm-ZR)
Runde 3: 1 Km in die 1. Pm der Vor-Rd, 1 Lm, 1 fM in dieselbe Pm, [6 Lm, 1 fM in die folg Pm] x 7, 3 Lm, Rd mit 1 Stb in die 1. fM schließen.
Runde 4: 3 Lm, 4 Stb in den letzten Lm-ZR der Vor-Rd, *3 Lm, 1 fM in den folg 6-Lm-ZR, 3 Lm**, [5 Stb, 3 Lm, 5 Stb] in den folg 6-Lm-ZR (Ecke), ab * noch 2 x wdh, dann von * bis ** noch 1 x wdh, 5 Stb in den folg Lm-ZR, 3 Lm, Rd mit 1 Km in die obere der 3 Anf-Lm schließen.
Runde 5: 7 Lm (zählen als 1 Stb und 4 Lm), *1 fM in den folg 3-Lm-ZR, 3 Lm, 1 fM in den folg 3-Lm-ZR, 4 Lm**, [5 Stb, 3 Lm, 5 Stb] in den folg 3-Lm-ZR (Ecke), 4 Lm, ab * noch 2 x wdh, dann von * bis ** noch 1 x wdh, [5 Stb, 3 Lm, 4 Stb] in den folg 3-Lm-ZR, Rd mit 1 Km in die 3. der 7 Anf-Lm schließen.
Runde 6: Wenden, je 1 Km in die letzten 4 Stb und den letzten 3-Lm-Eck-ZR, wenden, 3 Lm, 2 Stb in denselben Lm-ZR, *2 Lm, 3 Stb in den folg 4-Lm-ZR, 2 Lm, 3 Stb in den folg 3-Lm-ZR, 2 Lm, 3 Stb in den folg 4-Lm-ZR, 2 Lm**, [3 Stb, 2 Lm, 3 Stb] in den folg 3-Lm-ZR (Ecke), ab * noch 2 x wdh, dann von * bis ** noch 1 x wdh, 3 Stb in den folg 3-Lm-ZR, 2 Lm, Rd mit 1 Km in die obere der 3 Anf-Lm schließen.
Faden abschneiden, durchziehen und vernähen.

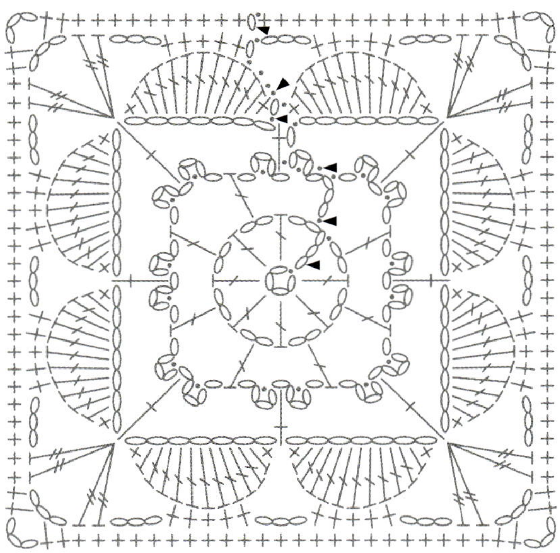

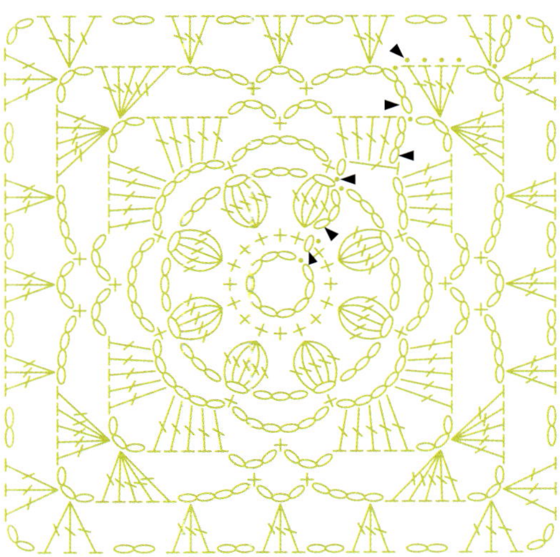

Sonnenstrahlenspitze

Siehe Seite 19

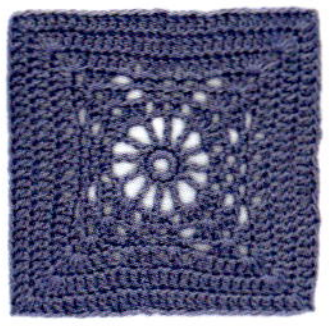

A = Lavendel

Anfangsring: Mit Garn A 8 Lm anschl und mit 1 Km zur Runde schließen.
Runde 1: 1 Lm, 12 fM in den Ring, Rd mit 1 Km in die 1. fM schließen. (12 fM)
Runde 2: 6 Lm (zählen als 1 DStb und 2 Lm), [1 DStb in die folg M, 2 Lm] x 11, Rd mit 1 Km in die 4. der 6 Anf-Lm schließen. (12 DStb)
Runde 3: 5 Lm (zählen als 1 Stb und 2 Lm), *[1 fM in den folg 2-Lm-ZR, 2 Lm] x 2, [3 Stb, 2 Lm, 3 Stb] in den folg 2-Lm-ZR, 2 Lm, ab * noch 3 x wdh, dabei das letzten Stb und die letzten 2 Lm der 3. Wdh nicht arb, Rd mit 1 Km in die 3. der 5 Anf-Lm schließen.
Runde 4: 1 Lm, *[1 fM in den folg 2-Lm-ZR, 2 Lm] x 3, [3 Stb, 2 Lm, 3 Stb] in den 2-Lm-Eck-ZR, 2 Lm, ab * noch 3 x wdh, Rd mit 1 Km in die 1. fM schließen.
Runde 5: 1 Km in den folg 2-Lm-ZR, 1 Lm, 1 fM in denselben Lm-ZR, 2 Lm, [1 fM in den folg 2-Lm-ZR, 2 Lm] x 2, *[3 Stb, 2 Lm, 3 Stb] in den 2-Lm-Eck-ZR, 2 Lm**, [1 fM in den folg 2-Lm-ZR, 2 Lm] x 4, ab * noch 2 x wdh, dann von * bis ** noch 1 x wdh, 1 fM in den folg 2-Lm-ZR, 2 Lm, Rd mit 1 Km in die 1. fM schließen.
Runde 6: 1 Km in den folg 2-Lm-ZR, 3 Lm (zählen als 1 Stb), 1 Stb in denselben Lm-ZR, 2 Stb in jeden 2-Lm-ZR und 1 Stb in jedes Stb und [3 Stb, 2 Lm, 3 Stb] in jeden 2-Lm-Eck-ZR der Vor-Rd arb, Rd mit 1 Km in die obere der 3 Anf-Lm schließen.
Runde 7: 3 Lm (zählen als 1 Stb), 1 Stb in jedes Stb und 5 Stb in jeden 2-Lm-Eck-ZR der Vor-Rd arb, Rd mit 1 Km in die obere der 3 Anf-Lm schließen.
Runde 8: 3 Lm (zählen als 1 Stb), 1 Stb in jedes Stb und 3 Stb in jedes Eck-Stb (mittleres der 5 Stb an der Ecke) der Vor-Rd arb, Rd mit 1 Km in die obere der 3 Anf-Lm schließen.
Faden abschneiden, durchziehen und vernähen.

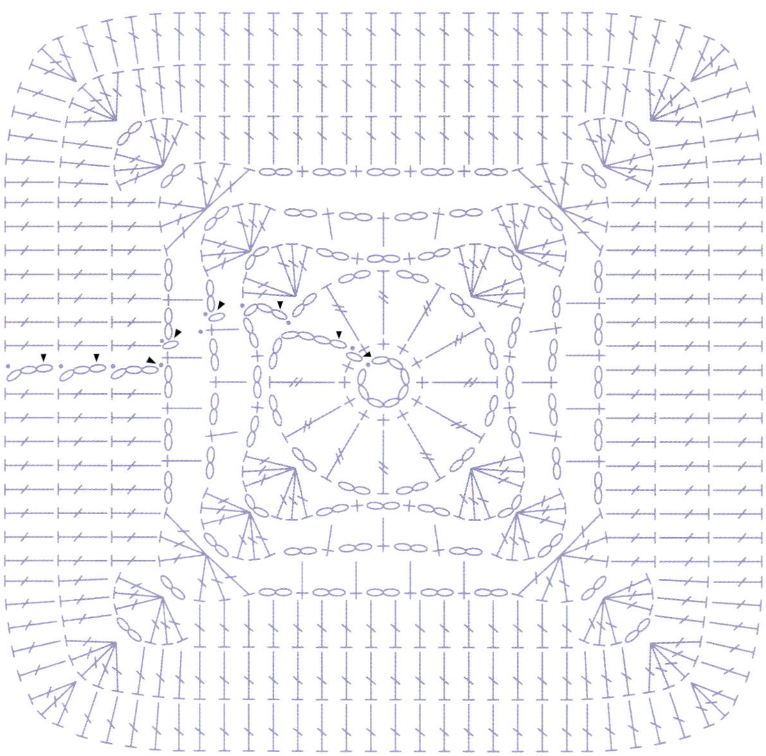

Gänseblümchenreigen

Siehe Seite 18

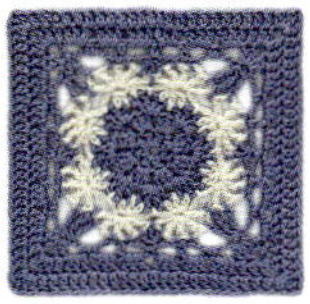

A = Lavendel
B = Natur

Anfangsring: Mit Garn A 5 Lm anschl und mit 1 Km zur Runde schließen.
Runde 1: 4 Lm (zählen als 1 Stb und 1 Lm), [1 Stb in den Ring, 1 Lm] x 7, Rd mit 1 Km in die 3. der 4 Anf-Lm schließen. (16 M)
Runde 2: 4 Lm (zählen als 1 Stb und 1 Lm), [1 Lm überg, 3 Stb in das folg Stb, 1 Lm] x 7, 1 Lm überg, 2 Stb in das 1. Stb der Vor-Rd, Rd mit 1 Km in die 3. der 4 Anf-Lm schließen. (8 3-Stb-Mg)
Runde 3: 1 Km in den folg Lm-ZR, 4 Lm (zählen als 1 Stb und 1 Lm), [1 Stb, 1 Lm, 1 Stb, 1 Lm, 1 Stb] in denselben Lm-ZR, *3 Stb überg, [1 Stb, 1 Lm] x 3 in den folg Lm-ZR, 1 Stb in denselben Lm-ZR, ab * noch 6 x wdh, Rd mit 1 Km in die 3. der 4 Anf-Lm schließen. Garn A abschneiden und durchziehen. (8 Muscheln)
Runde 4: Garn B an den 3. Lm-ZR einer Muschel der Vor-Rd anfügen, 3 Lm, je 1 Stb in den folg ZR zw 2 Muscheln und den 1. Lm-ZR der folg Muschel arb und zus-hk, *3 Lm, 1 Km in den folg Lm-ZR derselben Muschel, 3 Lm, je 1 Stb in den folg Lm-ZR, den folg ZR zw. 2 Muscheln und den folg Lm-ZR und zus-hk, ab * noch 6 x wdh, 3 Lm, 1 Km in den folg Lm-ZR, 3 Lm, Rd mit 1 Km in die 2 zus-gehk Stb am Rd-Anf schließen.
Runde 5: 5 Lm, [1 Stb, 2 Lm] x 3 in die 2 zus-gehk Stb, 1 Stb in dieselbe M, *[3 Lm, 1 Km, 3 Lm] überg, [1 Stb, 2 Lm] x 4 in die 2 zus-gehk Stb, 1 Stb in dieselbe M, ab * noch 6 x wdh, Rd mit 1 Km in die 3. der 5 Anf-Lm schließen. Garn B abschneiden und durchziehen. (8 Gänseblümchen)
Runde 6: Garn A an den 4. 2-Lm-ZR eines Gänseblümchens anfügen, 4 Lm (zählen als 1 DStb), [1 3f-Stb zw die folg 2 Stb und 1 DStb in den 1. 2-Lm-ZR des folg Gänseblümchens arb und zus-hk], *6 Lm, 1 fM in den folg Lm-ZR, 1 Lm, 1 fM in den folg Lm-ZR, 2 Lm, [je 1 Stb in den letzten Lm-ZR des Gänseblümchens, zw die folg 2 Stb und in den ersten Lm-ZR des folg Gänseblümchens arb und zus-hk], 2 Lm, 1 fM in den folg Lm-ZR, 1 Lm, 1 fM in den folg Lm-ZR, 6 Lm**, [1 DStb in den letzten Lm-ZR des Gänseblümchens, 1 3f-Stb zw die folg 2 Stb und 1 DStb in den 1. Lm-ZR des folg Gänseblümchens arb und zus-hk], ab * noch 2 x wdh und dann von * bis ** noch 1 x wdh, Rd mit 1 Km in die zus-gehk 3f-Stb und DStb am Rd-Anf schließen.
Runde 7: 5 Lm, 2 Stb in das zus-gehk 3f-Stb und DStb, *3 Lm, 1 fM in den folg 6-Lm-ZR, 3 Lm, 1 Stb in den folg Lm-ZR, 3 Lm, 1 fM in die 3 zus-gehk Stb, 3 Lm, 1 Stb in den folg Lm-ZR, 3 Lm, 1 fM in den 6-Lm-ZR, 3 Lm**, [2 Stb, 2 Lm, 2 Stb] in die 3 zus-gehk Eck-M, ab * noch 2 x wdh, dann von * bis ** noch 1 x wdh, 1 Stb in die letzte M der 6. Rd, Rd mit 1 Km in die 3. der 5 Anf-Lm schließen.
Runde 8: 3 Lm (zählen als 1 Stb), *[1 Stb, 2 Lm, 1 Stb] in den 2-Lm-Eck-ZR, 1 Stb in jedes der folg 2 Stb, 3 Stb in jeden folg 3-Lm-ZR bis zur Ecke, 1 Stb in jedes der folg 2 Stb, ab * bis Rd-Ende wdh, dabei am Rd-Ende anstatt des letzten Stb die Rd mit 1 Km in die obere der 3 Anf-Lm schließen.
Runde 9: 3 Lm (zählen als 1 Stb), 1 Stb in jedes Stb und 3 Stb in jeden Eck-ZR der Vor-Rd arb, Rd mit 1 Km in die obere der 3 Anf-Lm schließen.
Faden abschneiden, durchziehen und alle Fadenenden vernähen.

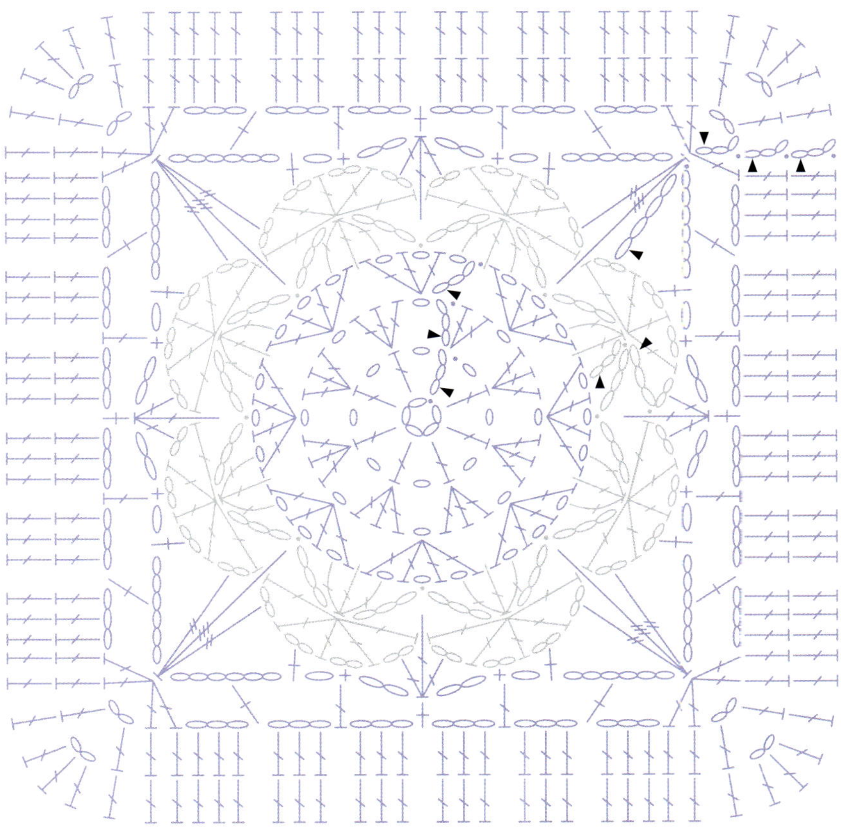

Spitzenspirale

Siehe Seite 16

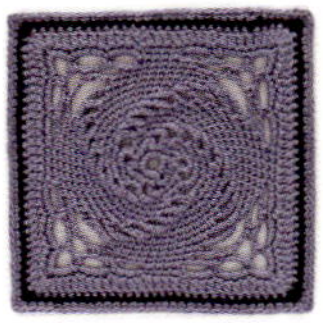

A = Lavendel
B = Nachtschatten
Zubehör: Maschenmarkierer (MM)

Anfangsring: Mit Garn A 5 Lm anschl und mit 1 Km zur Runde schließen.
Runde 1: *3 Lm, 3 fM in den Ring, ab * noch 3 x wdh, MM in die letzte fM der Rd. MM mit jeder neuen Rd nach oben versetzen, um den Beginn der Rd zu markieren.
Runde 2: *4 Lm, 2 fM in den folg 3-Lm-ZR, 1 fM in jede der folg 2 fM, folg fM überg, ab * noch 3 x wdh.
Runde 3: *4 Lm, 2 fM in den folg 4-Lm-ZR, 1 fM in jede der folg 3 fM, folg fM überg, ab * noch 3 x wdh.
Runde 4: *4 Lm, 2 fM in den folg 4-Lm-ZR, 1 fM in jede der folg 4 fM, folg fM überg, ab * noch 3 x wdh.
Runde 5: *4 Lm, 2 fM in den folg 4-Lm-ZR, 1 fM in jede der folg 5 fM, folg fM überg, ab * noch 3 x wdh.
Runde 6: *4 Lm, 2 fM in den folg 4-Lm-ZR, 1 fM in jede der folg 6 fM, folg fM überg, ab * noch 3 x wdh.
Runde 7: *5 Lm, 2 fM in den folg 4-Lm-ZR, 1 fM in jede der folg 7 fM, folg fM überg, ab * noch 3 x wdh.
Runde 8: *5 Lm, 2 fM in den folg 5-Lm-ZR, 1 fM in jede der folg 8 fM, folg fM überg, ab * noch 3 x wdh.
Runde 9: *5 Lm, 2 fM in den folg 5-Lm-ZR, 1 fM in jede der folg 9 fM, folg fM überg, ab * noch 3 x wdh.
Runde 10: *5 Lm, 2 fM in den folg 5-Lm-ZR, 1 fM in jede der folg 10 fM, folg fM überg, ab * noch 3 x wdh.
Runde 11: *5 Lm, 2 fM in den folg 5-Lm-ZR, 1 fM in jede der folg 11 fM, folg fM überg, ab * noch 3 x wdh.
Runde 12: *8 Lm, folg 5-Lm-ZR und folg 2 fM überg, 1 fM in jede der folg 10 fM, folg fM überg, ab * 3 x wdh.
Runde 13: *4 Lm, [1 fM, 4 Lm, 1 fM] in den folg 8-Lm-ZR, 4 Lm, folg 2 fM überg, 1 fM in jede der folg 7 fM, folg fM überg, ab * noch 3 x wdh.
Runde 14: *4 Lm, 1 fM in den folg 4-Lm-ZR, 4 Lm, [1 fM, 4 Lm, 1 fM] in den folg 4-Lm-ZR (Ecke), 4 Lm, 1 fM in den folg 4-Lm-ZR, 4 Lm, folg 2 fM überg, 1 fM in jede der folg 4 fM, folg fM überg, ab * noch 3 x wdh.
Runde 15: 1 Lm, 4 fM in jeden der folg 2 4-Lm-ZR, *[3 Stb, 2 Lm, 3 Stb] in den folg 4-Lm-ZR, 4 fM in jeden der folg 2 4-Lm-ZR, 1 fM in jede der folg 4 fM**, 4 fM in jeden der folg 2 4-Lm-ZR, ab * noch 2 x wdh, dann von * bis ** noch 1 x wdh, Rd mit 1 Km in die Anf-Lm schließen.
Runde 16: 3 Lm (zählen als 1 Stb), 1 Stb in jede fM und jedes Stb und (3 Stb, 2 Lm, 3 Stb) in jeden 2-Lm-Eck-ZR der Vor-Rd arb, Rd mit 1 Km in die obere der 3 Anf-Lm schließen, dabei auf Garn B wechseln. Garn A abschneiden.
Runde 17: 1 Lm, 1 fM in jedes Stb und 3 fM in jeden 2-Lm-Eck-ZR der Vor-Rd arb, Rd mit 1 Km in die 1. fM schließen, dabei auf Garn A wechseln. Garn B abschneiden.
Runde 18: 1 Lm, 1 fM in jede fM und 3 fM in jede Eck-fM (mittlere der 3 fM an der Ecke) der Vor-Rd arb, Rd mit 1 Km in die 1. fM schließen.
Faden abschneiden, durchziehen und alle Fadenenden vernähen.

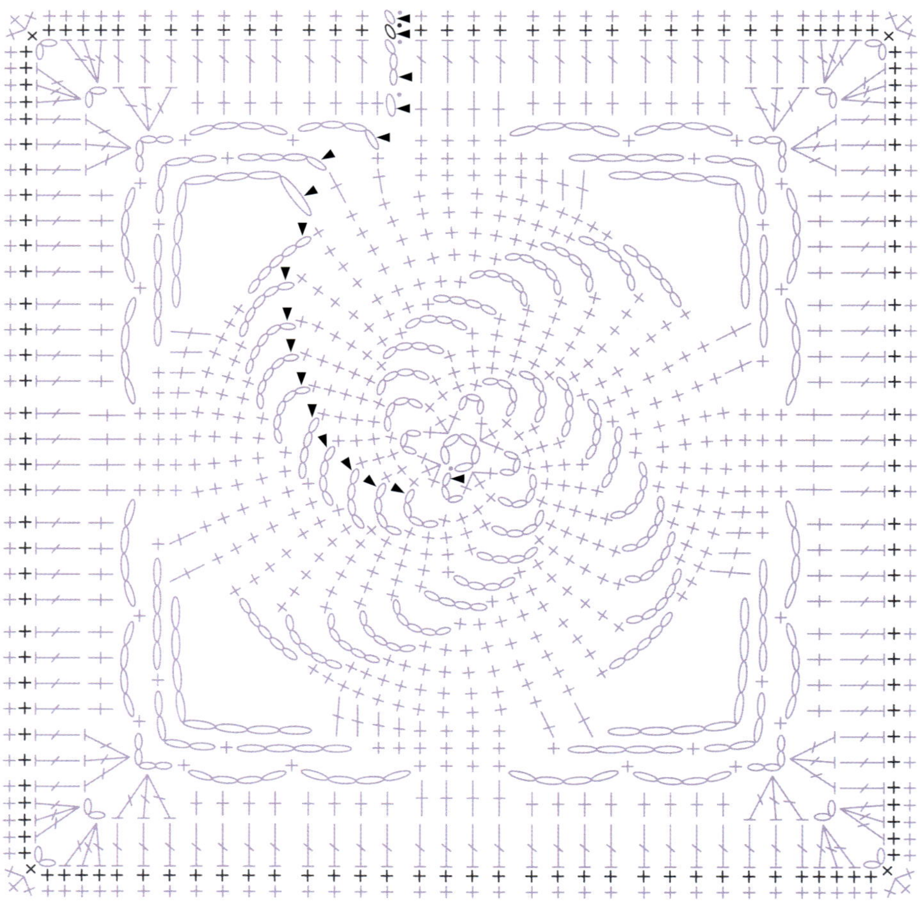

Filetmuster

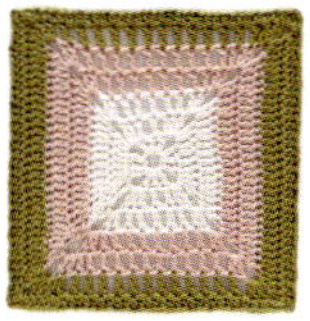

A = Beige
B = Muschelrosa
C = Ringlotte

Anfangsring: Mit Garn A 6 Lm anschl und mit 1 Km zur Runde schließen.
Runde 1: 3 Lm (zählen als 1 Stb), 2 Stb in den Ring, 2 Lm, [3 Stb in den Ring, 2 Lm] x 3, 1 Km in die obere der 3 Anf-Lm.
Runde 2: Je 1 Km in die folg 2 Stb und den folg Lm-ZR, 3 Lm, [1 Stb, 3 Lm, 2 Stb] in denselben Lm-ZR, *[1 Stb in das folg Stb, 1 Lm] x 2, 1 Stb in das folg Stb, [2 Stb, 3 Lm, 2 Stb] in den folg Lm-ZR, 2 Stb in das folg Stb, 1 Stb in das folg Stb, 2 Stb in das folg Stb**, [2 Stb, 3 Lm, 2 Stb] in den folg 2-Lm-ZR, von * bis ** 1 x wdh, 1 Km in die obere der 3 Anf-Lm.
Runde 3: Je 1 Km in das folg Stb und den folg Lm-ZR, 3 Lm, [1 Stb, 3 Lm, 2 Stb] in denselben Lm-ZR, *1 Lm, 1 Stb in das folg Stb, 1 Lm, folg Stb überg, [1 Stb in das folg Stb, 1 Lm] x 3, 1 Stb überg, 1 Stb in das folg Stb, 1 Lm, [2 Stb, 3 Lm, 2 Stb] in den folg Lm-ZR, 1 Stb in das folg Stb, 2 Stb in das folg Stb, 1 Stb in jedes der folg 5 Stb, 2 Stb in das folg Stb, 1 Stb in das folg Stb**, [2 Stb, 3 Lm, 2 Stb] in den folg 3-Lm-ZR, von * bis ** 1 x wdh, 1 Km in die obere der 3 Anf-Lm. Garn A abschneiden und durchziehen.
Runde 4: Garn B an einen Eck-ZR anfügen, 3 Lm, [1 Stb, 3 Lm, 2 Stb] in denselben Lm-ZR, *[1 Lm, 1 Stb in das folg Stb] x 2, [folg Lm-ZR überg, 1 Lm, 1 Stb in das folg Stb] x 6, 1 Lm, 1 Stb überg, [2 Stb, 3 Lm, 2 Stb] in den Eck-ZR, 1 Stb in das folg Stb, 2 Stb in das folg Stb, 1 Stb in jedes der folg 11 Stb, 2 Stb in das folg Stb, 1 Stb in das folg Stb**, [2 Stb, 3 Lm, 2 Stb] in den Eck-ZR, von * bis ** 1 x wdh, 1 Km in die obere der 3 Anf-Lm.
Runde 5: Je 1 Km in das folg Stb und den Eck-ZR, 3 Lm, [1 Stb, 3 Lm, 2 Stb] in denselben Lm-ZR, *[1 Lm, 1 Stb in das folg Stb] x 2, [folg Lm-ZR überg, 1 Lm, 1 Stb in das folg Stb] x 9, 1 Lm, 1 Stb überg, [2 Stb, 3 Lm, 2 Stb] in den Eck-ZR, 1 Stb in das folg Stb, 2 Stb in das folg Stb, 1 Stb in jedes der folg 17 Stb, 2 Stb in das folg Stb, 1 Stb in das folg Stb**, [2 Stb, 3 Lm, 2 Stb] in den Eck-ZR, von * bis ** 1 x wdh, 1 Km in die obere der 3 Anf-Lm. Garn B abschneiden und durchziehen.
Runde 6: Garn A an einen Eck-ZR anfügen, 3 Lm, [1 Stb, 3 Lm, 2 Stb] in denselben Lm-ZR, *[1 Lm, 1 Stb in das folg Stb] x 2, [folg Lm-ZR überg, 1 Lm, 1 Stb in das folg Stb] x 12, 1 Lm, 1 Stb überg, [2 Stb, 3 Lm, 2 Stb] in den Eck-ZR, 1 Stb in das folg Stb, 2 Stb in das folg Stb, 1 Stb in jedes der folg 23 Stb, 2 Stb in das folg Stb, 1 Stb in das folg Stb**, [2 Stb, 3 Lm, 2 Stb] in den Eck-ZR, von * bis ** 1 x wdh, 1 Km in die obere der 3 Anf-Lm.
Runde 7: Je 1 Km in das folg Stb und den folg Eck-ZR, 3 Lm, [1 Stb, 3 Lm, 2 Stb] in denselben Lm-ZR, *[1 Lm, 1 Stb in das folg Stb] x 2, [folg Lm-ZR überg, 1 Lm, 1 Stb in das folg Stb] x 15, 1 Lm, 1 Stb überg, [2 Stb, 3 Lm, 2 Stb] in den Eck-ZR, 1 Stb in das folg Stb, 2 Stb in das folg Stb, 1 Stb in jedes der folg 29 Stb, 2 Stb in das folg Stb, 1 Stb in das folg Stb**, [2 Stb, 3 Lm, 2 Stb] in den Eck-ZR, von * bis ** 1 x wdh, 1 Km in die obere der 3 Anf-Lm.
Faden abschneiden, durchziehen und alle Fadenenden vernähen.

Filetmedaillon

Siehe Seite 18

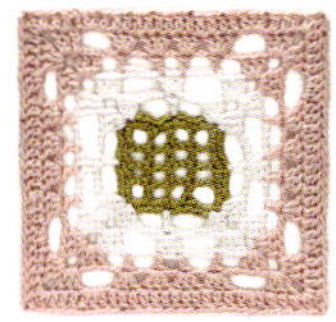

A = Ringlotte
B = Beige
C = Muschelrosa

Luftmaschenkette: Mit Garn A 12 Lm anschl.
Reihe 1: 1 Stb in die 6. Lm ab Nd, [1 Lm, folg Lm überg, 1 Stb in die folg Lm] x 3, wenden. (4 Lm-ZR)
Reihe 2: 4 Lm, (zählen als 1 Stb und 1 Lm), *1 Stb in das folg Stb, 1 Lm, ab * noch 2 x wdh, 1 Stb in die 5. der 6 Anf-Lm, wenden.
Reihe 3–4: 4 Lm, (zählen als 1 Stb und 1 Lm), *1 Stb in das folg Stb, 1 Lm, ab * noch 2 x wdh, 1 Stb in die 3. der 4 Anf-Lm, wenden.
Runde 5: 1 Lm, 2 fM in den 1. Lm-ZR, [1 fM in das folg Stb, 1 fM in den folg Lm-ZR] x 2, 1 fM in das folg Stb, *[2 fM, 2 Lm, 2 fM] in den Eck-ZR, 5 fM in die folg 2 R-End-M arb**, [2 fM, 2 Lm, 2 fM] in den Eck-ZR, 1 fM in jede der folg 5 Lm der Lmk, von * bis ** noch 1 x wdh, 2 fM in den Eck-ZR, 2 Lm, Rd mit 1 Km in die 1. fM schließen. Garn A abschneiden und durchziehen.
Runde 6: Garn B an einen 2-Lm-Eck-ZR der Vor-Rd anfügen, 3 Lm (zählen als 1 Stb), [2 Stb, 3 Lm, 3 Stb] in denselben Lm-ZR, *4 Lm, folg 4 fM überg, 1 Stb in die folg fM, 4 Lm, folg 4 fM überg**, [3 Stb, 3 Lm, 3 Stb] in den folg 2-Lm-Eck-ZR, ab * noch 2 x wdh, dann von * bis ** noch 1 x wdh, Rd mit 1 Km in die obere der 3 Anf-Lm schließen.
Runde 7: Je 1 Km in die folg 2 Stb und den folg 3-Lm-ZR, 3 Lm (zählen als 1 Stb), [2 Stb, 3 Lm, 3 Stb] in denselben Lm-ZR, *4 Lm, folg Lm-ZR überg, 3 Stb in das folg Stb, 4 Lm, folg Lm-ZR überg**, [3 Stb, 3 Lm, 3 Stb] in den folg Eck-ZR, ab * noch 2 x wdh, dann von * bis ** noch 1 x wdh, Rd mit 1 Km in die obere der 3 Anf-Lm schließen. Garn B abschneiden und durchziehen.
Runde 8: Garn C an einen 3-Lm-Eck-ZR der Vor-Rd anfügen, 3 Lm (zählen als 1 Stb), [2 Stb, 3 Lm, 3 Stb] in denselben Lm-ZR, *2 Lm, 1 Stb in die 1. der 4 Lm der Vor-Rd, 2 Lm, 1 Stb in das folg Stb, 2 Lm, 1 Stb überg, 1 Stb in das folg Stb, 2 Lm, 1 Stb in die 4. der 4 Lm der Vor-Rd, 2 Lm**, [3 Stb, 3 Lm, 3 Stb] in den folg Eck-ZR, ab * noch 2 x wdh, dann von * bis ** noch 1 x wdh, Rd mit 1 Km in die obere der 3 Anf-Lm schließen.
Runde 9: Je 1 Km in die folg 2 Stb und den folg 3-Lm-ZR, 3 Lm (zählen als 1 Stb), [2 Stb, 3 Lm, 3 Stb] in denselben Lm-ZR, *3 Lm, 3 Stb in jedes der folg 4 Stb, 3 Lm**, [3 Stb, 3 Lm, 3 Stb] in den folg Eck-ZR, ab * noch 2 x wdh, dann von * bis ** noch 1 x wdh, Rd mit 1 Km in die obere der 3 Anf-Lm schließen.
Runde 10: 3 Lm (zählen als 1 Stb), 1 Stb in jedes Stb und 3 DStb in jeden 3-Lm-ZR und [1 Stb, 1 DStb, 1 Stb] in jeden 3-Lm-Eck-ZR der Vor-Rd arb, Rd mit 1 Km in die obere der 3 Anf-Lm schließen.
Faden abschneiden, durchziehen und alle Fadenenden vernähen.

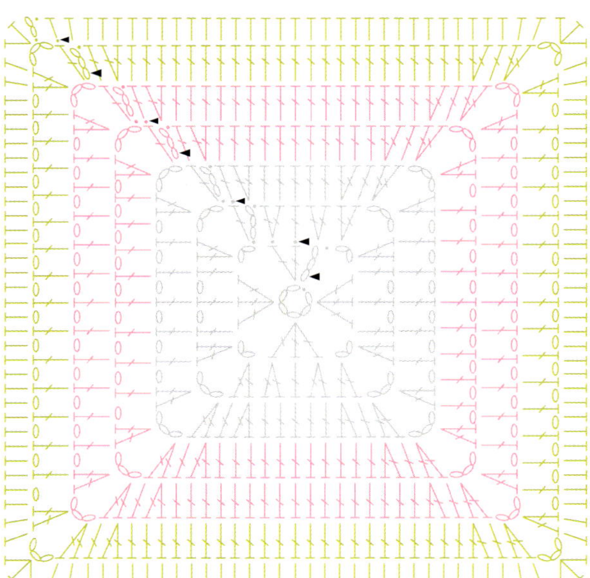

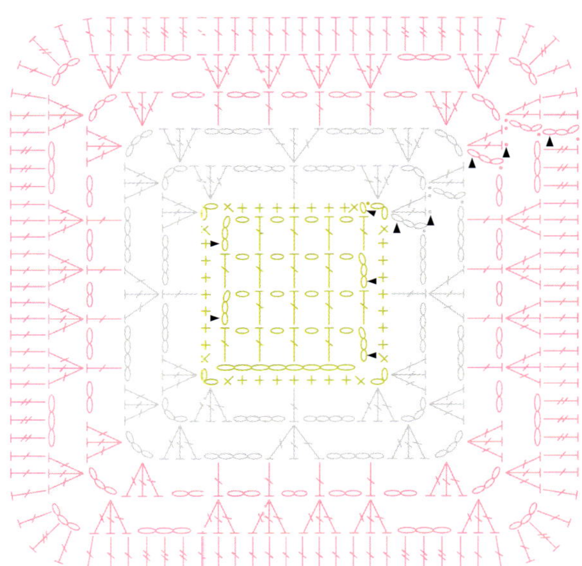

Spinnrad

Siehe Seite 20

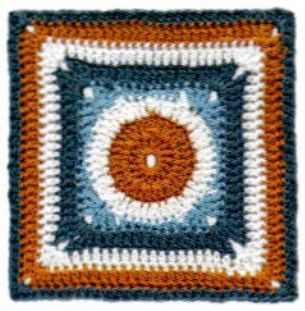

A = Kaki
B = Beige
C = Türkis
D = Graublau

Luftmaschenkette: Mit Garn A 4 Lm anschl und mit 1 Km zur Runde schließen.
Runde 1: 3 Lm (zählen als 1 Stb), 15 Stb in den Ring, Rd mit 1 Km in die obere der 3 Anf-Lm schließen.
Runde 2: 1 Km in den ZR zw den ersten 2 Stb der Vor-Rd, 3 Lm (zählen als 1 Stb), 1 Stb in denselben ZR, 2 Stb in jeden folg ZR zw 2 Stb bis Rd-Ende, Rd mit 1 Km in die obere der 3 Anf-Lm schließen. Garn A abschneiden und durchziehen und Garn B mit 1 Km in die obere der 3 Anf-Lm anfügen.
Runde 3: 3 Lm (zählen als 1 Stb), 1 Stb in die obere der 3 Anf-Lm der Vor-Rd, 1 Stb in das folg Stb, [2 Stb in das folg Stb, 1 Stb in das folg Stb] x 15, Rd mit 1 Km in die obere der 3 Anf-Lm schließen. Garn B abschneiden und durchziehen.
Runde 4: Garn C an ein Stb der Vor-Rd anfügen, 4 Lm (zählen als 1 DStb), 2 Stb in dasselbe Stb, *folg 2 Stb überg, 1 hStb in jedes der folg 2 Stb, 1 fM in jedes der folg 3 Stb, 1 hStb in jedes der folg 2 Stb, folg 2 Stb überg**, [2 Stb, 1 DStb, 2 Lm, 1 DStb, 2 Stb] in das folg Stb, ab * noch 2 x wdh, dann von * bis ** noch 1 x wdh, [2 Stb, 1 DStb, 2 Lm] in dieselbe M wie die 4 Anf-Lm, Rd mit 1 Km in die obere der 4 Anf-Lm schließen. Garn C abschneiden und durchziehen.
Runde 5: Garn D mit 1 Km an einen 2-Lm-Eck-ZR der Vor-Rd anfügen, 3 Lm (zählen als 1 Stb), [2 DStb, 2 Lm, 2 DStb, 1 Stb] in denselben Lm-ZR, *1 Stb in jede M entlang der Seite des Quadrats**, [1 Stb, 2 DStb, 2 Lm, 2 DStb, 1 Stb] in den folg 2-Lm-Eck-ZR, ab * noch 2 x wdh, dann von * bis ** noch 1 x wdh, Rd mit 1 Km in die obere der 3 Anf-Lm schließen. Garn D abschneiden und durchziehen.
Runde 6: Garn B an einen 2-Lm-Eck-ZR der Vor-Rd anfügen, 3 Lm (zählen als 1 Stb), [1 Stb, 2 Lm, 2 Stb] in denselben Lm-ZR, *1 Stb in jede M entlang der Seite des Quadrats**, [2 Stb, 2 Lm, 2 Stb] in den folg 2-Lm-Eck-ZR, ab * noch 2 x wdh, dann von * bis ** noch 1 x wdh, Rd mit 1 Km in die obere der 3 Anf-Lm schließen. Garn B abschneiden und durchziehen.
Runde 7: Mit Garn A wie Runde 6 arb, dabei bei der letzten Km auf Garn D wechseln. Garn A abschneiden.
Runde 8: 2 Lm (zählen als 1 hStb), 1 hStb in jedes Stb und [1 hStb, 1 Stb, 1 hStb] in jeden 2-Lm-Eck-ZR der Vor-Rd arb, Rd mit 1 Km in die obere der 2 Anf-Lm schließen.
Faden abschneiden, durchziehen und alle Fadenenden vernähen.

Kreis im Quadrat

Siehe Seite

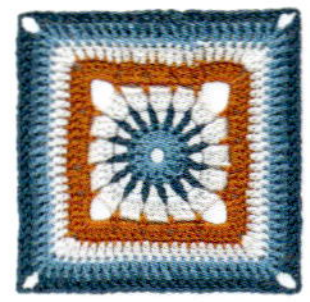

A = Türkis
B = Graublau
C = Beige
D = Kaki

Anfangsring: Mit Garn A 8 Lm anschl und mit 1 Km zur Runde schließen.
Runde 1: 3 Lm (zählen als 1 Stb), 15 Stb in den Ring, Rd mit 1 Km in die obere der 3 Anf-Lm schließen, dabei auf Garn B wechseln. Garn A abschneiden.
Runde 2: 5 Lm (zählen als 1 Stb und 2 Lm), [1 Stb in das folg Stb, 2 Lm] x 15, Rd mit 1 Km in die 3. der 5 Anf-Lm schließen. Garn B abschneiden und durchziehen.
Runde 3: Garn C an einen 2-Lm-ZR der Vor-Rd anfügen, 3 Lm (zählen als 1 Stb), 2 Stb in denselben Lm-ZR, 1 Lm, *[3 Stb, 1 Lm] in den folg 2-Lm-ZR, ab * bis Rd-Ende wdh, Rd mit 1 Km in die obere der 3 Anf-Lm schließen. Garn C abschneiden und durchziehen.
Runde 4: Garn D an einen Lm-ZR der Vor-Rd anfügen, *[3 Lm, 1 fM in den folg Lm-ZR] x 3, 6 Lm (1. Eck-ZR), 1 fM in denselben Lm-ZR wie die letzte fM, 3 Lm, 1 fM in den folg Lm-ZR, ab * bis Rd-Ende wdh, Rd mit 1 Km in die 1. der 3 Anf-Lm schließen.
Runde 5: 3 Lm (zählen als 1 Stb), 2 Stb in den 1. 3-Lm-ZR, 3 Stb in jeden der folg 2 3-Lm-ZR, *[5 Stb, 3 Lm, 5 Stb] in den 6-Lm-Eck-ZR, 3 Stb in jeden der 3-Lm-ZR bis zur Ecke, ab * bis Rd-Ende wdh, Rd mit 1 Km in die obere der 3 Anf-Lm schließen, dabei auf Garn C wechseln. Garn D abschneiden.
Runde 6: 3 Lm (zählen als 1 Stb), 1 Stb in jedes Stb und [1 Stb, 1 DStb, 1 Stb] in jeden 3-Lm-Eck-ZR der Vor-Rd arb, Rd mit 1 Km in die obere der 3 Anf-Lm schließen, dabei auf Garn A wechseln. Garn C abschneiden.
Runde 7: 3 Lm (zählen als 1 Stb), 1 Stb in jedes Stb und 3 Stb in jedes Eck-DStb der Vor-Rd arb, Rd mit 1 Km in die obere der 3 Anf-Lm schließen. Garn A abschneiden und durchziehen.
Runde 8: Garn B an einen ZR zw 2 Stb der Vor-Rd anfügen, 3 Lm (zählen als 1 Stb), *1 Stb in jeden ZR zw 2 Stb der Vor-Rd arb, dabei die 3 Eck-Stb mit 3 Lm überg, Rd mit 1 Km in die obere der 3 Anf-Lm schließen.
Faden abschneiden, durchziehen und alle Fadenenden vernähen.

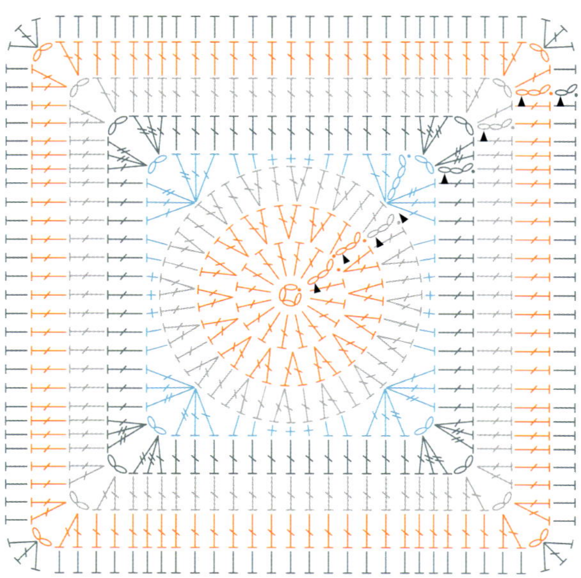

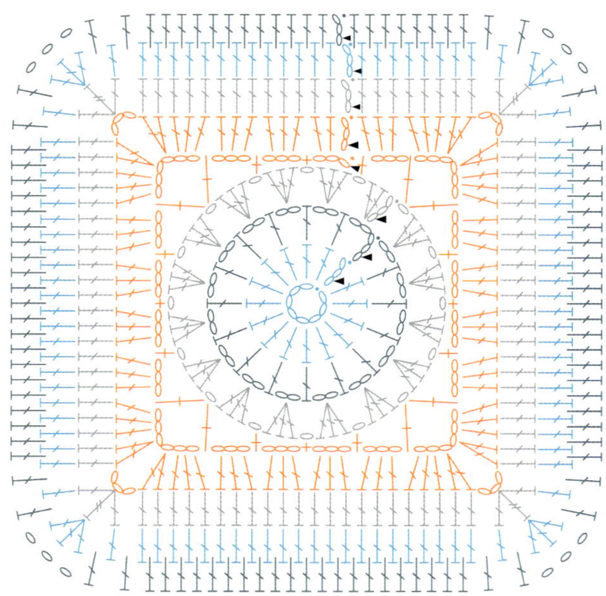

Gerahmtes Rad

Siehe Seite 22

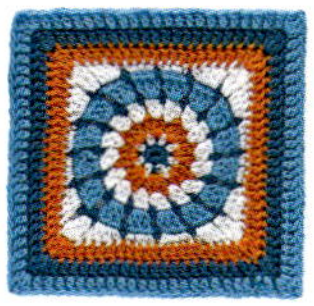

A = Graublau
B = Beige
C = Kaki
D = Türkis

Anfangsring: Mit Garn A einen Fadenring arbeiten.
Runde 1: 1 Lm, 8 fM in den Ring, Rd mit 1 Km in die 1. fM schließen, dabei auf Garn B wechseln. Garn A abschneiden.
Runde 2: 1 Lm, 1 fM in die 1. fM der Vor-Rd, [2 Lm, 1 fM in die folg fM] x 7, 2 Lm, 1 Km in die 1. fM. Garn B abschneiden und durchziehen.
Runde 3: Garn C an einen 2-Lm-ZR der Vor-Rd anfügen, 3 Lm (zählen als 1 Stb), 2 Stb in denselben Lm-ZR, [1 Lm, 3 Stb in den folg 2-Lm-ZR] x 7, 1 Lm, 1 Km in die obere der 3 Anf-Lm. Garn C abschneiden und durchziehen.
Runde 4: Garn B an ein mittleres Stb einer 3-Stb-Mg der Vor-Rd anfügen, 3 Lm (zählen als 1 Stb), 1 Stb in dasselbe Stb, [1 Lm, 2 Stb in den folg Lm-ZR, 1 Lm, folg Stb überg, 2 Stb in das folg Stb, 1 Lm] x 7, 1 Lm, 2 Stb in den folg Lm-ZR, 1 Lm, 1 Km in die obere der 3 Anf-Lm. Garn B abschneiden und durchziehen.
Runde 5: Garn A mit 1 Km an einen Lm-ZR der Vor-Rd anfügen, 1 Lm, 1 fM in denselben Lm-ZR, [2 Lm, 1 fM in den folg Lm-ZR] x 15, 2 Lm, 1 Km in die 1. fM. Garn A abschneiden und durchziehen.
Runde 6: Garn D an einen 2-Lm-ZR der Vor-Rd anfügen, 3 Lm (zählen als 1 Stb), 2 Stb in denselben Lm-ZR, [1 Lm, 3 Stb in den folg Lm-ZR] x 15, 1 Lm, 1 Km in die obere der 3 Anf-Lm. Garn D abschneiden und durchziehen.
Runde 7: Garn A mit 1 Km an einen Lm-ZR der Vor-Rd anfügen, 1 Lm, 1 fM in denselben Lm-ZR, [3 Lm, 1 fM in den folg Lm-ZR] x 15, 3 Lm, 1 Km in die 1. fM. Garn A abschneiden und durchziehen.
Runde 8: Garn B an einen 3-Lm-ZR der Vor-Rd anfügen, 1 Lm, 4 fM in denselben Lm-ZR, *[1 hStb, 3 Stb] in den folg Lm-ZR, [1 DStb, 2 Lm, 1 DStb] in die folg fM, [3 Stb, 1 hStb], in den folg Lm-ZR, 4 fM in den folg 3-Lm-ZR**, 4 fM in den folg 3-Lm-ZR, ab * 2 x wdh, dann von * bis ** 1 x wdh, 1 Km in die 1. fM. Garn B abschneiden und durchziehen.
Runde 9: Garn C an einen Eck-ZR der Vor-Rd anfügen, 3 Lm (zählen als 1 Stb), [1 DStb, 1 Stb] in denselben Lm-ZR, 1 Stb in jede M und [1 Stb, 1 DStb, 1 Stb] in jeden Eck-ZR der Vor-Rd arb, 1 Km in die obere der 3 Anf-Lm. Garn C abschneiden und durchziehen.
Runde 10: Garn A an ein Stb der Vor-Rd anfügen, 3 Lm (zählen als 1 Stb), 1 Stb in jedes Stb und [1 Stb, 1 DStb, 1 Stb] in jedes Eck-DStb der Vor-Rd arb, 1 Km in die obere der 3 Anf-Lm. Garn A abschneiden und durchziehen.
Runde 11: Mit Garn D wie Rd 10 arb.
Faden abschneiden, durchziehen und alle Fadenenden vernähen.

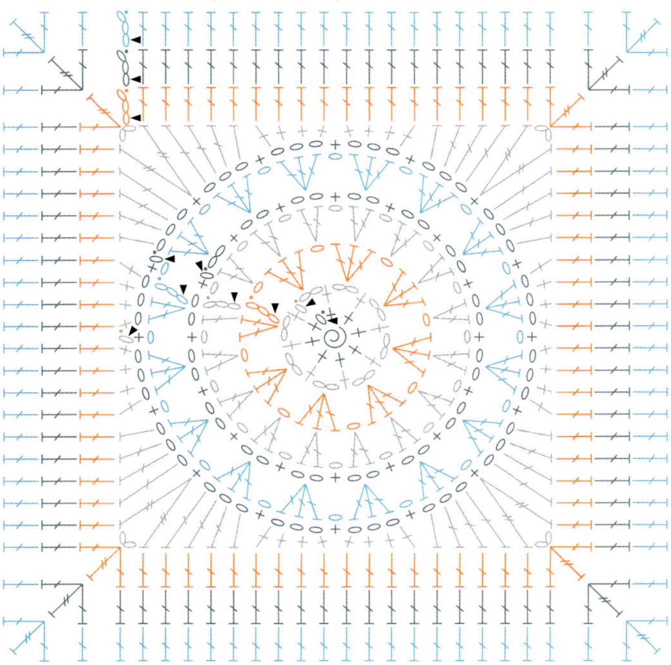

Sternenexplosion

Siehe Seite 21

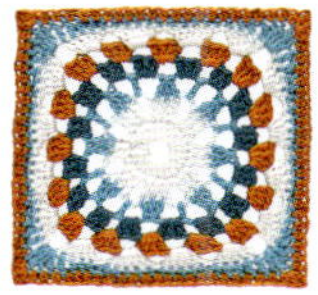

A = Beige
B = Türkis
C = Graublau
D = Kaki

BESONDERE MASCHEN
2 Stb zus-hk: [1 U, in die folg M einstechen, Faden holen und durchziehen, 1 U, Faden durch die 1. 2 Schl auf der Nd ziehen] x 2, 1 U, Faden durch alle 3 Schl auf der Nd ziehen.
3 Stb zus-hk: [1 U, in die folg M einstechen, Faden holen und durchziehen, 1 U, Faden durch die 1. 2 Schl auf der Nd ziehen] x 3, 1 U, Faden durch alle 4 Schl auf der Nd ziehen.

Anfangsring: Mit Garn A einen Fadenring arbeiten.
Runde 1: 3 Lm (zählen als 1 Stb), 23 Stb in den Ring, Rd mit 1 Km in die obere der 3 Anf-Lm schließen.
Runde 2: 3 Lm (zählen als 1 Stb), 1 Stb in jedes der folg 2 Stb, 3 Lm, [1 Stb in jedes der folg 3 Stb, 3 Lm] x 7, Rd mit 1 Km in die obere der 3 Anf-Lm schließen, dabei auf Garn B wechseln. Garn A abschneiden.
Runde 3: 3 Lm, 2 Stb zus-hk über die folg 2 Stb, [3 Lm, 1 Stb in den folg 3-Lm-ZR, 3 Lm, 3 Stb zus-hk über die folg 3 Stb] x 7, 3 Lm, 1 Stb in den folg 3-Lm-ZR, 3 Lm, Rd mit 1 Km in die obere der 3 Anf-Lm schließen. Garn B abschneiden und durchziehen.
Runde 4: Garn C an einen 3-Lm-ZR vor einem einzelnen Stb anfügen, 4 Lm (zählen als 1 Stb und 1 Lm), [3 Stb in den folg Lm-ZR, 1 Lm] x 15, 2 Stb in den folg Lm-ZR, Rd mit 1 Km in die 3. der 4 Anf-Lm schließen. Garn C abschneiden und durchziehen.
Runde 5: Garn D an einen Lm-ZR der Vor-Rd anfügen, 4 Lm (zählen als 1 Stb und 1 Lm), [4 Stb in den folg Lm-ZR, 1 Lm] x 15, 3 Stb in den folg Lm-ZR, Rd mit 1 Km in die 3. der 4 Anf-Lm schließen. Garn D abschneiden und durchziehen.
Runde 6: Garn A mit 1 Km an einen Lm-ZR der Vor-Rd anfügen, 3 Lm (zählen als 1 Stb), 4 Stb in denselben Lm-ZR, 1 Lm, [5 Stb in den folg Lm-ZR, 1 Lm] x 15, Rd mit 1 Km in die obere der 3 Anf-Lm schließen. Garn A abschneiden und durchziehen.
Runde 7: Garn B an das 1. Stb einer 5-Stb-Mg anfügen, 1 Lm, 1 fM in dasselbe Stb, 1 fM in jedes der folg 10 Stb, 1 hStb in jedes der folg 2 Stb, 1 Stb in jedes der folg 2 Stb, *[1 Stb, 1 DStb, 1 Stb], in den folg Lm-ZR, 1 Stb in jedes der folg 2 Stb, 1 hStb in jedes der folg 2 Stb**, 1 fM in jedes der folg 12 Stb, 1 hStb in jedes der folg 2 Stb, 1 Stb in jedes der folg 2 Stb, ab * noch 2 x wdh, dann von * bis ** noch 1 x wdh, 1 fM in das folg Stb, Rd mit 1 Km in die 1. fM schließen, dabei auf Garn D wechseln. Garn B abschneiden.
Runde 8: 2 Lm (zählen als 1 hStb), 1 hStb in jede M und [1 hStb, 1 Stb, 1 hStb] in jedes Eck-DStb der Vor-Rd arb, Rd mit 1 Km in die obere der 2 Anf-Lm schließen.
Faden abschneiden, durchziehen und alle Fadenenden vernähen.

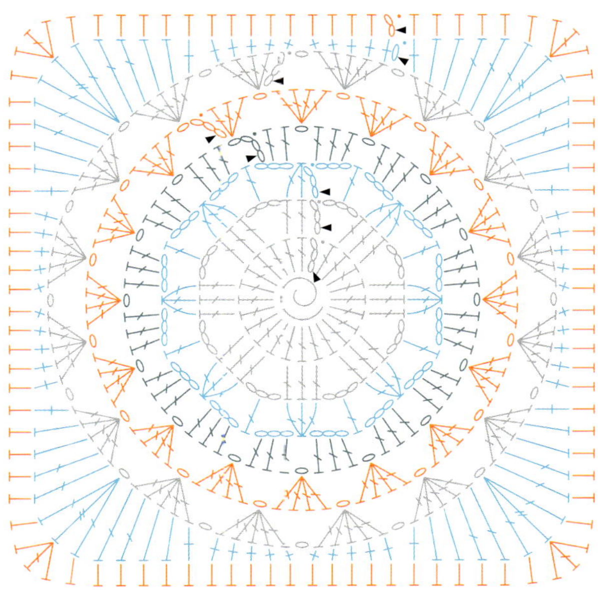

Durchbrochen gerahmter Kreis

Siehe Seite 21

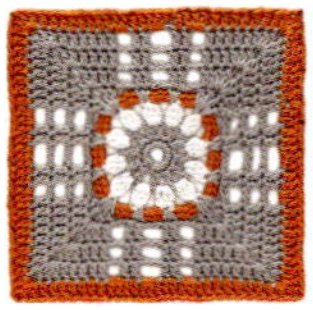

A = Hellgrau
B = Beige
C = Kaki

BESONDERE MASCHEN

Anf-Bm (Anfangs-Büschelmasche aus 2 zus abgem Stb): [1 U, in die angegebene M einstechen, Faden holen und durchziehen, 1 U, Faden durch die 1. 2 Schl auf der Nd ziehen] x 2, 1 U, Faden durch alle 3 Schl auf der Nd ziehen.

Bm (Büschelmasche aus 3 zus abgem Stb): [1 U, in die angegebene M einstechen, Faden holen und durchziehen, 1 U, Faden durch die 1. 2 Schl auf der Nd ziehen] x 3, 1 U, Faden durch alle 4 Schl auf der Nd ziehen.

Anfangsring: Mit Garn A 6 Lm anschl und mit 1 Km zur Runde schließen.
Runde 1: 1 Lm, 12 fM in den Ring, 1 Km in die 1. fM.
Runde 2: 4 Lm (zählen als 1 Stb und 1 Lm), [1 Stb in die folg fM, 1 Lm] x 11, 1 Km in die 3. der 4 Anf-Lm. Garn A abschneiden und durchziehen.
Runde 3: Garn B an einen Lm-ZR der Vor-Rd anfügen, 3 Lm (zählen als 1 Stb), Anf-Bm in denselben Lm-ZR, 3 Lm, *Bm in den folg Lm-ZR, 3 Lm, ab * noch 10 x wdh, 1 Km in die Anf-Bm. Garn B abschneiden und durchziehen.
Runde 4: Garn C an einen 3-Lm-ZR der Vor-Rd anfügen, 1 Lm, 4 fM in denselben Lm-ZR, 4 fM in jeden 3-Lm-ZR der Vor-Rd arb, 1 Km in die 1. fM. Garn C abschneiden und durchziehen.
Runde 5: Garn A an den ZR über einer Bm der 3. Rd anfügen, 3 Lm (zählen als 1 Stb), [1 Stb, 2 Lm, 2 Stb] in denselben ZR, *2 Lm, folg 4 fM überg, 2 fM in den ZR über der folg Bm der 3. Rd, 3 Lm, folg 4 fM überg, 2 fM in den ZR über der folg Bm der 3. Rd, 2 Lm**, [2 Stb, 2 Lm, 2 Stb] in den ZR über der folg Bm der 3. Rd, ab * noch 2 x wdh, dann von * bis ** noch 1 x wdh, 1 Km in die obere der 3 Anf-Lm.
Runde 6: 3 Lm (zählen als 1 Stb), 1 Stb in das folg Stb, *[2 Stb, 2 Lm, 2 Stb] in den 2-Lm-Eck-ZR, 1 Stb in jedes der folg 2 Stb, 2 Lm, 1 Stb in jede der folg 2 fM, 3 Lm, 1 Stb in jede der folg 2 fM, 2 Lm**, 1 Stb in jedes der folg 2 Stb, ab * noch 2 x wdh, dann von * bis ** noch 1 x wdh, 1 Km in die obere der 3 Anf-Lm.
Runde 7: 3 Lm (zählen als 1 Stb), 1 Stb in jedes der folg 3 Stb, *[2 Stb, 2 Lm, 2 Stb] in den 2-Lm-Eck-ZR, 1 Stb in jedes der folg 4 Stb, 2 Lm, 1 Stb in jedes der folg 2 Stb, 3 Lm, 1 Stb in jedes der folg 2 Stb, 2 Lm**, 1 Stb in jedes der folg 4 Stb, ab * 2 x wdh, dann von * bis ** 1 x wdh, 1 Km in die obere der 3 Anf-Lm.
Runde 8: 3 Lm (zählen als 1 Stb), 1 Stb in jedes der folg 5 Stb, *[2 Stb, 2 Lm, 2 Stb] in den 2-Lm-Eck-ZR, 1 Stb in jedes der folg 6 Stb, 2 Lm, 1 Stb in jedes der folg 2 Stb, 3 Lm, 1 Stb in jedes der folg 2 Stb, 2 Lm**, 1 Stb in jedes der folg 6 Stb, ab * 2 x wdh, dann von * bis ** 1 x wdh, 1 Km in die obere der 3 Anf-Lm, dabei auf Garn C wechseln. Garn A abschneiden.
Runde 9: 3 Lm (zählen als 1 Stb), 1 Stb in jedes Stb und jede Lm und 3 Stb in jeden Eck-ZR der Vor-Rd arb, 1 Km in die obere der 3 Anf-Lm.
Faden abschneiden, durchziehen und alle Fadenenden vernähen.

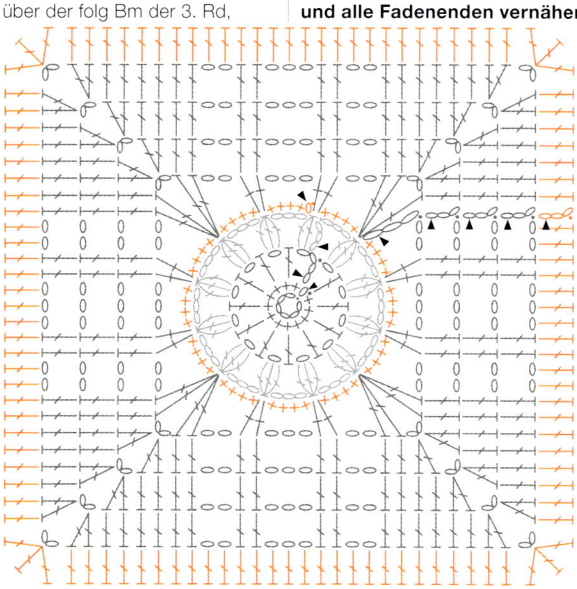

Blütenrunde

Siehe Seite 20

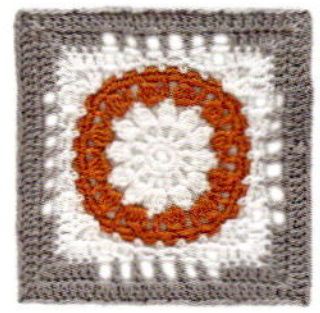

A = Beige
B = Kaki
C = Hellgrau

BESONDERE MASCHEN

Anf-Bm (Anfangs-Büschelmasche aus 3 zus abgem Stb): [1 U, in die angegebene M einstechen, Faden holen und durchziehen, 1 U, Faden durch die 1. 2 Schl auf der Nd ziehen] x 3, 1 U, Faden durch alle 4 Schl auf der Nd ziehen.

Bm (Büschelmasche aus 4 zus abgem Stb): [1 U, in die angegebene M einstechen, Faden holen und durchziehen, 1 U, Faden durch die 1. 2 Schl auf der Nd ziehen] x 4, 1 U, Faden durch alle 5 Schl auf der Nd ziehen.

Anfangsring: Mit Garn A 6 Lm anschl und mit 1 Km zur Runde schließen.
Runde 1: 1 Lm, 12 fM in den Ring, 1 Km in die 1. fM.
Runde 2: 4 Lm (zählen als 1 Stb und 1 Lm), [1 Stb in die folg fM, 1 Lm] x 11, 1 Km in die 3. der 4 Anf-Lm.
Runde 3: 1 Km in den folg Lm-ZR, 3 Lm (zählen als 1 Stb), Anf-Bm in denselben Lm-ZR, 3 Lm, *Bm in den folg Lm-ZR, 3 Lm, ab * noch 10 x wdh, 1 Km in die Anf-Bm. Garn A abschneiden und durchziehen.
Runde 4: Garn B an einen 3-Lm-ZR der Vor-Rd anfügen, 3 Lm (zählen als 1 Stb), Anf-Bm in denselben Lm-ZR, *2 Lm, 1 Stb in die folg Bm, 2 Lm**, Bm in den folg 3-Lm-ZR, ab * noch 10 x wdh, dann von * bis ** noch 1 x wdh, 1 Km in die Anf-Bm.
Runde 5: 1 Km in den folg 2-Lm-ZR, 1 Lm, 3 fM in denselben Lm-ZR, 3 fM in jeden 2-Lm-ZR der Vor-Rd, 1 Km in die 1. fM. Garn B abschneiden und durchziehen.
Runde 6: Garn A an eine Bm der 4. Rd anfügen, 3 Lm (zählen als 1 Stb), [1 Stb, 2 Lm, 2 Stb] in dieselbe Bm, *[2 Lm, folg 3 fM überg, 1 fM in die folg Bm] x 5, 2 Lm**, [2 Stb, 2 Lm, 2 Stb] in den ZR über der folg Bm der 4. Rd, ab * noch 2 x wdh, dann von * bis ** noch 1 x wdh, 1 Km in die obere der 3 Anf-Lm.
Runde 7: 3 Lm (zählen als 1 Stb), 1 Stb in das folg Stb, *[2 Stb, 2 Lm, 2 Stb] in den 2-Lm-Eck-ZR, 1 Stb in jedes der folg 2 Stb, 2 Lm, 1 Stb in das folg Stb, [2 Lm, 1 fM in das folg Stb] x 3, 2 Lm, 1 Stb in das folg Stb, 2 Lm**, 1 Stb in jedes der folg 2 Stb, ab * noch 2 x wdh, dann von * bis ** noch 1 x wdh, 1 Km in die obere der 3 Anf-Lm, dabei auf Garn C wechseln. Garn A abschneiden.
Runde 8: 3 Lm (zählen als 1 Stb), 1 Stb in jedes der folg 3 Stb, *[2 Stb, 2 Lm, 2 Stb] in den 2-Lm-Eck-ZR, 1 Stb in jedes der folg 4 Stb, [2 Lm, 1 Stb in die folg M] x 5, 2 Lm**, 1 Stb in jedes der folg 4 Stb, ab * noch 2 x wdh, dann von * bis ** noch 1 x wdh, 1 Km in die obere der 3 Anf-Lm.
Runde 9: 3 Lm (zählen als 1 Stb), 1 Stb in jedes Stb und jede Lm und 3 Stb in jeden 2-Lm-Eck-ZR der Vor-Rd arb, 1 Km in die obere der 3 Anf-Lm.
Faden abschneiden, durchziehen und alle Fadenenden vernähen.

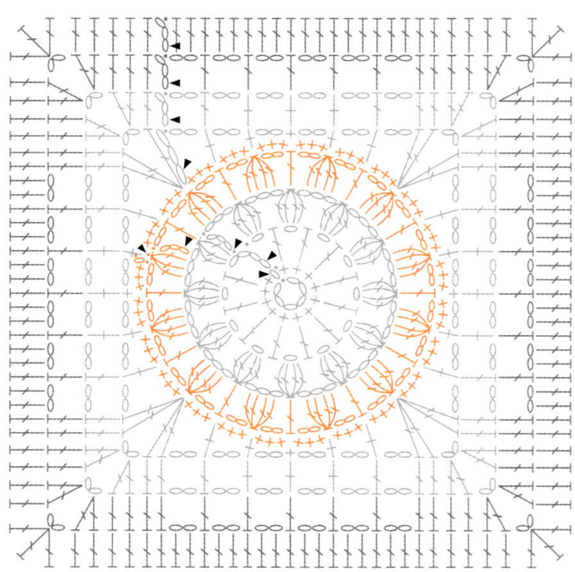

Sternblüte

Siehe Seite 20

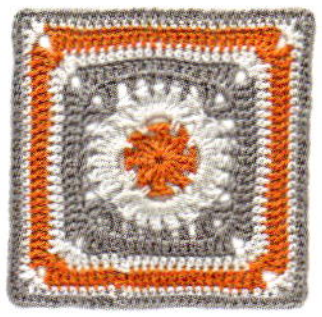

A = Kaki
B = Beige
C = Hellgrau

BESONDERE MASCHEN

2 DStb zus-hk: [2 U, in die angegebene M einstechen, Faden holen und durchziehen, (1 U, Faden durch die 1. 2 Schl auf der Nd ziehen) x 2] x 2, 1 U, Faden durch alle 3 Schl auf der Nd ziehen.

Anfangsring: Mit Garn A 4 Lm anschl und mit 1 Km zur Rd schließen.
Runde 1: 4 Lm, 1 DStb in den Ring (zählen als 1. 2 zus gehk DStb), 3 Lm, [2 DStb zus-hk, 3 Lm] x 7 in den Ring, Rd mit 1 Km in die obere der 4 Anf-Lm schließen. Garn A abschneiden und durchziehen.
Runde 2: Garn B an einen 3-Lm-ZR der Vor-Rd anfügen, 1 Lm, 1 fM in denselben Lm-ZR, [5 Lm, 1 fM] in jeden der 7 folg 3-Lm-ZR, 5 Lm, Rd mit 1 Km in die 1. fM schließen.
Runde 3: Je 1 Km in die 1. 3 Lm des folg 5-Lm-ZR, 4 Lm (zählen als 1 Stb und 1 Lm), *[2 DStb zus-hk, 1 Lm] x 5 in den folg 5-Lm-ZR**, 1 Stb in den folg 5-Lm-ZR, 1 Lm, ab * noch 2 x wdh und dann von * bis ** noch 1 x wdh, Rd mit 1 Km in die 3. der 4 Anf-Lm schließen, dabei auf Garn C wechseln. Garn B abschneiden.
Runde 4: 4 Lm (zählen als 1 DStb), 1 DStb in die 3. der 4 Anf-Lm der Vor-Rd, *1 Lm, 1 Lm-ZR überg, [1 Stb, 1 Lm] in jeden der 4 folg Lm-ZR**, [2 DStb, 2 Lm, 2 DStb] in das folg Stb, ab * noch 2 x wdh, dann von * bis ** noch 1 x wdh, 2 DStb in die 3. der 4 Anf-Lm der Vor-Rd, 2 Lm, Rd mit 1 Km in die obere der 4 Anf-Lm schließen.
Runde 5: Je 1 Km in das folg DStb und den folg Lm-ZR, 3 Lm (zählen als 1 Stb), *[1 Stb in das folg Stb, 1 Stb in den folg Lm-ZR] x 4, 1 Stb in jedes der folg 2 DStb, [2 Stb, 2 Lm, 2 Stb] in den 2-Lm-Eck-ZR, 1 Stb in jedes der folg 2 DStb**, 1 Stb in den folg Lm-ZR, ab * noch 2 x wdh, dann von * bis ** noch 1 x wdh, Rd mit 1 Km in die obere der 3 Anf-Lm schließen, dabei auf Garn B wechseln. Garn C abschneiden.
Runde 6: 2 Lm (zählen als 1 hStb), 1 hStb in jedes Stb und [2 Stb, 2 Lm, 2 Stb] in jeden 2-Lm-Eck-ZR der Vor-Rd arb, Rd mit 1 Km in die obere der 2 Anf-Lm schließen, dabei auf Garn A wechseln. Garn B abschneiden.
Runde 7: 3 Lm (zählen als 1 Stb), 1 Stb in jedes hStb und in jedes Stb und [2 DStb, 2 Lm, 2 DStb] in jeden 2-Lm-Eck-ZR der Vor-Rd arb, Rd mit 1 Km in die obere der 3 Anf-Lm schließen, dabei auf Garn B wechseln. Garn A abschneiden.
Runde 8: 1 Lm (zählt nicht als 1. M), 1 fM in jedes Stb und jedes DStb und [2 hStb, 2 Lm, 2 hStb] in jeden 2-Lm-Eck-ZR der Vor-Rd arb, Rd mit 1 Km in die 1. fM schließen, dabei auf Garn C wechseln. Garn B abschneiden.
Runde 9: 2 Lm (zählen als 1 hStb), 1 hStb in jede fM und jedes hStb und 3 Stb in jeden 2-Lm-Eck-ZR der Vor-Rd arb, Rd mit 1 Km in die obere der 2 Anf-Lm schließen.
Faden abschneiden, durchziehen und alle Fadenenden vernähen.

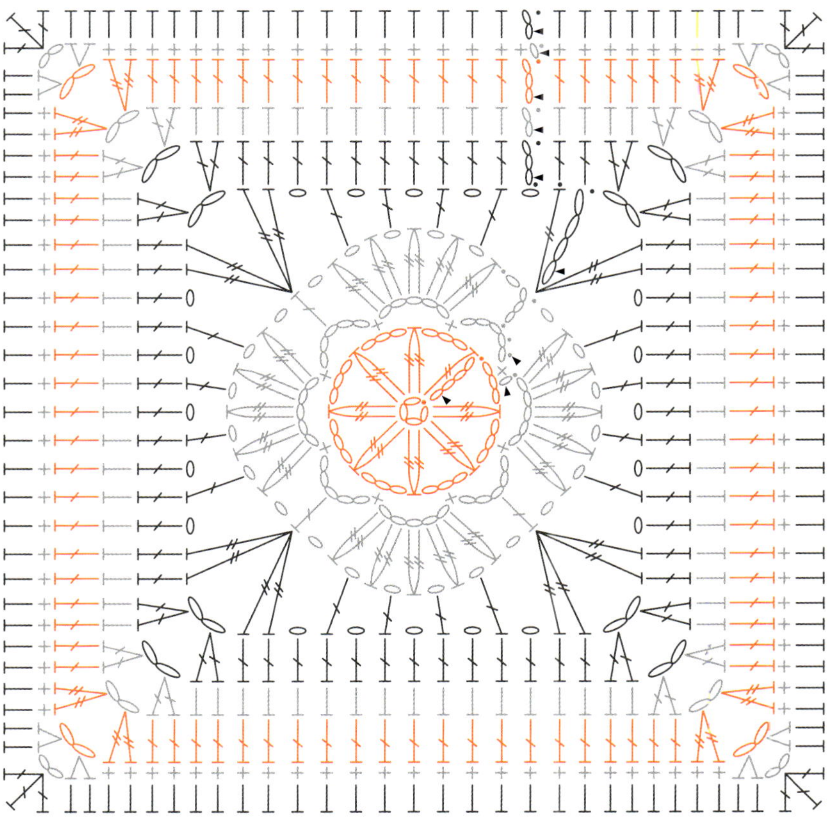

Gerahmter Kreis

Siehe Seite 20

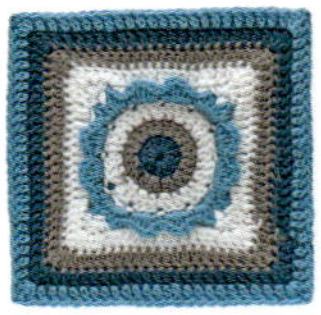

A = Graublau
B = Hellgrau
C = Beige
D = Türkis

BESONDERE MASCHEN

RStbh (Reliefstäbchen hinten): 1 U, von hinten nach vorne rechts von der angegebenen M einstechen, links neben dem Schaft der M ausstechen, Faden holen und durchziehen, [1 U, Faden durch die 1. 2 Schl auf der Nd ziehen] x 2.

Anfangsring: Mit Garn A 4 Lm anschl und mit 1 Km zur Runde schließen.
Runde 1: 3 Lm (zählen als 1 Stb), 11 Stb in den Ring, Rd mit 1 Km in die obere der 3 Anf-Lm schließen, dabei auf Garn B wechseln. Garn A abschneiden.
Runde 2: 3 Lm (zählen als 1 Stb), 1 Stb in das 1. Stb der Vor-Rd, 2 Stb in jedes Stb der Vor-Rd arb, Rd mit 1 Km in die obere der 3 Anf-Lm schließen, dabei auf Garn C wechseln. Garn B abschneiden.
Runde 3: 3 Lm (zählen als 1 Stb), 1 Stb in das 1. Stb der Vor-Rd, [1 Stb in das folg Stb, 2 Stb in das folg Stb] x 11, 1 Stb in das folg Stb, Rd mit 1 Km in die obere der 3 Anf-Lm schließen, dabei auf Garn A wechseln. Garn C abschneiden,
Runde 4: 1 Lm, 1 fM in das 1. Stb der Vor-Rd, [3 Lm, folg 2 Stb überg, 1 fM in das folg Stb] x 11, 3 Lm, Rd mit 1 Km in die 1. fM schließen, dabei auf Garn D wechseln. Garn A abschneiden.
Runde 5: 1 Km in den folg 3-Lm-ZR, [1 Lm, 1 hStb, 1 Stb, 3 Lm, 1 Stb, 1 hStb, 1 fM] in denselben 3-Lm-ZR, *[1 fM, 1 hStb, 2 Stb, 1 hStb, 1 fM] in die folg 2 3-Lm-ZR**, [1 fM, 1 hStb, 1 Stb, 3 Lm, 1 Stb, 1 hStb, 1 fM] in den folg 3-Lm-ZR, ab * noch 2 x wdh, dann von * bis ** noch 1 x wdh, Rd mit 1 Km in die Anf-Lm schließen. Garn D abschneiden und durchziehen.
Runde 6: Garn C an einen 3-Lm-Eck-ZR der Vor-Rd anfügen, 1 Lm, 1 fM in denselben Lm-ZR, *2 Lm, [1 RStbh um die folg fM der 4. Rd, 3 Lm] x 2, 1 RStbh um die folg fM der 4. Rd, 2 Lm**, [1 fM, 1 hStb, 1 Stb, 1 hStb, 1 fM] in den folg 3-Lm-ZR der 5. Rd, ab * noch 2 x wdh, dann von * bis ** noch 1 x wdh, [1 fM, 1 hStb, 1 Stb, 1 hStb] in den folg 3-Lm-ZR der Vor-Rd, Rd mit 1 Km in die 1. fM schließen.
Runde 7: 3 Lm (zählen als 1 Stb), 1 Stb in die folg fM, *2 Stb in den folg 2-Lm-ZR, 1 Stb in das folg Stb, [3 Stb in den folg 3-Lm-ZR, 1 Stb in das folg Stb] x 2, 2 Stb in den folg 2-Lm-ZR, 1 Stb in jede der folg 2 M, [1 Stb, 1 DStb, 1 Stb] in das Eck-Stb**, 1 Stb in jede der folg 2 M, ab * noch 2 x wdh, dann von * bis ** noch 1 x wdh, Rd mit 1 Km in die obere der 3 Anf-Lm schließen, dabei auf Garn B wechseln. Garn C abschneiden.
Runde 8: 3 Lm (zählen als 1 Stb), 1 Stb in jedes Stb und [1 Stb, 1 DStb, 1 Stb] in jedes Eck-DStb der Vor-Rd arb, Rd mit 1 Km in die obere der 3 Anf-Lm schließen, dabei auf Garn A wechseln. Garn B abschneiden.
Runde 9: 3 Lm (zählen als 1 Stb), 1 Stb in jedes Stb und [1 Stb, 1 DStb, 1 Stb] in jedes Eck-DStb der Vor-Rd arb, Rd mit 1 Km in die obere der 3 Anf-Lm schließen, dabei auf Garn D wechseln. Garn A abschneiden.
Runde 10: 3 Lm (zählen als 1 Stb), 1 Stb in jedes Stb und [1 Stb, 1 DStb, 1 Stb] in jedes Eck-DStb der Vor-Rd arb, Rd mit 1 Km in die obere der 3 Anf-Lm schließen.
Faden abschneiden, durchziehen und alle Fadenenden vernähen.

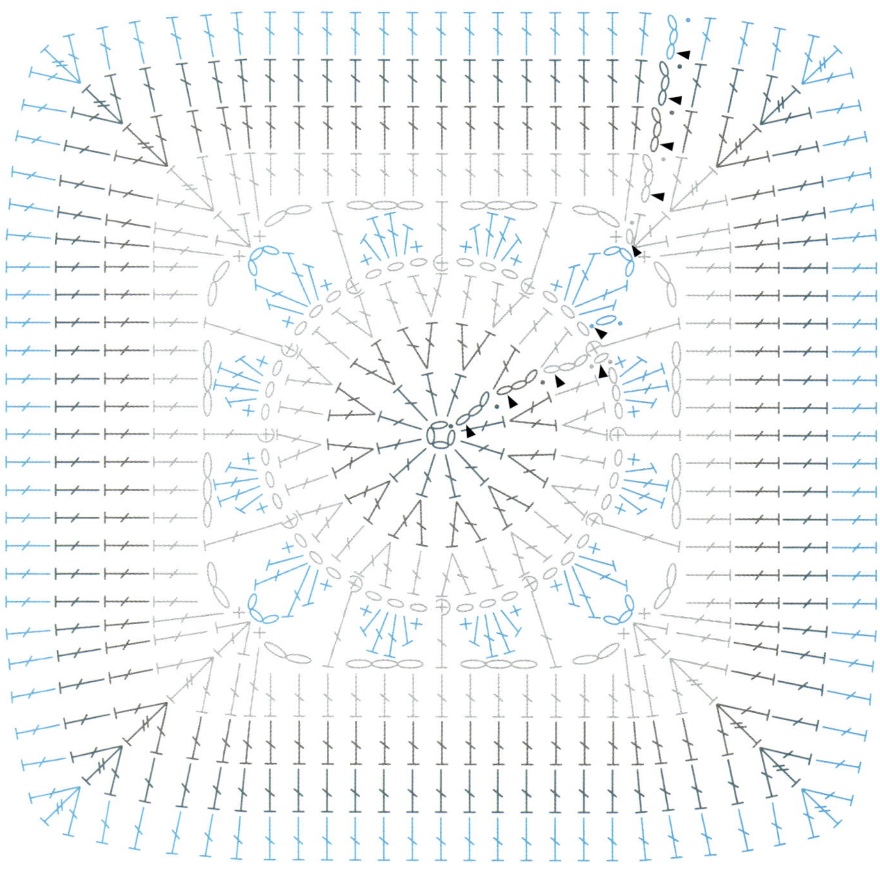

Blüte im Netz

Siehe Seite 21

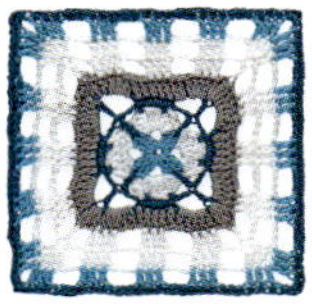

A = Türkis
B = Beige
C = Graublau
D = Hellgrau

Anfangsring: Mit Garn A 4 Lm anschl und mit 1 Km zur Runde schließen.
Runde 1: 3 Lm (zählen als 1 Stb), 2 Stb in den Ring, 3 Lm, [3 Stb in den Ring, 3 Lm] x 3, 1 Km in die obere der 3 Anf-Lm. Garn A abschneiden und durchziehen.
Runde 2: Garn B an einen 3-Lm-ZR der Vor-Rd anfügen, 3 Lm (zählen als 1 Stb), [1 Stb, 2 Lm, 2 Stb, 2 Lm, 2 Stb] in denselben Lm-ZR, *[2 Stb, 2 Lm, 2 Stb, 2 Lm, 2 Stb] in den folg 3-Lm-ZR, ab * noch 2 x wdh, 1 Km in die obere der 3 Anf-Lm. Garn B abschneiden und durchziehen.
Runde 3: Garn C an das mittlere Stb einer 3-Stb-Mg der 1. Rd anfügen, 5 Lm (zählen als 1 Stb und 2 Lm), *[1 fM in den folg 2-Lm-ZR, 2 Lm] x 2**, 1 Stb in das mittlere Stb der folg 3-Stb-Mg der 1. Rd, 2 Lm, ab * noch 2 x wdh, dann von * bis ** noch 1 x wdh, 1 Km in die 3. der 5 Anf-Lm.
Runde 4: 7 Lm (zählen als 1 Stb und 4 Lm), *1 fM in die folg fM, 3 fM in den folg 2-Lm-ZR, 1 fM in die folg fM, 4 Lm**, 1 Stb in das folg Stb, 4 Lm, ab * noch 2 x wdh, dann von * bis ** noch 1 x wdh, 1 Km in die 3. der 7 Anf-Lm, dabei auf Garn D wechseln. Garn C abschneiden.
Runde 5: 3 Lm (zählen als 1. Stb), 1 DStb und 1 Stb in das 1. Stb der Vor-Rd, *5 Stb in den folg 4-Lm-ZR, 1 Stb in jede der folg 5 fM, 5 Stb in den folg 4-Lm-ZR**, [1 Stb, 1 DStb, 1 Stb] in das Eck-Stb, ab * noch 2 x wdh, dann von * bis ** noch 1 x wdh, 1 Km in die obere der 3 Anf-Lm. Garn D abschneiden und durchziehen.
Runde 6: Garn B an ein Stb 2 M links eines DStb der Vor-Rd anfügen, 3 Lm (zählen als 1 Stb), 1 Stb in jede der folg 2 M, *[3 Lm, 3 M überg, 1 Stb in jede der folg 3 M] wdh bis zur letzten M vor dem folg DStb, 3 Lm, 1 M überg, 1 Stb in das Eck-DStb, 3 Lm, 1 M überg**, 1 Stb in jede der folg 3 M, ab * noch 2 x wdh, dann von * bis ** noch 1 x wdh, 1 Km in die obere der 3 Anf-Lm.
Runde 7: 3 Lm (zählen als 1 Stb), 1 Stb in jedes der folg 2 Stb, *3 Lm, [1 Stb in jedes der folg 3 Stb, 3 Lm] x 2, 5 Stb in das Eck-Stb, 3 Lm**, 1 Stb in jedes der folg 3 Stb, ab * noch 2 x wdh, dann von * bis ** noch 1 x wdh, 1 Km in die obere der 3 Anf-Lm, dabei auf Garn A wechseln. Garn B abschneiden.
Runde 8: 3 Lm (zählen als 1 Stb), 1 Stb in jedes der folg 2 Stb, *3 Lm, [1 Stb in jedes der folg 3 Stb, 3 Lm] x 2, 1 Stb in jedes der folg 2 Stb, [1 Stb, 3 Lm, 1 Stb] in das folg Stb, 1 Stb in jedes der folg 2 Stb, 3 Lm**, 1 Stb in jedes der folg 3 Stb, ab * noch 2 x wdh, dann von * bis ** noch 1 x wdh, 1 Km in die obere der 3 Anf-Lm, dabei auf Garn C wechseln. Garn A abschneiden.
Runde 9: 1 Lm, 1 fM in das 1. Stb der Vor-Rd, 1 fM in jedes Stb und 3 fM in jeden 3-Lm-ZR der Vor-Rd arb, 1 Km in die 1. fM.
Faden abschneiden, durchziehen und alle Fadenenden vernähen.

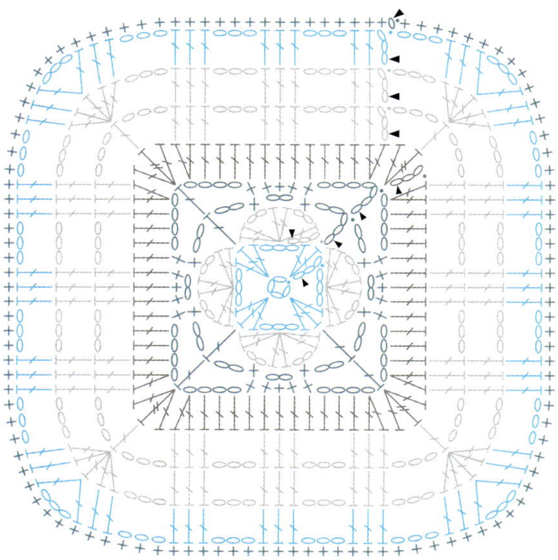

Gerahmte Schneeflocke

Siehe Seite 23

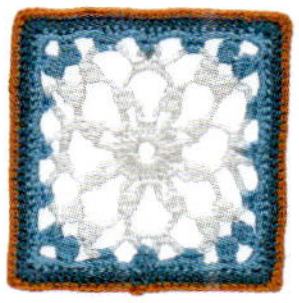

A = Beige
B = Türkis
C = Graublau
D = Kaki

BESONDERE MASCHEN

Anf-Bm (Anfangs-Büschelmasche aus 3 zus abgem Stb): [1 U, in die angegebene M einstechen, Faden holen und durchziehen, 1 U, Faden durch die 1. 2 Schl auf der Nd ziehen] x 3, 1 U, Faden durch alle 4 Schl auf der Nd ziehen.
Bm (Büschelmasche aus 4 zus abgem Stb): [1 U, in die angegebene M einstechen, Faden holen und durchziehen, 1 U, Faden durch die 1. 2 Schl auf der Nd ziehen] x 4, 1 U, Faden durch alle 5 Schl auf der Nd ziehen.

Anfangsring: Mit Garn A 8 Lm anschl und mit 1 Km zur Runde schließen.
Runde 1: 3 Lm (zählen als 1 Stb), 2 Stb in den Ring, 7 Lm, [3 Stb in den Ring, 7 Lm] x 7, 1 Km in die obere der 3 Anf-Lm.
Runde 2: Je 1 Km in die folg 2 Stb und den folg 7-Lm-ZR, 3 Lm (zählen als 1 Stb), Anf-Bm in den 1. 7-Lm-ZR, [9 Lm, Bm in den folg 7-Lm-ZR] x 7, 9 Lm, 1 Km in die Anf-Bm.
Runde 3: 1 Lm, *[2 fM, 5 Lm, 2 fM] in den folg 9-Lm-ZR, 7 Lm, [Bm, 5 Lm, Bm] in den folg 9-Lm-ZR, 7 Lm, ab * noch 3 x wdh, 1 Km in die 1. fM.
Garn A abschneiden und durchziehen.
Runde 4: Garn B an einen 5-Lm-ZR zw 2 fM der Vor-Rd anfügen, 1 Lm, 2 fM in denselben Lm-ZR, *5 Lm, 2 fM in den folg 7-Lm-ZR, 5 Lm, [Bm, 5 Lm, Bm] in den folg 5-Lm-ZR, 5 Lm, 2 fM in den folg 7-Lm-ZR, 5 Lm**, 2 fM in den folg 5-Lm-ZR, ab * noch 2 x wdh, dann von * bis ** noch 1 x wdh, 1 Km in die 1. fM.
Runde 5: 2 Lm (zählen als 1 hStb), 1 hStb in die folg fM, 3 fM in den folg 5-Lm-ZR, 1 hStb in jede der folg 2 fM, 3 fM in den folg 5-Lm-ZR, *1 fM in die folg Bm, [1 fM, 1 hStb, 1 Stb, 1 hStb, 1 fM] in den folg 5-Lm-Eck-ZR, 1 fM in die folg Bm**, [3 fM in den folg 5-Lm-ZR, 1 hStb in jede der folg 2 fM] x 3, 3 fM in den folg 5-Lm-ZR, ab * noch 2 x wdh, dann von * bis ** noch 1 x wdh, 3 fM in den folg 5-Lm-ZR, 1 hStb in jede der folg 2 fM, 3 fM in den folg 5-Lm-ZR, 1 Km in die obere der 2 Anf-Lm, dabei auf Garn C wechseln. Garn B abschneiden.
Runde 6: 2 Lm (zählen als 1 hStb), 1 hStb in jede M und 5 hStb in jedes Eck-Stb der Vor-Rd arb, 1 Km in die obere der 2 Anf-Lm, dabei auf Garn D wechseln. Garn C abschneiden.
Runde 7: 1 Lm, 1 fM in das 1. hStb der Vor-Rd, 1 fM in jedes hStb und 3 fM in jedes Eck-hStb der Vor-Rd arb, 1 Km in die 1. fM.
Faden abschneiden, durchziehen und alle Fadenenden vernähen.

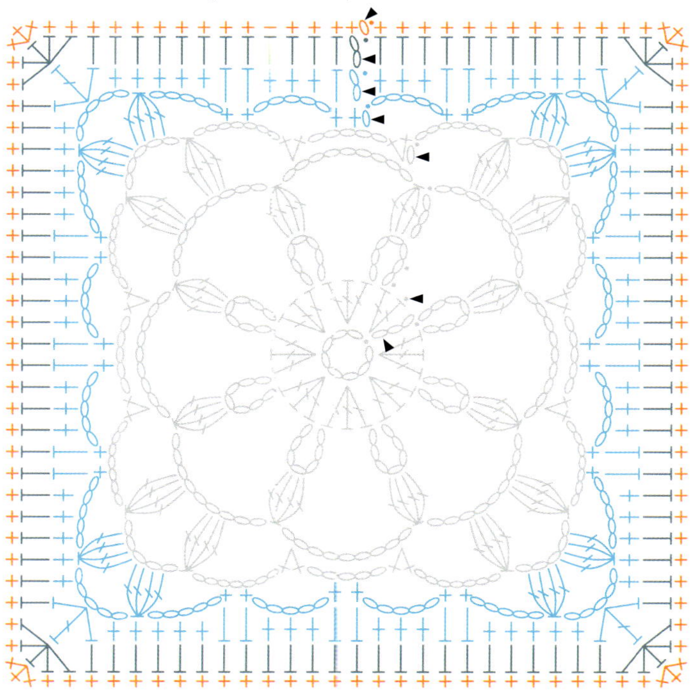

Stern im Quadrat

Siehe Seite 21

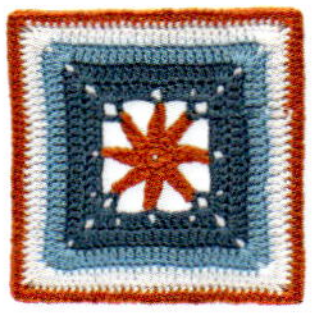

A = Kaki
B = Graublau
C = Türkis
D = Beige

Anfangsring: Mit Garn A 4 Lm anschl und mit 1 Km zur Runde schließen.
Runde 1: 1 Lm, 8 fM in den Ring, Rd mit 1 Km in die 1. fM schließen.
Runde 2: *6 Lm, je 1 fM in die 3. und 4. Lm ab Nd, je 1 hStb in die 5. und 6. Lm ab Nd, 1 Km in die folg fM (Zacken), ab * noch 7 x wdh, Rd mit 1 Km in die 1. der 6 Anf-Lm schließen. Garn A abschneiden und durchziehen.
Runde 3: Garn B an die Spitze eines Zackens der Vor-Rd anfügen, 5 Lm (zählen als 1 Stb und 2 Lm), 1 Stb in dieselbe M (Ecke), 4 Lm, 1 Km in die Spitze des folg Zackens, 4 Lm, *[1 Stb, 2 Lm, 1 Stb] in die Spitze des folg Zackens (Ecke), 4 Lm, 1 Km in die Spitze des folg Zackens, 4 Lm, ab * noch 2 x wdh, Rd mit 1 Km in die 3. der 5 Anf-Lm schließen.
Runde 4: 1 Km in den folg 2-Lm-Eck-ZR, 3 Lm (zählen als 1 Stb), [2 Stb, 2 Lm, 3 Stb] in denselben 2-Lm-Eck-ZR, 4 Stb in jeden der folg 2 4-Lm-ZR, *[3 Stb, 2 Lm, 3 Stb] in den folg 2-Lm-Eck-ZR, 4 Stb in jeden der 2 folg 4-Lm-ZR, ab * noch 2 x wdh, Rd mit 1 Km in die obere der 3 Anf-Lm schließen.
Runde 5: 3 Lm (zählen als 1 Stb), 1 Stb in jedes Stb und [3 Stb, 2 Lm, 3 Stb] in jeden 2-Lm-Eck-ZR der Vor-Rd arb, Rd mit 1 Km in die obere der 3 Anf-Lm schließen, dabei auf Garn C wechseln. Garn B abschneiden.
Runde 6: 3 Lm (zählen als 1 Stb), 1 Stb in jedes Stb und [3 Stb, 2 Lm, 3 Stb] in jeden 2-Lm-Eck-ZR der Vor-Rd arb, Rd mit 1 Km in die obere der 3 Anf-Lm schließen, dabei auf Garn D wechseln. Garn C abschneiden.
Runde 7: 3 Lm (zählen als 1 Stb), 1 Stb in jedes Stb und [3 Stb, 2 Lm, 3 Stb] in jeden 2-Lm-Eck-ZR der Vor-Rd arb, Rd mit 1 Km in die obere der 3 Anf-Lm schließen, dabei auf Garn A wechseln. Garn D abschneiden.
Runde 8: 2 Lm (zählen als 1 hStb), 1 hStb in jedes Stb und 3 hStb in jeden 2-Lm-Eck-ZR der Vor-Rd arb, Rd mit 1 Km in die obere der 2 Anf-Lm schließen.
Faden abschneiden, durchziehen und alle Fadenenden vernähen.

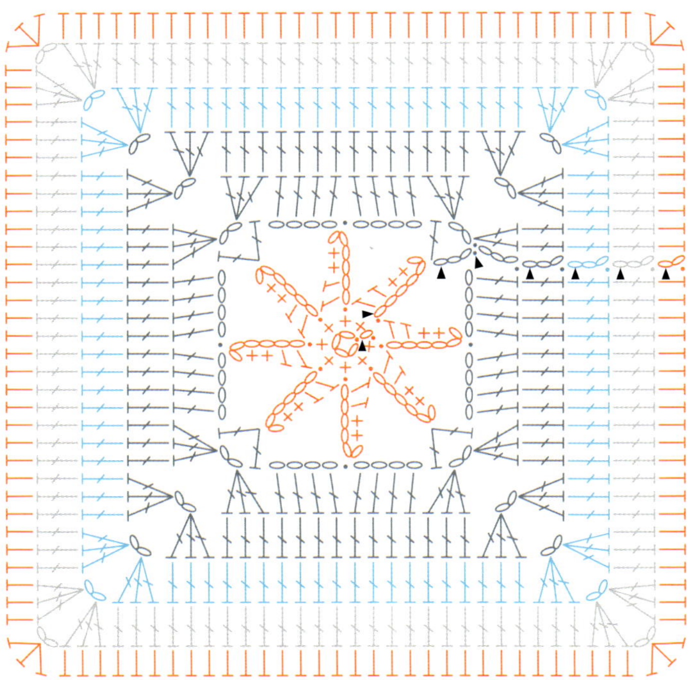

Gerahmter Diamant

Siehe Seite 23

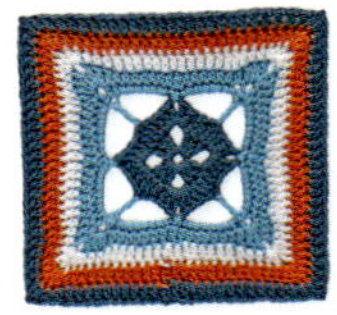

A = Graublau
B = Türkis
C = Beige
D = Kaki

Anfangsring: Mit Garn A 4 Lm anschl und mit 1 Km zur Runde schließen.
Runde 1: 6 Lm (zählen als 1 Stb und 3 Lm), [3 Stb in den Ring, 3 Lm] x 3, 2 Stb in den Ring, Rd mit 1 Km in die 3. der 6 Anf-Lm schließen.
Runde 2: 1 Km in den folg 3-Lm-ZR, 3 Lm (zählen als 1 Stb), [2 Stb, 2 Lm, 3 Stb] in denselben Lm-ZR, *1 Stb in jedes der folg 3 Stb, [3 Stb, 3 Lm, 3 Stb] in den folg Eck-ZR, ab * noch 2 x wdh, 1 Stb in jedes der folg 3 Stb, Rd mit 1 Km in die obere der 3 Anf-Lm schließen. Garn A abschneiden und durchziehen.
Runde 3: Garn B an einen 2-Lm-ZR der Vor-Rd anfügen, *6 Lm, folg 4 Stb überg, 1 DStb in das folg Stb, 6 Lm, folg 4 Stb überg, 1 Km in den folg 2-Lm-ZR, ab * noch 3 x wdh, Rd mit 1 Km in die Anf-Lm schließen.
Runde 4: 1 Lm, *7 fM in den folg 6-Lm-ZR, [1 hStb, 2 Lm, 1 hStb] in das folg DStb (Ecke), 7 fM in den folg 6-Lm-ZR, 1 fM in den folg 2-Lm-ZR der 2. Rd, ab * noch 3 x wdh, Rd mit 1 Km in die 1. fM schließen.
Runde 5: 2 Lm (zählen als 1 hStb), 1 hStb in jede der folg 6 fM, *1 Stb in das folg hStb, [2 Stb, 2 Lm, 2 Stb] in den folg 2-Lm-Eck-ZR, 1 Stb in das folg hStb, 1 hStb in jede der folg 7 fM, 1 Stb in die folg fM**, 1 hStb in jede der folg 7 fM, ab * noch 2 x wdh, dann von * bis ** noch 1 x wdh, Rd mit 1 Km in die obere der 2 Anf-Lm schließen. Garn B abschneiden und durchziehen.
Runde 6: Garn C an das mittlere Stb an einer Seite des Quadrats anfügen, 3 Lm (zählen als 1 Stb), *1 Stb in jedes der folg 7 hStb, 1 hStb in jedes der folg 3 Stb, [2 Stb, 2 Lm, 2 Stb] in den folg 2-Lm-Eck-ZR, 1 hStb in jedes der folg 3 Stb, 1 Stb in jedes der folg 7 hStb**, 1 Stb in das folg Stb, ab * noch 2 x wdh, dann von * bis ** noch 1 x wdh, Rd mit 1 Km in die obere der 3 Anf-Lm schließen, dabei auf Garn D wechseln. Garn C abschneiden.
Runde 7: 3 Lm (zählen als 1 Stb), 1 Stb in jede M und 3 Stb in jeden 2-Lm-Eck-ZR der Vor-Rd arb, Rd mit 1 Km in die obere der 3 Anf-Lm schließen, dabei auf Garn A wechseln. Garn D abschneiden.
Runde 8: 3 Lm (zählen als 1 Stb), 1 Stb in jede M und 3 Stb in jedes Eck-Stb (mittleres der 3 Stb an der Ecke) der Vor-Rd arb, Rd mit 1 Km in die obere der 3 Anf-Lm schließen.
Faden abschneiden, durchziehen und alle Fadenenden vernähen.

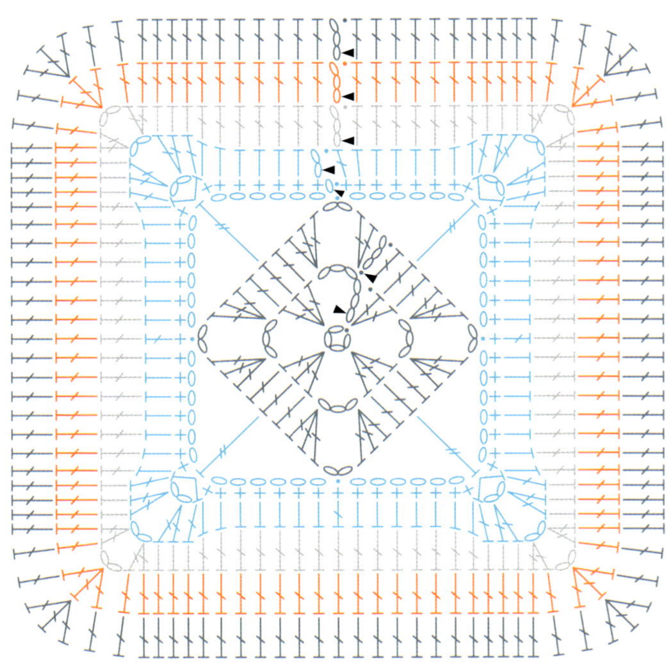

Edwardianisches Medaillon

Siehe Seite 22

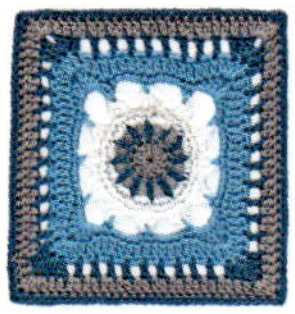

A = Hellgrau
B = Graublau
C = Beige
D = Türkis

Anfangsring: Mit Garn A 4 Lm anschl und mit 1 Km zur Runde schließen.
Runde 1: 3 Lm (zählen als 1 Stb), 11 Stb in den Ring, Rd mit 1 Km in die obere der 3 Anf-Lm schließen, dabei auf Garn B wechseln. Garn A abschneiden.
Runde 2: 5 Lm (zählen als 1 Stb und 2 Lm), [1 Stb in das folg Stb, 2 Lm] x 11, Rd mit 1 Km in die 3. der 5 Anf-Lm schließen, dabei auf Garn C wechseln. Garn B abschneiden.
Runde 3: 1 Km in den folg 2-Lm-ZR, 1 Lm, 3 fM in denselben Lm-ZR, *3 fM in den folg 2-Lm-ZR, ab * bis Rd-Ende wdh, Rd mit 1 Km in die 1. fM schließen.
Runde 4: 1 Km in jede der folg 2 fM, 1 Lm, 1 fM in die 2. fM, 1 fM in die folg fM, [2 fM in die folg fM, 1 fM in jede der folg 2 fM] x 11, 2 fM in die folg fM, Rd mit 1 Km in die 1. fM schließen.
Runde 5: 1 Lm, [1 fM, 1 Stb] in die 1. fM der Vor-Rd, 1 Lm, [1 Stb, 1 fM] in die folg fM, *1 Km in jede der folg 2 fM, [1 fM, 1 Stb] in die folg fM, 1 Lm, [1 Stb, 1 fM] in die folg fM, ab * noch 10 x wdh, 1 Km in jede der folg 2 fM, Rd mit 1 Km in die 1. fM schließen. Garn C abschneiden und durchziehen.
Runde 6: Garn D an einen Lm-ZR der Vor-Rd anfügen, 1 Lm, 1 fM in denselben Lm-ZR, 5 Lm, [1 fM in den folg Lm-ZR, 5 Lm] x 11, Rd mit 1 Km in die 1. fM schließen.
Runde 7: 1 Km in den folg 5-Lm-ZR, 1 Lm, [1 fM, 1 hStb, 2 Stb, 2 Lm, 2 Stb, 1 hStb, 1 fM] in denselben Lm-ZR (Ecke), *1 fM in die folg fM, [4 fM in den folg 5-Lm-ZR, 1 fM in die folg fM,] x 2**, [1 fM, 1 hStb, 2 Stb, 2 Lm, 2 Stb, 1 hStb, 1 fM] in den folg 5-Lm-ZR (Ecke), ab * noch 2 x wdh, dann von * bis ** noch 1 x wdh, Rd mit 1 Km in die 1. fM schließen.
Runde 8: 3 Lm (zählen als 1 Stb), 1 Stb in jede M und 3 Stb in jeden 2-Lm-Eck-ZR der Vor-Rd arb, Rd mit 1 Km in die obere der 3 Anf-Lm schließen. Garn D abschneiden und durchziehen.
Runde 9: Garn B an ein Eck-Stb (mittleres der 3 Stb an der Ecke) der Vor-Rd anfügen, 3 Lm (zählen als 1 Stb), [1 Stb, 1 Lm, 2 Stb] in dasselbe Stb, *1 Stb in das folg Stb, 1 Lm, 1 Stb überg, [1 Stb in das folg Stb, 1 Lm, 1 Stb überg] x 9, 1 Stb in das folg Stb**, [2 Stb, 1 Lm, 2 Stb] in das folg Stb, ab * noch 2 x wdh, dann von * bis ** noch 1 x wdh, Rd mit 1 Km in die obere der 3 Anf-Lm schließen, dabei auf Garn A wechseln. Garn B abschneiden.
Runde 10: 3 Lm (zählen als 1 Stb), 1 Stb in jedes Stb und jeden Lm-ZR und 3 Stb in jeden Eck-ZR der Vor-Rd arb, Rd mit 1 Km in die obere der 3 Anf-Lm schließen, dabei auf Garn B wechseln. Garn A abschneiden.
Runde 11: 1 Lm, 1 fM in das 1. Stb der Vor-Rd, 1 fM in jedes Stb und 3 fM in jedes Eck-Stb (mittleres der 3 Stb an der Ecke) der Vor-Rd arb, Rd mit 1 Km in die 1. fM schließen.
Faden abschneiden, durchziehen und alle Fadenenden vernähen.

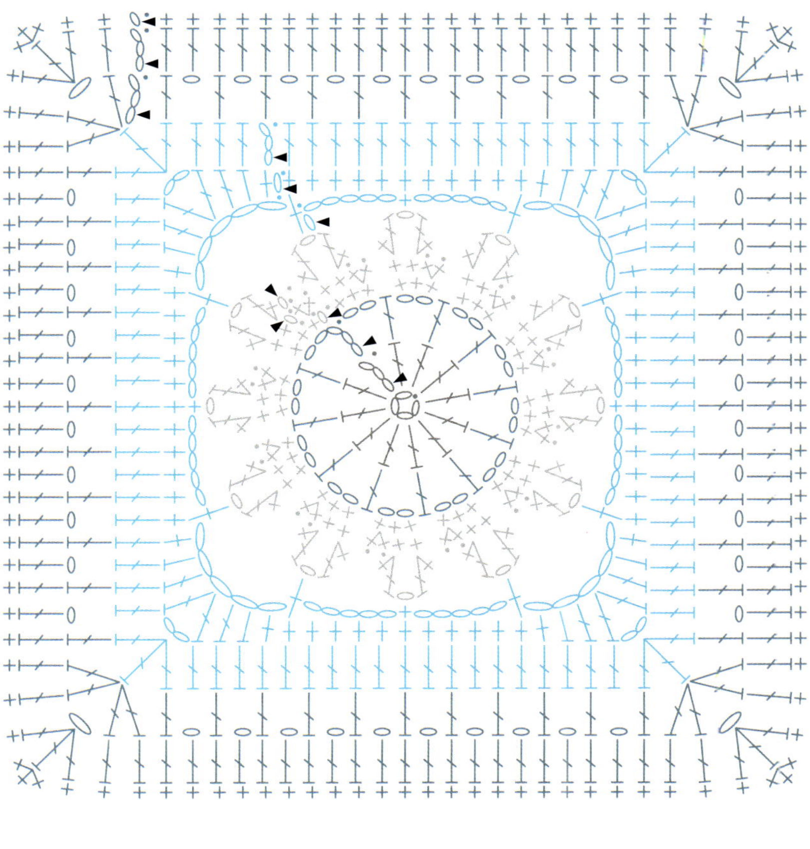

Achteckige Kachel

Siehe Seite 23

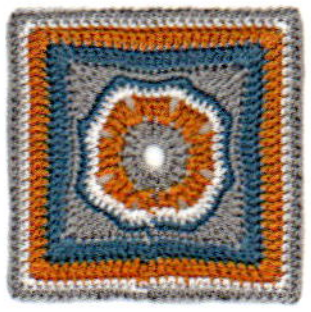

A = Hellgrau
B = Kaki
C = Beige
D = Graublau

Anfangsring: Mit Garn A 8 Lm anschl und mit 1 Km zur Runde schließen.
Runde 1: 3 Lm (zählen als 1. Stb), 1 Stb in den Ring, [1 Lm, 2 Stb in den Ring] x 7, 1 Lm, Rd mit 1 Km in die obere der 3 Anf-Lm schließen, dabei auf Garn B wechseln. (16 M und 8 Lm-ZR) Garn A abschneiden.
Runde 2: 3 Lm (zählen als 1 Stb), 1 Stb in die folg M, [(1 Stb, 2 Lm, 1 Stb) in den folg Lm-ZR, 1 Stb in jede der folg 2 M] x 7, [1 Stb, 2 Lm, 1 Stb] in den folg Lm-ZR, Rd mit 1 Km in die obere der 3 Anf-Lm schließen, dabei auf Garn C wechseln. (32 M und 8 Lm-ZR) Garn B abschneiden.
Runde 3: 1 Lm, 1 fM in das 1. Stb der Vor-Rd, [1 fM in jedes Stb bis zum 2-Lm-ZR, 3 fM in 2-Lm-ZR] x 8, 1 fM in das folg Stb, Rd mit 1 Km in die 1. fM schließen, dabei auf Garn D wechseln. (56 M) Garn C abschneiden.
Runde 4: 1 Lm, 1 fM in dieselbe M, 1 fM in jede der folg 3 fM, [3 fM in die folg fM, 1 fM in jede der folg 6 fM] x 7, 3 fM in die folg fM, 1 fM in jede der folg 2 fM, Rd mit 1 Km in die 1. fM schließen, dabei auf Garn A wechseln. (72 M) Garn D abschneiden.
Runde 5: 1 Lm, 1 fM in dieselbe M, 1 fM in jede der folg 5 fM, 1 hStb in die folg fM, 1 Stb in jede der folg 2 fM, *2 DStb in die folg fM, 2 Lm, 2 DStb in die folg fM, 1 Stb in jede der folg 2 fM, 1 hStb in die folg fM**, 1 fM in jede der folg 10 fM, 1 hStb in die folg fM, 1 Stb in jede der folg 2 fM, ab * noch 2 x wdh, dann von * bis ** noch 1 x wdh, 1 fM in jede der folg 4 fM, Rd mit 1 Km in die 1. fM schließen, dabei auf Garn D wechseln. (80 M und 4 Lm-ZR) Garn A abschneiden.
Runde 6: 3 Lm (zählen als 1. Stb), *1 Stb in jede M bis zur Ecke, [1 Stb, 1 DStb, 1 Stb] in den 2-Lm-Eck-ZR, ab * noch 3 x wdh, 1 Stb in jede M bis Rd-Ende, Rd mit 1 Km in die obere der 3 Anf-Lm schließen, dabei auf Garn B wechseln. (92 M) Garn D abschneiden.
Runde 7: 3 Lm (zählen als 1 Stb), 1 Stb in jedes Stb der Vor-Rd und 3 Stb in jedes Eck-DStb der Vor-Rd arb, Rd mit 1 Km in die obere der 3 Anf-Lm schließen, dabei auf Garn C wechseln. Garn B abschneiden
Runde 8: 1 Lm, 1 fM in jedes Stb der Vor-Rd und 3 fM in jedes Eck-Stb der Vor-Rd arb, Rd mit 1 Km in die 1. fM schließen, dabei auf Garn A wechseln. Garn C abschneiden.
Runde 9: 2 Lm (zählen als 1 hStb), 1 hStb in jede fM der Vor-Rd und 3 hStb in jede Eck-fM der Vor-Rd arb, Rd mit 1 Km in die obere der 2 Anf-Lm schließen.
Faden abschneiden, durchziehen und alle Fadenenden vernähen.

Blüte im Achteck

Siehe Seite 22

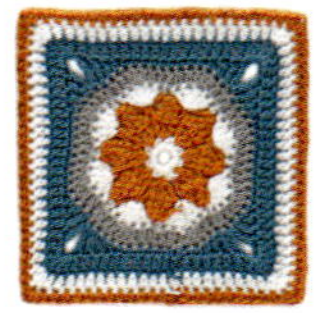

A = Beige
B = Kaki
C = Hellgrau
D = Graublau

BESONDERE MASCHEN

Bm (Büschelmasche aus 3 zus abgem Stb): [1 U, in die angegebene M einstechen, Faden holen und durchziehen, 1 U, Faden durch die 1. 2 Schl auf der Nd ziehen] x 3, 1 U, Faden durch alle 4 Schl auf der Nd ziehen.

Anfangsring: Mit Garn A 6 Lm anschl und mit 1 Km zur Runde schließen.
Runde 1: 1 Lm, 16 fM in den Ring, 1 Km in die 1. fM, dabei auf Garn B wechseln. Garn A abschneiden.
Runde 2: 3 Lm (zählen als 1 Stb), 2 Stb in dieselbe M, *3 Lm, 1 fM überg, 3 Stb in die folg M, ab * noch 6 x wdh, 3 Lm, 1 Km in die obere der 3 Anf-Lm.
Runde 3: 3 Lm, *Bm über die folg 3 M, 3 Lm, 1 Km in den folg 3-Lm-ZR**, 3 Lm, ab * noch 6 x wdh, dann von * bis ** noch 1 x wdh, 1 Km in den letzten 3-Lm-ZR der Vor-Rd, dabei auf Garn A wechseln. Garn B abschneiden.
Runde 4: 4 Lm (zählen als 1 DStb), 2 Stb in denselben Lm-ZR, *1 fM in die folg Bm, [2 Stb, 1 DStb, 2 Stb] in den folg 3-Lm-ZR der 2. Rd, ab * noch 6 x wdh, 1 fM in die folg Bm, 2 Stb in den folg 3-Lm-ZR der 2. Rd, 1 Km in die obere der 4 Lm, dabei auf Garn C wechseln. Garn A abschneiden.
Runde 5: 3 Lm (zählen als 1 Stb), 2 Stb in das 1. Stb der Vor-Rd, *1 Stb in jede M bis zum folg DStb, 3 Stb in das folg DStb, ab * noch 6 x wdh, 1 Stb in jede M bis Rd-Ende,1 Km in die obere der 3 Anf-Lm, dabei auf Garn D wechseln. Garn C abschneiden.
Runde 6: 1 Km in das folg Stb, 1 Lm, 1 fM in dieselbe M, 1 fM in das folg Stb, *1 hStb in das folg Stb, 1 Stb in das folg Stb, 1 DStb in das folg Stb, [1 DStb, 3 Lm, 1 DStb] in das folg Stb, 1 DStb in das folg Stb, 1 Stb in das folg Stb, 1 hStb in das folg Stb**, 1 fM in jedes der folg 9 Stb, ab * noch 2 x wdh und dann von * bis ** noch 1 x wdh, 1 fM in jedes der folg 7 Stb, 1 Km in die 1. fM.
Runde 7: 3 Lm, 1 Stb in jede M der Vor-Rd und 5 Stb in jeden 3-Lm-Eck-ZR der Vor-Rd arb, 1 Km in die obere der 3 Anf-Lm, dabei auf Garn A wechseln. Garn D abschneiden.
Runde 8: 3 Lm, 1 Stb in jede M und 3 Stb in jedes Eck-Stb (mittleres der 5 Stb an der Ecke) der Vor-Rd arb, 1 Km in die obere der 3 Anf-Lm, dabei auf Garn B wechseln. Garn A abschneiden.
Runde 9: 2 Lm, 1 hStb in jede M der Vor-Rd und 3 hStb in das Eck-Stb (mittleres der 3 Stb an der Ecke) der Vor-Rd arb, 1 Km in die obere der 2 Anf-Lm.
Faden abschneiden, durchziehen und alle Fadenenden vernähen.

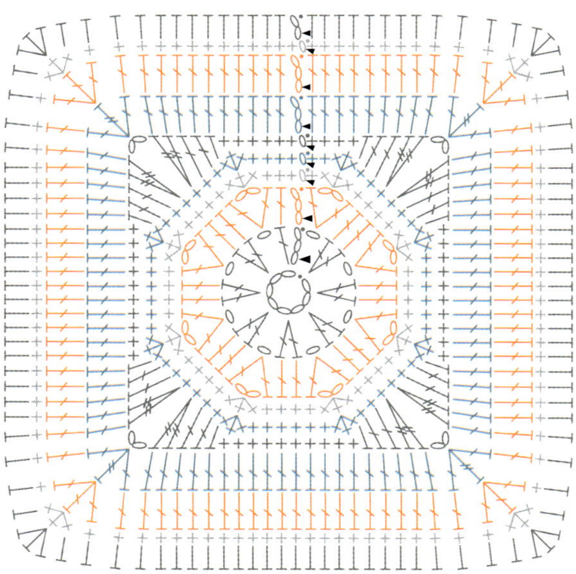

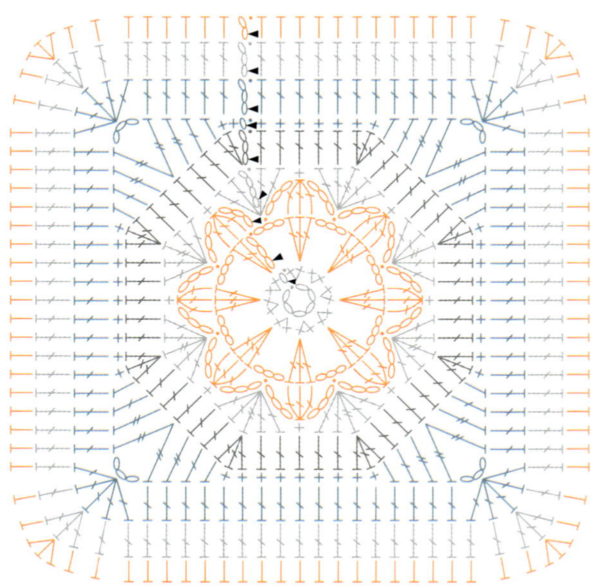

Diamanten

Siehe Seite 22

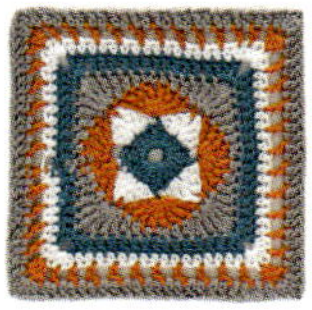

A = Graublau
B = Beige
C = Kaki
D = Hellgrau

Anfangsring: Mit Garn A 6 Lm anschl und mit 1 Km zur Runde schließen.
Runde 1: 4 Lm (zählen als 1 DStb), [4 Stb in den Ring, 1 DStb in den Ring] x 3, 4 Stb in den Ring, Rd mit 1 Km in die obere der 4 Lm schließen, dabei auf Garn B wechseln. Garn A abschneiden.
Runde 2: 1 Lm, 1 fM in das 1. Stb der Vor-Rd, *folg M überg, [2 Stb, 1 DStb] in die folg M, 1 Lm, [1 DStb, 2 Stb] in die folg M, folg M überg**, 1 fM in die folg M, ab * noch 2 x wdh, dann von * bis ** noch 1 x wdh, Rd mit 1 Km in die 1. fM schließen, dabei auf Garn C wechseln. Garn B abschneiden.
Runde 3: 4 Lm (zählen als 1 DStb), 3 DStb in dieselbe M, *1 fM in den folg Lm-ZR, [4 DStb, 1 Lm, 4 DStb] in die folg fM, ab * noch 2 x wdh, 1 fM in den folg Lm-ZR, 4 DStb in die fM am Anf der Rd, 1 Lm, Rd mit 1 Km in die obere der 4 Lm schließen, dabei auf Garn D wechseln. Garn C abschneiden.
Runde 4: 2 Lm (zählen als 1 hStb), *1 Stb in jede der folg 2 M, 1 DStb in die folg M, [2 DStb, 2 Lm, 2 DStb] in die folg M, 1 DStb in die folg M, 1 Stb in jede der folg 2 M, 1 hStb in die folg M, 1 fM in den folg Lm-ZR**, 1 hStb in die folg M, ab * noch 2 x wdh, dann von * bis ** noch 1 x wdh, Rd mit 1 Km in die obere der 2 Anf-Lm schließen, dabei auf Garn A wechseln. Garn D abschneiden.
Runde 5: 3 Lm (zählen als 1 Stb), 1 Stb in jede M und [2 Stb, 2 Lm, 2 Stb] in jeden 2-Lm-Eck-ZR der Vor-Rd arb, Rd mit 1 Km in die obere der 3 Anf-Lm schließen, dabei auf Garn B wechseln. Garn A abschneiden.
Runde 6: 2 Lm (zählen als 1 hStb), 1 hStb in jede M und 5 hStb in jeden 2-Lm-Eck-ZR der Vor-Rd arb, Rd mit 1 Km in die obere der 2 Anf-Lm schließen, dabei auf Garn C wechseln. Garn B abschneiden.
Runde 7: 4 Lm (zählen als 1 Stb und 1 Lm), folg M überg, [1 Stb in die folg M, 1 Lm, folg M überg] x 4, *3 Stb in die folg M, 1 Lm, folg M überg, [1 Stb in die folg M, 1 Lm, folg M überg] x 10, ab * noch 2 x wdh, 3 Stb in die folg M, 1 Lm, folg M überg, [1 Stb in die folg M, 1 Lm, folg M überg] x 5, Rd mit 1 Km in die 3. der 4 Anf-Lm schließen, dabei auf Garn D wechseln. Garn C abschneiden.
Runde 8: 3 Lm (zählen als 1 Stb), 1 Stb in jede M und jeden Lm-ZR und 3 Stb in jedes Eck-Stb (mittleres der 3 Stb an der Ecke) der Vor-Rd arb, Rd mit 1 Km in die obere der 3 Anf-Lm schließen.
Faden abschneiden, durchziehen und alle Fadenenden vernähen.

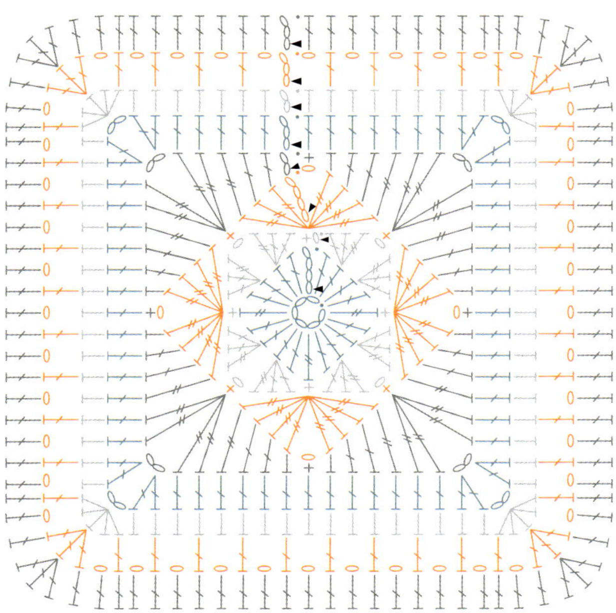

Viertelkreis im Winkel

Siehe Seite 23

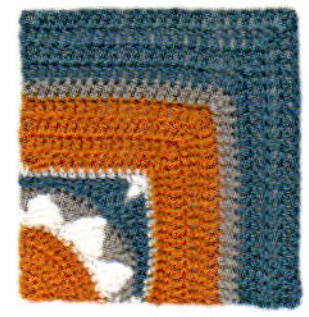

A = Kaki
B = Beige
C = Hellgrau
D = Graublau

BESONDERE MASCHEN

Picot: 3 Lm, 1 Km in die 1. der 3 Lm.

Anfangsring: Mit Garn A einen Fadenring arbeiten.
Reihe 1: 1 Lm, 3 fM in den Ring, wenden. (3 M)
Reihe 2: 1 Lm, 1 fM in die 1. M, 2 fM in die folg M, 1 fM in die folg M, wenden.
Reihe 3: 1 Lm, 1 fM in die erste M, 2 fM in jede der folg 2 M, 1 fM in die folg M, wenden. (6 M)
Reihe 4: 1 Lm, 2 fM in die 1. M, 1 fM in jede der folg 4 M, 2 fM in die folg M, wenden. (8 M)
Reihe 5: 3 Lm (zählen als 1 Stb), 1 Stb in die 1. M, 1 Stb in jede der folg 6 M, 2 Stb in die letzte M, wenden. (10 M)
Reihe 6: 3 Lm (zählen als 1 Stb), 1 Stb in die 1. M, 1 Stb in die folg M, 2 Stb in die folg M, 1 Stb in jede der folg 4 M, 2 Stb in die folg M, 1 Stb in die folg M, 2 Stb in die obere der 3 Anf-Lm, dabei beim letzten Stb auf Garn B wechseln, wenden. (14 M) Garn A abschneiden.
Reihe 7: 1 Lm, 1 fM in jede M der Vor-Rd bis Rd-Ende, wenden.
Reihe 8: 1 Lm, 1 fM in die erste M, *folg M überg, [2 Stb, 1 DStb, Picot, 1 DStb, 2 Stb] in die folg M, 1 M überg, 1 fM in die folg M, ab * noch 1 x wdh, folg M überg, [2 Stb, 1 DStb, Picot, 1 DStb, 2 Stb] in die folg M, 2 M überg, 1 fM in die letzte M, dabei auf Garn C wechseln, wenden. Garn B abschneiden.
Reihe 9: 3 Lm (zählen als 1 Stb), 2 Stb in die 1. M, 1 fM in das Picot, [(2 DStb, 2 Stb, 2 DStb) in die folg fM, 1 fM in das Picot] x 2, 3 Stb in die letzte M, dabei beim letzten Stb auf Garn D wechseln, wenden. (21 M) Garn C abschneiden.
Reihe 10: 1 Lm, 1 fM in jedes der folg 3 Stb, 1 hStb in jede der folg 3 M, 1 Stb in jedes der folg 2 Stb, 1 DStb in jedes der folg 2 DStb, [2 3f-Stb, 2 Lm, 2 3f-Stb] in die folg fM, 1 DStb in jedes der folg 2 DStb, 1 Stb in jedes der folg 2 Stb, 1 hStb in jede der folg 3 M, 1 fM in jedes der folg 2 Stb, 1 fM in die obere der 3 Anf-Lm, dabei auf Garn B wechseln, wenden. (24 M) Garn D abschneiden.
Reihe 11: 1 Lm, 1 fM in jede M bis zum 2-Lm-ZR, [2 fM, 1 hStb, 2 fM] in den 2-Lm-ZR (Ecke), 1 fM in jede folg M bis R-Ende, dabei bei der letzten fM auf Garn A wechseln, wenden. (29 M) Garn B abschneiden.
Reihe 12: 3 Lm (zählen als 1 Stb), 1. M überg, 1 Stb in jede M bis zum folg hStb, [1 Stb, 1 DStb, 1 Stb] in das hStb, 1 Stb in jede M bis R-Ende, wenden. (31 M)
Reihe 13: 3 Lm (zählen als 1 Stb), 1. M überg, 1 Stb in jedes Stb bis zum folg DStb, [1 Stb, 1 DStb, 1 Stb] in das DStb, 1 Stb in jedes folg Stb bis R-Ende, 1 Stb in die obere der 3 Anf-Lm der Vor-Rd, wenden. (33 M)
Reihe 14: Wie Reihe 13 arb, dabei beim letzten Stb auf Garn C wechseln. Garn A abschneiden.
Reihe 15: Wie R 13 arb, dabei beim letzten Stb auf Garn D wechseln. Garn C abschneiden.
Reihe 16–18: Wie R 13 arb.
Faden abschneiden, durchziehen und alle Fadenenden vernähen.

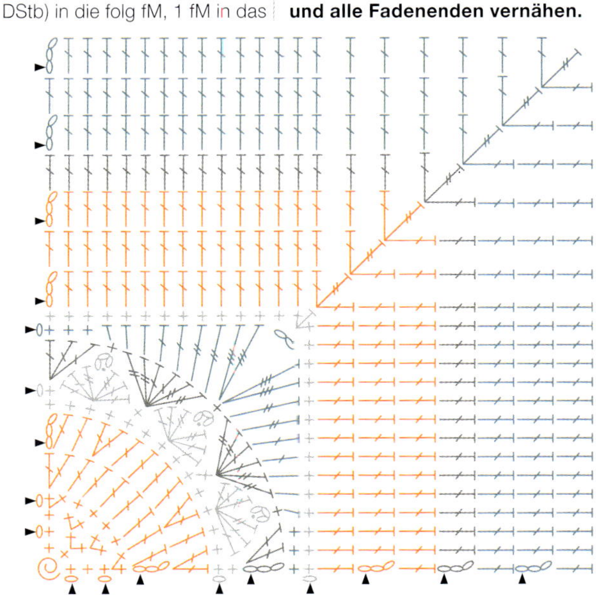

Gerahmtes Sechseck

Siehe Seite 22

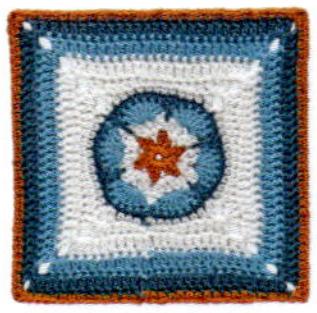

A = Kaki
B = Beige
C = Türkis
D = Graublau

Anfangsring: Mit Garn A 4 Lm anschl und mit 1 Km zur Runde schließen.
Runde 1: 3 Lm (zählen als 1 Stb), 1 Stb in den Ring, [1 Lm, 2 Stb in den Ring] x 5, 1 Lm, 1 Km in die obere der 3 Anf-Lm. Garn A abschneiden und durchziehen.
Runde 2: Garn B mit 1 Km an einen Lm-ZR anfügen, 3 Lm (zählen als 1 Stb), [1 Stb, 1 Lm, 2 Stb] in denselben Lm-ZR, [2 Stb, 1 Lm, 2 Stb] in jeden folg Lm-ZR (Muschel), 1 Km in die obere der 3 Anf-Lm. Garn B abschneiden und durchziehen.
Runde 3: Garn C mit 1 Km an einen Lm-ZR der Vor-Rd anfügen, 3 Lm (zählen als 1 Stb), 6 Stb in denselben Lm-ZR, 7 Stb (Muschel) in jeden folg Lm-ZR, 1 Km in die obere der 3 Anf-Lm. Garn C abschneiden und durchziehen.
Runde 4: Garn D an das 1. Stb einer Muschel anfügen, 1 Lm, 1 fM in dasselbe Stb, 1 fM in jedes der folg 6 Stb, *1 Stb in den ZR zw 2 Muscheln der 2. Rd, 1 fM in jedes der folg 7 Stb; ab * bis Ende wdh, 1 Km in die 1. fM, dabei auf Garn B wechseln. Garn D abschneiden.
Runde 5: 1 Lm, 1 fM in die 1. fM der Vor-Rd, 1 fM in jede der folg 6 fM, *[1 Stb, 2 Lm, 1 Stb] in das folg Stb**, 1 fM in jede der folg 11 M, ab * noch 2 x wdh, dann von * bis ** noch 1 x wdh, 1 fM in jede der folg 4 M, 1 Km in die 1. fM.
Runde 6: 1 Lm, 1 fM in die 1. fM der Vor-Rd, 1 fM in jede der folg 3 fM, 1 hStb in jede der folg 4 M, *[2 Stb, 3 Lm, 2 Stb] in den folg 2-Lm-ZR, 1 hStb in jede der folg 4 M**, 1 fM in jede der folg 5 fM, 1 hStb in jede der folg 4 M, ab * 2 x wdh, dann von * bis ** 1 x wdh, 1 fM in die folg fM, 1 Km in die 1. fM.
Runde 7: 3 Lm (zählen als 1 Stb), 1 Stb in jede der folg 9 M, *[2 Stb, 3 Lm, 2 Stb] in den folg 3-Lm-ZR**, 1 Stb in jede der folg 17 M, ab * 2 x wdh, dann von * bis ** 1 x wdh, 1 Stb in jede der folg 7 M, 1 Km in die obere der 3 Anf-Lm, dabei auf Garn C wechseln. Garn B abschneiden.
Runde 8: 3 Lm (zählen als 1 Stb), 1 Stb in jede der folg 11 M, *[2 Stb, 3 Lm, 2 Stb] in den folg 3-Lm-ZR**, 1 Stb in jede der folg 21 M, ab * noch 2 x wdh, dann von * bis ** noch 1 x wdh, 1 Stb in jede der folg 9 M, 1 Km in die obere der 3 Anf-Lm, dabei auf Garn D wechseln. Garn C abschneiden.
Runde 9: 3 Lm (zählen als 1 Stb), 1 Stb in jede der folg 13 M, *[2 Stb, 2 Lm, 2 Stb] in den folg 3-Lm-ZR**, 1 Stb in jede der folg 25 M, ab * noch 2 x wdh, dann von * bis ** noch 1 x wdh, 1 Stb in jede der folg 11 M, 1 Km in die obere der 3 Anf-Lm, dabei auf Garn A wechseln. Garn D abschneiden.
Runde 10: 1 Lm, 1 fM in die 1. M der Vor-Rd, 1 fM in jede der folg 15 M, *3 fM in den folg 2-Lm-ZR**, 1 fM in jede der folg 29 M, ab * 2 x wdh, dann von * bis ** 1 x wdh, 1 fM in jede der folg 13 M, 1 Km in die 1. fM.
Faden abschneiden, durchziehen und alle Fadenenden vernähen.

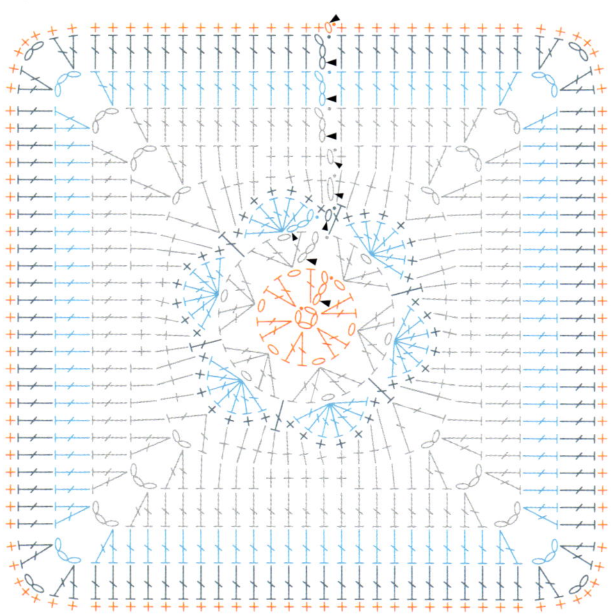

Kreis im Sechseck

Siehe Seite 20

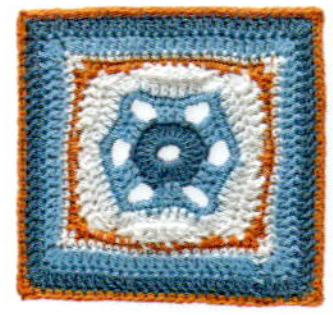

A = Graublau
B = Türkis
C = Beige
D = Kaki

Anfangsring: Mit Garn A 8 Lm anschl und mit 1 Km zur Runde schließen.
Runde 1: 3 Lm (zählen als 1 Stb), 23 Stb in den Ring, 1 Km in die obere der 3 Anf-Lm, dabei auf Garn B wechseln. Garn A abschneiden.
Runde 2: 3 Lm (zählen als 1 Stb), 1 Stb in jedes der folg 2 Stb, 5 Lm, 1 Stb überg, *1 Stb in jedes der folg 3 Stb, 5 Lm, folg Stb überg, ab * noch 4 x wdh, 1 Km in die obere der 3 Anf-Lm.
Runde 3: 1 Lm, 1 fM in das 1. Stb der Vor-Rd, 1 fM in jedes der folg 2 Stb, *[2 fM, 2 Lm, 2 fM] in den folg 5-Lm-ZR**, 1 fM in jedes der folg 3 Stb, ab * noch 4 x wdh, dann von * bis ** noch 1 x wdh, 1 Km in die 1. fM, dabei auf Garn C wechseln. Garn B abschneiden.
Runde 4: 3 Lm (zählen als 1 Stb), 1 Stb in jede der folg 4 fM, 3 Stb in den folg 2-Lm-ZR, *1 Stb in jede der folg 7 fM, 3 Stb in den folg 2-Lm-ZR, ab * noch 4 x wdh, 1 Stb in jede der folg 2 fM, 1 Km in die obere der 3 Anf-Lm.
Runde 5: 3 Lm (zählen als 1 Stb), 1 Stb in jedes der folg 3 Stb, 5 Lm, folg 5 Stb überg, *1 Stb in jedes der folg 5 Stb, 5 Lm, folg 5 Stb überg, ab * noch 4 x wdh, 1 Stb in das folg Stb, 1 Km in die obere der 3 Anf-Lm, dabei auf Garn D wechseln. Garn C abschneiden.
Runde 6: 1 Lm, 1 fM in das 1. Stb der Vor-Rd, 1 fM in jedes der folg 3 Stb, *[2 fM in den folg 5-Lm-ZR, 1 fM in das mittlere der 3 Eck-Stb der 4. Rd, dabei vor dem 5-Lm-ZR arb, 2 fM in denselben 5-Lm-ZR], (2 hStb, 2 Lm, 2 hStb) in das folg Stb, 1 fM in jedes der folg 4 Stb, von [bis] 1 x wdh, 1 fM in jedes der folg 4 Stb, (2 hStb, 2 Lm, 2 hStb) in das folg Stb, von [bis] 1 x wdh**, 1 fM in jedes der folg 5 Stb, von * bis ** noch 1 x wdh, 1 fM in das folg Stb, 1 Km in die 1. fM. Garn D abschneiden.
Runde 7: Garn C an einen 2-Lm-Eck-ZR der Vor-Rd anfügen, 1 Lm, *[2 fM, 1 Lm, 2 fM] in denselben 2-Lm-Eck-ZR, 1 fM in jede fM bis zum folg 2-Lm-Eck-ZR, ab * noch 3 x wdh, 1 Km in die 1. fM, dabei auf Garn B wechseln. Garn C abschneiden.
Runde 8: 3 Lm (zählen als 1 Stb), 1 Stb in jede M der Vor-Rd und 3 Stb in jeden Eck-Lm-ZR der Vor-Rd arb, 1 Km in die obere der 3 Anf-Lm, dabei auf Garn A wechseln. Garn B abschneiden.
Runde 9: 3 Lm (zählen als 1 Stb), 1 Stb in jede M und 3 Stb in jedes Eck-Stb (mittleres der 3 Stb an der Ecke) der Vor-Rd arb, 1 Km in die obere der 3 Anf-Lm, dabei auf Garn D wechseln. Garn A abschneiden.
Runde 10: 1 Lm, 1 fM in jede M und [1 fM, 1 hStb, 1 fM] in jedes Eck-Stb (mittleres der 3 Stb an der Ecke) der Vor-Rd arb, 1 Km in die 1. fM.
Faden abschneiden, durchziehen und alle Fadenenden vernähen.

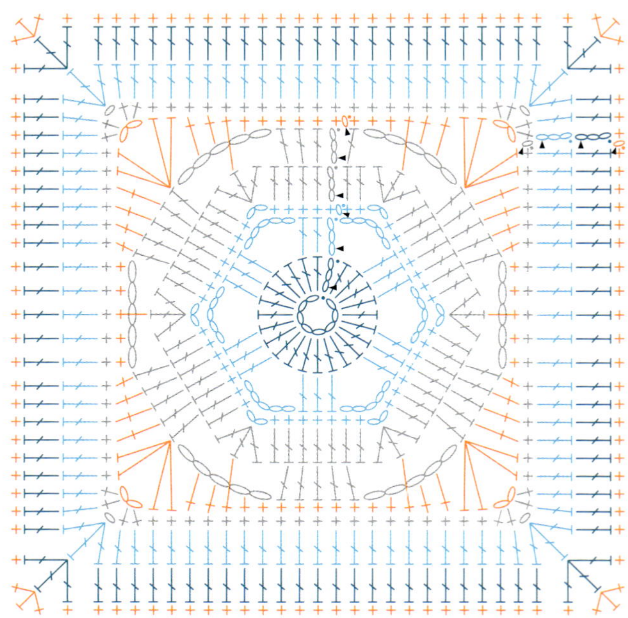

3-D-Diamanten

Siehe Seite 21

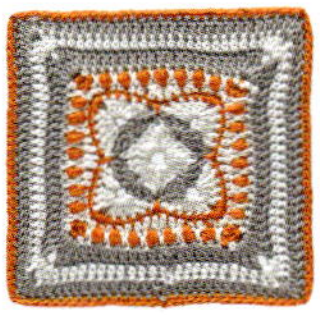

A = Beige
B = Hellgrau
C = Kaki

BESONDERE MASCHEN

N (Noppe aus 4 zus abgem hStb): Alle Stb werden in dieselbe Einstich-M gearbeitet. [1 U, in die angegebene M einstechen, Faden holen und auf die Höhe eines hStb durchziehen] x 4, 1 U, Faden durch alle 9 Schli auf der Nd ziehen.

Anfangsring: Mit Garn A 6 Lm anschl und mit 1 Km zur Runde schließen.
Runde 1: 4 Lm (zählen als 1 DStb), [5 Stb in den Ring, 1 DStb in den Ring] x 3, 5 Stb in den Ring, Rd mit 1 Km in die obere der 4 Lm schließen. Garn A abschneiden und durchziehen.
Runde 2: Garn B an das 1. DStb der Vor-R anfügen, 1 Lm, 1 fM in dieselbe M, *folg 2 Stb überg, [3 Stb, 3 Lm, 3 Stb] in das folg Stb, folg 2 Stb überg**, 1 fM in das folg DStb, ab * noch 2 x wdh, dann von * bis ** noch 1 x wdh, Rd mit 1 Km in die 1. fM schließen. Garn B abschneiden und durchziehen.
Runde 3: Garn A an einen 3-Lm-ZR der Vor-Rd anfügen, 4 Lm (zählen als 1 DStb), [1 DStb, 3 Stb, 2 Lm, 3 Stb, 2 DStb] in denselben 3-Lm-ZR, 3 M überg, 1 Km in die folg fM, *[2 DStb, 3 Stb, 2 Lm, 3 Stb, 2 DStb] in den folg 3-Lm-ZR, 3 M überg, 1 Km in die folg fM, ab * noch 2 x wdh, Rd mit 1 Km in die obere der 4 Anf-Lm schließen. Garn A abschneiden und durchziehen.
Runde 4: Garn C an einen 2-Lm-ZR der Vor-Rd anfügen, 1 Lm, *3 fM in den 2-Lm-ZR, 1 fM in jede der folg 5 M, 1 fM in die folg fM der 2. Rd, 1 fM in jede der folg 5 M, ab * noch 3 x wdh, Rd mit 1 Km in die 1. fM schließen. Garn C abschneiden und durchziehen.
Runde 5: Garn A an die 1.fM der Vor-Rd anfügen, 1 Lm, 1 fM in dieselbe M, *3 fM in die folg fM, 1 fM in jede der folg 3 M, 1 hStb in jede der folg 2 M, 1 Stb in jede der folg 3 fM, 1 hStb in jede der folg 2 M**, 1 fM in jede der folg 3 M, ab * noch 2 x wdh, dann von * bis ** noch 1 x wdh, 1 fM in jede der folg 2 fM, Rd mit 1 Km in die 1. fM schließen. Garn A abschneiden und durchziehen.
Runde 6: Garn C an eine Eck-fM (mittlere der 3 fM an der Ecke) der Vor-Rd anfügen, 4 Lm (zählen als 1 hStb und 2 Lm), 1 hStb in dieselbe M, *[1 Lm, 1 M überg, 1 N in die folg M] x 7, 1 Lm**, folg M überg, [1 hStb, 2 Lm, 1 hStb] in die folg M, ab * noch 2 x wdh und dann von * bis ** noch 1 x wdh, Rd mit 1 Km in die 2. der 4 Anf-Lm schließen. Garn C abschneiden und durchziehen.
Runde 7: Garn A an das 1. hStb der Vor-Rd anfügen, 1 Lm, 1 fM in dieselbe M, 2 Lm, 1 fM in das folg hStb, *[1 fM in die folg M der 5. Rd, dabei vor dem Lm-ZR arb, 1 fM in N] x 7, 1 fM in die folg M der 5. Rd, dabei vor dem Lm-ZR arb**, 1 fM in das folg hStb, 2 Lm, 1 fM in das folg hStb, ab * noch 2 x wdh, dann von * bis ** noch 1 x wdh, Rd mit 1 Km in die 1. fM schließen. Garn A abschneiden und durchziehen.
Runde 8: Garn B an eine fM der Vor-Rd anfügen, 3 Lm (zählen als 1 Stb), 1 Stb in jede fM und [2 DStb, 2 Lm, 2 DStb] in jeden 2-Lm-Eck-ZR der Vor-Rd arb, Rd mit 1 Km in die obere der 3 Anf-Lm schließen. Garn B abschneiden und durchziehen.
Runde 9: Garn A an ein Stb der Vor-Rd anfügen, 2 Lm (zählen als 1 hStb), 1 hStb in jedes Stb und jedes DStb und [2 Stb, 2 Lm, 2 Stb] in jeden 2-Lm-Eck-ZR der Vor-Rd arb, Rd mit 1 Km in die obere der 3 Anf-Lm schließen. Garn A abschneiden und durchziehen.
Runde 10: Garn C anfügen, 2 Lm (zählen als 1 hStb), 1 hStb in jedes hStb und jedes Stb und 3 Stb in jeden 2-Lm-Eck-ZR der Vor-Rd arb, Rd mit 1 Km in die obere der 2 Anf-Lm schließen.
Faden abschneiden, durchziehen und alle Fadenenden vernähen.

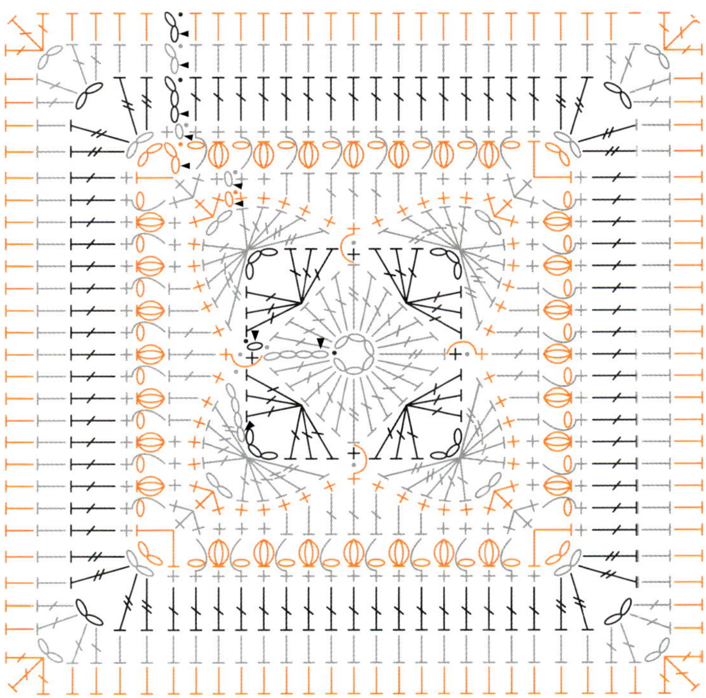

Spitzenkreuz

Siehe Seite 25

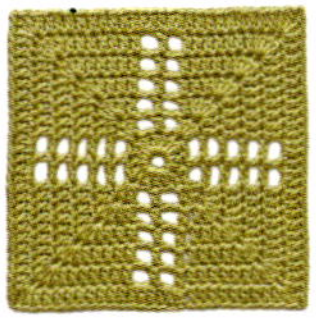

A = Ringlotte

Anfangsring: Mit Garn A 6 Lm anschl und mit 1 Km zur Runde schließen.
Runde 1: 3 Lm (zählen im ganzen Muster als 1 Stb), 15 Stb in den Ring, Rd mit 1 Km in die obere der 3 Anf-Lm schließen.
Runde 2: 3 Lm, 2 Stb in das 1. Stb der Vor-Rd, 2 Lm, 1 Stb überg, 1 Stb in das folg Stb, 2 Lm, 1 Stb überg, *3 Stb in das folg Stb, 2 Lm, 1 Stb überg, 1 Stb in das folg Stb, 2 Lm, 1 Stb überg, ab * noch 2 x wdh, Rd mit 1 Km in die obere der 3 Anf-Lm schließen.
Runde 3: 3 Lm, 5 Stb in das folg Stb, *1 Stb in das folg Stb, [2 Lm, 1 Stb in das folg Stb] x 2, 5 Stb in das folg Stb, ab * noch 2 x wdh, [1 Stb in das folg Stb, 2 Lm] x 2, Rd mit 1 Km in die obere der 3 Anf-Lm schließen.
Runde 4: 3 Lm, 1 Stb in jedes der folg 2 Stb, 5 Stb in das folg Stb, *1 Stb in jedes der folg 3 Stb, 2 Lm, 1 Stb in das folg Stb, 2 Lm, 1 Stb in jedes der folg 3 Stb, 5 Stb in das folg Stb, ab * noch 2 x wdh, 1 Stb in jedes der folg 3 Stb, 2 Lm, 1 Stb in das folg Stb, 2 Lm, Rd mit 1 Km in die obere der 3 Anf-Lm schließen.
Runde 5: 3 Lm, 1 Stb in jedes der folg 4 Stb, 5 Stb in das folg Stb, *1 Stb in jedes der folg 5 Stb, 2 Lm, 1 Stb in das folg Stb, 2 Lm, 1 Stb in jedes der folg 5 Stb, 5 Stb in das folg Stb, ab * noch 2 x wdh, 1 Stb in jedes der folg 5 Stb, 2 Lm, 1 Stb in das folg Stb, 2 Lm, Rd mit 1 Km in die obere der 3 Anf-Lm schließen.
Runde 6: 3 Lm, 1 Stb in jedes der folg 6 Stb, 5 Stb in das folg Stb, *1 Stb in jedes der folg 7 Stb, 2 Lm, 1 Stb in das folg Stb, 2 Lm, 1 Stb in jedes der folg 7 Stb, 5 Stb in das folg Stb, ab * noch 2 x wdh, 1 Stb in jedes der folg 7 Stb, 2 Lm, 1 Stb in das folg Stb, 2 Lm, Rd mit 1 Km in die obere der 3 Anf-Lm schließen.
Runde 7: 3 Lm, 1 Stb in jedes Stb, 2 Stb in jeden 2-Lm-ZR und [2 Stb, 1 Lm, 2 Stb] in jedes Eck-Stb (mittleres der 5 Stb an der Ecke) der Vor-Rd arb, Rd mit 1 Km in die obere der 3 Anf-Lm schließen.
Faden abschneiden, durchziehen und vernähen.

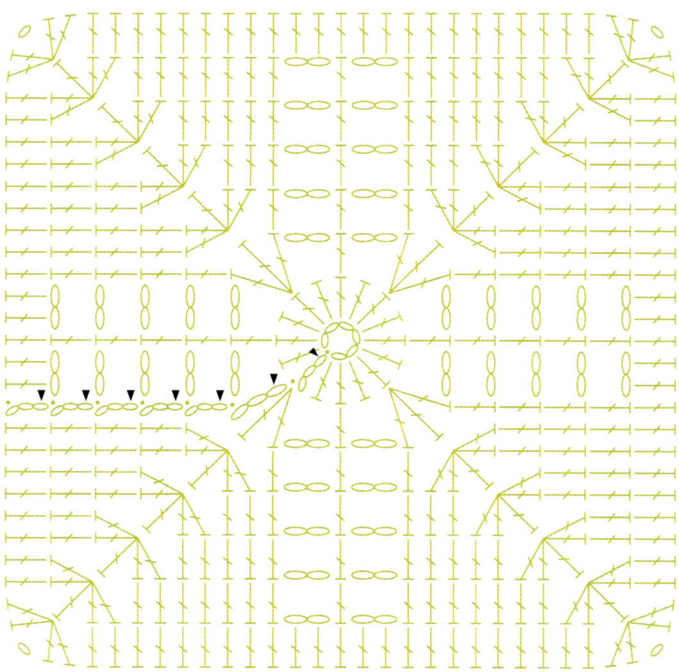

Doppelkreuz

Siehe Seite 27

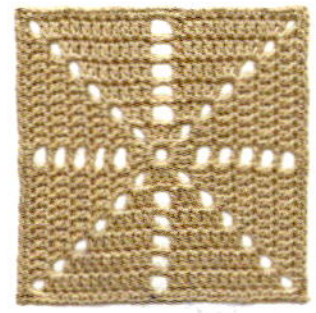

A = Auster

Anfangsring: Mit Garn A 6 Lm anschl und mit 1 Km zur Runde schließen.
Runde 1: 3 Lm (zählen als 1 Stb), 3 Stb in den Ring, 3 Lm, [4 Stb in den Ring, 3 Lm] x 3, Rd mit 1 Km in die obere der 3 Anf-Lm schließen.
Runde 2: 5 Lm (zählen als 1 Stb und 2 Lm), *folg 2 Stb überg, 1 Stb in das folg Stb, [2 Stb, 3 Lm, 2 Stb] in den folg 3-Lm-ZR**, 1 Stb in das folg Stb, 2 Lm, ab * noch 2 x wdh, dann von * bis ** noch 1 x wdh, Rd mit 1 Km in die 3. der 5 Lm schließen.
Runde 3: 5 Lm (zählen als 1 Stb und 2 Lm), *1 Stb in jedes der folg 3 Stb, [2 Stb, 3 Lm, 2 Stb] in den folg 3-Lm-ZR**, 1 Stb in jedes der folg 3 Stb, 2 Lm, ab * noch 2 x wdh, dann von * bis ** noch 1 x wdh, 1 Stb in jedes der folg 2 Stb, Rd mit 1 Km in die 3. der 5 Lm schließen.
Runde 4: 5 Lm (zählen als 1 Stb und 2 Lm), *1 Stb in jedes der folg 5 Stb, [2 Stb, 3 Lm, 2 Stb] in den folg 3-Lm-ZR**, 1 Stb in jedes der folg 5 Stb, 2 Lm, ab * noch 2 x wdh, dann von * bis ** noch 1 x wdh, 1 Stb in jedes der folg 4 Stb, Rd mit 1 Km in die 3. der 5 Lm schließen.
Runde 5: 5 Lm (zählen als 1 Stb und 2 Lm), *1 Stb in jedes der folg 7 Stb, [2 Stb, 3 Lm, 2 Stb] in den folg 3-Lm-ZR**, 1 Stb in jedes der folg 7 Stb, 2 Lm, ab * noch 2 x wdh, dann von * bis ** noch 1 x wdh, 1 Stb in jedes der folg 6 Stb, Rd mit 1 Km in die 3. der 5 Lm schließen.
Runde 6: 5 Lm (zählen als 1 Stb und 2 Lm), *1 Stb in jedes der folg 9 Stb, [2 Stb, 3 Lm, 2 Stb] in den folg 3-Lm-ZR**, 1 Stb in jedes der folg 9 Stb, 2 Lm, ab * noch 2 x wdh, dann von * bis ** noch 1 x wdh, 1 Stb in jedes der folg 8 Stb, Rd mit 1 Km in die 3. der 5 Lm schließen.
Runde 7: 1 Lm, 1 fM in das 1. Stb der Vor-Rd, 1 fM in jedes Stb, 2 fM in jeden 2-Lm-ZR und [2 fM, 1 Lm, 2 fM] in jeden 3-Lm-Eck-ZR der Vor-Rd arb, Rd mit 1 Km in die 1. fM schließen.
Faden abschneiden, durchziehen und vernähen.

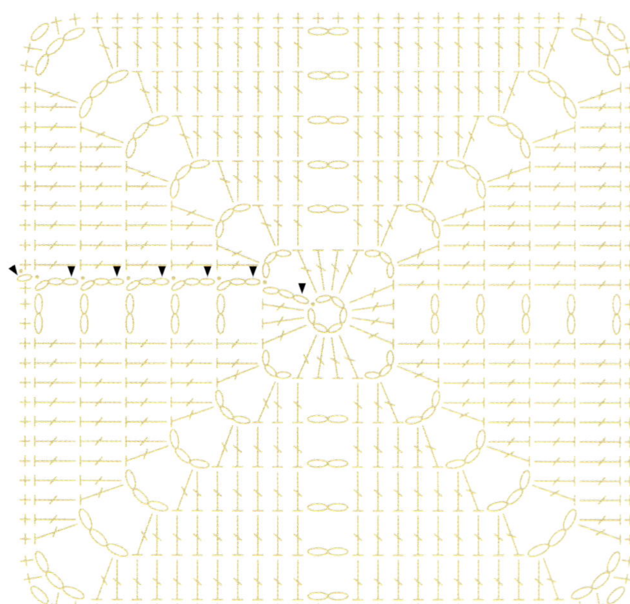

Sonnenkreuz

Siehe Seite 24

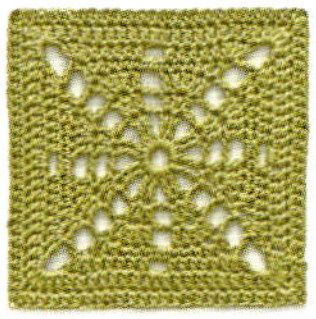

A = Ringlotte

Anfangsring: Mit Garn A 6 Lm anschl und mit 1 Km zur Runde schließen.
Runde 1: 4 Lm (zählen als 1 DStb), 1 DStb in den Ring, 2 Lm, [2 DStb in den Ring, 2 Lm] x 7, Rd mit 1 Km in die obere der 4 Lm schließen.
Runde 2: 3 Lm (zählen als 1 Stb), 1 Stb in das 1. DStb der Vor-Rd, 1 Stb in das folg DStb, *2 Lm, 1 Stb in das folg DStb, 2 Stb in das folg DStb, 2 Lm**, 2 Stb in das folg DStb, 1 Stb in das folg DStb; ab * noch 2 x wdh, dann von * bis ** noch 1 x wdh, Rd mit 1 Km in die obere der 3 Anf-Lm schließen.
Runde 3: 3 Lm (zählen als 1 Stb), 3 Stb in das folg Stb, 1 Stb in das folg Stb, 2 Lm, *1 Stb in das folg Stb, 3 Stb in das folg Stb, 1 Stb in das folg Stb, 2 Lm, ab * noch 6 x wdh, Rd mit 1 Km in die obere der 3 Anf-Lm schließen.
Runde 4: 3 Lm (zählen als 1 Stb), 2 hStb in das folg Stb, 1 fM in jedes der folg 3 Stb, 2 fM in den folg 2-Lm-ZR, 1 fM in jedes der folg 3 Stb, 2 hStb in das folg Stb, 1 Stb in das folg Stb, *3 Lm (Eck-ZR), 1 Stb in das folg Stb, 2 hStb in das folg Stb, 1 fM in jedes der folg 3 Stb, 2 fM in den folg 2-Lm-ZR, 1 fM in jedes der folg 3 Stb, 2 hStb in das folg Stb, 1 Stb in das folg Stb, ab * noch 2 x wdh, 3 Lm (Eck-ZR), Rd mit 1 Km in die 3. Lm des 3-Lm-ZR schließen.
Runde 5: 3 Lm (zählen als 1 Stb), 2 Stb in das 1. Stb der Vor-Rd, *1 hStb in jede der folg 5 M, 2 fM überg, 2 Lm, 1 hStb in jede der folg 5 M, 3 Stb in die folg M, 3 Lm**, 3 Stb in die folg M, ab * noch 2 x wdh, dann von * bis ** noch 1 x wdh, Rd mit 1 Km in die obere der 3 Anf-Lm schließen.
Runde 6: 3 Lm (zählen als 1 Stb), 1 Stb in jede der folg 7 M, *2 Stb in den folg 2-Lm-ZR, 1 Stb in jede der folg 8 M, 5 Stb in den folg Eck-ZR**, 1 Stb in jede der folg 8 M, ab * noch 2 x wdh, dann von * bis ** noch 1 x wdh, Rd mit 1 Km in die obere der 3 Anf-Lm schließen.
Runde 7: 2 Lm (zählen als 1 hStb), 1 hStb in jedes Stb und 3 hStb in jedes Eck-Stb (mittleres der 5 Stb an der Ecke) der Vor-Rd arb, Rd mit 1 Km in die obere der 2 Anf-Lm schließen.
Faden abschneiden, durchziehen und vernähen.

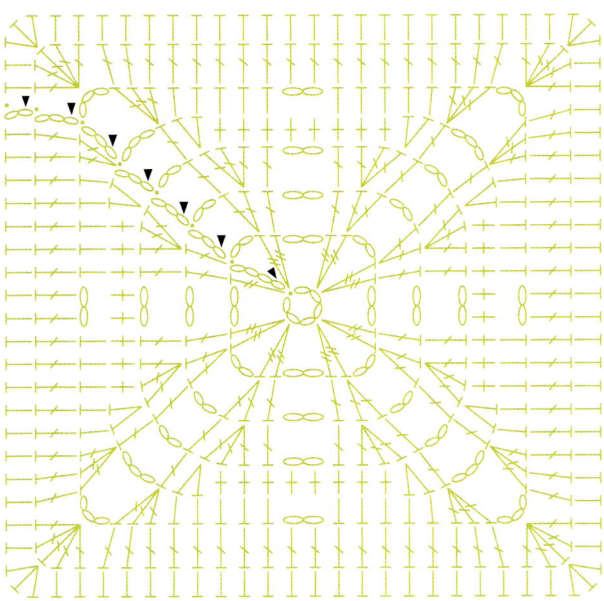

Popcornkreuz

Siehe Seite 26

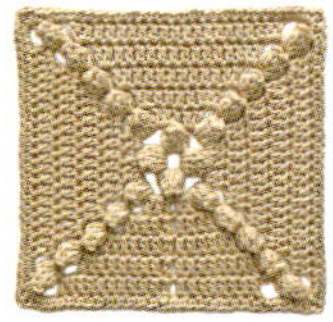

A = Auster

BESONDERE MASCHEN

Anf-Pm (Anfangs-Popcornmasche): 3 Lm (zählen als 1 Stb), 4 Stb in die angegebene M arb, Schl von der Nd nehmen, von vorne nach hinten in die obere der 3 Anf-Lm einstechen, die Schl wieder auf die Nd nehmen und durchziehen.
Pm (Popcornmasche): 5 Stb in die angegebene M arb, die Schl vorsichtig von der Nd nehmen, von vorne nach hinten in das Köpfchen des 1. Stb einstechen, die fallengelassene Schl wieder auf die Nd nehmen und durchziehen.

Anfangsring: Mit Garn A 8 Lm ansch und mit 1 Km zur Runde schließen.
Runde 1: Anf-Pm in den Ring, [5 Lm, 1 Pm in den Ring] x 3, 5 Lm, Rd mit 1 Km in die Anf-Pm schließen.
Runde 2: 3 Lm (zählen als 1 Stb), *[2 Stb, 2 Lm, 1 Pm, 2 Lm, 2 Stb] in den folg 5-Lm-ZR**, 1 Stb in die folg Pm, ab * noch 2 x wdh, dann von * bis ** noch 1 x wdh, Rd mit 1 Km in die obere der 3 Anf-Lm schließen.
Runde 3: 3 Lm (zählen als 1 Stb), 1 Stb in jede der folg 2 M, *2 Stb in den folg 2-Lm-ZR, 2 Lm, 1 Pm in die folg Pm, 2 Lm, 2 Stb in den folg 2-Lm-ZR**, 1 Stb in jedes der folg 5 Stb, ab * noch 2 x wdh, dann von * bis ** noch 1 x wdh, 1 Stb in jede der letzten 2 M, Rd mit 1 Km in die obere der 3 Anf-Lm schließen.
Runde 4: 3 Lm (zählen als 1 Stb), 1 Stb in jedes der folg 4 Stb, *2 Stb in den folg 2-Lm-ZR, 2 Lm, 1 Pm in die folg Pm, 2 Lm, 2 Stb in den folg 2-Lm-ZR**, 1 Stb in jedes der folg 9 Stb, ab * noch 2 x wdh, dann von * bis ** noch 1 x wdh, 1 Stb in jedes der letzten 4 Stb, Rd mit 1 Km in die obere der 3 Anf-Lm schließen.
Runde 5: 3 Lm (zählen als 1 Stb), 1 Stb in jedes der folg 6 Stb, *2 Stb in den folg 2-Lm-ZR, 2 Lm, 1 Pm in die folg Pm, 2 Lm, 2 Stb in den folg 2-Lm-ZR**, 1 Stb in jedes der folg 13 Stb, ab * noch 2 x wdh, dann von * bis ** noch 1 x wdh, 1 Stb in jedes der letzten 6 Stb, Rd mit 1 Km in die obere der 3 Anf-Lm schließen.
Runde 6: 3 Lm (zählen als 1 Stb), 1 Stb in jedes der folg 8 Stb, *2 Stb in den folg 2-Lm-ZR, 2 Lm, 1 Pm in die folg Pm, 2 Lm, 2 Stb in den folg 2-Lm-ZR**, 1 Stb in jedes der folg 17 Stb, ab * noch 2 x wdh, dann von * bis ** noch 1 x wdh, 1 Stb in jedes der letzten 8 Stb, Rd mit 1 Km in die obere der 3 Anf-Lm schließen.
Runde 7: 1 Lm, 1 fM in jede M, 3 fM in jeden 2-Lm-ZR und [1 hStb, 1 Stb, 1 hStb] in jede Pm der Vor-Rd arb, Rd mit 1 Km in die 1. fM schließen.
Faden abschneiden, durchziehen und vernähen.

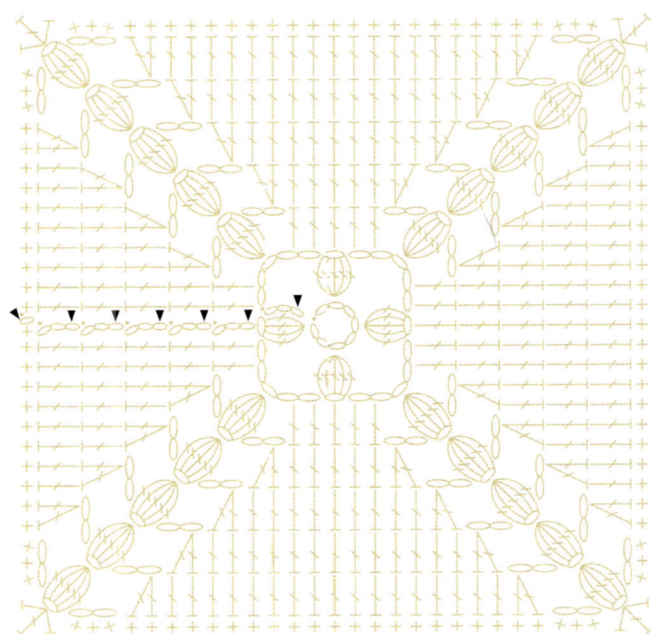

Anemone

Siehe Seite 27

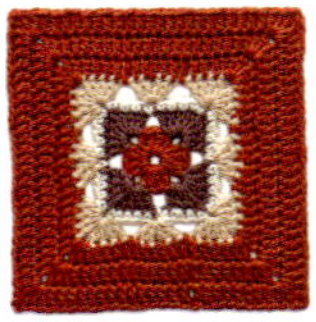

A = Blutorange
B = Granatapfel
C = Natur
D = Auster

Anfangsring: Mit Garn A 4 Lm anschl und mit 1 Km zur Runde schließen.
Runde 1: 3 Lm (zählen als 1 Stb), 3 Stb in den Ring, 1 Lm, *4 Stb in den Ring, 1 Lm, ab * noch 2 x wdh, Rd mit 1 Km in die obere der 3 Anf-Lm schließen. Garn A abschneiden und durchziehen.
Runde 2: Garn B an einen Lm-ZR der Vor-Rd anfügen, 3 Lm (zählen als 1 Stb), [3 Stb, 1 Lm, 4 Stb] in denselben Lm-ZR (Ecke), 1 Lm, *[4 Stb, 1 Lm, 4 Stb] in den folg Lm-ZR, 1 Lm, ab * noch 2 x wdh, Rd mit 1 Km in die obere der 3 Anf-Lm schließen, dabei auf Garn C wechseln. Garn B abschneiden.
Runde 3: 1 Lm, 1 fM in das 1. Stb der Vor-Rd, 1 fM in jedes Stb und jeden Lm-ZR der Vor-Rd arb, Rd mit 1 Km in die 1. fM schließen. Garn C abschneiden und durchziehen.
Runde 4: Garn D an eine Eck-fM der Vor-Rd anfügen, 3 Lm (zählen als 1 Stb), [2 Stb, 1 Lm, 3 Stb] in dieselbe fM, 1 Lm, *folg 4 fM überg, [2 Stb, 1 Lm, 2 Stb] in die folg fM, 1 Lm, folg 4 fM überg**, [3 Stb, 1 Lm, 3 Stb] in die folg fM, 1 Lm, ab * noch 2 x wdh, dann von * bis ** noch 1 x wdh, Rd mit 1 Km in die obere der 3 Anf-Lm schließen. Garn D abschneiden und durchziehen.
Runde 5: Garn A an das 1. von 3 Stb links eines Eck-ZR der Vor-Rd anfügen, 3 Lm (zählen als 1 Stb), 1 Stb in jedes Stb und jeden Lm-ZR und [2 Stb, 1 Lm, 2 Stb] in jeden Eck-ZR der Vor-Rd arb, Rd mit 1 Km in die obere der 3 Anf-Lm schließen.
Runde 6-8: 3 Lm (zählen als 1 Stb), 1 Stb in jedes Stb und [2 Stb, 1 Lm, 2 Stb] in jeden Eck-ZR der Vor-Rd arb, Rd mit 1 Km in die obere der 3 Anf-Lm schließen.
Faden abschneiden, durchziehen und alle Fadenenden vernähen.

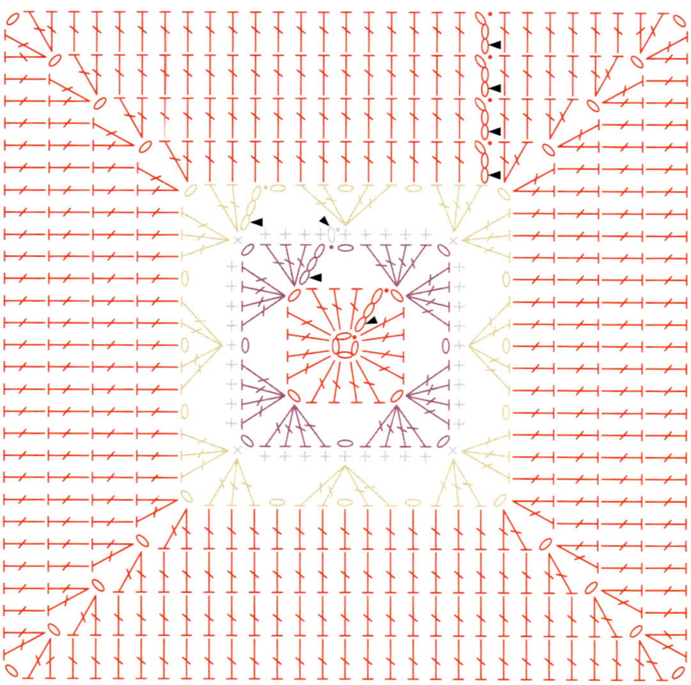

Sevilla

Siehe Seite 25

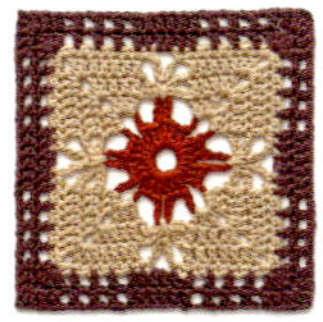

A = Blutorange
B = Auster
C = Granatapfel

Anfangsring: Mit Garn A 8 Lm anschl und mit 1 Km zur Runde schließen.
Runde 1: 3 Lm (zählen als 1 Stb), 2 Stb in den Ring, 7 Lm, [3 Stb in den Ring, 7 Lm] x 7, Rd mit 1 Km in die obere der 3 Anf-Lm schließen, dabei auf Garn B wechseln. Garn A abschneiden.
Runde 2: Je 1 Km in die folg 2 Stb und den folg 7-Lm-ZR, 3 Lm (zählen als 1 Stb), [2 Stb, 2 Lm, 3 Stb] in denselben Lm-ZR, *7 Lm, folg 7-Lm-ZR überg, [3 Stb, 2 Lm, 3 Stb] in den folg 7-Lm-ZR, ab * noch 2 x wdh, 7 Lm, folg 7-Lm-ZR überg, Rd mit 1 Km in die obere der 3 Anf-Lm schließen.
Runde 3: 3 Lm (zählen als 1 Stb), 1 Stb in jedes der folg 2 Stb, *[2 Stb, 2 Lm, 2 Stb] in den 2-Lm-Eck-ZR, 1 Stb in jedes der folg 3 Stb, 7 Lm**, 1 Stb in jedes der folg 3 Stb, ab * noch 2 x wdh, dann von * bis ** noch 1 x wdh, Rd mit 1 Km in die obere der 3 Anf-Lm schließen.
Runde 4: 3 Lm (zählen als 1 Stb), 1 Stb in jedes der folg 4 Stb, *[2 Stb, 2 Lm, 2 Stb] in den 2-Lm-Eck-ZR, 1 Stb in jedes der folg 5 Stb, 4 Lm, 1 fM in den überg 7-Lm-ZR der 1. Rd, dabei die Lm der 2. und 3. Rd einschließen, 4 Lm**, 1 Stb in jedes der folg 5 Stb, ab * noch 2 x wdh, dann von * bis ** noch 1 x wdh, Rd mit 1 Km in die obere der 3 Anf-Lm schließen.
Runde 5: 1 Lm, 1 fM in das 1. Stb der Vor-Rd, 1 fM in jedes der folg 6 Stb, *3 fM in den folg 2-Lm-Eck-ZR, 1 fM in jedes der folg 7 Stb, 1 fM in den folg 4-Lm-ZR, 3 Lm, 1 fM in den folg 4-Lm-ZR**, 1 fM in jedes der folg 7 Stb, ab * noch 2 x wdh, dann von * bis ** noch 1 x wdh, Rd mit 1 Km in die 1. fM schließen, dabei auf Garn C wechseln. Garn B abschneiden.
Runde 6: 4 Lm (zählen als 1 Stb und 1 Lm), *[1 fM überg, 1 Stb in die folg fM, 1 Lm] x 3, 5 Stb in die Eck-fM (mittlere der 3 fM an der Ecke), 1 Lm, [1 fM überg, 1 Stb in die folg fM, 1 Lm] x 3, 1 fM überg, 1 Stb in jede der folg 2 fM, 2 Stb in den folg 3-Lm-ZR**, 1 Stb in jede der folg 2 fM, 1 Lm, ab * noch 2 x wdh, dann von * bis ** noch 1 x wdh, 1 Stb in die folg fM, Rd mit 1 Km in die 3. der 4 Lm schließen.
Runde 7: 4 Lm (zählen als 1 Stb und 1 Lm), *[1 Stb in das folg Stb, 1 Lm] x 3, 1 Stb in jedes der folg 2 Stb, 3 Stb in das Eck-Stb (mittleres der 5 Stb an der Ecke), 1 Stb in jedes der folg 2 Stb, 1 Lm, [1 Stb in das folg Stb, 1 Lm] x 3**, 1 Stb in jedes der folg 6 Stb, 1 Lm, ab * noch 2 x wdh, dann von * bis ** noch 1 x wdh, 1 Stb in jedes der folg 5 Stb, Rd mit 1 Km in die 3. der 4 Lm schließen.
Faden abschneiden, durchziehen und alle Fadenenden vernähen.

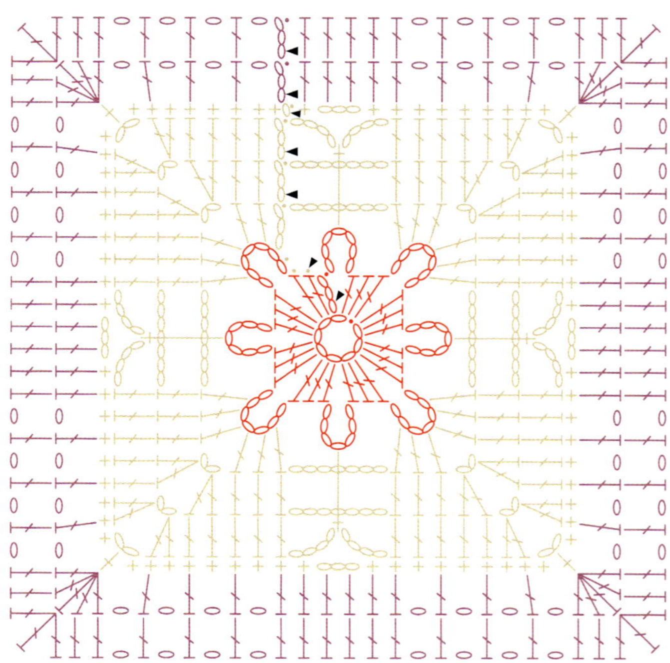

Italienisches Kreuz

Siehe Seite 24

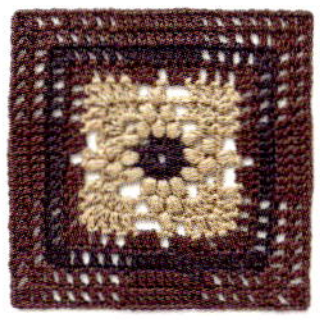

A = Johannisbeere
B = Auster
C = Granatapfel

BESONDERE MASCHEN

Anf-N (Anfangs-Noppe aus 3 zus abgem hStb): [1 U, in die angegebene M einstechen, Faden holen und auf die Höhe eines hStb durchziehen] x 3, 1 U, Faden durch alle 7 Schl auf der Nd ziehen.

N (Noppe aus 4 zus abgem hStb): [1 U, in die angegebene M einstechen, Faden holen und auf die Höhe eines hStb durchziehen] x 4, 1 U, Faden durch alle 9 Schl auf der Nd ziehen.

Anfangsring: Mit Garn A 4 Lm anschl und mit 1 Km zur Runde schließen.
Runde 1: 3 Lm (zählen als 1 Stb), 11 Stb in den Ring, Rd mit 1 Km in die obere der 3 Anf-Lm schließen, dabei auf Garn B wechseln. Garn A abschneiden.
Runde 2: 2 Lm (zählen als 1 hStb), Anf-N in das 1. Stb der Vor-Rd, *[1 Lm, 1 N in die folg M] x 2, 5 Lm**, 1 N in die folg M, ab * noch 2 x wdh, dann von * bis ** noch 1 x wdh, Rd mit 1 Km in die Anf-N schließen.
Runde 3: 1 Km in den 1. Lm-ZR der Vor-Rd, 2 Lm (zählen als 1 hStb), Anf-N in denselben Lm-ZR, *1 Lm, 1 N in den folg Lm-ZR, 2 Lm, 5 Stb in den folg 5-Lm-ZR, 2 Lm**, 1 N in den folg Lm-ZR, ab * noch 2 x wdh, dann von * bis ** noch 1 x wdh, Rd mit 1 Km in die Anf-N schließen.
Runde 4: 1 Km in den folg Lm-ZR, 2 Lm (zählen als 1 hStb), Anf-N in denselben Lm-ZR, *3 Lm, 2 Lm überg, [1 Stb in das folg Stb, 1 Lm] x 2, [1 Stb, (1 Lm, 1 Stb) x 2] in das folg Stb, [1 Lm, 1 Stb in das folg Stb] x 2, 3 Lm, 2 Lm überg**, 1 N in den folg Lm-ZR, ab * noch 2 x wdh, dann von * bis ** noch 1 x wdh, Rd mit 1 Km in die Anf-N schließen. Garn B abschneiden und durchziehen.
Runde 5: Garn C an das 1. Stb nach einer N Vor-Rd anfügen, 4 Lm (zählen als 1 Stb und 1 Lm), *[1 Stb in das folg Stb, 1 Lm] x 2, [1 Stb, (1 Lm, 1 Stb) x 2] in das folg Stb, [1 Lm, 1 Stb in das folg Stb] x 3, 3 Stb in den folg 3-Lm-ZR, 1 Lm, 3 Stb in den folg 3-Lm-ZR**, 1 Stb in das folg Stb, 1 Lm, ab * noch 2 x wdh, dann von * bis ** noch 1 x wdh, Rd mit 1 Km in die 3. der 4 Lm schließen, dabei auf Garn A wechseln
Runde 6: 4 Lm (zählen als 1 Stb und 1 Lm), *[1 Stb in das folg Stb, 1 Lm] x 3, [1 Stb, (1 Lm, 1 Stb) x 2] in das folg Stb, [1 Lm, 1 Stb in das folg Stb] x 4, 1 Stb in jedes der folg 3 Stb, 1 Stb in den folg Lm-ZR, 1 Stb in jedes der folg 3 Stb**, 1 Stb in das folg Stb, 1 Lm, ab * noch 2 x wdh, dann von * bis ** noch 1 x wdh, Rd mit 1 Km in die 3. der 4 Lm schließen, dabei auf Garn C wechseln. Garn A abschneiden.
Runde 7: 4 Lm (zählen als 1 Stb und 1 Lm), *[1 Stb in das folg Stb, 1 Lm] x 4, [1 Stb, (1 Lm, 1 Stb) x 2] in das folg Stb, [1 Lm, 1 Stb in das folg Stb] x 5**, 1 Stb in jedes der folg 8 Stb, 1 Lm, ab * noch 2 x wdh, dann von * bis ** noch 1 x wdh, 1 Stb in jedes der folg 7 Stb, Rd mit 1 Km in die 3. der 4 Lm schließen.
Runde 8: 4 Lm (zählen als 1 Stb und 1 Lm), *[1 Stb in das folg Stb, 1 Lm] x 5, [1 Stb, (1 Lm, 1 Stb) x 2] in das folg Stb, [1 Lm, 1 Stb in das folg Stb] x 6**, 1 Stb in jedes der folg 8 Stb, 1 Lm, ab * noch 2 x wdh, dann von * bis ** noch 1 x wdh, 1 Stb in jedes der folg 7 Stb, Rd mit 1 Km in die 3. der 4 Lm schließen.
Faden abschneiden, durchziehen und alle Fadenenden vernähen.

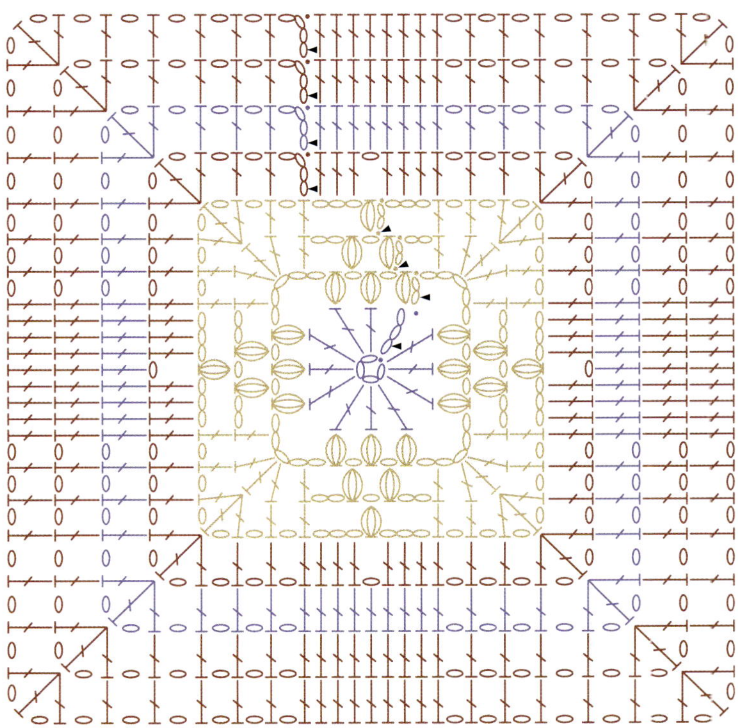

Schlaufenkreuz

Siehe Seite 26

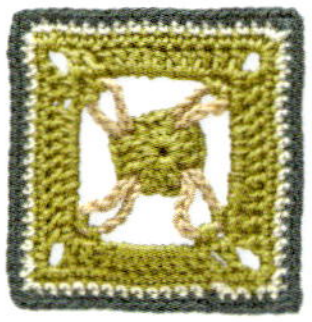

A = Auster
B = Ringlotte
C = Natur
D = Waldgrün

Schlaufenteil: Mit Garn A 4 Lm anschl und mit 1 Km zur Runde schließen, 16 Lm, *1 fM in den Ring, 15 Lm, ab * noch 2 x wdh, Rd mit 1 Km in die Anf-Lm schließen. Faden abschneiden und durchziehen.

Mittelmotiv: Mit Garn B 4 Lm anschl und mit 1 Km zur Runde schließen, 3 Lm (zählen als 1 Stb), 2 Stb in den Ring, 3 Lm, *3 Stb in den Ring, 3 Lm, ab * noch 2 x wdh, Rd mit 1 Km in die obere der 3 Anf-Lm schließen. Faden abschneiden und durchziehen. Das Mittelmotiv mittig auf das Schlaufenmotiv legen und jede lange Schlaufe des Schlaufenteils durch einen 3-Lm-ZR des Mittelmotivs ziehen.

Runde 1: Garn B an eine Schlaufe des Schlaufenteils anfügen, 1 Lm, [1 fM, 3 Lm, 1 fM] in dieselbe Schlaufe, 8 Lm, *[1 fM, 3 Lm, 1 fM] in die folg Schlaufe, 8 Lm, ab * noch 2 x wdh, Rd mit 1 Km in die 1. fM schließen.

Runde 2: 3 Lm (zählen als 1 Stb), *[1 Stb, 3 Lm, 1 Stb] in den folg 3-Lm-ZR, 1 Stb in die folg fM, 8 Stb in den folg 8-Lm-ZR, 1 Stb in die folg fM, ab * bis Rd-Ende wdh, dabei das letzte Stb überg und die Rd mit 1 Km in die obere der 3 Anf-Lm schließen.

Runde 3: 1 Lm, 1 fM in das 1. Stb der Vor-Rd, 1 fM in das folg Stb, *[(1 fM, 1 Lm) x 2, 1 fM] in den folg 3-Lm-ZR**, 1 fM in jedes Stb bis zur Ecke, ab * noch 2 x wdh, dann von * bis ** noch 1 x wdh, 1 fM in jedes Stb bis Rd-Ende, Rd mit 1 Km in die 1. fM schließen, dabei auf Garn C wechseln. Garn B abschneiden.

Runde 4: 1 Lm, 1 fM in die 1. fM der Vor-Rd, 1 fM in in jede der folg 2 fM, *1 fM in den folg Lm-ZR, [1 fM, 1 Lm, 1 fM] in die folg fM, 1 fM in den folg Lm-ZR**, 1 fM in jede der folg 14 fM, ab * noch 2 x wdh, dann von * bis ** noch 1 x wdh, 1 fM in jede fM bis Rd-Ende, Rd mit 1 Km in die 1. fM schließen, dabei auf Garn D wechseln. Garn C abschneiden.

Runde 5: 1 Lm, 1 fM in die 1. fM der Vor-Rd, *1 fM in jede fM bis zur Ecke, [1 fM, 1 Lm, 1 fM] in den Eck-ZR, ab * noch 3 x wdh, 1 fM in jede fM bis Rd-Ende, Rd mit 1 Km in die 1. fM schließen.

Faden abschneiden, durchziehen und alle Fadenenden vernähen.

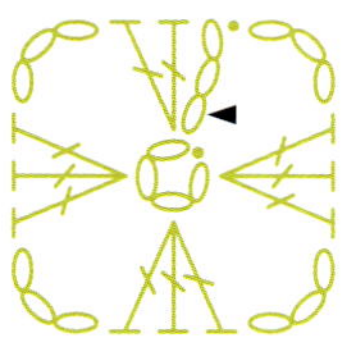

Mittelmotiv

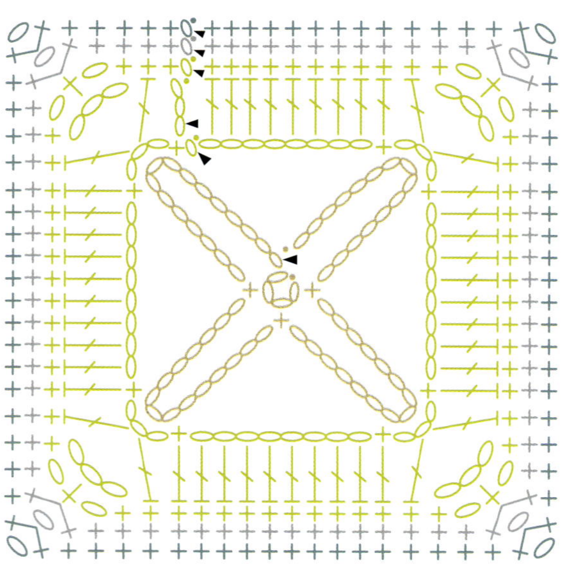

Verschränktes Kreuz

Siehe Seite 25

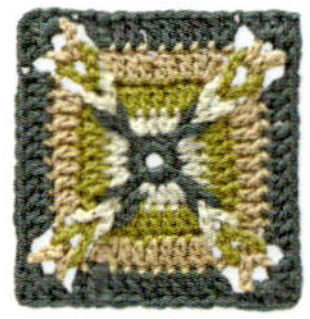

A = Waldgrün
B = Natur
C = Ringlotte
D = Auster

Anfangsring: Mit Garn A 4 Lm anschl und mit 1 Km zur Runde schließen.

Runde 1: 1 Lm, [3 fM in den Ring, 10 Lm] x 4, Rd mit 1 Km in die 1. fM schließen, dabei auf Garn B wechseln. Garn A abschneiden.

Runde 2: 2 Lm (zählen als 1 hStb), 1 hStb in die 1. fM der Vor-Rd, 1 hStb in die folg fM, 2 hStb in die folg fM, 12 Lm, *2 hStb in die folg fM, 1 hStb in in die folg fM, 2 hStb in die folg fM, 12 Lm, ab * noch 2 x wdh, Rd mit 1 Km in die obere der 2 Anf-Lm schließen, dabei auf Garn C wechseln. Garn B abschneiden.

Runde 3: 3 Lm (zählen als 1 Stb), 1 Stb in das 1. hStb der Vor-Rd, 1 Stb in jedes der folg 3 hStb, 2 Stb in das folg hStb, 12 Lm, *2 Stb in das folg hStb, 1 Stb in jedes der folg 3 hStb, 2 Stb in das folg hStb, 12 Lm, ab * noch 2 x wdh, Rd mit 1 Km in die obere der 3 Anf-Lm schließen, dabei auf Garn D wechseln. Garn C abschneiden.

Runde 4: 3 Lm (zählen als 1 Stb), 1 Stb in das 1. Stb der Vor-Rd, 1 Stb in jedes der folg 5 Stb, 2 Stb in das folg Stb, 12 Lm, *2 Stb in das folg Stb, 1 Stb in jedes der folg 5 Stb, 2 Stb in das folg Stb, 12 Lm, ab * noch 2 x wdh, Rd mit 1 Km in die obere der 3 Anf-Lm schließen, dabei auf Garn A wechseln. Garn D abschneiden. Die Schlinge vorsichtig von der Nd nehmen. Für die Eckschlaufen die Schlaufen der 1. Rd über die Schlaufen der 2. Rd, die Schlaufen der 2. Rd über die Schlaufen der 3. Rd und die Schlaufen der 3. Rd über die Schlaufen der 4. Rd ziehen. Die fallengelassene Schlinge wieder auf die Nd nehmen und mit Runde 5 fortfahren.

Runde 5: 3 Lm (zählen als 1 Stb), 1 Stb in das 1. Stb der Vor-R, 1 Stb in jedes der folg 7 Stb, 2 Stb in das folg Stb, 5 Stb in die 12-Lm-Schlaufe, *2 Stb in das folg Stb, 1 Stb in jedes der folg 7 Stb, 2 Stb in das folg Stb, 5 Stb in die 12-Lm-Schlaufe, ab * noch 2 x wdh, Rd mit 1 Km in die obere der 3 Anf-Lm schließen.

Faden abschneiden, durchziehen und alle Fadenenden vernähen.

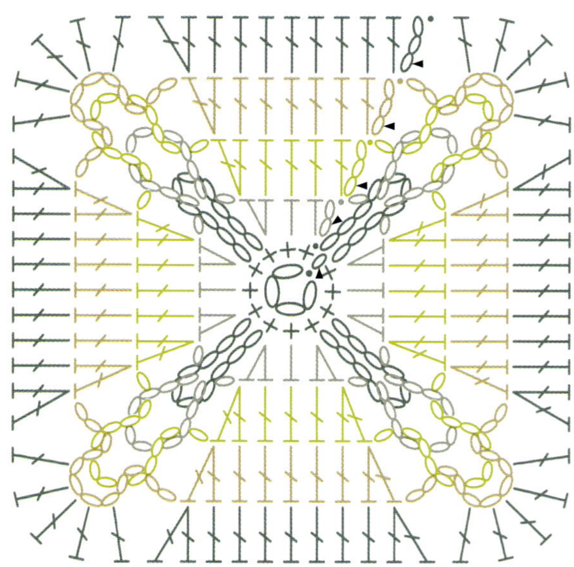

Gitterkreuz

Siehe Seite 27

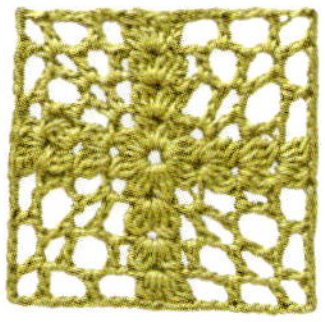

A = Ringlotte

BESONDERE MASCHEN

Anf-Bm (Anfangs-Büschelmasche aus 2 zus abgem Stb): [1 U, in die angegebene M einstechen, Faden holen und durchziehen, 1 U, Faden durch die 1. 2 Schl auf der Nd ziehen] x 2, 1 U, Faden durch alle 3 Schl auf der Nd ziehen.
Bm (Büschelmasche aus 3 zus abgem Stb): [1 U, in die angegebene M einstechen, Faden holen und durchziehen, 1 U, Faden durch die 1. 2 Schl auf der Nd ziehen] x 3, 1 U, Faden durch alle 4 Schl auf der Nd ziehen.

Anfangsring: Mit Garn A 4 Lm anschl und mit 1 Km zur Runde schließen.
Runde 1: 3 Lm (zählen als 1 Stb), Anf-Bm in den Ring, 1 Lm, Bm in den Ring, 3 Lm, *Bm in den Ring, 1 Lm, Bm in den Ring, 3 Lm, ab * noch 2 x wdh, Rd mit 1 Km in die Anf-Bm schließen.
Runde 2: 1 Km in den 1. Lm-ZR der Vor-Rd, [3 Lm, Anf-Bm, 1 Lm, Bm] in denselben Lm-ZR, *3 Lm, [1 Stb, 3 Lm] x 2 in den folg 3-Lm-ZR**, [Bm, 1 Lm, Bm] in den folg Lm-ZR, ab * noch 2 x wdh, dann von * bis ** noch 1 x wdh, Rd mit 1 Km in die Anf-Bm schließen.
Runde 3: 1 Km in den 1. Lm-ZR der Vor-Rd, [3 Lm, Anf-Bm, 1 Lm, Bm] in denselben Lm-ZR, 1 Lm, *1 Stb in den folg 3-Lm-ZR, 3 Lm, [1 Stb, 3 Lm] x 2 in den 3-Lm-Eck-ZR, 1 Stb in den folg 3-Lm-ZR, 1 Lm**, [Bm, 1 Lm] x 2 in den folg Lm-ZR, ab * noch 2 x wdh, dann von * bis ** noch 1 x wdh, Rd mit 1 Km in die Anf-Bm schließen.
Runde 4: 1 Km in den folg Lm-ZR, [3 Lm, Anf-Bm, 1 Lm, Bm] in denselben Lm-ZR, *3 Lm, folg Lm-ZR überg, 1 Stb in den folg 3-Lm-ZR, 3 Lm, [1 Stb, 3 Lm] x 2 in den 3-Lm-Eck-ZR, 1 Stb in den folg 3-Lm-ZR, 3 Lm, folg Lm-ZR überg**, [Bm, 1 Lm, Bm] in den folg Lm-ZR, ab * noch 2 x wdh, dann von * bis ** noch 1 x wdh, Rd mit 1 Km in die Anf-Bm schließen.
Faden abschneiden, durchziehen und vernähen.

3-D-Kreuz

Siehe Seite 24

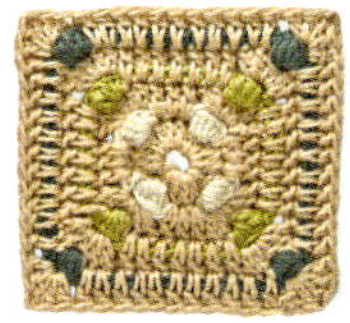

A = Auster
B = Natur
C = Ringlotte
D = Waldgrün

BESONDERE MASCHEN

N (Noppe aus 5 zus abgem Stb): Alle Stb werden in dieselbe Einstich-M gearbeitet. [1 U, in die angegebene M einstechen, Faden holen und durchziehen, 1 U, Faden durch die 1. 2 Schl auf der Nd ziehen] x 5, 1 U, Faden durch alle 6 Schl auf der Nd ziehen.
tStb (tiefgestochenes Stb): 1 U, in die angegebene M eine (oder mehrere) Rd unterhalb der Arbeits-Rd einstechen, Faden holen und auf Höhe der Arbeits-R ziehen, (1 U, Faden durch die 1. 2 Schl auf der Nd ziehen) x 2.

Anfangsring: Mit Garn A 6 Lm anschl und mit 1 Km zur Runde schließen.
Runde 1: 3 Lm (zählen als 1 Stb), 15 Stb in den Ring, Rd mit 1 Km in die obere der 3 Anf-Lm schließen. Garn A abschneiden und durchziehen.
Runde 2: Garn B anfügen, 1 Lm, 1 fM in das 1. Stb der Vor-Rd, *1 N in das folg Stb, 1 fM in jedes der folg 3 Stb, ab * bis Rd-Ende wdh, dabei die letzte fM überg, Rd mit 1 Km in die 1. fM schließen. Garn B abschneiden und durchziehen.
Runde 3: Garn A an eine N der Vor-Rd anfügen, 3 Lm (zählen als 1 Stb), 4 Stb in dieselbe N, 1 tStb in jede der folg 3 M, *5 Stb in die Eck-N, 1 tStb in jede der folg 3 M der 2. Rd, ab * noch 2 x wdh, Rd mit 1 Km in die obere der 3 Anf-Lm schließen. Garn A abschneiden und durchziehen.
Runde 4: Garn C anfügen, 1 Lm, 1 fM in das 1. Stb der Vor-Rd, *1 fM in die folg M, 1 N in die folg M, 1 fM in jede der folg 7 M, ab * bis Rd-Ende wdh, dabei bei der letzten Wdh 2 fM weniger hk, Rd mit 1 Km in die 1. fM schließen. Garn C abschneiden und durchziehen.
Runde 5: Garn A an eine N der Vor-Rd anfügen, 3 Lm (zählen als 1 Stb), 4 Stb in dieselbe N, 1 tStb in jede der folg 7 M der 4. Rd, *5 Stb in die Eck-N, 1 tStb in jede der folg 7 M der 4. Rd, ab * noch 2 x wdh, Rd mit 1 Km in die obere der 3 Anf-Lm schließen. Garn A abschneiden und durchziehen.
Runde 6: Garn D anfügen, 1 Lm, 1 fM in das 1. Stb der Vor-Rd, 1 fM in die folg M, *1 N in die folg M, 1 fM in jede der folg 11 M, ab * bis Rd-Ende wdh, dabei bei der letzten Wdh 2 fM weniger hk, Rd mit 1 Km in die 1. fM schließen. Garn D abschneiden und durchziehen.
Runde 7: Garn A an eine N der Vor-Rd anfügen, 3 Lm (zählen als 1 Stb), 4 Stb in dieselbe N, 1 tStb in jede der folg 11 M der 6. Rd, *5 Stb in die Eck-N, 1 tStb in jede der folg 11 M der 6. Rd, ab * noch 2 x wdh, Rd mit 1 Km in die obere der 3 Anf-Lm schließen.
Faden abschneiden, durchziehen und alle Fadenenden vernähen.

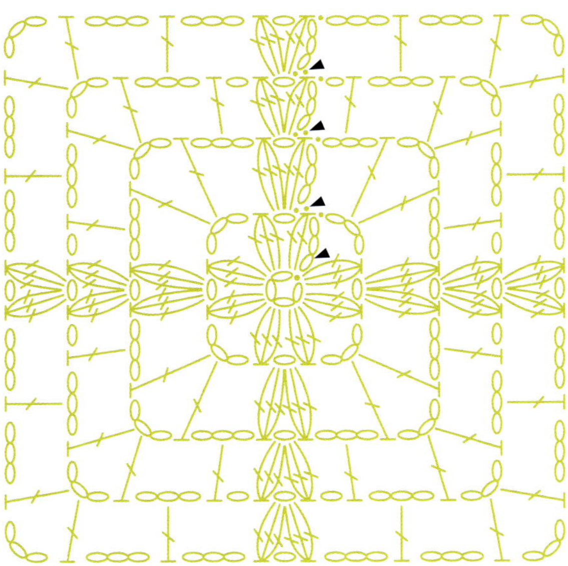

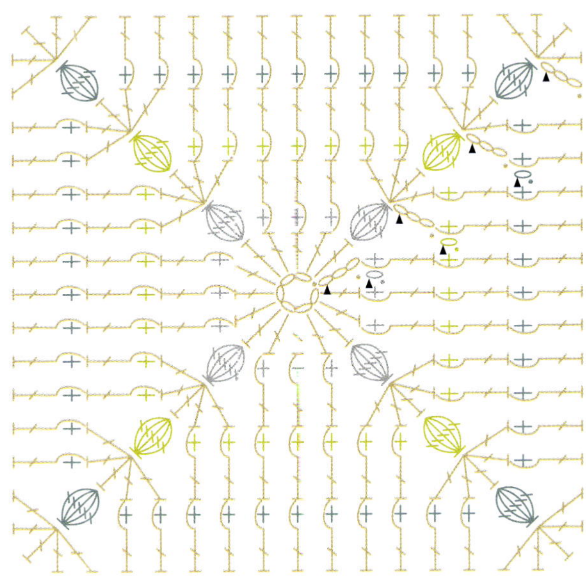

Feuerrad

Siehe Seite 26

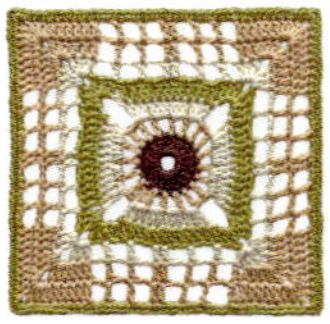

A = Granatapfel
B = Auster
C = Natur
D = Ringlotte

Anfangsring: Mit Garn A 6 Lm anschl und mit 1 Km zur Runde schließen.
Runde 1: 3 Lm (zählen als 1 Stb), 19 Stb in den Ring, Rd mit 1 Km in die obere der 3 Anf-Lm schließen, dabei auf Garn B wechseln. Garn A abschneiden. (20 Stb)
Runde 2: 4 Lm (zählen als 1 Stb und 1 Lm), [1 Stb in das folg Stb, 1 Lm] x 19, Rd mit 1 Km in die obere der 3 Anf-Lm schließen, dabei auf Garn C wechseln. Garn B abschneiden. (20 Stb)
Runde 3: 1 Km in den 1. Lm-ZR der Vor-Rd, 3 Lm (zählen als 1 Stb), 2 Stb in denselben Lm-ZR, [3 Stb in den folg Lm-ZR] x 3, 5 Lm, *folg Lm-ZR überg, [3 Stb in den folg Lm-ZR] x 4, 5 Lm, ab * noch 2 x wdh und Rd mit 1 Km in die obere der 3 Anf-Lm schließen, dabei auf Garn D wechseln. Garn C abschneiden.
Runde 4: 3 Lm (zählen als 1 Stb), 1 Stb in jedes Stb und [3 Stb, 2 Lm, 3 Stb] in jeden 5-Lm-Eck-ZR der Vor-Rd arb, Rd mit 1 Km in die obere der 3 Anf-Lm schließen. Garn D abschneiden und durchziehen.
Runde 5: Garn C an ein erstes von 6 Eck-Stb der Vor-Rd anfügen, 5 Lm (zählen als 1 Stb und 2 Lm), folg 2 Stb überg, *[3 Stb, 2 Lm, 3 Stb] in den 2-Lm-Eck-ZR, [2 Lm, folg 2 Stb überg, 1 Stb in das folg Stb] x 3**, [1 Stb in das folg Stb, 2 Lm, folg 2 Stb überg] x 3, ab * noch 2 x wdh, dann von * bis ** noch 1 x wdh, [1 Stb in das folg Stb, 2 Lm, folg 2 Stb überg] x 2, Rd mit 1 Km in die 3. der 5 Lm schließen, dabei auf Garn B wechseln. Garn C abschneiden.
Runde 6: 5 Lm (zählen als 1 Stb und 2 Lm), *1 Stb in jedes der folg 3 Stb, [3 Stb, 2 Lm, 3 Stb] in den 2-Lm-Eck-ZR, 1 Stb in jedes der folg 3 Stb, [2 Lm, 1 Stb in das folg Stb] x 3**, [1 Stb in das folg Stb, 2 Lm] x 3, ab * noch 2 x wdh, dann von * bis ** noch 1 x wdh, [1 Stb in das folg Stb, 2 Lm] x 2, Rd mit 1 Km in die 3. der 5 Lm schließen.
Runde 7: 5 Lm (zählen als 1 Stb und 2 Lm), *1 Stb in jedes der folg 6 Stb, [3 Stb, 2 Lm, 3 Stb] in den 2-Lm-Eck-ZR, 1 Stb in jedes der folg 6 Stb, [2 Lm, 1 Stb in das folg Stb] x 3**, [1 Stb in das folg Stb, 2 Lm] x 3, ab * noch 2 x wdh, dann von * bis ** noch 1 x wdh, [1 Stb in das folg Stb, 2 Lm] x 2, Rd mit 1 Km in die 3. der 5 Lm schließen, dabei auf Garn D wechseln. Garn B abschneiden.
Runde 8: 1 Lm, 1 fM in jedes Stb, 2 fM in jeden 2-Lm-ZR entlang den Seiten des Quadrats und 3 fM in jeden 2-Lm-Eck-ZR der Vor-Rd arb, Rd mit 1 Km in die 1. fM schließen.
Faden abschneiden, durchziehen und alle Fadenenden vernähen.

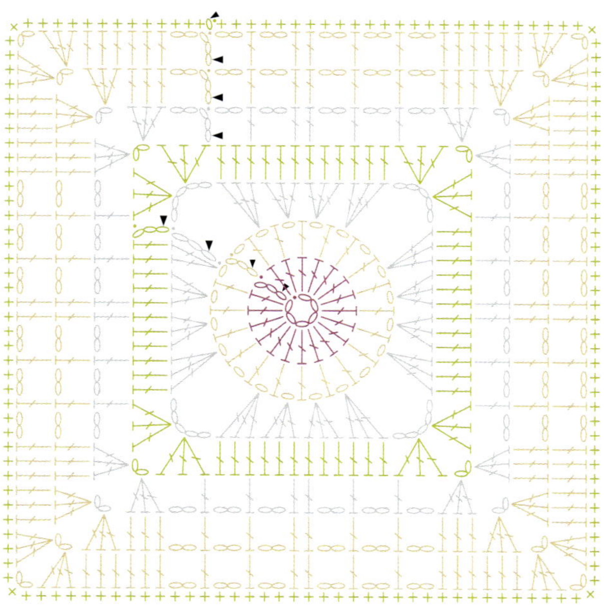

Gotisches Kreuz

Siehe Seite 25

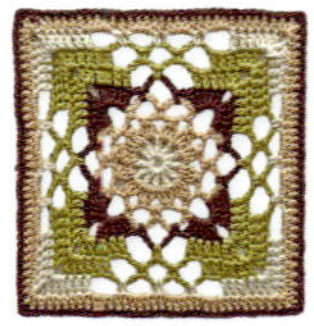

A = Natur
B = Auster
C = Granatapfel
D = Ringlotte

BESONDERE MASCHEN

Anf-Bm (Anfangs-Büschelmasche aus 2 zus abgem Stb): [1 U, in die angegebene M einstechen, Faden holen und durchziehen, 1 U, Faden durch die 1. 2 Schl auf der Nd ziehen] x 2, 1 U, Faden durch alle 3 Schl auf der Nd ziehen.
Bm (Büschelmasche aus 3 zus abgem Stb): [1 U, in die angegebene M einstechen, Faden holen und durchziehen, 1 U, Faden durch die 1. 2 Schl auf der Nd ziehen] x 3, 1 U, Faden durch 4 Schl auf der Nd ziehen.

Anfangsring: Mit Garn A 4 Lm anschl und mit 1 Km zur Runde schließen.
Runde 1: 4 Lm (zählen als 1 Stb und 1 Lm), [1 Stb in den Ring, 1 Lm] x 11, 1 Km in die 3. der 4 Lm, dabei auf Garn B wechseln. Garn A abschneiden.
Runde 2: 3 Lm (zählen als 1 Stb), Anf-Bm in den 1. Lm-ZR, [3 Lm, Bm in den folg Lm-ZR] x 11, 3 Lm, 1 Km in die Anf-Bm.
Runde 3: 1 Km in die Anf-Bm und den folg Lm-ZR, 1 Lm, 1 fM in denselben Lm-ZR, [5 Lm, 1 fM in den folg Lm-ZR] x 11, 5 Lm, 1 Km in die 1. fM. Garn B abschneiden und durchziehen.
Runde 4: Garn C an einen 5-Lm-ZR der Vor-Rd anfügen, 3 Lm (zählen als 1 Stb), 4 Stb in denselben Lm-ZR, *1 Lm, 1 fM in den folg Lm-ZR, 5 Lm, 1 fM in den folg Lm-ZR, 1 Lm**, [5 Stb, 3 Lm, 5 Stb] in den folg Lm-ZR, ab * 2 x wdh, dann von * bis ** 1 x wdh, 5 Stb in den folg 5-Lm-ZR, 3 Lm, 1 Km in die obere der 3 Anf-Lm. Garn C abschneiden und durchziehen.
Runde 5: Garn D an einen Eck-ZR anfügen, 3 Lm, [1 Stb, 2 Lm, 2 Stb] in denselben Lm-ZR, *1 Stb in jedes der folg 4 Stb, 5 Lm, 1 fM in den folg Lm-ZR, 5 Lm, 1 Stb überg, 1 Stb in jedes der folg 4 Stb**, [2 Stb, 2 Lm, 2 Stb] in den folg Lm-ZR, ab * 2 x wdh, von * bis ** 1 x wdh, 1 Km in die obere der 3 Anf-Lm.
Runde 6: 3 Lm (zählen als 1 Stb), 1 Stb in das folg Stb, [2 Stb, 2 Lm, 2 Stb] in den folg Eck-ZR, *1 Stb in jedes der folg 4 Stb, [5 Lm, 1 fM in den folg 5-Lm-ZR] x 2, 5 Lm, folg 2 Stb überg**, 1 Stb in jedes der folg 4 Stb, [2 Stb, 2 Lm, 2 Stb] in den folg LmZR, ab * 2 x wdh, von * bis ** 1 x wdh, 1 Stb in jedes der folg 2 Stb, 1 Km in die obere der 3 Anf-Lm, dabei auf Garn A wechseln. Garn D abschneiden.
Runde 7: 3 Lm (zählen als 1 Stb), 1 Stb in jedes der folg 3 Stb, [2 Stb, 2 Lm, 2 Stb] in den folg Eck-ZR, *1 Stb in jedes der folg 4 Stb, [5 Lm, 1 fM in den folg 5-Lm-ZR] x 3, 5 Lm, folg 2 Stb überg**, 1 Stb in jedes der folg 4 Stb, [2 Stb, 2 Lm, 2 Stb] in den folg 2-Lm-ZR, ab * 2 x wdh, von * bis ** 1 x wdh, 1 Km in die obere der 3 Anf-Lm, dabei auf Garn B wechseln. Garn A abschneiden.
Runde 8: 2 Lm (zählen als 1 hStb), 1 hStb in jedes der folg 5 Stb, *3 hStb in den folg Eck-ZR, 1 hStb in jedes der folg 6 Stb, [4 hStb in den folg Lm-ZR, 1 hStb in die folg fM] x 3, 4 hStb in den folg Lm-ZR**, 1 hStb in jedes der folg 6 Stb, ab * 2 x wdh, von * bis ** 1 x wdh, 1 Km in die obere der 2 Anf-Lm, dabei auf Garn C wechseln. Garn B abschneiden.
Runde 9: 1 Lm, 1 fM in jede M und 3 fM in jedes Eck-hStb (mittleres der 3 hStb an der Ecke) der Vor-Rd arb, 1 Km in die 1. fM.
Faden abschneiden, durchziehen und alle Fadenenden vernähen.

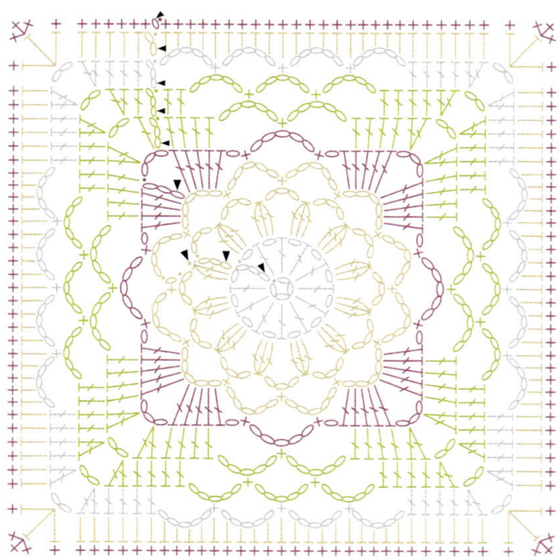

Dreifachkreuz

Siehe Seite 26

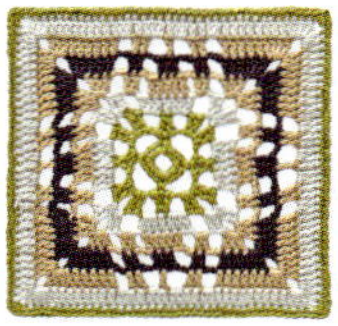

A = Ringlotte
B = Natur
C = Auster
D = Johannisbeere

BESONDERE MASCHEN

2 Stb zus-hk (2 Stb zusammen häkeln): [1 U, in die angegebene M einstechen, Faden holen und durchziehen, 1 U, Faden durch die 1. 2 Schl auf der Nd ziehen] x 2, 1 U, Faden durch alle 3 Schl auf der Nd ziehen.

Anfangsring: Mit Garn A 8 Lm anschl und mit 1 Km zur Runde schließen.
Runde 1: 1 Lm, 16 fM in den Ring, Rd mit 1 Km in die 1. fM schließen.
Runde 2: 1 Lm, 1 fM in die 1. fM der Vor-Rd, [7 Lm, folg 3 fM überg, 1 fM in die folg fM,] x 3, 7 Lm, folg 3 fM überg, Rd mit 1 Km in die 1. fM schließen.
Runde 3: 3 Km in den folg 7-Lm-ZR, 3 Lm (zählen als 1 Stb), 1 Stb in denselben Lm-ZR, *3 Lm, 2 Stb in denselben Eck-ZR, 3 Lm, 2 Stb zus-hk, dabei das 1. Stb in denselben Eck-ZR und das 2. Stb in den folg 7-Lm-ZR arb, 3 Lm, 2 Stb in denselben 7-Lm-ZR, ab * noch 3 x wdh, dabei bei der letzten Wdh die letzten 2 Stb nicht arb, Rd mit 1 Km in die obere der 3 Anf-Lm schließen. Garn A abschneiden und durchziehen.
Runde 4: Garn B an den 1. 3-Lm-Eck-ZR der Vor-Rd anfügen, 3 Lm (zählen als 1 Stb), 1 Stb in denselben Eck-ZR, *3 Lm, 2 Stb in denselben Eck-ZR, 3 Lm, folg 2 Stb überg, 3 Stb in den folg 3-Lm-ZR, 1 Stb in die 2 zus gehk Stb, 3 Stb in den folg 3-Lm-ZR, 3 Lm, folg 2 Stb überg, 2 Stb in den folg Eck-ZR, ab * noch 3 x wdh, dabei bei der letzten Wdh die letzten 2 Stb nicht arb, Rd mit 1 Km in die obere der 3 Anf-Lm schließen. Garn B abschneiden und durchziehen.
Runde 5: Garn C an den 1. 3-Lm-Eck-ZR der Vor-Rd anfügen, 3 Lm (zählen als 1 Stb), 2 Stb in denselben Eck-ZR, *3 Lm, 3 Stb in denselben Eck-ZR, 2 Lm, 2 Stb in den folg 3-Lm-ZR, 2 Lm, 1 Stb überg, 1 Stb in jedes der folg 5 Stb, 2 Lm, 2 Stb in den folg 3-Lm-ZR, 2 Lm, 3 Stb in den folg 3-Lm-ZR, ab * noch 3 x wdh, dabei bei der letzten Wdh die letzten 3 Stb nicht arb, Rd mit 1 Km in die obere der 3 Anf-Lm schließen, dabei auf Garn D wechseln. Garn C abschneiden.
Runde 6: 3 Lm (zählen als 1 Stb), 1 Stb in jedes der folg 2 Stb, *[3 Stb, 3 Lm, 3 Stb] in den folg Eck-ZR, 1 Stb in jedes der folg 3 Stb, 2 Lm, 1 Stb in jedes der folg 2 Stb, 2 Lm, 1 Stb überg, 1 Stb in jedes der folg 3 Stb, 2 Lm, 1 Stb überg, 1 Stb in jedes der folg 2 Stb, 2 Lm, 1 Stb in jedes der folg 3 Stb, ab * noch 3 x wdh, dabei bei der letzten Wdh die letzten 3 Stb nicht arb Rd mit 1 Km in die obere der 3 Anf-Lm schließen, dabei auf Garn C wechseln. Garn D abschneiden.
Runde 7: 3 Lm (zählen als 1 Stb), 1 Stb in jedes der folg 5 Stb, *[3 Stb, 3 Lm, 3 Stb] in den folg Eck-ZR, 1 Stb in jedes der folg 6 Stb, 2 Lm, 1 Stb in jedes der folg 2 Stb, 2 Lm, 1 Stb überg, 1 Stb in das folg Stb, 1 Stb überg, 2 Lm, 1 Stb in jedes der folg 2 Stb, 2 Lm, 1 Stb in jedes der folg 6 Stb, ab * noch 3 x wdh, dabei bei der letzten Wdh die letzten 6 Stb nicht arb, Rd mit 1 Km in die obere der 3 Anf-Lm schließen, dabei auf Garn B wechseln. Garn C abschneiden.
Runde 8: 3 Lm (zählen als 1 Stb), 1 Stb in jedes Stb, 2 Stb in jeden 2-Lm-ZR und [3 Stb, 3 Lm, 3 Stb] in jeden 3-Lm-Eck-ZR der Vor-Rd arb, Rd mit 1 Km in die obere der 3 Anf-Lm schließen, dabei auf Garn A wechseln. Garn B abschneiden.
Runde 9: 1 Lm, 1 fM in jedes Stb und 3 fM in jeden 3-Lm-Eck-ZR der Vor-Rd, Rd mit 1 Km in die 1. fM schließen.
Faden abschneiden, durchziehen und alle Fadenenden vernähen.

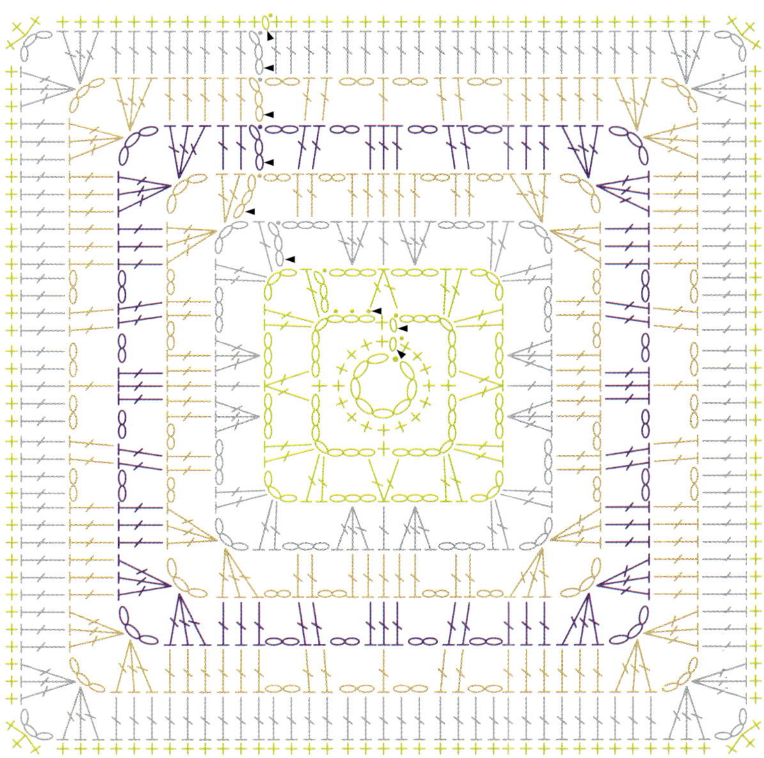

Kompassrose

Siehe Seite 26

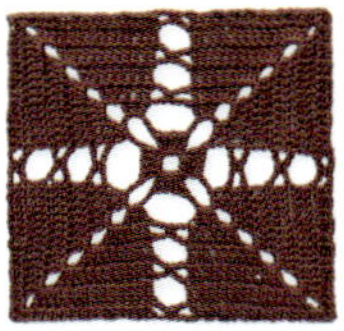

A = Granatapfel

Anfangsring: Mit Garn A 6 Lm anschl und mit 1 Km zur Runde schließen.

Runde 1: 3 Lm (zählen als 1 Stb), 4 Stb in den Ring, 8 Lm, [5 Stb, 8 Lm] x 3 in den Ring, Rd mit 1 Km in die obere der 3 Anf-Lm schließen.

Runde 2: Je 1 Km in die folg 4 Stb und 4 Km in den folg 8-Lm-ZR, 3 Lm, [2 Stb, 3 Lm, 3 Stb] in denselben Lm-ZR, 5 Lm, *[3 Stb, 3 Lm, 3 Stb] in den folg 8-Lm-ZR, 5 Lm, ab * noch 2 x wdh, Rd mit 1 Km in die obere der 3 Anf-Lm schließen.

Runde 3: 3 Lm, 1 Stb in jedes der folg 2 Stb, *[3 Stb, 3 Lm, 3 Stb] in den folg Eck-ZR, 1 Stb in jedes der folg 3 Stb, 2 Lm, 1 fM in die 3. M des folg 5-Lm-ZR, 2 Lm**, 1 Stb in jedes der folg 3 Stb, ab * noch 2 x wdh, dann von * bis ** noch 1 x wdh, Rd mit 1 Km in die obere der 3 Anf-Lm schließen.

Runde 4: 3 Lm, 1 Stb in jedes der folg 5 Stb, *[3 Stb, 3 Lm, 3 Stb] in den folg Eck-ZR, 1 Stb in jedes der folg 6 Stb, 5 Lm, folg 2 2-Lm-ZR überg**, 1 Stb in jedes der folg 6 Stb, ab * noch 2 x wdh, dann von * bis ** noch 1 x wdh, Rd mit 1 Km in die obere der 3 Anf-Lm schließen.

Runde 5: 3 Lm, 1 Stb in jedes der folg 8 Stb, *[3 Stb, 3 Lm, 3 Stb] in den folg Eck-ZR, 1 Stb in jedes der folg 9 Stb, 2 Lm, 1 fM in die 3. M des folg 5-Lm-ZR, 2 Lm**, 1 Stb in jedes der folg 9 Stb, ab * noch 2 x wdh, dann von * bis ** noch 1 x wdh, Rd mit 1 Km in die obere der 3 Anf-Lm schließen.

Runde 6: 3 Lm, 1 Stb in jedes der folg 11 Stb, *[3 Stb, 3 Lm, 3 Stb] in den folg Eck-ZR, 1 Stb in jedes der folg 12 Stb, 5 Lm, folg 2 2-Lm-ZR überg**, 1 Stb in jedes der folg 12 Stb, ab * noch 2 x wdh, dann von * bis ** noch 1 x wdh, Rd mit 1 Km in die obere der 3 Anf-Lm schließen.

Runde 7: 2 Lm (zählen als 1 hStb), 1 hStb in jedes Stb, [2 Lm, 1 fM, 2 Lm] in jeden 5-Lm-ZR und 3 hStb in jeden 3-Lm-Eck-ZR der Vor-Rd arb, Rd mit 1 Km in die obere der 2 Anf-Lm schließen.

Faden abschneiden, durchziehen und vernähen.

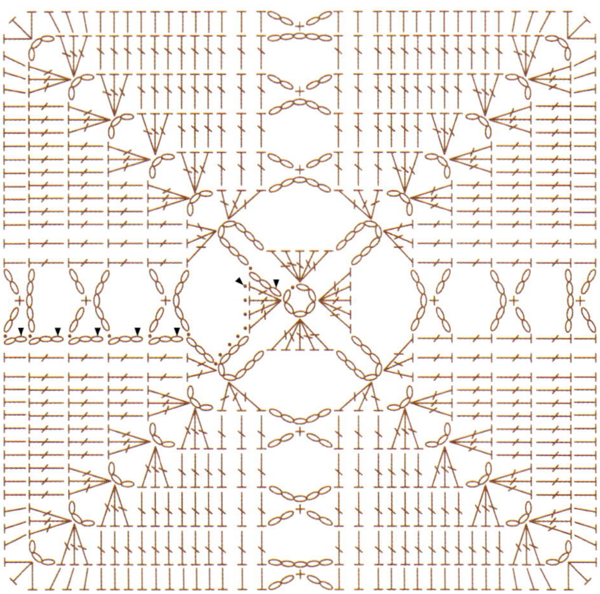

Doppeltes Popcornkreuz

Siehe Seite 25

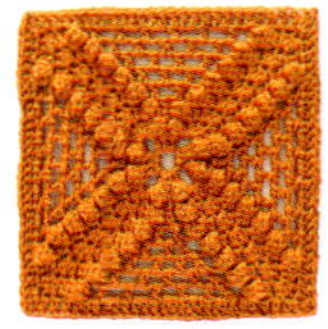

A = Kaki

BESONDERE MASCHEN

Pm (Popcornmasche): 5 Stb in die angegebene M arb, die Schl vorsichtig von der Nd nehmen, von vorne nach hinten in das Köpfchen des 1. Stb einstechen, die fallengelassene Schl wieder auf die Nd nehmen und durchziehen.

Anfangsring: Mit Garn A 6 Lm anschl und mit 1 Km zur Runde schließen.

Runde 1: 3 Lm (zählen als 1 Stb), 1 Stb in den Ring, [3 Lm, 3 Stb in den Ring] x 3, 3 Lm, 1 Stb in den Ring, 1 Km in die obere der 3 Anf-Lm.

Runde 2: 3 Lm (zählen als 1 Stb), *1 Pm in die folg M, 5 Stb in den folg 3-Lm-ZR, 1 Pm in das folg Stb**, 1 Stb in das folg Stb, ab * 2 x wdh, dann von * bis ** 1 x wdh, 1 Km in die obere der 3 Anf-Lm.

Runde 3: 5 Lm (zählen als 1 Stb und 2 Lm), *1 Pm überg, 1 Pm in das folg Stb, 1 Stb in das folg Stb, 3 Stb in das folg Stb, 1 Stb in das folg Stb, 1 Pm in das folg Stb, 2 Lm, 1 Pm überg**, 1 Stb in das folg Stb, 2 Lm, ab * 2 x wdh, dann von * bis ** 1 x wdh, 1 Km in die 3. der 5 Anf-Lm.

Runde 4: 1 Km in den folg 2-Lm-ZR, 5 Lm (zählen als 1 Stb und 2 Lm), *1 Pm überg, 1 Pm in das folg Stb, 1 Stb in das folg Stb, 3 Stb in das folg Stb, 1 Stb in das folg Stb, 1 Pm in das folg Stb, 2 Lm, 1 Pm überg**, [1 Stb in den folg 2-Lm-ZR, 2 Lm] x 2, ab * 2 x wdh, dann von * bis ** 1 x wdh, 1 Stb in den folg 2-Lm-ZR, 2 Lm, 1 Km in die 3. der 5 Anf-Lm.

Runde 5: 1 Km in den folg 2-Lm-ZR, 5 Lm (zählen als 1 Stb und 2 Lm), *1 Pm überg, 1 Pm in das folg Stb, 1 Stb in das folg Stb, 3 Stb in das folg Stb, 1 Stb in das folg Stb, 1 Pm in das folg Stb, 2 Lm, 1 Pm überg**, [1 Stb in den folg 2-Lm-ZR, 2 Lm] x 3, ab * 2 x wdh, von * bis ** 1 x wdh, [1 Stb in den folg 2-Lm-ZR, 2 Lm] x 2, 1 Km in die 3. der 5 Anf-Lm.

Runde 6: 1 Km in den folg 2-Lm-ZR, 5 Lm (zählen als 1 Stb und 2 Lm), *1 Pm überg, 1 Pm in das folg Stb, 1 Stb in das folg Stb, 3 Stb in das folg Stb, 1 Stb in das folg Stb, 1 Pm in das folg Stb, 2 Lm, 1 Pm überg**, [1 Stb in den folg 2-Lm-ZR, 2 Lm] x 4, ab * 2 x wdh, von * bis ** 1 x wdh, [1 Stb in den folg 2-Lm-ZR, 2 Lm] x 3, 1 Km in die 3. der 5 Anf-Lm.

Runde 7: 1 Km in den folg 2-Lm-ZR, 5 Lm (zählen als 1 Stb und 2 Lm), *1 Pm überg, 1 Pm in das folg Stb, 1 Stb in das folg Stb, 3 Stb in das folg Stb, 1 Stb in das folg Stb, 1 Pm in das folg Stb, 2 Lm, 1 Pm überg**, [1 Stb in den folg 2-Lm-ZR, 2 Lm] x 5, ab * 2 x wdh, von * bis ** 1 x wdh, [1 Stb in den folg 2-Lm-ZR, 2 Lm] x 4, 1 Km in die 3. der 5 Anf-Lm.

Runde 8: 1 Km in den folg 2-Lm-ZR, 5 Lm (zählen als 1 Stb und 2 Lm), *1 Pm überg, 1 Pm in das folg Stb, 1 Stb in das folg Stb, 3 Stb in das folg Stb, 1 Stb in das folg Stb, 1 Pm in das folg Stb, 2 Lm, 1 Pm überg**, [1 Stb in den folg 2-Lm-ZR, 2 Lm] x 6, ab * 2 x wdh, von * bis ** 1 x wdh, [1 Stb in den folg 2-Lm-ZR, 2 Lm] x 5, 1 Km in die 3. der 5 Anf-Lm.

Runde 9: 3 Lm (zählen als 1 Stb), *2 Stb in den folg 2-Lm-ZR, 1 Stb in die folg Pm, 1 Stb in jedes der folg 2 Stb, 3 Stb in das folg Stb, 1 Stb in jedes der folg 2 Stb, 1 Stb in die folg Pm, [2 Stb in den folg 2-Lm-ZR, 1 Stb in die folg M] x 6, ab * 3 x wdh, bei der letzten Wdh das letzte Stb nicht arb, 1 Km in die obere der 3 Anf-Lm.

Faden abschneiden, durchziehen und vernähen.

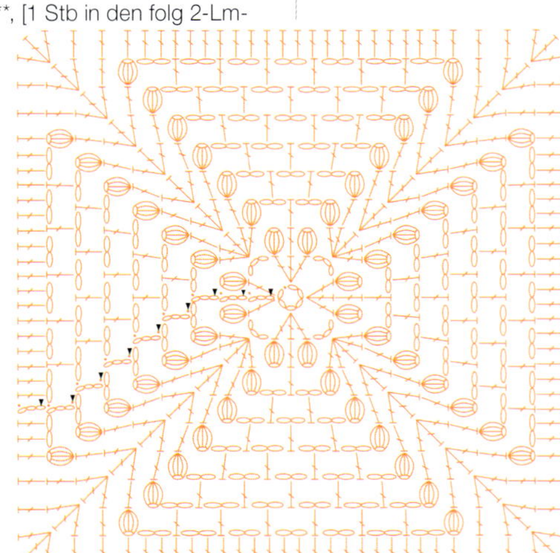

Wisteria

Siehe Seite 24

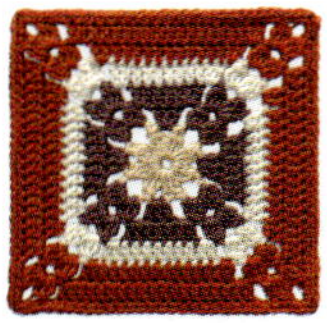

A = Auster
B = Granatapfel
C = Natur
D = Blutorange

BESONDERE MASCHEN

Anf-Bm (Anfangs-Büschelmasche aus 2 zus abgem Stb): [1 U, in die angegebene M einstechen, Faden holen und durchziehen, 1 U, Faden durch die 1. 2 Schl auf der Nd ziehen] x 2, 1 U, Faden durch alle 3 Schl auf der Nd ziehen.

Bm (Büschelmasche aus 3 zus abgem Stb): [1 U, in die angegebene M einstechen, Faden holen und durchziehen, 1 U, Faden durch die 1. 2 Schl auf der Nd ziehen] x 3, 1 U, Faden durch alle 4 Schl auf der Nd ziehen.

Anfangsring: Mit Garn A 4 Lm anschl und mit 1 Km zur Runde schließen.

Runde 1: 3 Lm (zählen als 1 Stb), Anf-Bm in den Ring, 5 Lm, *Bm in den Ring, 2 Lm**, Bm in den Ring, 5 Lm, ab * noch 2 x wdh, dann von * bis ** noch 1 x wdh, Rd mit 1 Km in die obere der 3 Anf-Lm schließen. Garn A abschneiden und durchziehen.

Runde 2: Garn B an einen 5-Lm-Eck-ZR der Vor-Rd anfügen, 3 Lm (zählen als 1 Stb), [Anf-Bm, 2 Lm, Bm] in denselben Lm-ZR, *2 Lm, 3 Stb in den folg 2-Lm-ZR, 2 Lm**, [Bm, 2 Lm, Bm] in den folg 5-Lm-ZR, ab * noch 2 x wdh, dann von * bis ** noch 1 x wdh, Rd mit 1 Km in die obere der 3 Anf-Lm schließen.

Runde 3: 1 Km in die folg Bm und den folg 2-Lm-Eck-ZR, 3 Lm (zählen als 1 Stb), [Anf-Bm, 2 Lm, Bm] in denselben Eck-ZR, *2 Lm, 2 Stb in den folg 2-Lm-ZR, 1 Stb in jedes der folg 3 Stb, 2 Stb in den folg 2-Lm-ZR, 2 Lm**, [Bm, 2 Lm, Bm] in den folg 2-Lm-ZR, ab * noch 2 x wdh, dann von * bis ** noch 1 x wdh, Rd mit 1 Km in die obere der 3 Anf-Lm schließen. Garn B abschneiden und durchziehen.

Runde 4: Garn C an den 1. 2-Lm-Eck-ZR der Vor-Rd anfügen, 3 Lm (zählen als 1 Stb), [Anf-Bm, 2 Lm, Bm] in denselben Lm-ZR, *2 Lm, 2 Stb in den folg 2-Lm-ZR, 1 Stb in jedes der folg 7 Stb, 2 Stb in den folg 2-Lm-ZR, 2 Lm**, [Bm, 2 Lm, Bm] in den folg 2-Lm-ZR, ab * noch 2 x wdh, dann von * bis ** noch 1 x wdh, Rd mit 1 Km in die obere der 3 Anf-Lm schließen. Garn C abschneiden und durchziehen.

Runde 5: Garn D an den 1. 2-Lm-Eck-ZR der Vor-Rd anfügen, 3 Lm (zählen als 1 Stb), [Anf-Bm, 2 Lm, Bm] in denselben Lm-ZR, *2 Lm, 2 Stb in den folg 2-Lm-ZR, 1 Stb in jedes der folg 11 Stb, 2 Stb in den folg 2-Lm-ZR, 2 Lm**, [Bm, 2 Lm, Bm] in den folg 2-Lm-ZR, ab * noch 2 x wdh, dann von * bis ** noch 1 x wdh, Rd mit 1 Km in die obere der 3 Anf-Lm schließen.

Runde 6: Je 1 Km in die folg Bm und den folg 2-Lm-Eck-ZR, 3 Lm (zählen als 1 Stb), [Anf-Bm, 2 Lm, Bm] in denselben Lm-ZR, *2 Lm, 2 Stb in den folg 2-Lm-ZR, 1 Stb in jedes der folg 15 Stb, 2 Stb in den folg 2-Lm-ZR, 2 Lm**, [Bm, 2 Lm, Bm] in den folg 2-Lm-ZR, ab * noch 2 x wdh, dann von * bis ** noch 1 x wdh, Rd mit 1 Km in die obere der 3 Anf-Lm schließen.

Runde 7: 1 Lm, 1 fM in die 1. Bm der Vor-Rd, 1 fM in jedes Stb und jede Bm, 2 fM in jeden 2-Lm-ZR und [2 fM, 1 Lm, 2 fM] in jeden 2-Lm-Eck-ZR der Vor-Rd arb, Rd mit 1 Km in die 1. fM schließen.

Faden abschneiden, durchziehen und alle Fadenenden vernähen.

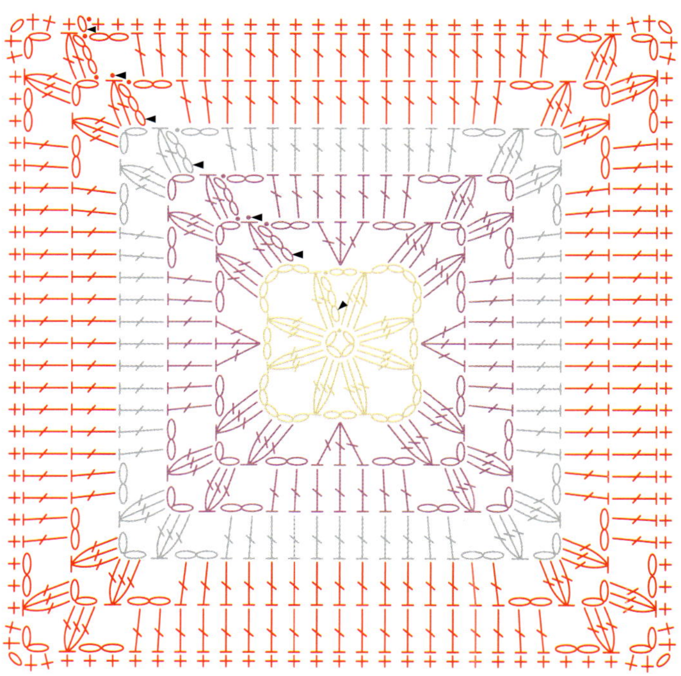

Dänischer Diamant

Siehe Seite 27

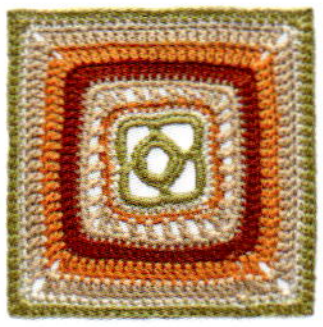

A = Ringlotte
B = Natur
C = Kaki
D = Auster
E = Blutorange

Anfangsring: Mit Garn A 10 Lm anschl und mit 1 Km zur Runde schließen.
Runde 1: 1 Lm, 20 fM in den Ring, Rd mit 1 Km in die 1. fM schließen. (20 fM)
Runde 2: 1 Lm, 1 fM in die 1. fM der Vor-Rd, 8 Lm, *folg 4 fM überg, 1 fM in die folg fM, 8 Lm, ab * noch 2 x wdh, Rd mit 1 Km in die 1. fM schließen.
Runde 3: 1 Lm, 1 fM in die 1. fM der Vor-Rd, [9 fM in den folg 8-Lm-ZR, 1 fM in die folg fM,] x 3, 9 fM in den folg 8-Lm-ZR, Rd mit 1 Km in die 1. fM schließen. Garn A abschneiden und durchziehen.
Runde 4: Garn B an eine Eck-fM (5. der 9 fM an der Ecke) der Vor-Rd anfügen, 1 Lm, 2 fM in dieselbe M, [1 fM in jede der folg 9 fM, 2 fM in die folg fM] x 3, 1 fM in jede der folg 9 fM, Rd mit 1 Km in die 1. fM schließen, dabei auf Garn C wechseln. Garn B abschneiden.
Runde 5: 1 Lm, 2 fM in die 1. fM der Vor-Rd, [1 fM in jede der folg 10 fM, 2 fM in die folg fM] x 3, 1 fM in jede der folg 10 fM, Rd mit 1 Km in die 1. fM schließen, dabei auf Garn D wechseln. Garn C abschneiden.
Runde 6: 4 Lm (zählen als 1 Stb und 1 Lm), 1 Stb in die 1. fM der Vor-Rd, *1 Lm, [1 Stb in die folg fM, 1 Lm, 1 fM überg] x 5, 1 Stb in die folg fM, 1 Lm**, [1 Stb, 1 Lm, 1 Stb] in die folg fM, ab * noch 2 x wdh, dann von * bis ** noch 1 x wdh, Rd mit 1 Km in die 3. der 4 Lm schließen.
Runde 7: 1 Lm, 1 fM das 1. Stb der Vor-Rd, 3 fM in den Eck-ZR, 1 fM in das folg Stb, *[1 fM in den folg Lm-ZR, 1 fM in das folg Stb] x 7, 3 fM in den folg Eck-ZR, 1 fM in das folg Stb, ab * noch 2 x wdh, [1 fM in den folg Lm-ZR, 1 fM in das folg Stb] x 6, 1 fM in den letzten Lm-ZR, Rd mit 1 Km in die 1. fM schließen, dabei auf Garn E wechseln. Garn D abschneiden.
Runde 8: 3 Lm (zählen als 1 Stb), 1 Stb in jede M und 3 Stb in jede Eck-fM (mittlere der 3 fM an der Ecke) der Vor-Rd arb, Rd mit 1 Km in die obere der 3 Anf-Lm schließen, dabei auf Garn C wechseln. Garn E abschneiden.
Runde 9: 3 Lm (zählen als 1 Stb), 1 Stb in jede M und [1 Stb, 2 Lm, 1 Stb] in jedes Eck-Stb (mittleres der 3 Stb an der Ecke) der Vor-Rd arb, Rd mit 1 Km in die obere der 3 Anf-Lm schließen, dabei auf Garn D wechseln. Garn C abschneiden.
Runde 10: 3 Lm (zählen als 1 Stb), 1 Stb in jede M und [1 Stb, 2 Lm, 1 Stb] in jeden 2-Lm-Eck-ZR der Vor-Rd arb, Rd mit 1 Km in die obere der 3 Anf-Lm schließen, dabei auf Garn B wechseln. Garn D abschneiden.
Runde 11: 1 Lm, 1 fM in jede M und [1 fM, 2 Lm, 1 fM] in jeden 2-Lm-Eck-ZR der Vor-Rd arb, Rd mit 1 Km in die 1. fM schließen, dabei auf Garn A wechseln. Garn B abschneiden.
Runde 12: 2 Lm (zählen als 1 hStb), 1 hStb in jede M der Vor-Rd und [1 hStb, 2 Lm, 1 hStb] in jeden 2-Lm-Eck-ZR der Vor-Rd arb, Rd mit 1 Km in die obere der 2 Anf-Lm schließen.
Faden abschneiden, durchziehen und alle Fadenenden vernähen.

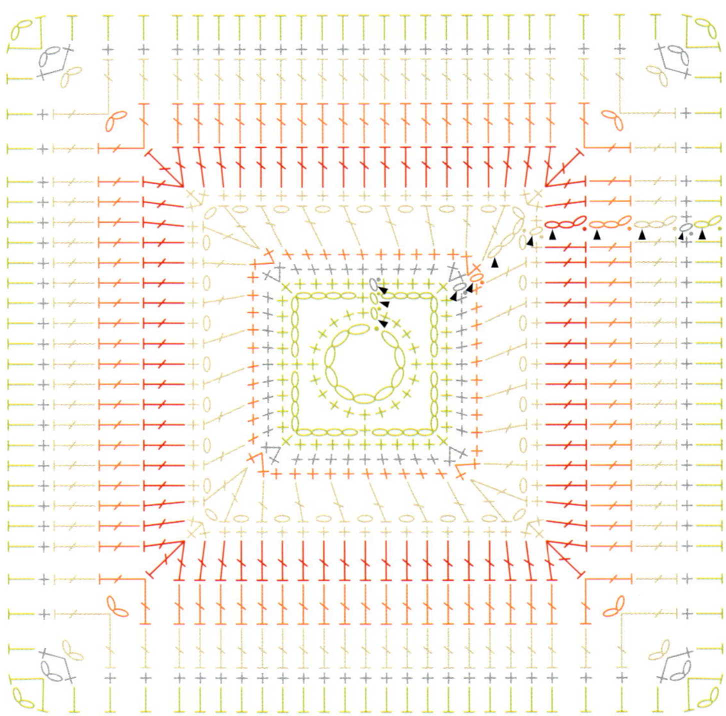

Dreifarbige Kreuzblüte

Siehe Seite 27

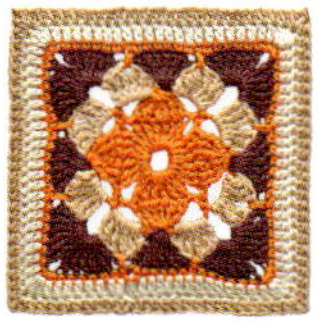

A = Kaki
B = Auster
C = Granatapfel
D = Natur

BESONDERE MASCHEN

5 DStb zus-hk: [2 U, in die angegebene M einstechen, Faden holen und durchziehen, (1 U, Faden durch die 1. 2 Schl auf der Nd ziehen) x 2] x 5, 1 U, Faden durch alle 6 Schl auf der Nd ziehen.

6 DStb zus-hk: [2 U, in die angegebene M einstechen, Faden holen und durchziehen, (1 U, Faden durch die 1. 2 Schl auf der Nd ziehen) x 2] x 6, 1 U, Faden durch alle 7 Schl auf der Nd ziehen.

Anfangsring: Mit Garn A 8 Lm und und mit 1 Km zur Runde schließen.

Runde 1: 4 Lm (zählen als 1 DStb), 5 DStb in den Ring, [3 Lm, 6 DStb in den Ring] x 3, 3 Lm, 1 Km in die obere der 4 Lm.

Runde 2: 4 Lm, (zählen als 1 DStb), 5 DStb zus-hk über die folg 5 DStb, *5 Lm, 1 Km in die 2. M des 3-Lm-ZR, 5 Lm**, 6 DStb zus-hk über die folg 6 DStb, ab * noch 2 x wdh, dann von * bis ** noch 1 x wdh, 1 Km in die obere der 4 Lm. Garn A abschneiden und durchziehen.

Runde 3: Garn B mit 1 Km an 6 zus-gehk DStb der Vor-Rd anfügen, *[3 DStb, 1 Lm, 3 DStb, 2 Lm, 3 DStb, 1 Lm, 3 DStb] in den folg 3-Lm-ZR der 1. Rd, 1 Km in die folg Bm, ab * noch 3 x wdh. Garn B abschneiden und durchziehen.

Runde 4: Garn C an eine Km über 6 zus-gehk DStb anfügen, 4 Lm (zählen als 1 DStb), 5 DStb in dieselbe Km, *[6 DStb, 2 Lm, 6 DStb] in den folg 2-Lm-ZR**, 6 DStb in die folg Km über 6 zus-gehk DStb, ab * noch 2 x wdh, dann von * bis ** noch 1 x wdh, 1 Km in die obere der 4 Lm. Garn C abschneiden und durchziehen.

Runde 5: Garn A an die letzte Km der Vor-Rd anfügen, 1 Lm, 1 fM in jedes der folg 6 DStb, 1 Stb in den folg Lm-ZR zw 3 DStb der 3. Rd, *1 fM in jedes der folg 6 DStb, 3 fM in den 2-Lm-Eck-ZR**, [1 fM in jedes der folg 6 DStb, 1 Stb in den folg Lm-ZR zw 3 DStb der 3. Rd] x 2, ab * noch 2 x wdh, dann von * bis ** noch 1 x wdh, 1 fM in jedes der folg 6 Stb, 1 Stb in den folg Lm-ZR zw 3 DStb der 3. Rd, 1 Km in die 1. fM, dabei auf Garn D wechseln. Garn A abschneiden.

Runde 6: 3 Lm (zählen als 1 Stb), 1 Stb in jede M und 3 Stb in jedes Eck-fM (mittlere der 3 fM an der Ecke) der Vor-Rd arb, Rd mit 1 Km in die 1. fM schließen, dabei auf Garn B wechseln. Garn D abschneiden.

Runde 7: 3 Lm (zählen als 1 Stb), 1 Stb in jede M und 3 Stb in jedes Eck-Stb (mittleres der 3 Stb an der Ecke) der Vor-Rd arb, Rd mit 1 Km in die obere der 3 Anf-Lm schließen.

Faden abschneiden, durchziehen und alle Fadenenden vernähen.

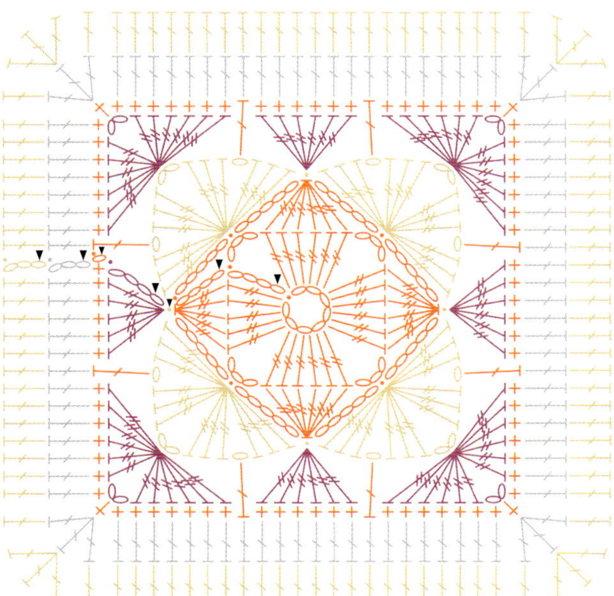

Sankt Petersburg

Siehe Seite 24

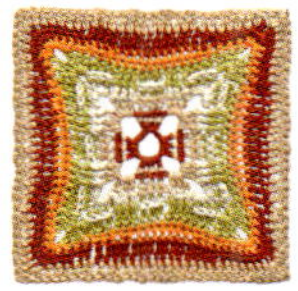

A = Blutorange
B = Auster
C = Natur
D = Ringlotte
E = Kaki

BESONDERE MASCHEN

RStbv (Reliefstäbchen vorne): 1 U, von vorne nach hinten rechts von der angegebenen M der einstechen, links neben dem Schaft der M ausstechen, Faden holen und durchziehen, [1 U, Faden durch die 1. 2 Schl auf der Nd ziehen] x 2.

RStbh (Reliefstäbchen hinten): 1 U, von hinten nach vorne rechts von der angegebenen M einstechen, links neben dem Schaft der M ausstechen, Faden holen und durchziehen, [1 U, Faden durch die 1. 2 Schl auf der Nd ziehen] x 2.

Anfangsring: Mit Garn A 8 Lm anschl und mit 1 Km zur Runde schließen.

Runde 1: 3 Lm (zählen als 1 Stb), 2 Stb in den Ring, 3 Lm, [3 Stb in den Ring, 3 Lm] x 3, 1 Km in die obere der 3 Anf-Lm. Garn A abschneiden und durchziehen.

Runde 2: Garn B an einen 3-Lm-Eck-ZR anfügen, 3 Lm (zählen als 1 Stb), 2 Stb in denselben Eck-ZR, *1 RStbv um jedes der folg 3 Stb**, [3 Stb, 3 Lm, 3 Stb] in den folg Eck-ZR, ab * 2 x wdh, dann von * bis ** 1 x wdh, [3 Stb, 3 Lm] in den folg Eck-ZR, 1 Km in die obere der 3 Anf-Lm. Garn B abschneiden und durchziehen.

Runde 3: Garn C an einen 3-Lm-Eck-ZR anfügen, 6 Lm (zählen als 1 Stb, 3 Lm), 3 Stb in denselben Lm-ZR, *1 RStbh um jedes der folg 3 Stb, 1 RStbv um jede der folg 3 M, 1 RStbh um jedes der folg 3 Stb**, [3 Stb, 3 Lm, 3 Stb] in den folg Eck-ZR, ab * 2 x wdh, dann von * bis ** 1 x wdh, 2 Stb in den folg Eck-ZR, 1 Km in die obere der 3 Anf-Lm, Garn C abschneiden und durchziehen.

Runde 4: Garn D an einen 3-Lm-Eck-ZR anfügen, 3 Lm (zählen als 1 Stb,) 2 Stb in denselben Eck-ZR, *[1 RStbv um jede der folg 3 M, 1 RStbh um jede der folg 3 M] x 2, 1 RStbv um jede der folg 3 M**, [3 Stb, 3 Lm, 3 Stb] in den folg Eck-ZR, ab * 2 x wdh, dann von * bis ** 1 x wdh, [3 Stb, 3 Lm] in den folg Eck-ZR, 1 Km in die obere der 3 Anf-Lm. Garn D abschneiden und durchziehen.

Runde 5: Garn E an einen 3-Lm-Eck-ZR anfügen, 1 Lm, *[2 fM, 2 Lm, 2 fM] in denselben Lm-ZR, 1 fM in jedes der folg 3 Stb, 1 hStb in jede der folg 15 M, 1 fM in jedes der folg 3 Stb, ab * 3 x wdh, 1 Km in die 1. fM. Garn E abschneiden und durchziehen.

Runde 6: Garn A an einen 2-Lm-Eck-ZR anfügen, 2 Lm, (zählen als 1 hStb), 2 hStb in denselben Lm-ZR, *1 hStb in jede der folg 5 fM, 1 Stb in jedes der folg 15 hStb, 1 hStb in jede der folg 5 fM**, 3 hStb in den folg Eck-ZR, ab * 2 x wdh, dann von * bis ** 1 x wdh, 1 Km in die obere der 2 Anf-Lm. Garn A abschneiden und durchziehen.

Runde 7: Garn B an ein hStb anfügen, 3 Lm (zählen als 1 Stb), 1 Stb in jede M und 3 Stb in jedes Eck-hStb (mittleres der 3 hStb an der Ecke) der Vor-Rd arb, 1 Km in die obere der 3 Anf-Lm.

Faden abschneiden, durchziehen und alle Fadenenden vernähen.

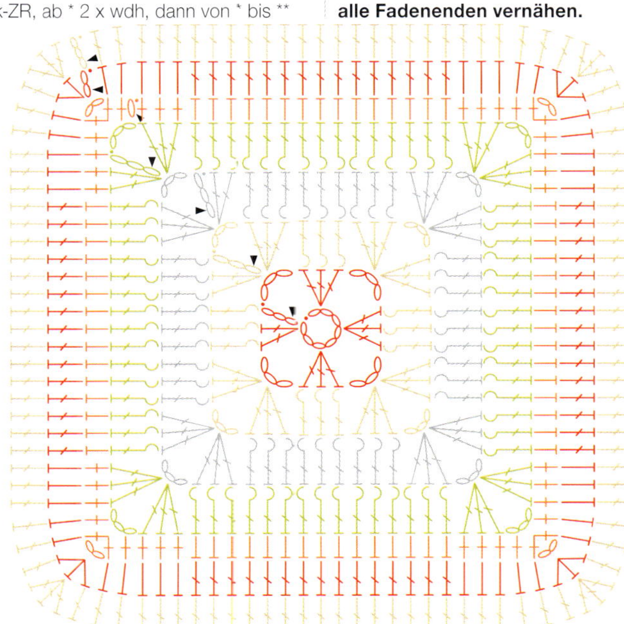

Quartett

Siehe Seite 30

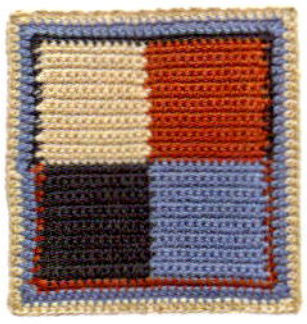

A = Kobaltblau
B = Nachtschatten
C = Blutorange
D = Auster

Luftmaschenkette: Mit Garn A 29 Lm anschl.
Die Häkelschrift wird von unten nach oben gelesen, dabei ist die 1. Reihe eine Hinreihe, die von rechts nach links gelesen wird. Die folgende Reihe ist folglich eine Rückreihe und wird von links nach rechts gelesen. Die Pfeile zeigen die Arbeitsrichtung an.
Farbwechsel werden immer bei der letzten Masche einer Farbe vorgenommen (bei den letzten 2 Schlingen auf der Nadel), die gerade nicht verwendete Garnfarbe wird mitgeführt. Bei einem Farbwechsel in einer Rückreihe, den Arbeitsfarben vor und das neue Garn hinter die Arbeit nehmen und dann den Arbeitsfaden einmal mit dem neuen Garn verkreuzen, damit kein Loch entsteht. Am Ende alle Fadenenden abschneiden und vernähen.

Rand

Runde 1: Garn C mit 1 Km an das linke R-Ende der 17. Reihe anfügen, 1 Lm, 1 fM in dasselbe R-Ende, *12 fM entlang der R-Enden bis zur Ecke arb, [1 fM, 1 hStb, 1 fM] in die Ecke, 1 fM in jede Lm der Lmk, [1 fM, 1 hStb, 1 fM] in die Ecke**, 12 fM entlang der rechten R-Enden bis zur Reihe 17 arb, dann auf Garn B wechseln, Garn C abschneiden, von * bis ** noch 1 x wdh, dabei 1 fM in jede M entlang der oberen Kante und 12 fM entlang der linken Kante oben arb, Rd mit 1 Km in die 1. fM schließen, dabei auf Garn A wechseln. Garn B abschneiden.
Runde 2: 2 Lm (zählen als 1 hStb), 1 hStb in jede fM und [1 hStb, 1 Stb, 1 hStb] in jedes Eck-hStb der Vor-Rd arb, Rd mit 1 Km in die obere der 2 Anf-Lm schließen, dabei auf Garn D wechseln. Garn A abschneiden.
Runde 3: 2 Lm (zählen als 1 hStb), 1 hStb in jedes hStb und [1 hStb, 1 Stb, 1 hStb] in jedes Eck-hStb der Vor-Rd arb, Rd mit 1 Km in die obere der 2 Anf-Lm schließen.
Faden abschneiden, durchziehen und alle Fadenenden vernähen.

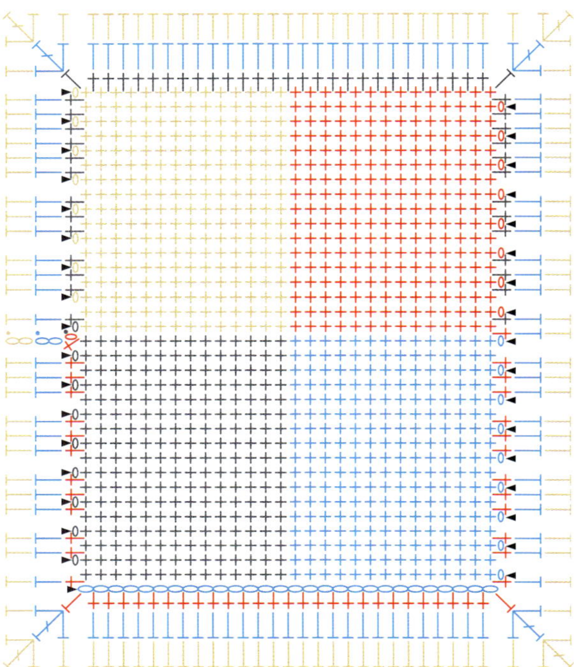

Intarsienmuster

Siehe Seite 28

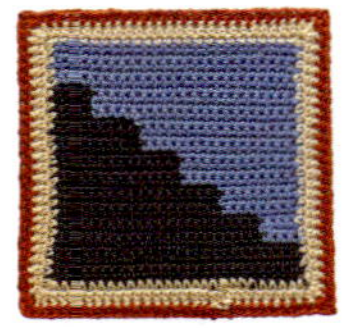

A = Nachtschatten
B = Kobaltblau
C = Blutorange
D = Auster

Luftmaschenkette: Mit Garn A 29 Lm anschl.
Die Häkelschrift wird von unten nach oben gelesen, dabei ist die 1. Reihe eine Hinreihe, die von rechts nach links gelesen wird. Die folgende Reihe ist folglich eine Rückreihe und wird von links nach rechts gelesen. Die Pfeile zeigen die Arbeitsrichtung an.
Farbwechsel werden immer bei der letzten Masche einer Farbe vorgenommen (bei den letzten 2 Schlingen auf der Nadel), die gerade nicht verwendete Garnfarbe wird mitgeführt. Bei einem Farbwechsel in einer Rückreihe, den Arbeitsfarben vor und das neue Garn hinter die Arbeit nehmen und dann den Arbeitsfaden einmal mit dem neuen Garn verkreuzen, damit kein Loch entsteht. Am Ende alle Fadenenden abschneiden und vernähen.

Rand

Runde 1: Garn D mit 1 Km an eine Lm der Lmk anfügen, 1 Lm, 1 fM in dieselbe Lm, 1 fM in jede Lm bis zur Ecke, *[1 fM, 1 hStb, 1 fM] in die Ecke, fM entlang der Kanten mit den R-Enden bis zur Ecke arb, [1 fM, 1 hStb, 1 fM] in die Ecke**, 1 fM in jede der folg M der oberen Kante, von * bis ** noch 1 x wdh, *1 fM in die folg Lm, ab * wdh bis Rd-Ende, Rd mit 1 Km in die 1. fM schließen.
Runde 2: 2 Lm (zählen als 1 hStb), 1 hStb in jede fM und [1 hStb, 1 Stb, 1 hStb] in jedes hStb der Vor-Rd arb, Rd mit 1 Km in die obere der 2 Anf-Lm schließen, dabei auf Garn C wechseln. Garn D abschneiden.
Runde 3: 2 Lm (zählen als 1 hStb), 1 hStb in jedes hStb und [1 hStb, 1 Stb, 1 hStb] in jedes Stb der Vor-Rd arb, Rd mit 1 Km in die obere der 2 Anf-Lm schließen.
Faden abschneiden, durchziehen und alle Fadenenden vernähen.

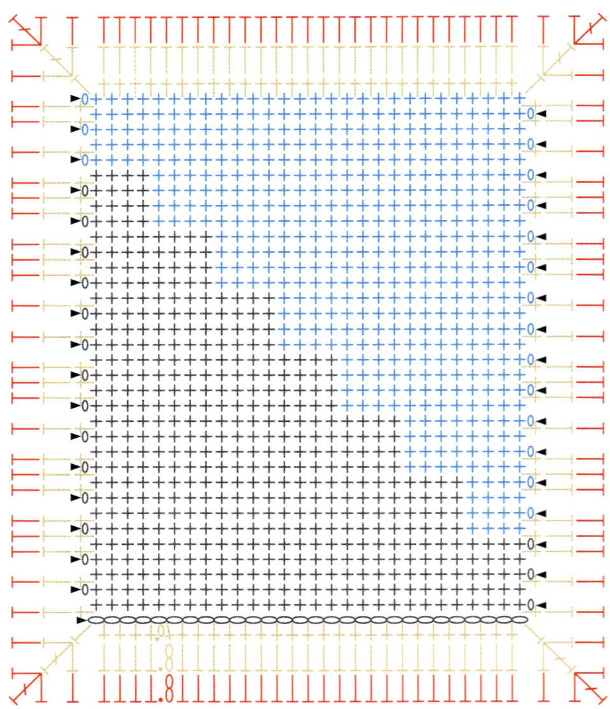

Zick-Zack-Muster

Siehe Seite 31

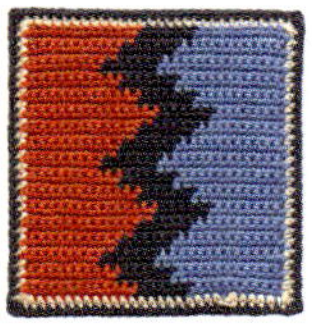

A = Nachtschatten
B = Kobaltblau
C = Blutorange
D = Auster

Luftmaschenkette: Mit Garn A 29 Lm anschl.
Die Häkelschrift wird von unten nach oben gelesen, dabei ist die 1. Reihe eine Hinreihe, die von rechts nach links gelesen wird. Die folgende Reihe ist folglich eine Rückreihe und wird von links nach rechts gelesen. Die Pfeile zeigen die Arbeitsrichtung an.
Farbwechsel werden immer bei der letzten Masche einer Farbe vorgenommen (bei den letzten 2 Schlingen auf der Nadel), die gerade nicht verwendete Garnfarbe wird mitgeführt. Bei einem Farbwechsel in einer Rückreihe, den Arbeitsfarben vor und das neue Garn hinter die Arbeit nehmen und dann den Arbeitsfaden einmal mit dem neuen Garn verkreuzen, damit kein Loch entsteht. Am Ende alle Fadenenden abschneiden und vernähen.

Rand
Runde 1: Garn D mit 1 Km an eine Lm der Lmk anfügen, 1 Lm, 1 fM in dieselbe Lm, 1 fM in jede Lm bis zur Ecke, *[1 fM, 1 hStb, 1 fM] in die Ecke, fM entlang der Kante mit den R-Enden bis zur Ecke arb, [1 fM, 1 hStb, 1 fM] in die Ecke**, 1 fM in jede der folg M der oberen Kante arb, von * bis ** noch 1 x wdh, *1 fM in die folg Lm, ab * wdh bis Rd-Ende, Rd mit 1 Km in die 1. fM schließen, dabei auf Garn A wechseln. Garn D abschneiden.
Runde 2: 1 Lm, 1 fM in jede fM und [1 fM, 1 Stb, 1 fM] in jedes Eck-hStb der Vor-Rd arb, Rd mit 1 Km in die 1. fM schließen.
Faden abschneiden, durchziehen und alle Fadenenden vernähen.

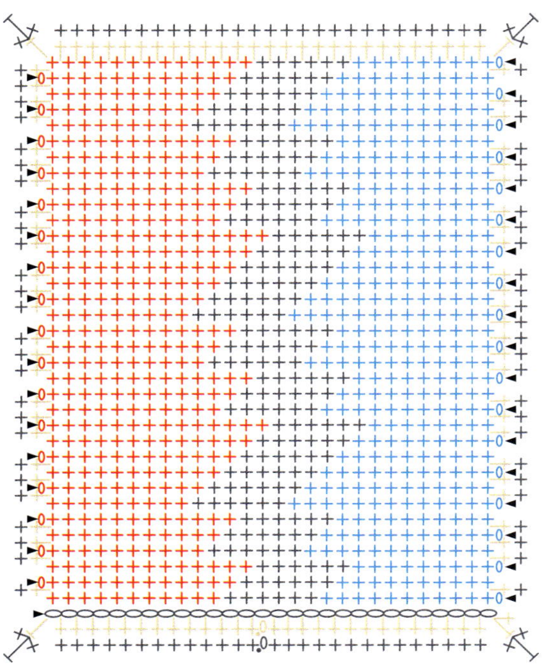

Patchworkmuster

Siehe Seite 28

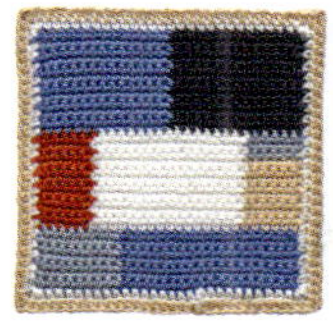

A = Kobaltblau
B = Himme blau
C = Blutorange
D = Beige
E = Auster
F = Nachtschatten

Luftmaschenkette: Mit Garn A 29 Lm anschl.
Die Häkelschrift wird von unten nach oben gelesen, dabei ist die 1. Reihe eine Hinreihe, die von rechts nach links gelesen wird. Die folgende Reihe ist folglich eine Rückreihe und wird von links nach rechts gelesen. Die Pfeile zeigen die Arbeitsrichtung an.
Farbwechsel werden immer bei der letzten Masche einer Farbe vorgenommen (bei den letzten 2 Schlingen auf der Nadel), die gerade nicht verwendete Garnfarbe wird mitgeführt. Bei einem Farbwechsel in einer Rückreihe, den Arbeitsfarben vor und das neue Garn hinter die Arbeit nehmen und dann den Arbeitsfaden einmal mit dem neuen Garn verkreuzen, damit kein Loch entsteht. Am Ende alle Fadenenden abschneiden und vernähen.

Rand
Runde 1: Garn D mit 1 Km an eine Lm der Lmk anfügen, 1 Lm, 1 fM in dieselbe M, 1 fM in jede Lm bis zur Ecke, *[1 fM, 1 hStb, 1 fM] in die Ecke, fM entlang der Kante mit den R-Enden bis zur Ecke arb, [1 fM, 1 hStb, 1 fM] in die Ecke**, 1 fM in jede der folg M der oberen Kante, von * bis ** noch 1 x wdh, *1 fM in die folg Lm, ab * wdh bis Rd-Ende, Rd mit 1 Km in die 1. fM schließen, dabei auf Garn E wechseln. Garn D abschneiden.
Runde 2: 2 Lm (zählen als 1 hStb), 1 hStb in jede fM und [1 hStb, 1 Stb, 1 hStb] in jedes hStb der Vor-Rd arb, Rd mit 1 Km in die obere der 2 Anf-Lm schließen.
Faden abschneiden, durchziehen und alle Fadenenden vernähen.

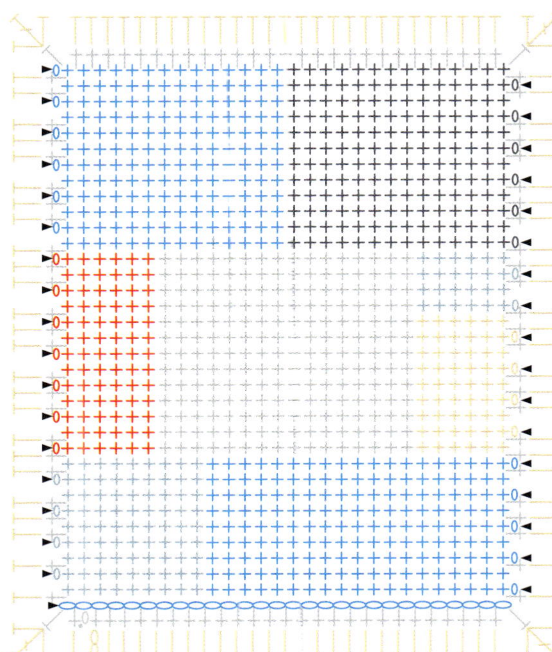

Seminolisches Patchwork

Siehe Seite 28

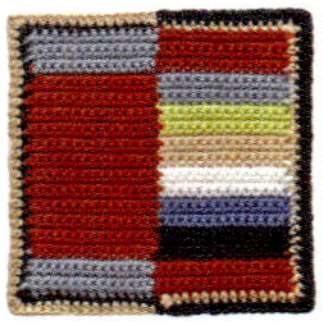

A = Himmelblau
B = Blutorange
C = Nachtschatten
D = Kobaltblau
E = Beige
F = Auster
G = Kadmiumgelb

Luftmaschenkette: Mit Garn A 14 Lm anschl, Garn B anfügen und weitere 15 Lm anschl. (29 Lm)
Die Häkelschrift wird von unten nach oben gelesen, dabei ist die 1. Reihe eine Hinreihe, die von rechts nach links gelesen wird. Die folgende Reihe ist folglich eine Rückreihe und wird von links nach rechts gelesen. Die Pfeile zeigen die Arbeitsrichtung an.
Farbwechsel werden immer bei der letzten Masche einer Farbe vorgenommen (bei den letzten 2 Schlingen auf der Nadel), die gerade nicht verwendete Garnfarbe wird mitgeführt. Bei einem Farbwechsel in einer Rückreihe, den Arbeitsfarben vor und das neue Garn hinter die Arbeit nehmen und dann den Arbeitsfaden einmal mit dem neuen Garn verkreuzen, damit kein Loch entsteht. Am Ende alle Fadenenden abschneiden und vernähen.

Rand
Runde 1: Garn F mit 1 Km an die 15. Lm (1. M in Garn A) der Lmk anfügen, 1 Lm, 1 fM in dieselbe Lm, 1 fM in jede Lm bis zur Ecke, *[1 fM, 1 hStb, 1 fM] in die Ecke, fM entlang der Kante mit den R-Enden bis zur Ecke arb, [1 fM, 1 hStb, 1 fM] in die Ecke**, 1 fM in jede der folg 13 M, dabei bei der letzten fM auf Garn C wechseln (Garn F nicht abschneiden), 1 fM in jede M bis zur Ecke, von * bis ** noch 1 x wdh, *1 fM in die folg Lm, ab * wdh bis Rd-Ende, Rd mit 1 Km in die 1. fM schließen.
Runde 2: 2 Lm (zählen als 1 hStb), 1 hStb in jede fM und [1 hStb, 1 Stb, 1 hStb] in jedes hStb der Vor-Rd arb, nach diesem Muster bis Rd-Ende arb, dabei bei der 1. Garn-C-fM der Vor-Rd auf Garn F wechseln, Rd mit 1 Km in die obere der 2 Anf-Lm schließen.
Alle Fadenenden abschneiden, durchziehen und vernähen.

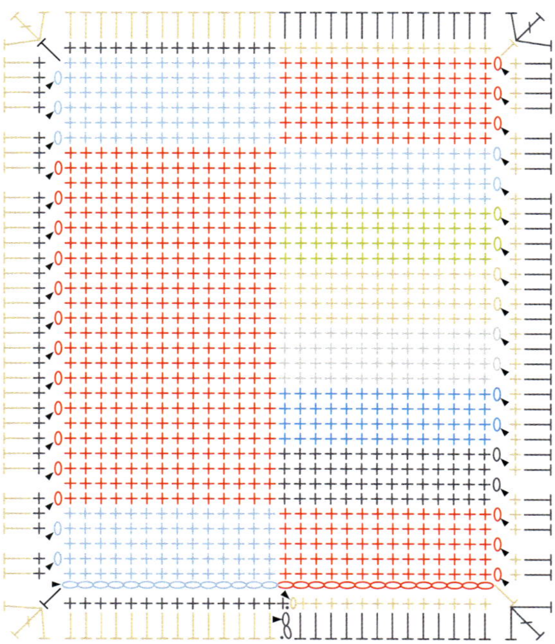

Verwobene Streifen

Siehe Seite 31

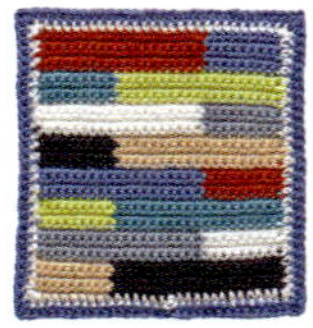

A = Auster
B = Nachtschatten
C = Graublau
D = Beige
E = Kadmiumgelb
F = Himmelblau
G = Kobaltblau
H = Blutorange

Luftmaschenkette: Mit Garn A 9 Lm anschl. Garn B anfügen und weitere 20 Lm anschl. (29 Lm)
Die Häkelschrift wird von unten nach oben gelesen, dabei ist die 1. Reihe eine Hinreihe, die von rechts nach links gelesen wird. Die folgende Reihe ist folglich eine Rückreihe und wird von links nach rechts gelesen. Die Pfeile zeigen die Arbeitsrichtung an.
Farbwechsel werden immer bei der letzten Masche einer Farbe vorgenommen (bei den letzten 2 Schlingen auf der Nadel), die gerade nicht verwendete Garnfarbe wird mitgeführt. Bei einem Farbwechsel in einer Rückreihe, den Arbeitsfarben vor und das neue Garn hinter die Arbeit nehmen und dann den Arbeitsfaden einmal mit dem neuen Garn verkreuzen, damit kein Loch entsteht. Am Ende alle Fadenenden abschneiden und vernähen.

Rand
Runde 1: Garn D mit 1 Km an eine Lm der Lmk anfügen, 1 Lm, 1 fM in dieselbe Lm, 1 fM in jede Lm bis zur Ecke, *[1 fM, 1 hStb, 1 fM] in die Ecke, fM entlang der Kante mit den R-Enden bis zur Ecke arb, [1 fM, 1 hStb, 1 fM] in die Ecke**, 1 fM in jede der folg M der oberen Kante, von * bis ** noch 1 x wdh, *1 fM in die folg Lm, ab * wdh bis Rd-Ende, Rd mit 1 Km in die 1. fM schließen, dabei auf Garn F wechseln. Garn D abschneiden.
Runde 2: 2 Lm (zählen als 1 hStb), 1 hStb in jede fM und [1 hStb, 1 Stb, 1 hStb] in jedes hStb der Vor-Rd arb, Rd mit 1 Km in die obere der 2 Anf-Lm schließen.
Faden abschneiden, durchziehen und alle Fadenenden vernähen.

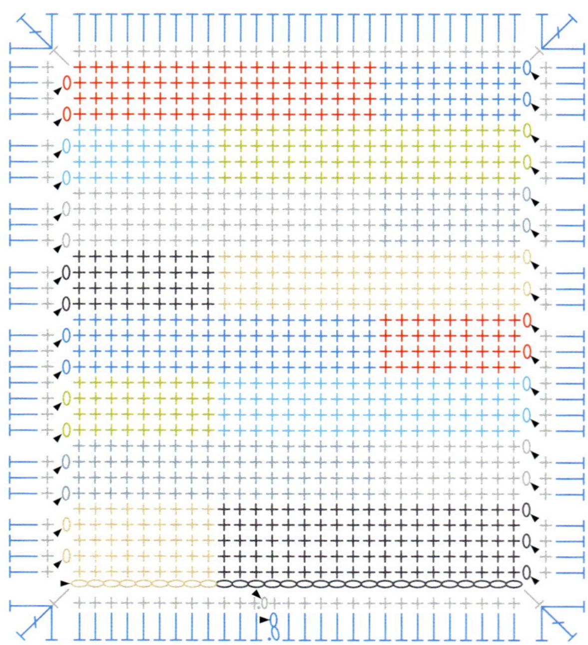

Jacquardstreifen

Siehe Seite 29

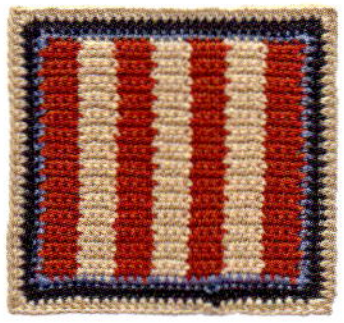

A = Blutorange
B = Auster
C = Kobaltblau
D = Nachtschatten

Luftmaschenkette: Mit Garn A 29 Lm anschl.
Die Häkelschrift wird von unten nach oben gelesen, dabei ist die 1. Reihe eine Hinreihe, die von rechts nach links gelesen wird. Die folgende Reihe ist folglich eine Rückreihe und wird von links nach rechts gelesen. Die Pfeile zeigen die Arbeitsrichtung an.
Farbwechsel werden immer bei der letzten Masche einer Farbe vorgenommen (bei den letzten 2 Schlingen auf der Nadel), die gerade nicht verwendete Garnfarbe wird mitgeführt. Bei einem Farbwechsel in einer Rückreihe, den Arbeitsfarben vor und das neue Garn hinter die Arbeit nehmen und dann den Arbeitsfaden einmal mit dem neuen Garn verkreuzen, damit kein Loch entsteht. Am Ende alle Fadenenden abschneiden und vernähen.
Rand
Runde 1: Garn C mit 1 Km an eine Lm der Lmk anfügen, 1 Lm, 1 fM in dieselbe Lm, 1 fM in jede Lm bis zur Ecke, *[1 fM, 1 hStb, 1 fM] in die Ecke, fM entlang der Kante mit den R-Enden bis zur Ecke arb, [1 fM, 1 hStb, 1 fM] in die Ecke**, 1 fM in jede der folg M der oberen Kante, von * bis ** noch 1 x wdh, *1 fM in die folg Lm, ab * wdh bis Rd-Ende, Rd mit 1 Km in die 1. fM schließen, dabei auf Garn D wechseln. Garn C abschneiden.
Runde 2: 2 Lm (zählen als 1 hStb), 1 hStb in jede fM und [1 hStb, 1 Stb, 1 hStb] in jedes hStb der Vor-Rd arb, Rd mit 1 Km in die obere der 2 Anf-Lm schließen, dabei auf Garn B wechseln. Garn D abschneiden.
Runde 3: 1 Lm, 1 fM in jedes hStb und [1 fM, 1 hStb, 1 fM] in jedes Stb der Vor-Rd arb, Rd mit 1 Km in die 1. fM schließen.
Faden abschneiden, durchziehen und alle Fadenenden vernähen.

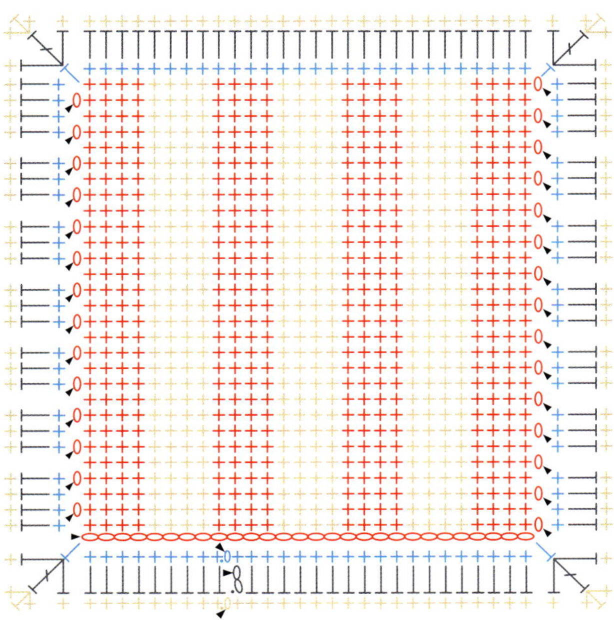

Schachbrettmuster

Siehe Seite 31

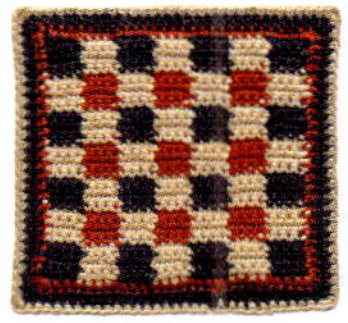

A = Nachtschatten
B = Auster
C = Blutorange

Luftmaschenkette: Mit Garn A 29 Lm anschl.
Die Häkelschrift wird von unten nach oben gelesen, dabei ist die 1. Reihe eine Hinreihe, die von rechts nach links gelesen wird. Die folgende Reihe ist folglich eine Rückreihe und wird von links nach rechts gelesen. Die Pfeile zeigen die Arbeitsrichtung an.
Farbwechsel werden immer bei der letzten Masche einer Farbe vorgenommen (bei den letzten 2 Schlingen auf der Nadel), die gerade nicht verwendete Garnfarbe wird mitgeführt. Bei einem Farbwechsel in einer Rückreihe den Arbeitsfarben vor und das neue Garn hinter die Arbeit nehmen und dann den Arbeitsfaden einmal mit dem neuen Garn verkreuzen, damit kein Loch entsteht. Am Ende alle Fadenenden abschneiden und vernähen.
Rand
Runde 1: Garn C mit 1 Km an eine Lm der Lmk anfügen. 1 Lm, 1 fM in dieselbe Lm, 1 fM in jede Lm bis zur Ecke, *[1 fM, 1 hStb, 1 fM] in die Ecke, 21 fM entlang der Kante mit den R-Enden bis zur Ecke arb, [1 fM, 1 hStb, 1 fM] in die Ecke**, 1 fM in jede der folg 26 M, von * bis ** noch 1 x wdh, * 1 fM in die folg Lm, ab * wdh bis Rd-Ende, Rd mit 1 Km in die 1. fM schließen, dabei auf Garn A wechseln. Garn C abschneiden.
Runde 2: 2 Lm (zählen als 1 hStb), 1 hStb in jede fM und [1 hStb, 1 Stb, 1 hStb] in jedes hStb der Vor-Rd arb, Rd mit 1 Km in die obere der 2 Anf-Lm schließen, dabei auf Garn B wechseln. Garn A abschneiden.
Runde 3: 1 Lm, 1 fM in jedes hStb und [1 fM, 1 hStb, 1 fM] in jedes Stb der Vor-Rd arb, Rd mit 1 Km in die 1. fM schließen.
Faden abschneiden, durchziehen und alle Fadenenden vernähen.

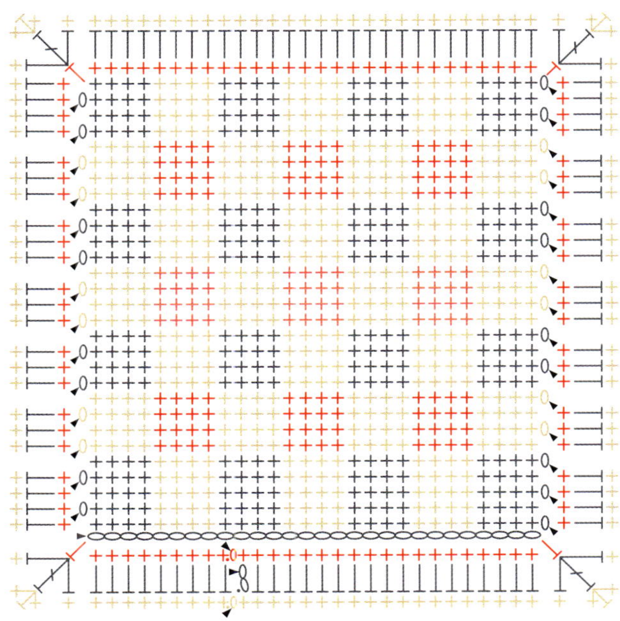

Darts

Siehe Seite 30

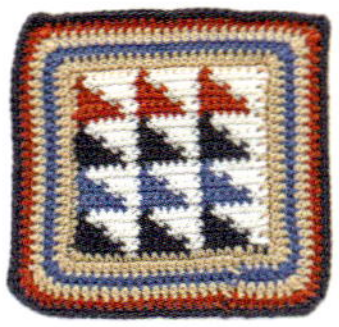

A = Nachtschatten
B = Beige
C = Kobaltblau
D = Blutorange
E = Auster

Luftmaschenkette: Mit Garn A 21 Lm anschl, Garn A nicht abschneiden, Garn B anfügen und 1 weitere Lm arb. (22 Lm)
Die Häkelschrift wird von unten nach oben gelesen, dabei ist die 1. Reihe eine Hinreihe, die von rechts nach links gelesen wird. Die folgende Reihe ist folglich eine Rückreihe und wird von links nach rechts gelesen. Die Pfeile zeigen die Arbeitsrichtung an. Farbwechsel werden immer bei der letzten Masche einer Farbe vorgenommen (bei den letzten 2 Schlingen auf der Nadel), die gerade nicht verwendete Garnfarbe wird mitgeführt. Bei einem Farbwechsel in einer Rückreihe, den Arbeitsfarben vor und das neue Garn hinter die Arbeit nehmen und dann den Arbeitsfaden einmal mit dem neuen Garn verkreuzen, damit kein Loch entsteht. Am Ende alle Fadenenden abschneiden und vernähen.
Rand
Runde 1: Garn E mit 1 Km an eine Lm der Lmk anfügen, 1 Lm, 1 fM in dieselbe Lm, 1 fM in jede Lm bis zur Ecke, *[1 fM, 1 hStb, 1 fM] in die Ecke, fM entlang der Kante mit den R-Enden bis zur Ecke arb, [1 fM, 1 hStb, 1 fM] in die Ecke**, 1 fM in jede der folg M der oberen Kante, von * bis ** noch 1 x wdh, *1 fM in die folg Lm, ab * wdh bis Rd-Ende, Rd mit 1 Km in die 1. fM schließen.
Runde 2: 2 Lm (zählen als 1 hStb), 1 hStb in jede fM und 3 hStb in jedes hStb der Vor-Rd arb, Rd mit 1 Km in die obere der 2 Anf-Lm schließen, dabei auf Garn C wechseln.
Runde 3: 2 Lm (zählen als 1 hStb), 1 hStb in jedes hStb und 3 hStb in jedes Eck-hStb (mittleres der 3 hStb an der Ecke) der Vor-Rd arb, Rd mit 1 Km in die obere der 2 Anf-Lm schließen, dabei auf Garn E wechseln. Garn C abschneiden.
Runde 4: Mit Garn E wie Rd 3 arb, aber auf Garn D wechseln. Garn E abschneiden.
Runde 5: Mit Garn D wie Rd 3 arb, aber auf Garn A wechseln. Garn D abschneiden.
Runde 6: Mit Garn A wie Rd 3 arb.
Faden abschneiden, durchziehen und alle Fadenenden vernähen.

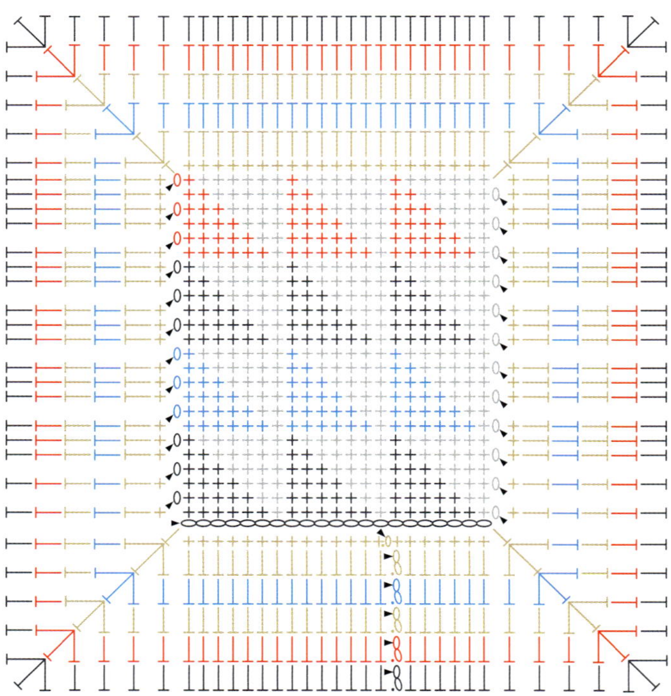

Halbiertes Quadrat

Siehe Seite 29

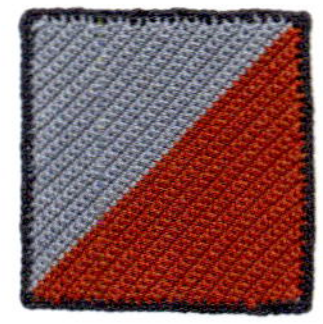

A = Blutorange
B = Himmelblau
C = Nachtschatten

Luftmaschenkette: Mit Garn A 2 Lm anschl.
Anfangsreihe (RS): 3 fM in die 2. Lm ab Nd, wenden. (3 fM)
Reihe 1: 1 Lm, 2 fM in die 1. fM, 1 fM in die folg fM, 2 fM in die letzte fM, wenden. (5 fM)
Reihe 2–4: 1 Lm, 2 fM in die 1. fM, 1 fM in jede folg fM bis zur letzte fM, 2 fM in die letzte fM, wenden. (2 M zugenommen)
Reihe 5: 1 Lm, 1 fM in in jede fM bis R-Ende, wenden.
Reihe 2–5 noch 5 x wdh, dabei bei der letzten fM der letzten 5. Reihe auf Garn B wechseln. (41 fM) Garn A abschneiden.
Nächste Reihe: 1 Lm, 1 fM in in jede fM bis R-Ende, wenden.
Nächste 3 Reihen: 1 Lm, 1. fM überg, 1 fM in jede fM bis zu den letzten 2 fM, 1 fM überg, 1 fM in die letzte fM, wenden. (2 M abgenommen)
Die letzten 4 Reihen noch 5x wdh. (5 fM)
Nächste Reihe: 1 Lm, 1. fM überg, 1 fM in jede der folg 2 fM, 1 fM überg, 1 fM in die letzte fM, wenden. (3 fM)
Nächste Reihe: 1 Lm, 3 fM zus-hk üder die folg 3 fm. Faden abschneiden und durchziehen.
Rand
Runde 1: Garn C mit 1 Km an eine Ecke des Quadrats anfügen, 1 Lm, *[1 fM, 1 hStb, 1 fM] in die Ecke arb, 25 fM entlang der Kante mit den R-Enden bis zur Ecke arb, ab * noch 3 x wdh, Rd mit 1 Km in die 1. fM schließen.
Faden abschneiden, durchziehen und alle Fadenenden vernähen.

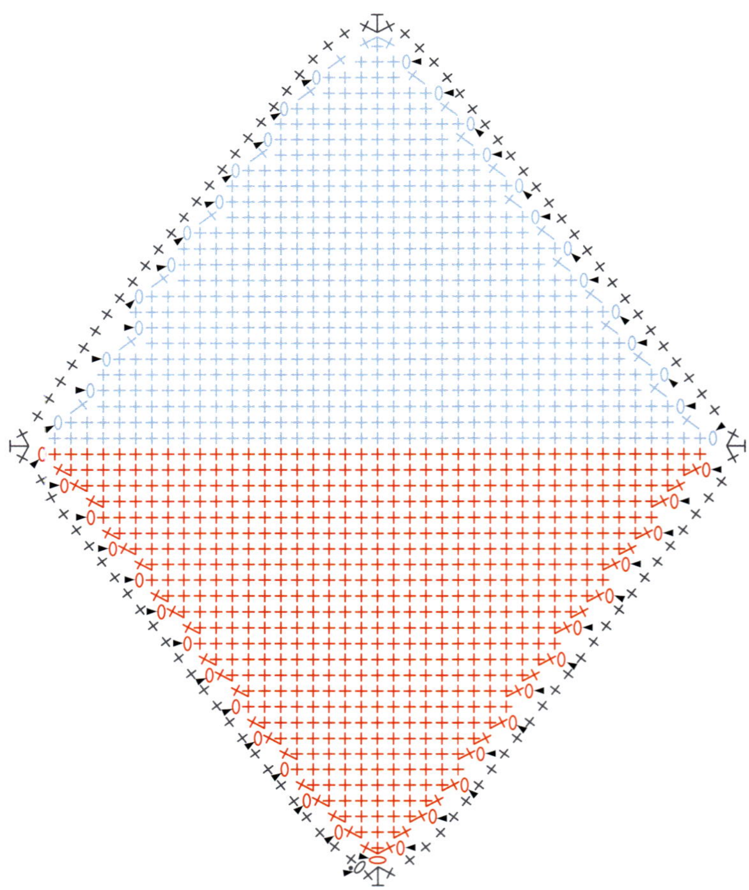

Trio

Siehe Seite 29

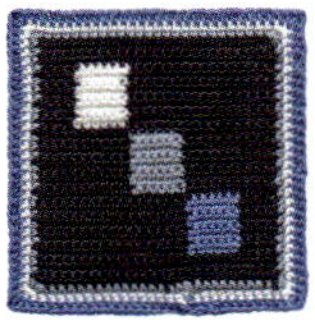

A = Nachtschatten
B = Kobaltblau
C = Himmelblau
D = Beige

Luftmaschenkette: Mit Garn A 29 Lm anschl.
Die Häkelschrift wird von unten nach oben gelesen, dabei ist die 1. Reihe eine Hinreihe, die von rechts nach links gelesen wird. Die folgende Reihe ist folglich eine Rückreihe und wird von links nach rechts gelesen. Die Pfeile zeigen die Arbeitsrichtung an.
Farbwechsel werden immer bei der letzten Masche einer Farbe vorgenommen (bei den letzten 2 Schlingen auf der Nadel), die gerade nicht verwendete Garnfarbe wird mitgeführt. Bei einem Farbwechsel in einer Rückreihe, den Arbeitsfarben vor und das neue Garn hinter die Arbeit nehmen und dann den Arbeitsfaden einmal mit dem neuen Garn verkreuzen, damit kein Loch entsteht. Am Ende alle Fadenenden abschneiden und vernähen.
Rand
Runde 1: Garn D mit 1 Km an eine Lm der Lmk anfügen, 1 Lm, 1 fM in dieselbe Lm, 1 fM in jede Lm bis zur Ecke, *[1 fM, 1 hStb, 1 fM] in die Ecke, fM entlang der Kante mit den R-Enden bis zur Ecke arb, [1 fM, 1 hStb, 1 fM] in die Ecke**, 1 fM in jede der folg fM der oberen Kante arb, von * bis ** noch 1 x wdh, *1 fM in die folg Lm, ab * wdh bis Rd-Ende, Rd mit 1 Km in die 1. fM schließen, dabei auf Garn A wechseln. Garn D abschneiden.
Runde 2: 1 Lm, 1 fM in jede fM und [1 fM, 1 hStb, 1 fM] in jedes hStb der Vor-Rd arb, Rd mit 1 Km in die 1. fM schließen, dabei auf Garn B wechseln. Garn A abschneiden.
Runde 3: 2 Lm (zählen als 1 hStb), 1 hStb in jede fM der Vor-Rd und [1 hStb, 1 Stb, 1 hStb] in jedes hStb der Vor-Rd arb, Rd mit 1 Km in die obere der 2 Anf-Lm schließen.
Faden abschneiden, durchziehen und alle Fadenenden vernähen.

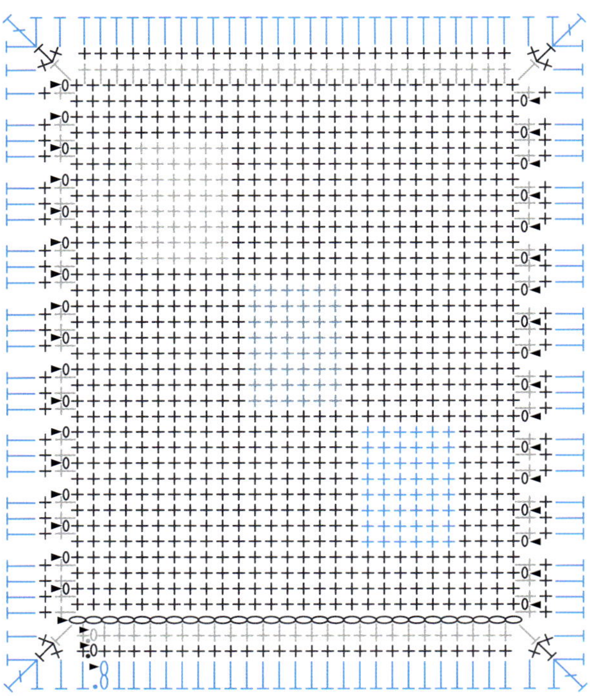

Sanduhr

Siehe Seite 28

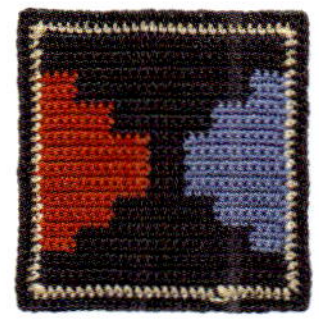

A = Nachtschatten
B = Kobaltblau
C = Blutorange
D = Beige

Luftmaschenkette: Mit Garn A 29 Lm anschl.
Die Häkelschrift wird von unten nach oben gelesen, dabei ist die 1. Reihe eine Hinreihe, die von rechts nach links gelesen wird. Die folgende Reihe ist folglich eine Rückreihe und wird von links nach rechts gelesen. Die Pfeile zeigen die Arbeitsrichtung an.
Farbwechsel werden immer bei der letzten Masche einer Farbe vorgenommen (bei den letzten 2 Schlingen auf der Nadel), die gerade nicht verwendete Garnfarbe wird mitgeführt. Bei einem Farbwechsel in einer Rückreihe, den Arbeitsfarben vor und das neue Garn hinter die Arbeit nehmen und dann den Arbeitsfaden einmal mit dem neuen Garn verkreuzen, damit kein Loch entsteht. Am Ende alle Fadenenden abschneiden und vernähen.
Rand
Runde 1: Garn D mit 1 Km an eine Lm der Lmk anfügen, 1 Lm, 1 fM in dieselbe Lm, 1 fM in jede Lm bis zur Ecke, *[1 fM, 1 hStb, 1 fM] in die Ecke, fM entlang der Kante mit den R-Enden bis zur Ecke arb, [1 fM, 1 hStb, 1 fM] in die Ecke**, 1 fM in jede der folg M entlang der oberen Kante arb, von * bis ** noch 1 x wdh, *1 fM in die folg Lm, ab * wdh bis Rd-Ende, Rd mit 1 Km in die 1. fM schließen, dabei auf Garn A wechseln. Garn D abschneiden.
Runde 2: 2 Lm (zählen als 1 hStb), 1 hStb in jede fM und [1 hStb, 1 Stb, 1 hStb] in jedes hStb der Vor-Rd arb, Rd mit 1 Km in die obere der 2 Anf-Lm schließen.
Faden abschneiden, durchziehen und alle Fadenenden vernähen.

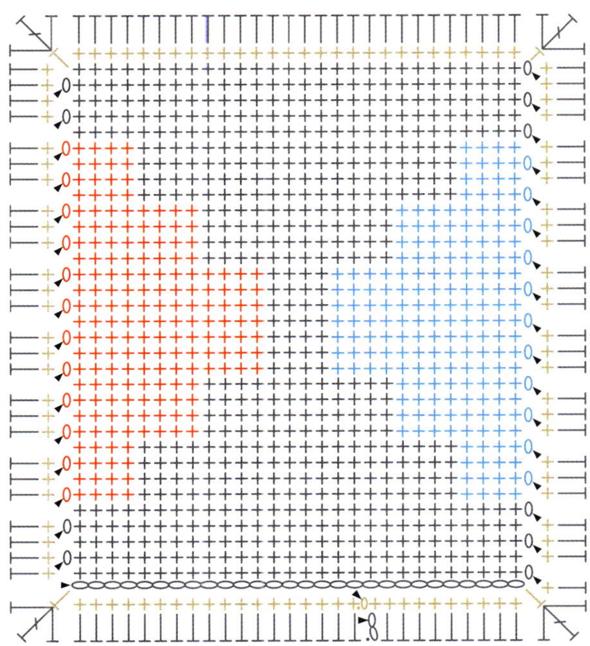

Fliegender Teppich

Siehe Seite 30

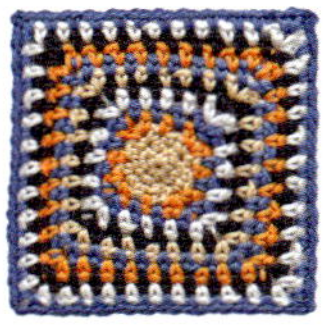

A = Auster
B = Kaki
C = Kobaltblau
D = Beige
E = Nachtschatten

Anfangsring: Mit Garn A einen Fadenring arbeiten.
Runde 1: 1 Lm, 8 fM in den Ring, Rd mit 1 Km in die 1. fM schließen. (8 fM)
Runde 2: 1 Lm, *[1 fM, 2 Lm, 1 fM] in die folg fM, 1 fM in die folg fM, ab * noch 3 x wdh, Rd mit 1 Km in die 1. fM schließen, dabei auf Garn B wechseln. (12 fM, 4 Lm-ZR) Garn A abschneiden.
Runde 3: 1 Km in den Eck-Lm-ZR, 1 Lm, [1 fM, 2 Lm, 1 fM] in denselben Lm-ZR, *1 Lm, folg M überg, 1 fM in die folg M, 1 Lm**, folg M überg, [1 fM, 2 Lm, 1 fM] in den 2-Lm-Eck-ZR, ab * noch 2 x wdh, dann von * bis ** noch 1 x wdh, Rd mit 1 Km in die 1. M schließen, dabei auf Garn C wechseln. (12 M, 12 Lm-ZR) Garn B abschneiden.
Runde 4: 1 Km in den Eck-Lm-ZR, 1 Lm, [1 fM, 2 Lm, 1 fM] in denselben Lm-ZR, *1 Lm, folg M überg, 1 fM in den folg Lm-ZR, ab * wdh bis 1 M vor dem folg Eck-ZR, 1 Lm, folg M überg**, [1 fM, 2 Lm, 1 fM] in den 2-Lm-Eck-ZR, ab * noch 2 x wdh, dann von * bis ** noch 1 x wdh, Rd mit 1 Km in die 1. M schließen, dabei auf Garn D wechseln. (16 M, 16 Lm-ZR) Garn C abschneiden.
Runde 5: Wie Rd 4 arb, aber auf Garn E wechseln. (20 M, 20 Lm-ZR)
Runde 6: Wie Rd 4 arb, aber auf Garn A wechseln. (24 M, 24 Lm-ZR)
Runde 7: Wie Rd 4 arb, aber auf Garn C wechseln. (28 M, 28 Lm-ZR)
Runde 8: Wie Rd 4 arb, aber auf Garn B wechseln. (32 M, 32 Lm-ZR)
Runde 9: Wie Rd 4 arb, aber auf Garn E wechseln. (36 M, 36 Lm-ZR)
Runde 10: Wie Rd 4 arb. (40 M, 40 Lm-ZR)
Runde 11: Wie Rd 4 arb, aber auf Garn C wechseln. (44 M, 24 Lm-ZR)
Runde 12: Wie Runde 4 arb. (48 M, 48 Lm-ZR).
Faden abschneiden, durchziehen und alle Fadenenden vernähen.

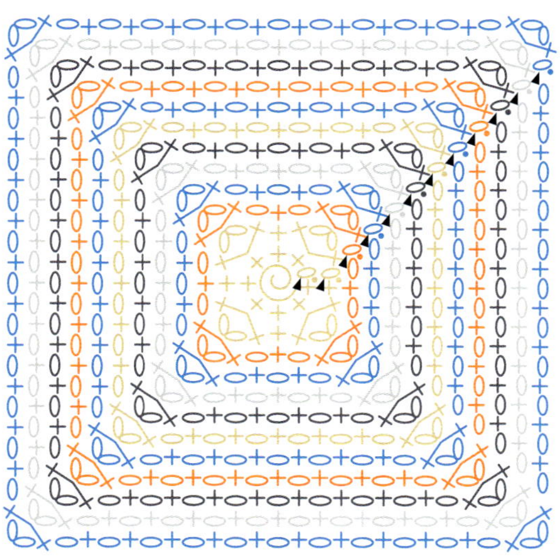

Umrandete Blöcke

Siehe Seite 31

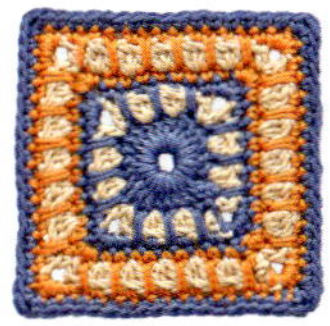

A = Kobaltblau
B = Auster
C = Kaki

BESONDERE MASCHEN

Bm (Büschelmasche aus 3 zus abgem Stb): [1 U, in die angegebene M einstechen, Faden holen und durchziehen, 1 U, Faden durch die 1. 2 Schl auf der Nd ziehen] x 3, 1 U, Faden durch alle 4 Schl auf der Nd ziehen.

Anfangsring: Mit Garn A einen Fadenring arbeiten.
Runde 1: 4 Lm (zählen als 1 DStb), *5 Stb in den Ring**, 1 DStb in den Ring, ab * noch 2 x wdh, dann von * bis ** noch 1 x wdh, Rd mit 1 Km in die obere der 4 Anf-Lm schließen. Garn A abschneiden und durchziehen.
Runde 2: Garn B anfügen, 5 Lm (zählen als 1 Stb und 2 Lm), 1 Stb in dieselbe M, *[1 Lm, 1 M überg, Bm in die folg M] x 2, 1 Lm, folg M überg**, [1 Stb, 2 Lm, 1 Stb] in das Eck-DStb, ab * noch 2 x wdh, dann von * bis ** noch 1 x wdh, Rd mit 1 Km in die 3. der 5 Anf-Lm schließen. Garn B abschneiden und durchziehen.
Runde 3: Garn A an einen 2-Lm-ZR der Vor-Rd anfügen, 1 Lm, *[1 fM, 1 hStb, 1 fM] in denselben Lm-ZR, [1 fM in die folg M, 1 fM in die folg M der 1. Rd, dabei über dem Lm-ZR arb] x 3, 1 fM in die folg M, ab * noch 3 x wdh, Rd mit 1 Km in die 1. fM schließen. Garn A abschneiden und durchziehen.
Runde 4: Garn C an ein Eck-hStb der Vor-Rd anfügen, 1 Lm, *[1 fM, 1 hStb, 1 fM] in dasselbe Eck-hStb, 1 fM in jede M bis zum folg hStb, ab * noch 3 x wdh, Rd mit 1 Km in die 1. fM schließen. Garn C abschneiden und durchziehen.
Runde 5: Garn B an ein Eck-hStb der Vor-Rd anfügen, 5 Lm (zählen als 1 Stb und 2 Lm), 1 Stb in dasselbe hStb, *[1 Lm, 1 M überg, Bm in die folg M] x 5, 1 Lm, 1 M überg**, [1 Stb, 2 Lm, 1 Stb] in das Eck-hStb, ab * noch 2 x wdh, dann von * bis ** noch 1 x wdh, Rd mit 1 Km in die 3. der 5 Anf-Lm schließen. Garn B abschneiden und durchziehen.
Runde 6: Garn C an einen 2-Lm-Eck-ZR der Vor-Rd anfügen, 1 Lm, *[1 fM, 1 hStb, 1 fM] in denselben Lm-ZR, [1 fM in die folg M, 1 fM in die folg M der 4. Runde, dabei über den Lm-ZR arb] x 6, 1 fM in die folg M, ab * noch 3 x wdh, Rd mit 1 Km in die 1. fM schließen. Garn C abschneiden und durchziehen.
Runde 7: Garn A an ein Eck-hStb der Vor-Rd anfügen, 1 Lm, *[1 fM, 1 hStb, 1 fM] in das Eck-hStb, 1 fM in jede folg M bis zum folg hStb, ab * noch 3 x wdh, Rd mit 1 Km in die 1. fM schließen.
Faden abschneiden, durchziehen und alle Fadenenden vernähen.

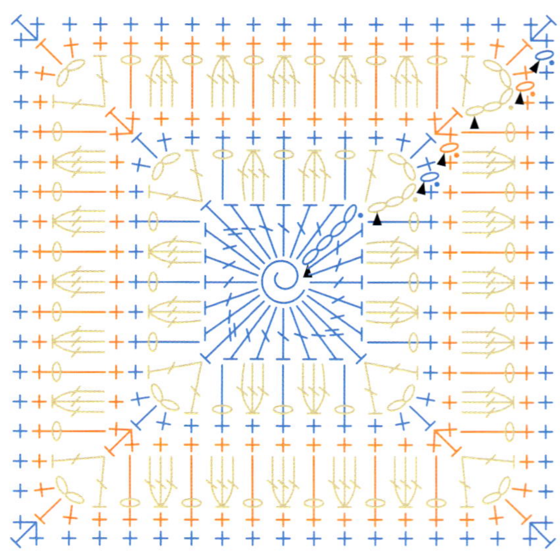

Florentiner Fliese

Siehe Seite 28

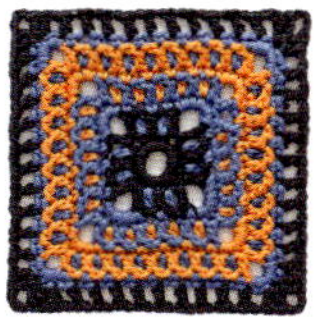

A = Nachtschatten
B = Kobaltblau
C = Kaki

Anfangsring: Mit Garn A 6 Lm anschl und mit 1 Km zur Runde schließen.
Runde 1: 1 Lm, 16 fM in den Ring, Rd mit 1 Km in die 1. fM schließen. (16 fM)
Runde 2: 6 Lm (zählen als 1 Stb und 3 Lm), 1 Stb in die 1. fM der Vor-Rd, *1 Lm, 1 fM überg, 1 Stb in die folg fM, 1 Lm, folg fM überg**, [1 Stb, 3 Lm, 1 Stb] in die folg fM (Ecke), ab * noch 2 x wdh, dann von * bis ** noch 1 x wdh, 1 Km in die 3. der 6 Anf-Lm. Garn A abschneiden und durchziehen.
Runde 3: Garn B mit 1 Km an einen 3-Lm-Eck-ZR der Vor-Rd anfügen, 1 Lm, 5 fM in denselben Lm-ZR, *[1 fM in das folg Stb, 1 Stb in die folg überg fM der 1. Rd, dabei hinter dem folg Lm-ZR arb] x 2, 1 fM in das folg Stb**, 5 fM in den folg Eck-ZR, ab * noch 2 x wdh, dann von * bis ** noch 1 x wdh, 1 Km in die 1. fM.
Runde 4: 4 Lm (zählen als 1 Stb und 1 Lm), folg M überg, *[1 Stb, 3 Lm, 1 Stb] in die folg M**, [1 Lm, folg M überg, 1 Stb in die folg M] x 4, 1 Lm, folg M überg, ab * noch 2 x wdh, dann von * bis ** 1 x wdh, [1 Lm, folg M überg, 1 Stb in die folg M] x 3, 1 Lm, letzte M überg, 1 Km in die 3. der 4 Anf-Lm. Garn B abschneiden und durchziehen.
Runde 5: Garn C an einen 3-Lm-Eck-ZR der Vor-Rd anfügen, 1 Lm, 5 fM in denselben Lm-ZR, *[1 fM in die folg M, 1 Stb in die folg überg fM der 3. Rd, dabei hinter dem Lm-ZR arb] x 5, 1 fM in das folg Stb**, 5 fM in den folg Eck-ZR, ab * noch 2 x wdh, dann von * bis ** noch 1 x wdh, 1 Km in die 1. fM.
Runde 6: 4 Lm (zählen als 1 Stb und 1 Lm), folg M überg, *[1 Stb, 3 Lm, 1 Stb] in die folg M**, [1 Lm, 1 fM überg, 1 Stb in die folg fM] x 7, 1 Lm, folg M überg, ab * noch 2 x wdh, dann von * bis ** noch 1 x wdh, 1 Lm, 1 fM überg, 1 Stb in die folg 6 fM, 1 Lm, folg M überg, 1 Km in die 3. der 4 Lm. Garn C abschneiden und durchziehen.
Runde 7: Garn B an einen 3-Lm-Eck-ZR der Vor-Rd anfügen, 1 Lm, 5 fM in denselben Lm-ZR, *[1 fM in das folg Stb, 1 Stb in die folg überg fM der 5. Rd, dabei hinter dem Lm-ZR arb] x 8, 1 fM in das folg Stb**, 5 fM in den folg Eck-ZR, ab * noch 2 x wdh, dann von * bis ** noch 1 x wdh, 1 Km in die 1. fM. Garn B abschneiden und durchziehen.
Runde 8: Garn A an eine Eck-fM (mittlere der 5 fM an der Ecke) der Vor-Rd anfügen, 3 Lm (zählen als 1 Stb), 1 Stb in dieselbe fM, *[1 Lm, folg M überg, 1 Stb in die folg M] x 10, 1 Lm**, folg M überg, [2 Stb, 3 Lm, 2 Stb] in die folg M (Ecke), ab * noch 2 x wdh, dann von * bis ** noch 1 x wdh, folg M überg, 2 Stb in die Eck-fM, 3 Lm, 1 Km in die obere der 3 Anf-Lm.
Faden abschneiden, durchziehen und alle Fadenenden vernähen.

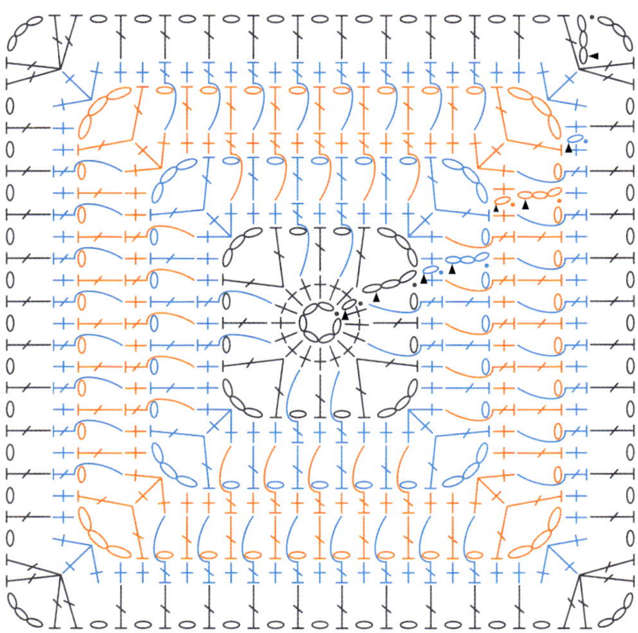

Geschichtete Quadrate

Siehe Seite 31

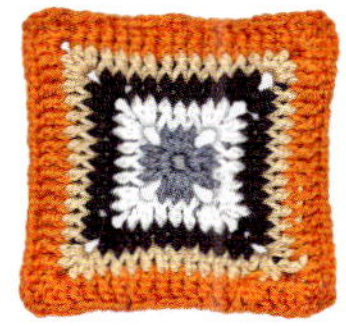

A = Himmelblau
B = Beige
C = Nachtschatten
D = Auster
E = Kaki

BESONDERE MASCHEN

RStbh (Reliefstäbchen hinten): 1 U, von hinten nach vorne rechts von der angegebenen M einstechen, links neben dem Schaft der M ausstechen, Faden holen und durchziehen, [1 U, Faden durch die 1. 2 Schl auf der Nd ziehen] x 2.

Anfangsring: Mit Garn A 4 Lm anschl und mit 1 Km zur Runde schließen.
Runde 1: 3 Lm (zählen als 1 Stb), 2 Stb in den Ring, 2 Lm, [3 Stb in den Ring, 2 Lm] x 3, Rd mit 1 Km in die obere der 3 Anf-Lm schließen. Garn A abschneiden und durchziehen. (4 3-Stb-Mg, 4 Lm-ZR)
Runde 2: Garn B an einen 2-Lm-ZR der Vor-Rd anfügen, 3 Lm (zählen als 1 Stb), 1 Stb in denselben Lm-ZR, *RStbh um jede M der Vor-Rd bis zum Eck-Lm-ZR, [2 Stb, 2 Lm**, 2 Stb] in den Eck-ZR, ab * noch 2 x wdh, von * bis ** noch 1 x wdh, Rd mit 1 Km in die obere der 3 Anf-Lm schließen. Garn B abschneiden und durchziehen. (28 Stb, 4 Lm-ZR)
Runde 3: Mit Garn C wie Runde 2 arb. (40 Stb, 4 Lm-ZR)
Runde 4: Mit Garn D wie Runde 2 arb. (60 Stb, 4 Lm-ZR)
Runde 5: Mit Garn E wie Runde 2 arb. (76 Stb, 4 Lm-ZR)
Faden abschneiden, durchziehen und alle Fadenenden vernähen.

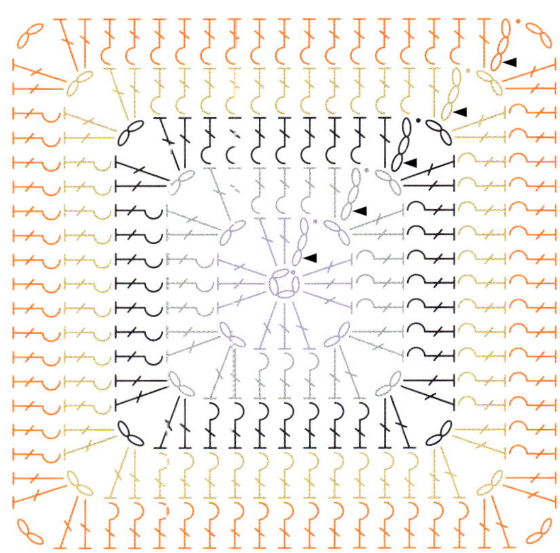

Rose von Scharon

Siehe Seite 30

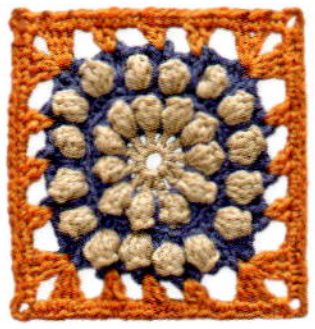

A = Auster
B = Kobaltblau
C = Kaki

BESONDERE MASCHEN

Anf-Pm (Anfangs-Popcornmasche): 3 Lm (zählen als 1 Stb), 4 Stb in die angegebene M arb, Schl von der Nd nehmen, von vorne nach hinten in die obere der 3 Anf-Lm einstechen, die Schl wieder auf die Nd nehmen und durchziehen.

Pm (Popcornmasche): 5 Stb in die angegebene M arb, die Schl vorsichtig von der Nd nehmen, von vorne nach hinten in das Köpfchen des 1. Stb einstechen, die fallengelassene Schl wieder auf die Nd nehmen und durchziehen.

tfM (tiefgestochene fM): Nd in die angegebene M eine (oder mehrere) Rd unterhalb der Arbeits-Rd einstechen, Faden holen und auf Höhe der Arbeits-Rd durchziehen, 1 U, Faden durch beide Schl auf der Nd ziehen.

tStb (tiefgestochenes Stb): 1 U, Nd in die angegebene M eine (oder mehrere) Rd unterhalb der Arbeits-Rd einstechen, Faden holen und auf Höhe der Arbeits-Rd durchziehen, (1 U, Faden durch die 1. 2 Schl auf der Nd ziehen) x 2.

Luftmaschenkette: Mit Garn A 4 Lm anschl und mit 1 Km zur Runde schließen.

Runde 1: 3 Lm, 11 Stb in den Ring, 1 Km in die obere der 3 Anf-Lm.

Runde 2: Anf-Pm in die 1. M, 2 Lm, [Pm, 2 Lm] in jedes Stb bis Rd-Ende, 1 Km in die obere der 3 Lm der Anf-Pm, dabei auf Garn B wechseln. Garn A nicht abschneiden.

Runde 3: 1 Km in die Anf-Pm, 1 Lm, 1 fM in dieselbe Pm, *1 fM in den folg 2-Lm-ZR, 1 tfM in den Fuß der folg Pm, 1 fM in denselben Lm-ZR, 1 fM in die folg Pm, ab * bis Rd-Ende wdh, dabei bei der letzten Wdh die letzte fM nicht arb, 1 Km in die 1. fM.

Runde 4 (nur in hMgl arb): 1 Lm, 1 fM in jede M der Vor-R, 1 Km in die 1. fM, dabei Garn A anfügen. Garn B abschneiden und durchziehen.

Runde 5: Anf-Pm in die 1. fM, 3 Lm, folg 2 fM überg, *Pm in die folg fM, 3 Lm, folg 2 fM überg, ab * bis Rd-Ende wdh, 1 Km in die obere der 3 Lm der Pm, dabei auf Garn B wechseln. Garn A abschneiden.

Runde 6: 1 Km in die Anf-Pm der Vor-Rd, 1 Lm, 1 fM in die Anf-Pm, *1 fM in den folg 3-Lm-ZR, 1 tStb in jede der folg 2 fM der 4. Rd, 1 fM in denselben Lm-ZR, 1 fM in die folg Pm, ab * bis Rd-Ende wdh, dabei statt der letzten fM 1 Km in die 1. fM. Garn B abschneiden und durchziehen.

Runde 7: Garn C mit 1 Km zw 2 tStb der Vor-Rd anfügen, 3 Lm, 2 Stb in denselben ZR, *[2 Lm, folg 3 fM überg, 2 Stb zw die folg 2 tStb] x 3, 2 Lm, folg 3 fM überg**, [3 Stb, 3 Lm, 3 Stb] zw die folg 2 tStb, ab * noch 2 x wdh, dann von * bis ** noch 1 x wdh, 3 Stb zw die folg 2 tStb, 3 Lm, 1 Km in die obere der 3 Anf-Lm.

Runde 8: 1 Lm, *1 fM in jedes der folg 3 Stb, [2 fM in den folg 2-Lm-ZR, 1 fM in jedes der folg 2 Stb] x 3, 2 fM in den folg 2-Lm-ZR, 1 fM in jedes der folg 3 Stb, [1 fM, 3 Lm, 1 fM] in den folg 3-Lm-Eck-ZR, ab * noch 3 x wdh, 1 Km in die 1. fM.

Faden abschneiden, durchziehen und alle Fadenenden vernähen.

Toskana

Siehe Seite 30

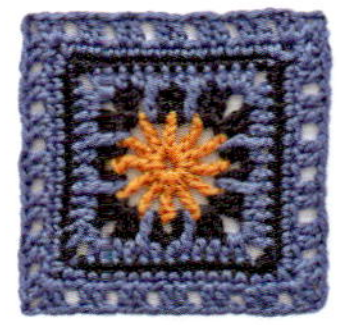

A = Kaki
B = Nachtschatten
C = Kobaltblau

Anfangsring: Mit Garn A 4 Lm anschl und mit 1 Km zur Runde schließen.

Runde 1: 5 Lm (zählen als 1 DStb und 1 Lm), [1 DStb, 1 Lm] x 11 in den Ring, Rd mit 1 Km in die 4. der 5 Anf-Lm schließen. Garn A abschneiden und durchziehen.

Runde 2: Garn B an den 1. Lm-ZR der Vor-Rd anfügen, 3 Lm (zählen als 1 Stb), [1 Stb, 3 Lm, 2 Stb] in denselben Lm-ZR (Ecke), *[1 Lm, 1 Stb] in jeden der folg 2 Lm-ZR, 1 Lm**, [2 Stb, 3 Lm, 2 Stb] in den folg Lm-ZR, (Ecke), ab * noch 2 x wdh, dann von * bis ** noch 1 x wdh, Rd mit 1 Km in die obere der 3 Anf-Lm schließen, dabei auf Garn C wechseln. Garn B nicht abschneiden.

Runde 3: Je 1 Km in das folg Stb und den folg 3-Lm-Eck-ZR, 2 Lm (zählen als 1 hStb), [1 hStb, 3 Lm, 2 hStb] in den Eck-ZR, *1 hStb in jedes der folg 2 Stb, 1 DStb in den folg Lm-ZR der 1. Rd, dabei über dem folg Lm-ZR der 2. Rd arb, 1 hStb in jedes der folg 2 Stb, 1 DStb in den folg Lm-ZR der 1. Rd arb, dabei über dem folg Lm-ZR der 2. Rd arb, 1 hStb in jedes der folg 2 Stb**, [2 hStb, 3 Lm, 2 hStb] in den folg 3-Lm-ZR, ab * noch 2 x wdh, dann von * bis ** noch 1 x wdh, Rd mit 1 Km in die obere der 2 Anf-Lm schließen, dabei auf Garn B wechseln. Garn C nicht abschneiden.

Runde 4: Je 1 Km in das folg hStb und den folg 3-Lm-Eck-ZR, 1 Lm, *[1 fM, 2 Lm, 1 fM] in den Eck-ZR, 1 fM in jede der folg 12 M, ab * noch 3 x wdh, Rd mit 1 Km in die 1. fM schließen, dabei auf Garn C wechseln. Garn B abschneiden.

Runde 5: 1 Km in den folg Eck-ZR, 1 Lm, *[1 fM, 2 Lm, 1 fM] in den Eck-ZR, 1 fM in jede der folg 14 M, ab * noch 3 x wdh, Rd mit 1 Km in die 1. fM schließen.

Runde 6: 1 Km in den folg Eck-ZR, 3 Lm, [1 Stb, 2 Lm, 2 Stb] in denselben Eck-ZR, *[1 Lm, 1 fM überg, 1 Stb in jede der folg 2 fM] x 5, 1 Lm**, [2 Stb, 2 Lm, 2 Stb] in den folg 2-Lm-Eck-ZR, ab * noch 2 x wdh, dann von * bis ** noch 1 x wdh, Rd mit 1 Km in die obere der 3 Anf-Lm schließen.

Faden abschneiden, durchziehen und alle Fadenenden vernähen.

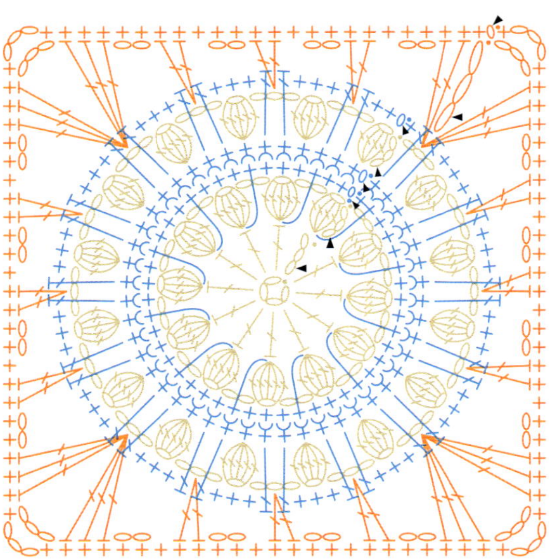

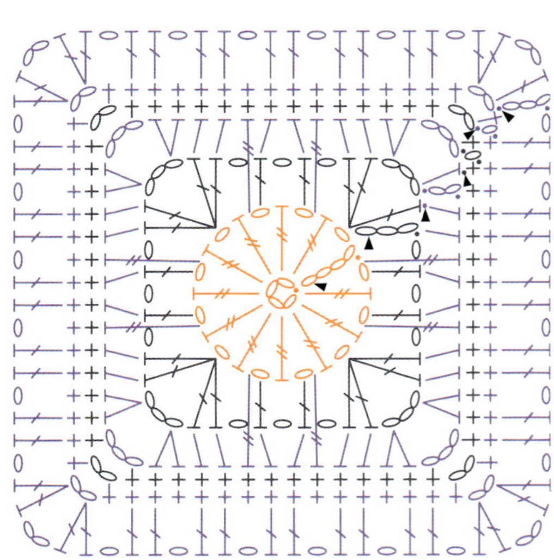

Zackenmuster

Siehe Seite 29

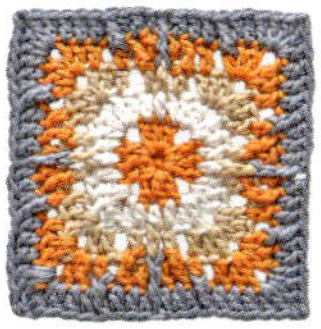

A = Kaki
B = Beige
C = Auster
D = Himmelblau

BESONDERE MASCHEN

DRStbv (doppeltes Reliefstäbchen vorne): 2 U, von vorne nach hinten rechts von der angegebenen M einstechen, links neben dem Schaft der M ausstechen, Faden holen und durchziehen, [1 U, Faden durch die 1. 2 Schl auf der Nd ziehen] x 3.

Anfangsring: Mit Garn A 4 Lm anschl und mit 1 Km zur Runde schließen.
Runde 1: 3 Lm (zählen als 1 Stb), 2 Stb in den Ring, 2 Lm, [3 Stb in den Ring, 2 Lm] x 3, Rd mit 1 Km in die obere der 3 Anf-Lm schließen. Garn A abschneiden und durchziehen. (12 M, 4 Lm-ZR)
Runde 2: Garn B an einen 2-Lm-Eck-ZR der Vor-Rd anfügen, 3 Lm (zählen als 1 Stb), [1 Stb, 2 Lm, 1 Stb] in denselben Lm-ZR, *1 Stb in jedes der folg 3 Stb**, [2 Stb, 2 Lm, 2 Stb] in den folg 2-Lm-ZR, ab * noch 2 x wdh, dann von * bis ** noch 1 x wdh, Rd mit 1 Km in die obere der 3 Anf-Lm schließen. Garn B abschneiden und durchziehen. (28 M, 4 Lm-ZR)
Runde 3: Garn C an einen 2-Lm-Eck-ZR der Vor-Rd anfügen, 3 Lm (zählen als 1 Stb), [1 Stb, 2 Lm, 2 Stb] in denselben Lm-ZR, *1 Stb in die folg M, 1 Lm, folg M überg, 1 Stb in die folg M, DRStbv um das folg Stb, 1 Stb in die folg M, 1 Lm, folg M überg, 1 Stb in die folg M**, [2 Stb, 2 Lm, 2 Stb] in den folg 2-Lm-ZR, ab * noch 2 x wdh, dann von * bis ** noch 1 x wdh, Rd mit 1 hStb in die obere der 3 Anf-Lm schließen. Garn C abschneiden und durchziehen. (36 M, 12 LmZR)
Runde 4: Garn A an einen 2-Lm-Eck-ZR der Vor-Rd anfügen, 3 Lm (zählen als 1 Stb), [1 Stb, 2 Lm, 2 Stb] in denselben Lm-ZR, *1 Stb in die folg M, 1 Lm, folg M überg, 1 Stb in die folg M, DRStbv um das folg Stb, 1 Stb in dasselbe Stb, 1 Lm, folg M überg, 1 Stb in das folg Stb, DRStbv um dasselbe Stb, 1 Stb in das folg Stb, 1 Lm, folg M überg, 1 Stb in die folg M**, [2 Stb, 2 Lm, 2 Stb] in den folg 2-Lm-ZR, ab * noch 2 x wdh, dann von * bis ** noch 1 x wdh, Rd mit 1 Km in die obere der 3 Anf-Lm schließen. Garn A abschneiden und durchziehen. (48 M, 16 Lm-ZR)
Runde 5: Garn D mit 1 Km an einen 2-Lm-Eck-ZR der Vor-Rd anfügen, 3 Lm (zählen als 1 Stb), [1 Stb, 2 Lm, 2 Stb] in denselben Lm-ZR, *1 Stb in jede der folg 3 M, DRStbv um das folg Stb, 1 Stb in dasselbe Stb, 1 Stb in jede der folg 2 M, DRStbv um das folg DRStbv der 3. Rd, 1 Stb in jede der folg 2 M, 1 Stb in das folg Stb, DRStbv um dasselbe Stb, 1 Stb in jede der folg 3 M**, [2 Stb, 2 Lm, 2 Stb] in den folg 2-Lm-ZR, ab * noch 2 x wdh, dann von * bis ** noch 1 x wdh, Rd mit 1 Km in die obere der 3 Anf-Lm schließen. (76 M, 4 Lm-ZR)
Faden abschneiden, durchziehen und alle Fadenenden vernähen.

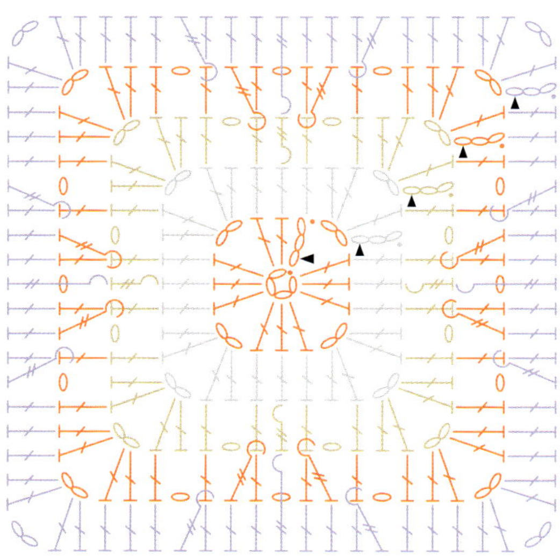

Zackenkreuz

Siehe Seite 29

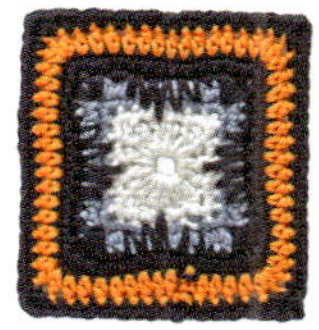

A = Beige
B = Himmelblau
C = Nachtschatten
D = Kaki

BESONDERE MASCHEN

tfM (tiefgestochene fM): Nd in die angegebene M eine (oder mehrere) Rd unterhalb der Arbeits-Rd einstechen, Faden holen und auf Höhe der Arbeits-Rd durchziehen, 1 U, Faden durch beide Schl auf der Nd ziehen.

Anfangsring: Mit Garn A 6 Lm anschl und mit 1 Km zur Runde schließen.
Runde 1: 3 Lm (zählen als 1 Stb), 15 Stb in den Ring, Rd mit 1 Km in die obere der 3 Anf-Lm schließen.
Runde 2: 1 Lm, 3 fM in das 1. Stb der Vor-Rd, 1 fM in jedes der folg 3 Stb, *3 fM in das folg Stb, 1 fM in jedes der folg 3 Stb, ab * noch 2 x wdh, Rd mit 1 Km in die 1. fM schließen.
Runde 3: 1 Lm, 1 fM in die folg fM, *3 fM in die Eck-fM, 1 fM in jede der folg 5 fM, ab * noch 2 x wdh, 3 fM in die Eck-fM, 1 fM in jede der folg 4 fM, Rd mit 1 Km in die 1. fM schließen. Garn A abschneiden und durchziehen
Runde 4: Garn B anfügen, 1 Lm, 1 fM in jede der folg 2 fM, *3 fM in die Eck-fM, 1 fM in jede der folg 7 fM, ab * noch 2 x wdh, 3 fM in die Eck-fM, 1 fM in jede der folg 5 fM, Rd mit 1 Km in die 1. fM schließen. Garn B abschneiden und durchziehen.
Runde 5: Garn C anfügen, 1 Lm, *1 tfM in die folg fM der 3. Rd, 1 fM in jede der folg 2 fM, 3 tfM in die Eck-fM der 3. Rd, 1 fM in jede der folg 2 fM, 1 tfM in die folg fM der 3. Rd, 1 tfM in die folg fM der 2. Rd, 1 tfM in das folg Stb der 1. Rd, 1 tfM in die folg fM der 2. Rd, ab * noch 3 x wdh, Rd mit 1 Km in die 1. fM schließen.
Runde 6: 1 Lm, 1 fM in jede fM und 3 fM in jede Eck-fM der Vor-Rd arb, Rd mit 1 Km in die 1. fM schließen. Garn C abschneiden und durchziehen.
Runde 7: Garn D anfügen, 2 Lm (zählen als 1 hStb), 1 hStb in jede fM und 3 hStb in jede Eck-fM der Vor-Rd arb, Rd mit 1 Km in die 1. fM schließen. Garn D abschneiden und durchziehen.
Runde 8: Garn C anfügen, 1 Lm, 1 fM in jedes hStb und 3 fM in jedes Eck-hStb der Vor-Rd arb, Rd mit 1 Km in die 1. fM schließen.
Faden abschneiden, durchziehen und alle Fadenenden vernähen.

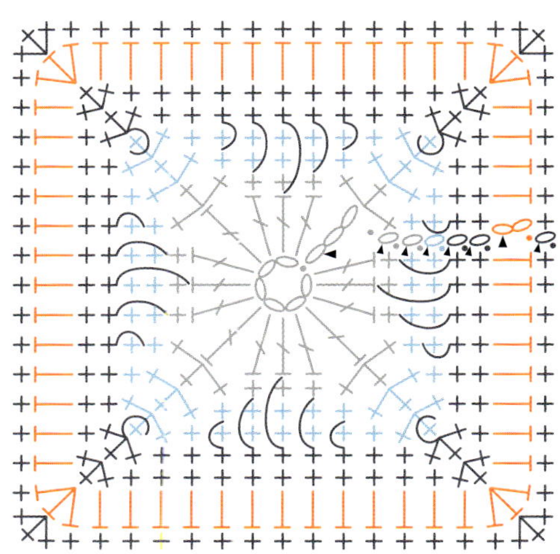

Achtblättrige Blüte

Siehe Seite 32

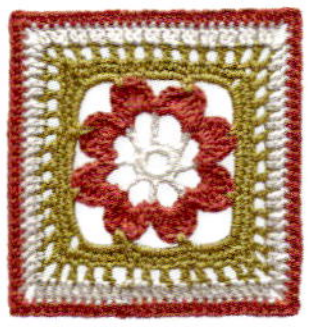

A = Beige
B = Pink
C = Ringlotte

Anfangsring: Mit Garn A 8 Lm anschl und mit 1 Km zur Runde schließen.
Runde 1: 1 Lm, 16 fM in den Ring, Rd mit 1 Km in die 1. fM schließen.
Runde 2: 8 Lm (zählen als 1 Stb und 5 Lm), [1 fM überg, 1 Stb in die folg fM, 5 Lm] x 7, letzte fM überg, Rd mit 1 Km in die 3. der 8 Lm schließen. Garn A abschneiden und durchziehen.
Runde 3: Garn B an einen 5-Lm-ZR der Vor-Rd anfügen, 1 Lm, [1 fM, 1 hStb, 1 Stb, 2 DStb, 1 Lm, 2 DStb, 1 Stb, 1 hStb, 1 fM] in jeden 5-Lm-ZR der Vor-Rd arb, Rd mit 1 Km in die 1. fM schließen. Garn B abschneiden und durchziehen.
Runde 4: Garn C an einen Lm-ZR der Vor-Rd anfügen, 1 Lm, 1 fM in denselben Lm-ZR, [7 Lm, 1 fM in den folg Lm-ZR, 9 Lm, 1 fM in den folg Lm-ZR] x 4, dabei anstatt der letzten fM die Rd mit 1 Km in die 1. fM schließen.
Runde 5: 1 Km in den 1. 7-Lm-ZR, 1 Lm, *7 fM in den folg 7-Lm-ZR, [6 fM, 3 Lm, 6 fM] in den folg 9-Lm-ZR, ab * noch 3 x wdh, Rd mit 1 Km in die 1. fM schließen.
Runde 6: 1 Lm, 1 fM in die 1. fM der Vor-Rd, 1 fM in jede der folg 12 fM, *[1 fM, 3 Lm, 1 fM] in den folg 3-Lm-ZR, 1 fM in jede der folg 19 fM, ab * noch 2 x wdh, [1 fM, 3 Lm, 1 fM] in den letzten 3-Lm-ZR, 1 fM in jede der letzten 6 fM, Rd mit 1 Km in die 1. fM schließen.
Runde 7: 4 Lm (zählen als 1 Stb und 1 Lm), [1 fM überg, 1 Stb in die folg fM, 1 Lm] x 6, *1 fM überg, [1 Stb, 3 Lm, 1 Stb] in den folg 3-Lm-ZR, 1 Lm, [1 fM überg, 1 Stb in die folg fM, 1 Lm] x 10, ab * noch 2 x wdh, 1 fM überg, [1 Stb, 3 Lm, 1 Stb] in den folg 3-Lm-ZR, 1 Lm, [1 fM überg, 1 Stb in die folg fM, 1 Lm] x 3, Rd mit 1 Km in die 3. der 4 Lm schließen, dabei auf Garn A wechseln. Garn C abschneiden.
Runde 8: 3 Lm (zählen als 1 Stb), 1 Stb in jedes Stb und jeden Lm-ZR und [1 Stb, 3 Lm, 1 Stb] in jeden 3-Lm-Eck-ZR der Vor-Rd arb, Rd mit 1 Km in die obere der 3 Anf-Lm schließen, dabei auf Garn B wechseln. Garn A abschneiden.
Runde 9: 2 Lm (zählen als 1 hStb), 1 hStb in jedes Stb und 3 hStb in jeden 3-Lm-Eck-ZR der Vor-Rd arb, Rd mit 1 Km in die obere der 3 Anf-Lm schließen.
Faden abschneiden, durchziehen und alle Fadenenden vernähen.

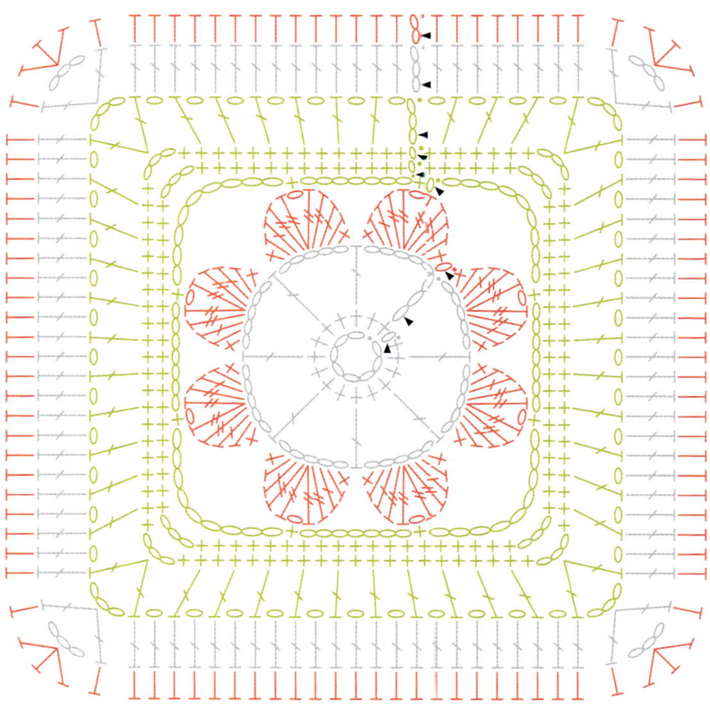

Gerahmte Blüte

Siehe Seite 35

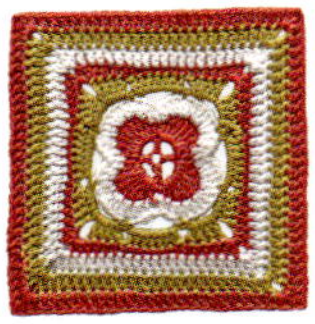

A = Pink
B = Beige
C = Ringlotte

Luftmaschenkette: Mit Garn A 7 Lm anschl.
Runde 1: [1 Stb und 3 Lm] x 3 in die 7. Lm ab Nd, Rd mit 1 Km in die 4. der 7 Lm der Lmk schließen.
Runde 2: 1 Lm, 1 fM in die 4. Lm der Lmk der Vor-Rd, *[1 Stb, 5 DStb, 1 Stb] in den folg 3-Lm-ZR (Blütenblatt)**, 1 fM in das folg Stb, ab * noch 2 x wdh, dann von * bis ** noch 1 x wdh, Rd mit 1 Km in die 1. fM schließen. Garn A abschneiden und durchziehen.
Runde 3: Garn B anfügen, 1 Lm, 1 fM in die 1. fM der Vor-Rd, *1 Stb in das folg Stb, 2 Stb in jedes der folg 2 DStb, 3 Stb in das folg DStb, 2 Stb in jedes der folg 2 DStb, 1 Stb in das folg Stb**, 1 fM in die folg fM, ab * noch 2 x wdh, dann von * bis ** noch 1 x wdh, Rd mit 1 Km in die 1. fM schließen. Garn B abschneiden und durchziehen.
Runde 4: Garn C an das 4. Stb eines Blütenblatts der Vor-Rd anfügen, 1 Lm, 1 fM in dasselbe Stb, *5 Lm, folg 5 M überg, 1 fM in das folg Stb, 5 Lm**, 1 fM in das 4. Stb des folg Blütenblatts, ab * noch 2 x wdh, dann von * bis ** noch 1 x wdh, Rd mit 1 Km in die 1. fM schließen.
Runde 5: 1 Km in den folg 5-Lm-ZR, 3 Lm (zählen als 1 Stb), [3 Stb, 3 Lm, 4 Stb] in denselben 5-Lm-ZR, *1 Lm, 7 Stb in den folg 5-Lm-ZR, 1 Lm**, [4 Stb, 3 Lm, 4 Stb] in den folg 5-Lm-ZR, ab * noch 2 x wdh, dann von * bis ** noch 1 x wdh, Rd mit 1 Km in die obere der 3 Anf-Lm schließen. Garn C abschneiden und durchziehen.
Runde 6: Garn A an einen 3-Lm-Eck-ZR der Vor-Rd anfügen, 2 Lm (zählen als 1 hStb), [1 hStb, 2 Lm, 2 hStb] in denselben Lm-ZR, *1 hStb in jedes der folg 4 Stb, 1 Lm-ZR überg, 1 fM in jedes der folg 7 Stb, 1 Lm-ZR überg, 1 hStb in jedes der folg 4 Stb**, [2 hStb, 2 Lm, 2 hStb] in den folg Eck-ZR, ab * noch 2 x wdh, dann von * bis ** noch 1 x wdh, Rd mit 1 Km in die obere der 2 Anf-Lm schließen. Garn A abschneiden und durchziehen.
Runde 7: Garn B an einen 2-Lm-Eck-ZR der Vor-Rd anfügen, 3 Lm (zählen als 1 Stb), [1 Stb, 2 Lm, 2 Stb] in denselben Lm-ZR, *1 Stb in jedes hStb und jede fM entlang der Seite des Quadrats**, [2 Stb, 2 Lm, 2 Stb] in den folg 2-Lm-Eck-ZR, ab * noch 2 x wdh, dann von * bis ** noch 1 x wdh, Rd mit 1 Km in die 3. Lm des 3-Lm-ZR schließen. Garn B abschneiden und durchziehen.
Runde 8: Garn C anfügen, 3 Lm (zählen als 1 Stb), 1 Stb in jedes Stb und [2 Stb, 2 Lm, 2 Stb] in jeden 2-Lm-Eck-ZR der Vor-Rd arb, Rd mit 1 Km in die obere der 3 Anf-Lm schließen. Garn C abschneiden und durchziehen.
Runde 9: Garn A anfügen, 3 Lm (zählen als 1 Stb), 1 Stb in jedes Stb und 3 Stb in jeden 2-Lm-Eck-ZR der Vor-Rd arb, Rd mit 1 Km in die obere der 3 Anf-Lm schließen.
Faden abschneiden, durchziehen und alle Fadenenden vernähen.

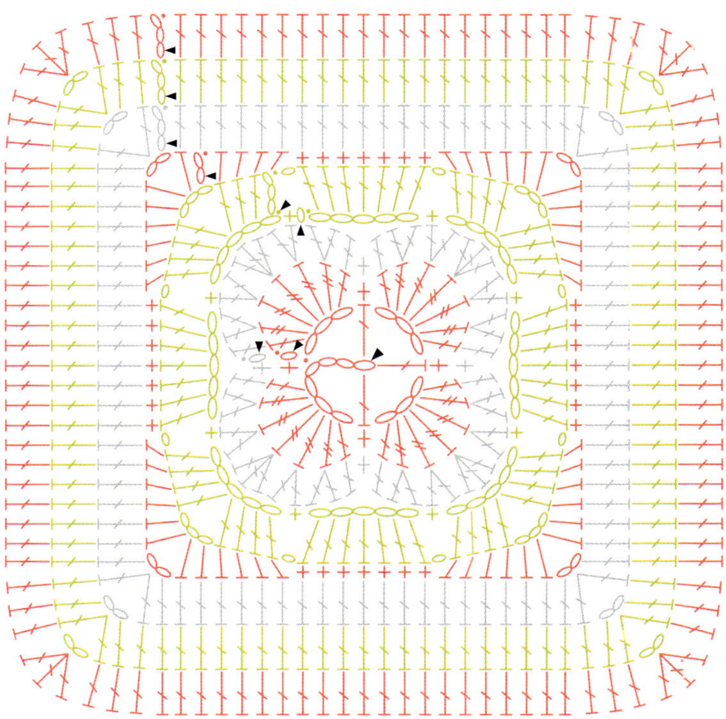

Herkuleskraut

Siehe Seite 32

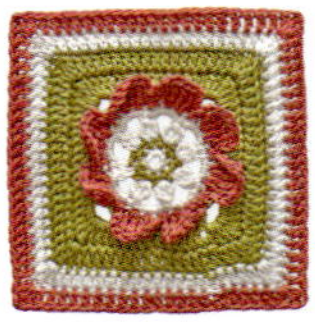

A = Beige
B = Ringlotte
C = Pink

BESONDERE MASCHEN

Anf-N (Anfangs-Noppe aus 2 zus abgem hStb): Alle Stb werden in dieselbe Einstich-M gearbeitet. [1 U, in die angegebene M einstechen, Faden holen und auf die Höhe eines hStb durchziehen] x 2, 1 U, Faden durch alle 5 Schl auf der Nd ziehen.

N (Noppe aus 3 zus abgem hStb): [1 U, in die angegebene M einstechen, Faden holen und auf die Höhe eines hStb durchziehen] x 3, 1 U, Faden durch alle 7 Schl auf der Nd ziehen.

Anfangsring: Mit Garn A einen Fadenring arbeiten.

Runde 1: 1 Lm, 8 fM in den Ring, Rd mit 1 Km in die 1. fM schließen. Garn A abschneiden und durchziehen. (8 M)

Runde 2: Garn B anfügen, 1 Lm, 2 fM in die 1. fM der Vor-Rd, *2 fM in die folg M, ab * noch 6 x wdh, Rd mit 1 Km in die 1. fM schließen. Garn B abschneiden und durchziehen. (16 M)

Runde 3: Garn A anfügen, 2 Lm, Anf-N in die 1. fM der Vor-Rd, *3 Lm, 1 M überg, 1 N in die folg M, ab * noch 6 x wdh, 3 Lm, Rd mit 1 Km in die Anf-N schließen.

Runde 4: 1 Lm, 1 fM in die Anf-N der Vor-Rd, *3 fM in den folg 3-Lm-ZR, 1 fM in die folg N, ab * noch 6 x wdh, 3 fM in den folg 3-Lm-ZR, Rd mit 1 Km in die 1. fM schließen. Garn A abschneiden und durchziehen.

Runde 5: Garn C anfügen, *4 Lm, [2 DStb in die folg M] x 2, 4 Lm, 1 Km in die folg M**, 1 Km in die folg M, ab * noch 6 x wdh, dann von * bis ** noch 1 x wdh, Rd mit 1 Km in die 1. der 4 Anf-Lm schließen. Garn C abschneiden und durchziehen.

Runde 6: Garn B mit 1 Km in das hMgl einer Km zw 2 Blütenblättern der 5. Rd anfügen, 6 Lm (zählen als 1 Stb und 3 Lm), 1 Stb in dieselbe M (zw 2 Blütenblättern), *3 Lm, 1 Stb in das hMgl der folg Km zw 2 Blütenblättern, 3 Lm**, [1 Stb, 3 Lm, 1 Stb] in das hMgl der folg Km zw 2 Blütenblättern, ab * noch 2 x wdh, dann von * bis ** noch 1 x wdh, Rd mit 1 Km in die 3. der 6 Anf-Lm schließen. (12 M und 12 Lm-ZR)

Runde 7: 3 Lm (zählen als 1 Stb), *[3 Stb, 1 DStb, 3 Stb] in den 3-Lm-Eck-ZR, 1 Stb in das folg Stb, 4 Stb in den folg 3-Lm-ZR, 1 Stb in das folg Stb, 4 Stb in den folg 3-Lm-ZR**, 1 Stb in das folg Stb, ab * noch 2 x wdh, dann von * bis ** noch 1 x wdh, Rd mit 1 Km in die obere der 3 Anf-Lm schließen.

Runde 8: 3 Lm (zählen als 1 Stb), 1 Stb in jedes Stb und [1 Stb, 1 DStb, 1 Stb] in jedes Eck-DStb der Vor-Rd arb, Rd mit 1 Km in die obere der 3 Anf-Lm schließen. Garn B abschneiden und durchziehen.

Runde 9: Garn A anfügen, 3 Lm (zählen als 1 Stb), 1 Stb in jedes Stb und [1 Stb, 1 DStb, 1 Stb] in jedes Eck-DStb der Vor-Rd arb, Rd mit 1 Km in die obere der 3 Anf-Lm schließen. Garn A abschneiden und durchziehen.

Runde 10: Garn C anfügen, 3 Lm (zählen als 1 Stb), 1 Stb in jedes Stb und [1 Stb, 1 DStb, 1 Stb] in jedes Eck-DStb der Vor-Rd arb, Rd mit 1 Km in die obere der 3 Anf-Lm schließen.

Faden abschneiden, durchziehen und alle Fadenenden vernähen.

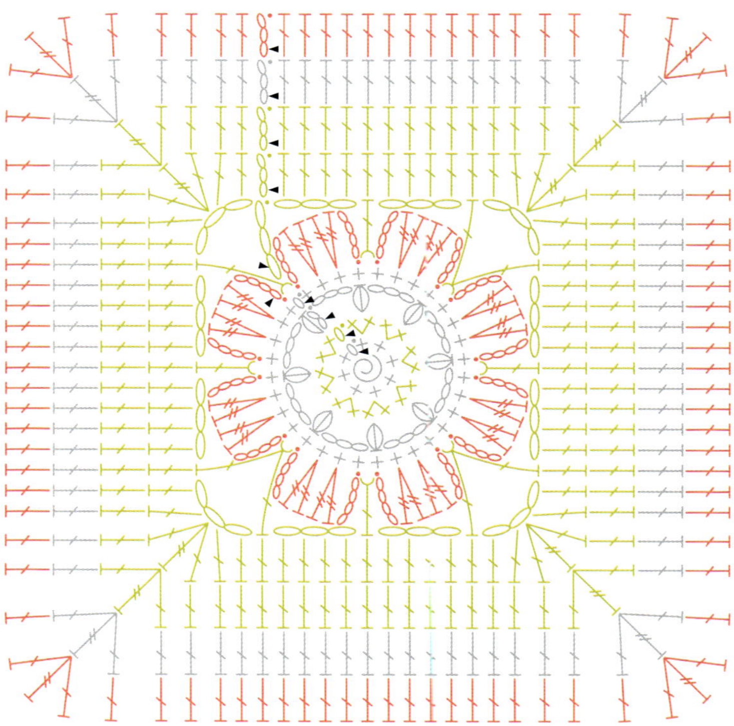

Origamiblüte

Siehe Seite 33

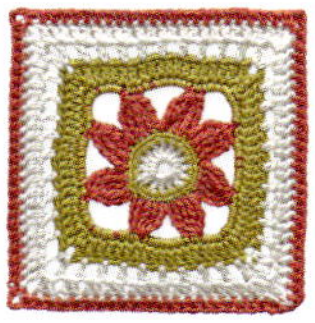

A = Beige
B = Ringlotte
C = Pink

BESONDERE MASCHEN

Picot (Picot aus 3 Lm): 3 Lm, 1 Km in die 1. der 3 Lm.
4 3f-Stb zus-hk: [3 U, in das hMgl der angegebenen M einstechen, Faden holen und durchziehen, (1 U, Faden durch die 1. 2 Schl auf der Nd ziehen) x 3] x 4, 1 U, Faden durch alle 5 Schl auf der Nd ziehen.
5 3f-Stb zus-hk): [3 U, in das hMgl der angegebenen M einstechen, Faden holen und durchziehen, (1 U, Faden durch die 1. 2 Schl auf der Nd ziehen) x 3] x 5, 1 U, Faden durch alle 6 Schl auf der Nd ziehen.

Anfangsring: Mit Garn A 5 Lm anschl und mit 1 Km zur Runde schließen.
Runde 1: 3 Lm, 15 Stb in den Ring, Rd mit 1 Km in die obere der 3 Anf-Lm schließen, dabei auf Garn B wechseln. Garn A abschneiden.
Runde 2: 1 Km in den ZR zw den folg 2 Stb, 1 Lm, 2 fM in denselben ZR, [2 fM in den ZR zw den folg 2 Stb] x 15, Rd mit 1 Km in die 1. fM schließen, dabei auf Garn C wechseln. Garn B abschneiden.
Runde 3: 5 Lm (zählen als 1 3f-Stb), 4 3f-Stb zus-hk über die folg 4 M, *6 Lm, 5 3f-Stb zus-hk, dabei das 1. 3f-Stb in dieselbe M arb wie das letzte 3f-Stb der vorherigen Mg und die folg 4 in die folg 4 M, 7 Lm, 5 3f-Stb zus-hk, dabei das 1. 3f-Stb in dieselbe M arb wie das letzte 3f-Stb der vorhergehenden Mg und die folg 4 in die folg 4 M, ab * noch 2 x wdh, 6 Lm, 5 3f-Stb zus-hk, dabei das 1. 3f-Stb in dieselbe M arb wie das letzte 3f-Stb der vorhergehenden Mg, die folg 3 3f-Stb über die folg 3 M und das letzte 3f-Stb in die M am Fuß der 5 Lm arb, 7 Lm, Rd mit 1 Km in die ersten zus-gehk 3f-Stb schließen. Garn C abschneiden und durchziehen. (8 Blütenblätter)
Runde 4: Garn B an einen 7-Lm-ZR der Vor-Rd anfügen, 4 Lm, 1 Km in die 1. dieser 4 Lm, *5 fM in denselben 7-Lm-ZR, 1 fM in die mittlere M des folg Blütenblattes, 7 fM in den 6-Lm-ZR, 1 fM in das folg Blütenblatt, 5 fM in den folg 7-Lm-ZR**, 1 Picot in denselben Lm-ZR, ab * noch 2 x wdh, dann von * bis ** noch 1 x wdh, Rd mit 1 Km in die 1. der 4 Anf-Lm schließen.
Runde 5: 1 Km in das Picot, 5 Lm (zählen als 1 Stb und 2 Lm), 1 Stb in dasselbe Picot, *1 Stb in jede der folg 19 fM, [1 Stb, 2 Lm, 1 Stb] in das folg Picot, ab * noch 2 x wdh, 1 Stb in jede der folg 19 fM, Rd mit 1 Km in die 3. der 5 Anf-Lm schließen, dabei auf Garn A wechseln. Garn B abschneiden.
Runde 6: 1 Km in den folg 2-Lm-ZR 5 Lm (zählen als 1 Stb und 2 Lm), 1 Stb in denselben Lm-ZR, *1 Lm, [1 Stb in das folg Stb, 1 Lm, folg Stb überg] x 10, 1 Stb in das folg Stb, 1 Lm**, [1 Stb, 2 Lm, 1 Stb] in den folg 2-Lm-ZR, ab * noch 2 x wdh, dann von * bis ** noch 1 x wdh, Rd mit 1 Km in die 3. der 5 Anf-Lm schließen.
Runde 7: 1 Km in den folg 2-Lm-ZR, 5 Lm (zählen als 1 Stb und 2 Lm), 1 Stb in denselben Lm-ZR, *1 Stb in jedes Stb und jeden Lm-ZR und [1 Stb, 2 Lm, 1 Stb] in jeden 2-Lm-Eck-ZR der Vor-Rd arb, Rd mit 1 Km in die 3. der 5 Anf-Lm schließen, dabei auf Garn C wechseln. Garn A abschneiden.
Runde 8: 1 Km in den folg 2-Lm-ZR, 4 Lm (zählen als 1 hStb und 2 Lm), 1 hStb in denselben 2-Lm-Eck-ZR, 1 hStb in jedes Stb und [1 hStb, 2 Lm, 1 hStb] in jeden 2-Lm-Eck-ZR der Vor-Rd arb, Rd mit 1 Km in die 2. der 4 Anf-Lm schließen.
Faden abschneiden, durchziehen und alle Fadenenden vernähen.

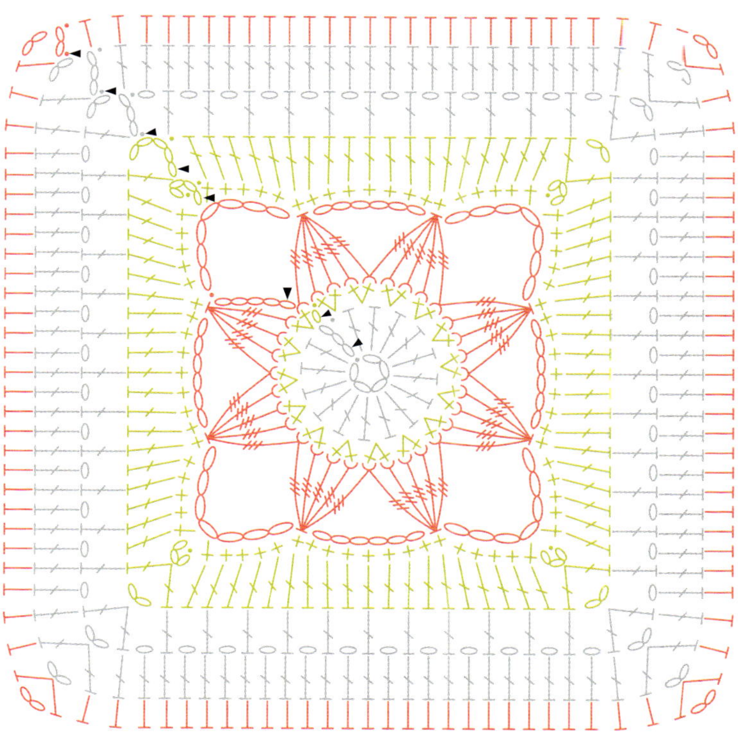

Vierblättrige 3-D-Blüte

Siehe Seite 35

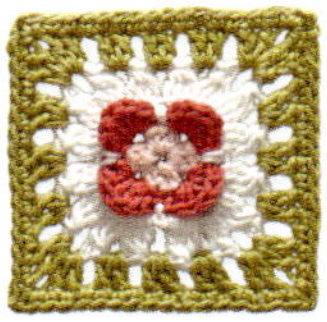

A = Muschelrosa
B = Pink
C = Beige
D = Ringlotte

BESONDERE MASCHEN

Anf-Bm (Anfangs-Büschelmasche aus 2 zus abgem Stb): [1 U, in die angegebene M einstechen, Faden holen und durchziehen, 1 U, Faden durch die 1. 2 Schl auf der Nd ziehen] x 2, 1 U, Faden durch alle 3 Schl auf der Nd ziehen.

Bm (Büschelmasche aus 3 zus abgem Stb): [1 U, in die angegebene M einstechen, Faden holen und durchziehen, 1 U, Faden durch die 1. 2 Schl auf der Nd ziehen] x 3, 1 U, Faden durch alle 4 Schl auf der Nd ziehen.

Anfangsring: Mit Garn A einen Fadenring arbeiten.

Runde 1: 1 Lm, 3 fM in den Ring, [3 Lm, 3 fM in den Ring] x 3, 3 Lm, Rd mit 1 Km in die 1. fM schließen. Garn A abschneiden und durchziehen.

Runde 2: Garn B an einen 3-Lm-ZR der Vor-Rd anfügen, 1 Lm, [1 fM, 1 hStb, 3 Stb, 1 hStb, 1 fM] in jeden folg 3-Lm-ZR der Vor-Rd arb, Rd mit 1 Km in die 1. fM schließen. Garn B abschneiden und durchziehen.

Runde 3: Garn C mit 1 Km an die mittlere fM einer 3-fM-Mg der 1. Rd anfügen, 1 Lm, 1 fM in dieselbe M, [5 Lm, 1 fM in die mittlere fM der folg 3-fM-Mg der 1. Rd] x 3, 5 Lm, Rd mit 1 Km in die 1. fM schließen.

Runde 4: 1 Km in den 1. 5-Lm-ZR der Vor-Rd, 3 Lm (zählen als 1 Stb), [Anf-Bm, 2 Lm, Bm, 3 Lm, Bm, 2 Lm, Bm] in denselben 5-Lm-ZR, *2 Lm, [Bm, 2 Lm, Bm, 3 Lm, Bm, 2 Lm, Bm] in den folg 5-Lm-ZR, ab * noch 2 x wdh, 2 Lm, Rd mit 1 Km in die Anf-Bm schließen. Garn C abschneiden und durchziehen.

Runde 5: Garn D mit 1 Km an einen 3-Lm-ZR der Vor-Rd anfügen, 3 Lm (zählen als 1 Stb), [1 Stb, 2 Lm, 2 Stb] in denselben 3-Lm-Eck-ZR, *[1 Lm, 2 Stb in den folg 2-Lm-ZR] x 3, 1 Lm**, [2 Stb, 2 Lm, 2 Stb] in den 3-Lm-Eck-ZR, ab * noch 2 x wdh, dann von * bis ** noch 1 x wdh, Rd mit 1 Km in die obere der 3 Anf-Lm schließen.

Runde 6: 1 Km in das folg Stb, 1 Km in den 2-Lm-Eck-ZR, 1 Lm, [1 fM, 1 Lm, 1 fM] in denselben 2-Lm-Eck-ZR, 1 fM in jedes Stb und jeden Lm-ZR und [1 fM, 1 Lm, 1 fM] in jeden 2-Lm-Eck-ZR der Vor-Rd arb, Rd mit 1 Km in die 1. fM schließen.

Faden abschneiden, durchziehen und alle Fadenenden vernähen.

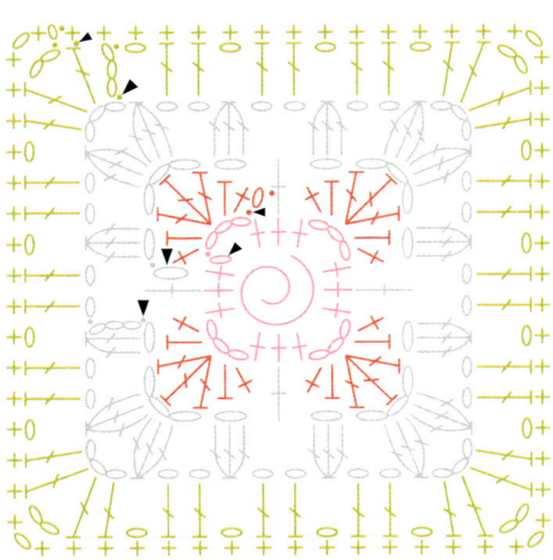

Sechsblättrige Blüte

Siehe Seite 33

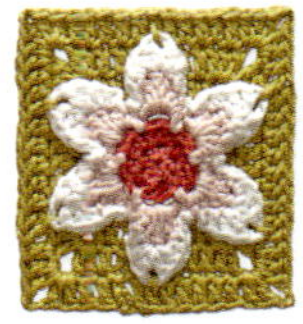

A = Pink
B = Muschelrosa
C = Beige
D = Ringlotte

Anfangsring: Mit Garn A einen Fadenring arbeiten.

Runde 1: 2 Lm (zählen als 1 hStb), 5 hStb in den Ring, Rd mit 1 Km in die obere der 2 Anf-Lm schließen. (6 M)

Runde 2: 2 Lm (zählen als 1 hStb), 1 hStb in das 1. hStb der Vor-Rd, 2 hStb in jede folg M der Vor-Rd arb, Rd mit 1 Km in die obere der 2 Anf-Lm schließen, dabei auf Garn B wechseln. Garn A abschneiden. (12 M)

Runde 3: 1 Lm, 1 fM in die 1. M der Vor-Rd, *3 Lm, folg M überg**, 1 fM in die folg M, ab * noch 4 x wdh, dann von * bis ** noch 1 x wdh, Rd mit 1 Km in die 1. fM schließen.

Runde 4: 1 Km in den 1. 3-Lm-ZR der Vor-Rd, *[1 fM, 1 hStb, 1 Stb, 1 DStb, 1 Stb, 1 hStb, 1 fM] in den 3-Lm-ZR**, 1 Km in die folg fM, ab * noch 4 x wdh, dann von * bis ** noch 1 x wdh, Rd mit 1 Km in die 1. Km schließen, dabei auf Garn C wechseln. Garn B abschneiden.

Runde 5: *1 Km in die folg fM, 1 fM in das folg hStb, 1 hStb in das folg Stb, [2 Stb, 2 Lm, 2 Stb] in das folg DStb, 1 hStb in das folg Stb, 1 fM in das folg hStb, 1 Km in die folg fM, 1 Km in die folg Km, ab * noch 5 x wdh, Rd mit 1 Km in die 1. Km schließen. Garn C abschneiden und durchziehen.

Runde 6: Garn D mit 1 Km an eine fM der 3. Rd anfügen, *3 Lm, 1 Km in die folg fM der 3. Rd, [6 Lm, 1 Km in die folg fM der 3. Rd] x 2, ab * noch 1 x wdh, Rd mit 1 Km in die 1. Km schließen.

Runde 7: 1 Km in den 1. 3-Lm-ZR der Vor-Rd, 3 Lm (zählen als 1 Stb), 3 Stb in denselben 3-Lm-ZR, [2 Stb, 2 Lm, 4 Stb] in den folg 6-Lm-ZR, [4 Stb, 2 Lm, 2 Stb] in den folg 6-Lm-ZR, 4 Stb in den folg 3-Lm-ZR, [2 Stb, 2 Lm, 4 Stb] in den folg 6-Lm-ZR, [4 Stb, 2 Lm, 2 Stb] in den folg 6-Lm-ZR, Rd mit 1 Km in die obere der 3 Anf-Lm schließen.

Runde 8: 3 Lm (zählen als 1 Stb), *1 Stb in jede M bis zur Ecke, [2 Stb, 2 Lm, 2 Stb] in den folg 2-Lm-Eck-ZR, ab * noch 3 x wdh, 1 Stb in jede folg M bis Rd-Ende, Rd mit 1 Km in die obere der 3 Anf-Lm schließen.

Runde 9: 3 Lm (zählen als 1 Stb), 1 Stb in die folg M, *1 Stb in den 2-Lm-ZR an der Spitze des Blütenblattes der 5. Rd, 1 Stb in jede der folg 5 M, [2 Stb, 2 Lm, 2 Stb] in den folg 2-Lm-Eck-ZR, 1 Stb in die folg M, 1 Stb in den 2-Lm-ZR an der Spitze des folg Blütenblattes der 5. Rd, 1 Stb in jede der folg 8 M, 1 Stb in den 2-Lm-ZR an der Spitze des folg Blütenblattes der 5. Rd, 1 Stb in die folg M, [2 Stb, 2 Lm, 2 Stb] in den folg 2-Lm-Eck-ZR**, 1 Stb in jede der folg 6 M, von * bis ** noch 1 x wdh, 1 Stb in jede der folg 4 M, Rd mit 1 Km in die obere der 3 Anf-Lm schließen.

Faden abschneiden, durchziehen und alle Fadenenden vernähen.

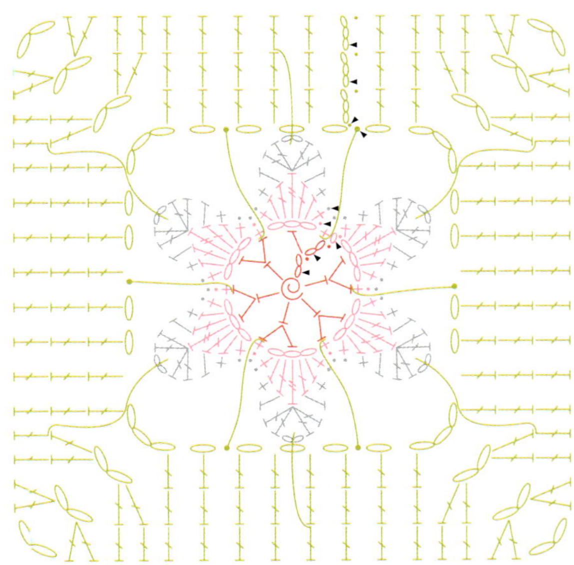

Gerüschte Blüte

Siehe Seite 32

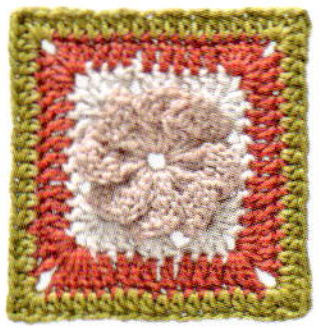

A = Muschelrosa
B = Beige
C = Pink
C = Ringlotte

Anfangsring: Mit Garn A 6 Lm anschl und mit 1 Km zur Runde schließen.
Runde 1: 3 Lm (zählen als 1 Stb), 3 Stb in den Ring, 3 Lm, wenden; 1 Stb in das 1. Stb, 1 Stb in jedes der folg 2 Stb, 1 Stb in die obere der 3 Anf-Lm, 3 Lm, wenden, *hinter dem gerade ge-hk Blütenblatt arb, 4 Stb in den Ring, 3 Lm, wenden, 1 Stb in das 1. Stb, 1 Stb in jedes der folg 3 Stb, 3 Lm, wenden, ab * noch 6 x wdh, Rd mit 1 Km in die obere der 3 Anf-Lm schließen. Garn A abschneiden und durchziehen. (8 Blütenblätter)
Runde 2: Garn B an einen 3-Lm-ZR der Vor-Rd hinter einem der Blütenblätter anfügen, 3 Lm (zählen als 1 Stb), [2 Stb, 3 Lm, 3 Stb] in denselben Lm-ZR, 3 Stb in den folg 3-Lm-ZR, *[3 Stb, 3 Lm, 3 Stb] in den folg Eck-ZR, 3 Stb in den folg 3-Lm-ZR, ab * noch 2 x wdh, Rd mit 1 Km in die obere der 3 Anf-Lm schließen. Garn B abschneiden und durchziehen.
Runde 3: Garn C an einen 3-Lm-Eck-ZR der Vor-Rd anfügen, 3 Lm (zählen als 1 Stb), [2 Stb, 3 Lm, 3 Stb] in denselben Lm-ZR, *1 Stb in jedes der folg 9 Stb**, [3 Stb, 3 Lm, 3 Stb] in den folg Eck-ZR, ab * noch 2 x wdh, dann von * bis ** noch 1 x wdh, Rd mit 1 Km in die obere der 3 Anf-Lm schließen. Garn C abschneiden und durchziehen.
Runde 4: Garn D an einen 3-Lm-Eck-ZR anfügen, 2 Lm (zählen als 1 hStb), [2 hStb, 1 Stb, 3 hStb] in denselben Lm-ZR, *1 hStb in jedes der folg 15 Stb**, [3 hStb, 1 Stb, 3 hStb] in den folg Eck-ZR, ab * noch 2 x wdh, dann von * bis ** noch 1 x wdh, Rd mit 1 Km in die obere der 2 Anf-Lm schließen.
Faden abschneiden, durchziehen und alle Fadenenden vernähen.

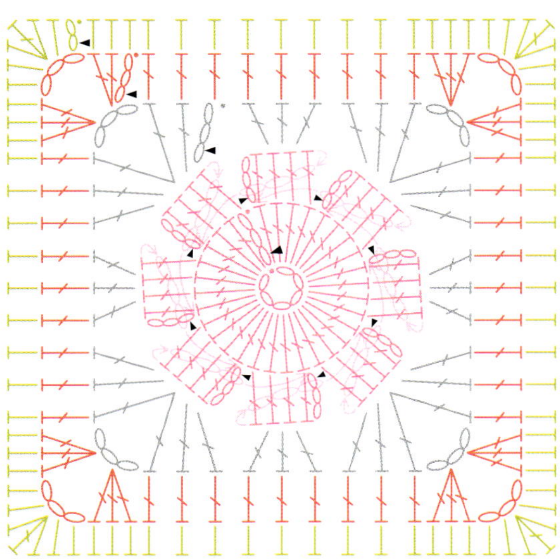

3-D-Rose

Siehe Seite 32

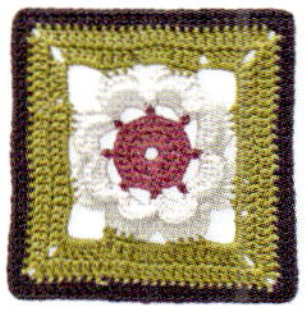

A = Rose
B = Beige
C = Ringlotte
D = Johannisbeere

BESONDERE MASCHEN

Rmh (Reliefmasche hinten): Nd von hinten nach vorne rechts von der angegebenen M der Vor-R einstechen, links neben dem Schaft der M ausstechen, Faden holen und durchziehen, 1 U, Faden durch beide Schl auf der Nd ziehen.

Anfangsring: Mit Garn A 6 Lm anschl und mit 1 Km zur Runde schließen.
Runde 1: 3 Lm (zählen als 1 Stb), 11 Stb in den Ring, Rd mit 1 Km in die obere der 3 Anf-Lm schließen.
Runde 2: 2 Lm (zählen als 1 hStb), 1 hStb in das 1. Stb der Vor-Rd, 2 hStb in jedes der folg 11 Stb, Rd mit 1 Km in die obere der 2 Anf-Lm schließen.
Runde 3: 1 Lm, 1 fM in das 1. hStb der Vor-Rd, *5 Lm, folg 2 hStb überg, 1 fM in das folg hStb, ab * noch 6 x wdh, 5 Lm, Rd mit 1 Km in die 1. fM schließen. Garn A abschneiden und durchziehen.
Runde 4: Garn B an einen 5-Lm-ZR der Vor-Rd anfügen, 1 Lm, [1 fM, 1 hStb, 5 Stb, 1 hStb, 1 fM] in denselben 5-Lm-ZR, [1 fM, 1 hStb, 5 Stb, 1 hStb, 1 fM] in jeden der folg 7 5-Lm-ZR, Rd mit 1 Km in das hMgl der 1. fM schließen.
Runde 5: Hinter den Blütenblättern der Vor-Rd arb. [5 Lm, 1 Rmh um die folg fM der 3. Rd] x 8, Rd mit 1 Km in den 1. 5-Lm-ZR schließen.
Runde 6: 1 Lm, [1 fM, 1 hStb, 7 Stb, 1 hStb, 1 fM] in denselben 5-Lm-ZR, [1 fM, 1 hStb, 7 Stb, 1 hStb, 1 fM] in jeden der folg 7 5-Lm-ZR, Rd mit 1 Km in das hMgl der 1. fM schließen. Garn B abschneiden und durchziehen.
Runde 7: Garn C an das 3. von 7 Stb eines Blütenblattes der Vor-Rd anfügen, 1 Lm, 1 fM in dieselbe M, 1 fM in jedes der folg 2 Stb, *5 Lm, je 1 fM in das 3., 4. und 5. Stb des folg Blütenblattes, 8 Lm**, je 1 fM in das 3., 4. und 5. Stb des folg Blütenblattes, ab * noch 2 x wdh, dann von * bis ** noch 1 x wdh, Rd mit 1 Km in die 1. fM schließen.
Runde 8: 3 Lm (zählen als 1 Stb), 1 Stb in jede fM, 5 Stb in jeden 5-Lm-ZR und [5 Stb, 3 Lm, 5 Stb] in jeden 8-Lm-ZR der Vor-Rd arb, Rd mit 1 Km in die obere der 3 Anf-Lm schließen.
Runde 9: 3 Lm (zählen als 1 Stb), 1 Stb in jedes Stb und [2 Stb, 2 Lm, 2 Stb] in jeden 3-Lm-Eck-ZR der Vor-Rd arb, Rd mit 1 Km in die obere der 3 Anf-Lm schließen, dabei auf Garn D wechseln. Garn C abschneiden.
Runde 10: 1 Lm, 1 fM in die 1. M der Vor-Rd, 1 fM in jedes Stb und 3 fM in jeden 2-Lm-Eck-ZR der Vor-Rd arb, Rd mit 1 Km in die 1. fM schließen.
Faden abschneiden, durchziehen und alle Fadenenden vernähen.

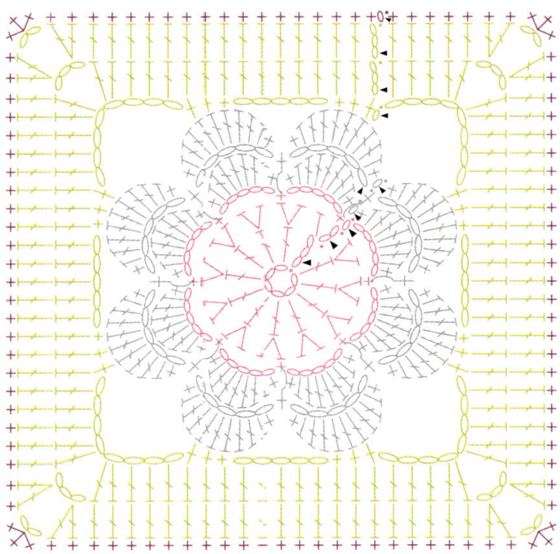

Gruppierte Blüte

Siehe Seite 33

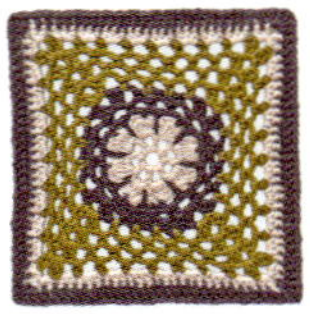

A = Muschelrosa
B = Johannisbeere
C = Senfgelb

BESONDERE MASCHEN

Anf-Bm (Anfangs-Büschelmasche aus 3 zus abgem Stb): [1 U, in die angegebene M einstechen, Faden holen und durchziehen, 1 U, Faden durch die 1. 2 Schl auf der Nd ziehen] x 3, 1 U, Faden durch alle 4 Schl auf der Nd ziehen.

Bm (Büschelmasche aus 4 zus abgem Stb): [1 U, in die angegebene M einstechen, Faden holen und durchziehen, 1 U, Faden durch die 1. 2 Schl auf der Nd ziehen] x 4, 1 U, Faden durch alle 5 Schl auf der Nd ziehen.

Luftmaschenkette: Mit Garn A 6 Lm anschl und mit 1 Km zur Rd schließen.

Runde 1: 5 Lm (zählen als 1 Stb und 2 Lm), [1 Stb in den Ring, 2 Lm] x 7, Rd mit 1 Km in die 3. der 5 Anf-Lm schließen.

Runde 2: 3 Lm (zählen als 1 Stb), Anf-Bm in den folg 2-Lm-ZR, [5 Lm, Bm in den folg 2-Lm-ZR] x 7, 5 Lm, Rd mit 1 Km in die obere der 3 Anf-Lm schließen. Garn A abschneiden und durchziehen.

Runde 3: Garn B anfügen, 1 Lm, 1 fM in die Anf-Bm, *2 Lm, 1 Stb in das folg Stb der 1. Rd arb, dabei über den folg 5-Lm-ZR arb und diesen einschließen, 2 Lm, 1 fM in die folg Bm, ab * bis Rd-Ende wdh, dabei die letzte fM nicht arb und stattdessen die Rd mit 1 Km in die 1. fM schließen.

Runde 4: 1 Km in den folg 2-Lm-ZR, 1 Lm, 1 fM in denselben Lm-ZR, *3 Lm, 1 fM in den folg 2-Lm-ZR, ab * bis Rd-Ende wdh, dabei die letzte fM nicht arb und stattdessen die Rd mit 1 Km in die 1. fM schließen.

Runde 5: 2 Km in den folg 3-Lm-ZR, 3 Lm (zählen als 1 Stb), [1 Stb, 2 Lm, 2 Stb] in denselben Lm-ZR, *2 Lm, [1 fM in den folg 3-Lm-ZR, 3 Lm] x 2, 1 fM in den folg 3-Lm-ZR, 2 Lm**, [2 Stb, 2 Lm, 2 Stb] in den folg 3-Lm-ZR, ab * noch 2 x wdh, dann von * bis ** noch 1 x wdh, Rd mit 1 Km in die obere der 3 Anf-Lm schließen. Garn B abschneiden und durchziehen.

Runde 6: Garn C an einen 2-Lm-Eck-ZR der Vor-Rd anfügen, 3 Lm (zählen als 1 Stb), [1 Stb, 2 Lm, 2 Stb] in denselben Lm-ZR, *2 Lm [1 fM in den folg Lm-ZR, 3 Lm] x 3, 1 fM in den folg Lm-ZR, 2 Lm**, [2 Stb, 2 Lm, 2 Stb] in den 2-Lm-Eck-ZR, ab * noch 2 x wdh, dann von * bis ** noch 1 x wdh, Rd mit 1 Km in die obere der 3 Anf-Lm schließen.

Runde 7: 1 Km in den folg 2-Lm-Eck-ZR, 3 Lm (zählen als 1 Stb), [1 Stb, 2 Lm, 2 Stb] in denselben Eck-ZR, *2 Lm, [1 fM in den folg Lm-ZR, 3 Lm] x 4, 1 fM in den folg Lm-ZR, 2 Lm**, [2 Stb, 2 Lm, 2 Stb] in den 2-Lm-Eck-ZR, ab * noch 2 x wdh, dann von * bis ** noch 1 x wdh, Rd mit 1 Km in die obere der 3 Anf-Lm schließen.

Runde 8: 1 Km in den folg 2-Lm-Eck-ZR, 3 Lm (zählen als 1 Stb), [1 Stb, 2 Lm, 2 Stb] in denselben Lm-ZR, *2 Lm, [1 fM in den folg Lm-ZR, 3 Lm] x 5, 1 fM in den folg Lm-ZR, 2 Lm**, [2 Stb, 2 Lm, 2 Stb] in den 2-Lm-Eck-ZR, ab * noch 2 x wdh, dann von * bis ** noch 1 x wdh, Rd mit 1 Km in die obere der 3 Anf-Lm schließen.

Runde 9: 1 Km in den folg 2-Lm-Eck-ZR, 3 Lm (zählen als 1 Stb), [1 Stb, 2 Lm, 2 Stb] in denselben Lm-ZR, *2 Lm, [1 fM in den folg Lm-ZR, 3 Lm] x 6, 1 fM in den folg Lm-ZR, 2 Lm**, [2 Stb, 2 Lm, 2 Stb] in den 2-Lm-Eck-ZR, ab * noch 2 x wdh, dann von * bis ** noch 1 x wdh, Rd mit 1 Km in die obere der 3 Anf-Lm schließen. Garn C abschneiden und durchziehen.

Runde 10: Garn A an einen 2-Lm-Eck-ZR der Vor-Rd anfügen, 2 Lm (zählen als 1 hStb), [1 hStb, 2 Lm, 2 hStb] in denselben Lm-ZR, *3 hStb in den folg 2-Lm-ZR, 3 hStb in jeden der folg 6 3-Lm-ZR, 3 hStb in den folg 2-Lm-ZR **, [2 hStb, 2 Lm, 2 hStb] in den 2-Lm-Eck-ZR, ab * noch 2 x wdh, dann von * bis ** noch 1 x wdh, Rd mit 1 Km in die obere der 2 Anf-Lm schließen. Garn A abschneiden und durchziehen.

Runde 11: Garn B an einen 2-Lm-Eck-ZR der Vor-Rd anfügen, 3 Lm (zählen als 1 Stb), 4 Stb in denselben Eck-ZR, 1 Stb in jedes hStb und 5 Stb in jeden 2-Lm-Eck-ZR der Vor-Rd arb, Rd mit 1 Km in die obere der 3 Anf-Lm schließen.

Faden abschneiden, durchziehen und alle Fadenenden vernähen.

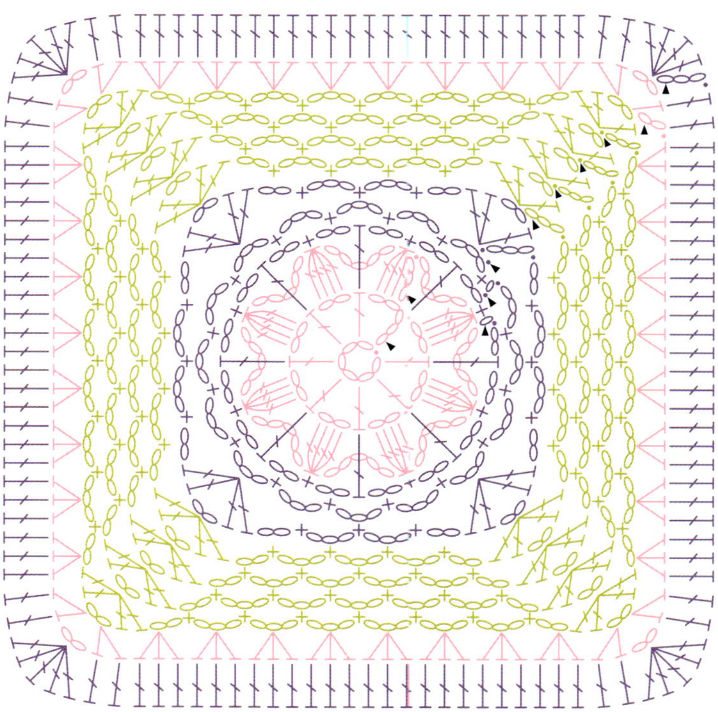

Spitzen-Gänseblümchen

Siehe Seite 34

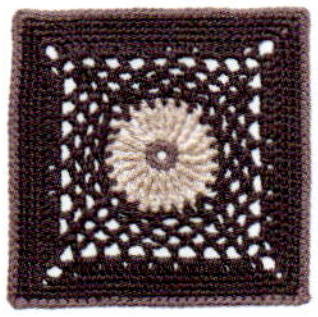

A = Rosa
B = Muschelrosa
C = Johannisbeere

Anfangsring: Mit Garn A 6 Lm anschl und mit 1 Km zur Runde schließen.
Runde 1: 1 Lm, 12 fM in den Ring, 1 Km in das hMgl des 1. Stb, dabei auf Garn B wechseln. Garn A abschneiden. (12 M)
Runde 2: 6 Lm (zählen als 1 3f-Stb und 1 Lm), 1 3f-Stb in das hMgl der 1. fM der Vor-Rd, 1 Lm, [1 3f-Stb, 1 Lm] x 2 in das hMgl jeder fM bis Rd-Ende, 1 Km in die 5. der 6 Anf-Lm. Garn B abschneiden und durchziehen.
Runde 3: Garn C an einen Lm-ZR der Vor-Rd anfügen, 5 Lm (zählen als 1 Stb und 2 Lm), 1 Stb in denselben Lm-ZR, *1 Lm, 1 hStb in den folg Lm-ZR, [1 Lm, 1 fM in den folg Lm-ZR] x 3, 1 Lm, 1 hStb in den folg Lm-ZR, 1 Lm**, [1 Stb, 2 Lm, 1 Stb] in den folg Lm-ZR, ab * 2 x wdh, von * bis ** 1 x wdh, 1 Km in die 3. der 5 Anf-Lm.
Runde 4: *1 Km in den folg 2-Lm-ZR, 5 Lm, 1 Km in denselben Lm-ZR, 4 Lm, [1 Stb, 1 Lm, 1 hStb] überg, 1 Km in den folg Lm-ZR, 4 Lm, [1 fM, 1 Lm] überg, 1 Km in die folg fM, 4 Lm, [1 Lm, 1 fM] überg, 1 Km in die folg Lm, 4 Lm, [1 hStb, 1 Lm, 1 Stb] überg, ab * 3 x wdh, 1 Km in die 1. Km.
Runde 5: 1 Km in jede der folg 2 Lm, 1 Km in den Lm-ZR, *5 Lm, 1 Km in denselben Lm-ZR, [4 Lm, 1 Km in den folg Lm-ZR] x 5, ab * 3 x wdh, dabei bei der letzten Wdh die letzte Km nicht arb, 1 Km in den 1. 5-Lm-ZR.
Runde 6: 1 Km in jede der folg 2 Lm, 1 Km in den Lm-ZR, *5 Lm, 1 Km in denselben Lm-ZR, [4 Lm, 1 Km in den folg Lm-ZR] x 6, ab * 3 x wdh, dabei bei der letzten Wdh die letzte Km nicht arb, 1 Km in den 1. 5-Lm-ZR.
Runde 7: 1 Km in jede der folg 2 Lm, 1 Km in den Lm-ZR, 6 Lm (zählen als 1 Stb und 3 Lm), 1 Stb in denselben Lm-ZR, *[2 Lm, 1 Stb in den folg Lm-ZR] x 7, 3 Lm, 1 Stb in denselben Lm-ZR, ab * 2 x wdh, [2 Lm, 1 Stb in den folg Lm-ZR] x 6, 2 Lm, 1 Km in die 3. der 6 Anf-Lm.
Runde 8: 2 Km in den folg 3-Lm-ZR, 6 Lm (zählen als 1 Stb und 3 Lm), 1 Stb in denselben Lm-ZR, 3 Stb in jeden 2-Lm-ZR und [1 Stb, 3 Lm, 1 Stb] in jeden 3-Lm-Eck-ZR der Vor-Rd, 1 Km in die 3. der 6 Anf-Lm.
Runde 9: 1 Km in den folg 3-Lm-ZR, 1 Lm, [1 fM, 2 Lm, 1 fM] in denselben Lm-ZR, 1 fM in jedes Stb und [1 fM, 2 Lm, 1 fM] in jeden Eck-ZR der Vor-Rd, 1 Km in die 1. fM.
Runde 10: 1 Km in den folg 2-Lm-ZR, 1 Lm, [1 fM, 2 Lm, 1 fM] in denselben Lm-ZR, 1 fM in jede fM und [1 fM, 2 Lm, 1 fM] in jeden Eck-ZR der Vor-Rd, 1 Km in die 1. fM.
Runde 11: 1 Km in den folg 2-Lm-ZR, 1 Lm, [1 fM, 2 Lm, 1 fM] in denselben Lm-ZR, 1 fM in jede fM und [1 fM, 2 Lm, 1 fM] in jeden Eck-ZR der Vor-Rd arb, 1 Km in die 1. fM, dabei auf Garn A wechseln. Garn C abschneiden.
Runde 12: 1 Km in den folg 2-Lm-ZR, 1 Lm, [1 fM, 2 Lm, 1 fM] in denselben Lm-ZR, 1 fM in jede fM und [1 fM, 2 Lm, 1 fM] in jeden Eck-ZR der Vor-Rd, 1 Km in die 1. fM.
Faden abschneiden, durchziehen und alle Fadenenden vernähen.

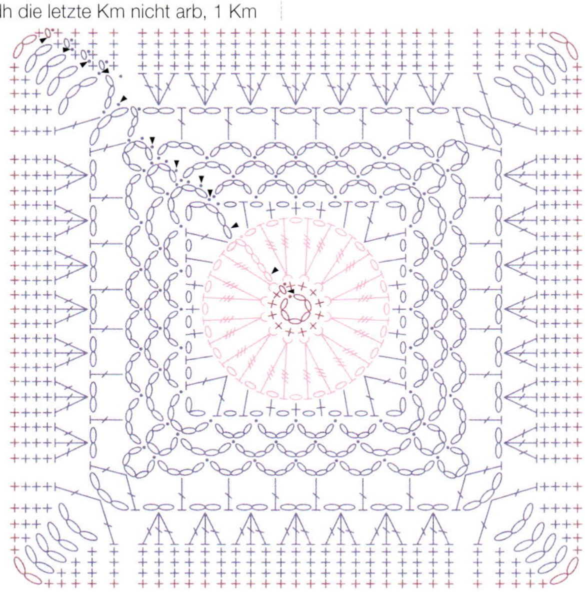

Mohnblüte

Siehe Seite 34

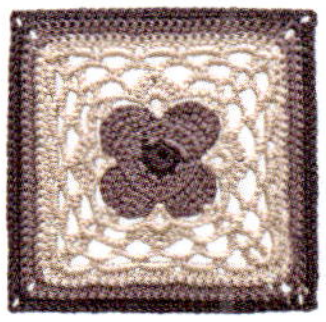

A = Johannisbeere
B = Rosa
C = Muschelrosa

Anfangsring: Mit Garn A 4 Lm anschl und mit 1 Km zur Runde schließen.
Runde 1: 1 Lm, 8 fM in den Ring, 1 Km in die 1. fM. (8 fM)
Runde 2: 3 Lm (zählen als 1 hStb und 1 Lm), [1 hStb in das vMgl der folg fM, 1 Lm] x 7, 1 Km in die 2. der 3 Anf-Lm. Garn A abschneiden und durchziehen.
Runde 3: Garn B an das hMgl eines hStb der Vor-Rd anfügen, 2 Lm, [2 hStb in den folg Lm-ZR, 1 hStb in das hMgl des folg hStb] x 7, 2 hStb in den folg Lm-ZR, 1 Km in die obere der 2 Anf-Lm.
Runde 4: [3 Lm, 1 DStb in das folg hStb, 2 3f-Stb in das folg hStb, 1 3f-Stb in das folg hStb, 2 3f-Stb in das folg hStb, 1 DStb in das folg hStb, 3 Lm, 1 Km in das folg hStb] x 4, dabei die letzte Km in dieselbe M arb wie die 1. 3 Lm. Garn B abschneiden und durchziehen. (4 Blätter)
Runde 5: Garn C an das mittlere 3f-Stb eines Blattes anfügen, 5 Lm (zählen als 1 Stb und 2 Lm), 1 Stb in dasselbe 3f-Stb, *5 Lm, [1 Stb, 3 Lm, 1 Stb] in die Km zwischen den Blättern, 5 Lm**, [1 Stb, 2 Lm, 1 Stb] in das mittlere 3f-Stb des folg Blattes, ab * 2 x wdh, dann von * bis ** 1 x wdh, 1 Km in die 3. der 5 Anf-Lm.
Runde 6: 1 Km in den folg 2-Lm-ZR, 5 Lm (zählen als 1 Stb und 2 Lm), 1 Stb in denselben Lm-ZR, *5 Lm, 1 fM in den folg 5-Lm-ZR, [3 Stb, 1 Lm, 3 Stb] in den folg 3-Lm-ZR, 1 fM in den folg 5-Lm-ZR, 5 Lm**, [1 Stb, 2 Lm, 1 Stb] in den folg 2-Lm-ZR, ab * 2 x wdh, dann von * bis ** noch 1 x wdh, 1 Km in die 3. der 5 Lm.
Runde 7: 1 Km in den folg 2-Lm-ZR, 5 Lm (zählen als 1 Stb und 2 Lm), 1 Stb in denselben Lm-ZR, *5 Lm, 1 fM in den folg 5-Lm-ZR, 5 Lm, 1 fM in den folg Lm-ZR 5 Lm, 1 fM in den folg 5-Lm-ZR, 5 Lm**, [1 Stb, 2 Lm, 1 Stb] in den folg 2-Lm-ZR, ab * 2 x wdh, dann von * bis ** 1 x wdh, 1 Km in die 3. der 5 Anf-Lm.
Runde 8: 1 Km in den folg 2-Lm-ZR, 5 Lm (zählen als 1 Stb und 2 Lm), 1 Stb in denselben Lm-ZR, *[5 Lm, 1 fM in den folg 5-Lm-ZR] x 4, 5 Lm**, [1 Stb, 2 Lm, 1 Stb] in den folg 2-Lm-ZR, ab * 2 x wdh, von * bis ** 1 x wdh, 1 Km in die 3. der 5 Anf-Lm.
Runde 9: 1 Km in den folg 2-Lm-ZR, 5 Lm (zählen als 1 Stb und 2 Lm), 1 Stb in denselben Lm-ZR, *4 Stb in den folg 5-Lm-ZR, [5 Stb in den folg 5-Lm-ZR] x 3, 4 Stb in den folg 5-Lm-ZR**, [1 Stb, 2 Lm, 1 Stb] in den folg 2-Lm-ZR, ab * 2 x wdh, von * bis ** 1 x wdh, 1 Km in die 3. der 5 Anf-Lm, dabei auf Garn B wechseln. Garn A abschneiden.
Runde 10: 5 Lm (zählen als 1 Stb und 2 Lm), 1 Stb in denselben Lm-ZR, 1 Stb in jedes Stb und [1 Stb, 2 Lm, 1 Stb] in jeden 2-Lm-ZR der Vor-Rd, 1 Km in die 3. der 5 Anf-Lm, dabei auf Garn A wechseln. Garn B abschneiden.
Runde 11: 3 Lm (zählen als 1 Stb), 1 Stb in jedes Stb und [1 Stb, 2 Lm, 1 Stb] jeden 2-Lm-ZR der Vor-Rd arb, 1 Km in die obere der 3 Anf-Lm.
Faden abschneiden, durchziehen und alle Fadenenden vernähen.

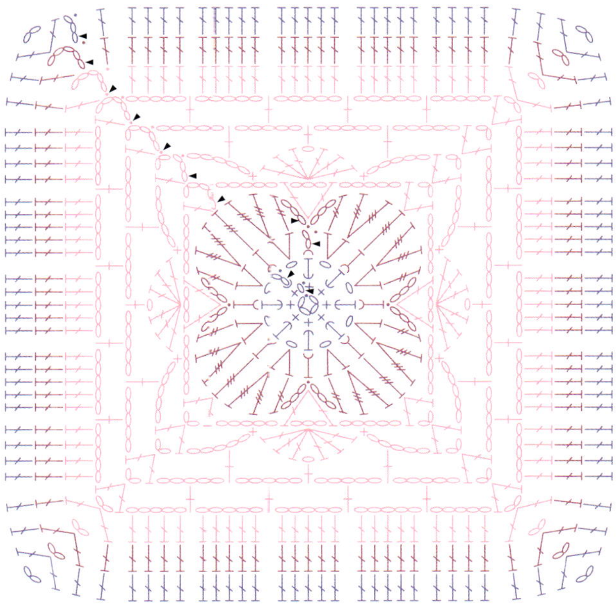

Ringelblume

Siehe Seite 33

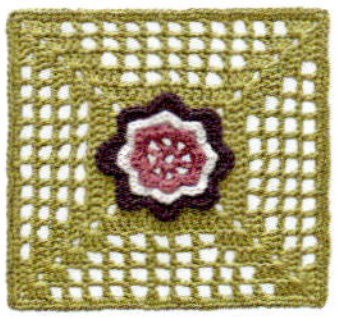

A = Rose
B = Beige
C = Johannisbeere
D = Ringlotte

Anfangsring: Mit Garn A 6 Lm anschl und mit 1 Km zur Runde schließen.
Runde 1: 5 Lm (zählen als 1 Stb und 2 Lm), [1 Stb in den Ring, 2 Lm] x 7, 1 Km in die 3. der 5 Anf-Lm.
Runde 2: 1 Km in den folg 2-Lm-ZR, 1 Lm, [1 fM, 1 hStb, 1 Stb, 1 hStb, 1 fM] in denselben Lm-ZR (Blütenblatt), [1 fM, 1 hStb, 1 Stb, 1 hStb, 1 fM] in jeden folg 2-Lm-ZR bis Rd-Ende, 1 Km in die 1. fM. Garn A abschneiden und durchziehen.
Runde 3: Hinter den Blütenblättern der Vor-Rd arb. Garn B zw 2 Blütenblättern anfügen, 3 Lm, [1 Km in das hMgl der 1. fM des folg Blütenblatts, 3 Lm] x 7, 1 Km in die 1. der 3 Anf-Lm.
Runde 4: 1 Km in den folg 3-Lm-ZR, 1 Lm, [1 fM, 2 hStb, 1 Stb, 2 hStb, 1 fM] in denselben Lm-ZR, [1 fM, 2 hStb, 1 Stb, 2 hStb, 1 fM] in jeden folg 3-Lm-ZR bis Rd-Ende, 1 Km in die 1. fM. Garn B abschneiden und durchziehen.
Runde 5: Hinter den Blütenblättern der Vor-Rd arb. Garn C zw 2 Blütenblättern anfügen, 4 Lm, [1 Km in das hMgl der 1. fM des folg Blütenblatts, 4 Lm] x 7, 1 Km in die 1. der 4 Anf-Lm.
Runde 6: 1 Km in den folg 4-Lm-ZR, 1 Lm, [1 fM, 2 hStb, 3 Stb, 2 hStb, 1 fM] in denselben Lm-ZR, [1 fM, 2 hStb, 3 Stb, 2 hStb, 1 fM] in jeden folg 4-Lm-ZR bis Rd-Ende, 1 Km in die 1. fM. Garn C abschneiden und durchziehen.
Runde 7: Hinter den Blütenblättern der Vor-Rd arb. Garn D zw 2 Blütenblättern anfügen, 5 Lm, [1 Km in das hMgl der 1. fM des folg Blütenblatts, 5 Lm] x 7, 1 Km in die 1. der 5 Anf-Lm.
Runde 8: 1 Km in den folg 5-Lm-ZR, 3 Lm (zählen als 1 Stb), 5 Stb in denselben Lm-ZR, *[3 Stb, 2 Lm, 3 Stb] in den folg 5-Lm-ZR, (Ecke)**, 6 Stb in den folg 5-Lm-ZR, ab * noch 2 x wdh, dann von * bis ** noch 1 x wdh, 1 Km in die obere der 3 Anf-Lm.
Runde 9: 3 Lm (zählen als 1 Stb), 1 Stb in jedes Stb und [2 Stb, 2 Lm, 2 Stb] in jeden 2-Lm-Eck-ZR der Vor-Rd arb, 1 Km in die obere der 3 Anf-Lm.
Runde 10: 1 Km in das folg Stb, 5 Lm (zählen als 1 Stb und 2 Lm), folg 2 Stb überg, 1 Stb in das folg Stb, 2 Lm, folg 2 Stb überg, 1 Stb in das folg Stb, 3 Stb überg, *[3 Stb, 2 Lm, 3 Stb] in den folg 2-Lm-Eck-ZR, folg 3 Stb überg**, [1 Stb in das folg Stb, 2 Lm, folg 2 Stb überg] x 3, 1 Stb in das folg Stb, ab * noch 2 x wdh, dann von * bis ** noch 1 x wdh, 1 Stb in das folg Stb, 2 Lm, folg 2 Stb überg, 1 Km in die 3. der 5 Lm.
Runde 11: 5 Lm (zählen als 1 Stb und 2 Lm), [1 Stb in das folg Stb, 2 Lm] x 2, folg 2 Stb überg, 1 Stb in das folg Stb, *[3 Stb, 2 Lm, 3 Stb] in den folg 2-Lm-Eck-ZR, 1 Stb in das folg Stb, 2 Lm, folg 2 Stb überg**, [1 Stb in das folg Stb, 2 Lm] x 4, folg 2 Stb überg, 1 Stb in das folg Stb, ab * noch 2 x wdh, dann von * bis ** noch 1 x wdh, 2 Lm, folg 2 Stb überg, 1 Stb in das folg Stb, 2 Lm, 1 Km in die 3. der 5 Lm.
Runde 12: 5 Lm (zählen als 1 Stb und 2 Lm), [1 Stb in das folg Stb, 2 Lm] x 3, folg 2 Stb überg, 1 Stb in das folg Stb, *[3 Stb, 2 Lm, 3 Stb] in den folg 2-Lm-Eck-ZR, 1 Stb in das folg Stb, 2 Lm, folg 2 Stb überg**, [1 Stb in das folg Stb, 2 Lm] x 6, folg 2 Stb überg, 1 Stb in das folg Stb, ab * noch 2 x wdh, dann von * bis ** noch 1 x wdh, [1 Stb in das folg Stb, 2 Lm] x 2, 1 Km in die 3. der 5 Anf-Lm.
Runde 13: 5 Lm (zählen als 1 Stb und 2 Lm), [1 Stb in das folg Stb, 2 Lm] x 4, folg 2 Stb überg, 1 Stb in das folg Stb, *[3 Stb, 2 Lm, 3 Stb] in den folg 2-Lm-Eck-ZR, 1 Stb in das folg Stb, 2 Lm, folg 2 Stb überg**, [1 Stb in das folg Stb, 2 Lm] x 8, folg 2 Stb überg, 1 Stb in das folg Stb, ab * noch 2 x wdh, dann von * bis ** noch 1 x wdh, [1 Stb in das folg Stb, 2 Lm] x 3, 1 Km in die 3. der 5 Lm.
Runde 14: 1 Lm, 1 fM in das 1. Stb der Vor-Rd, 1 fM in jedes Stb, 2 fM in jeden 2-Lm-ZR und 3 fM in jeden 2-Lm-Eck-ZR der Vor-Rd arb, 1 Km in die 1. fM.
Faden abschneiden, durchziehen und alle Fadenenden vernähen.

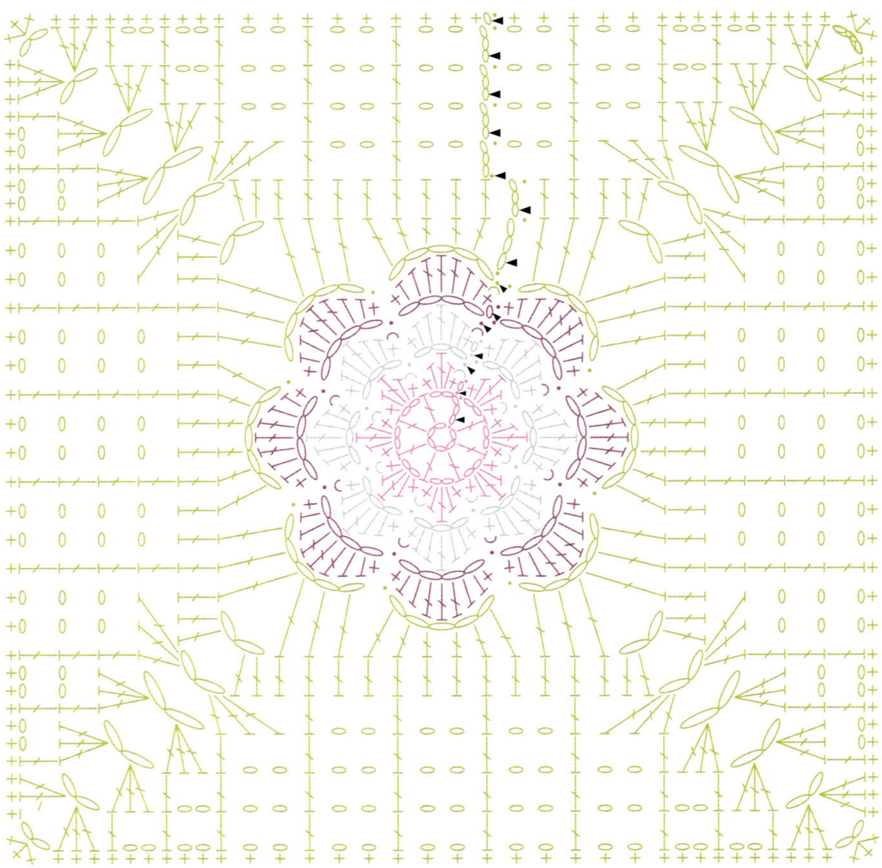

Kapuzinerkresse

Siehe Seite 32

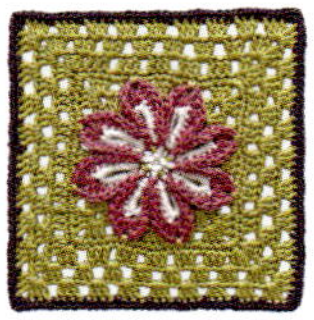

A = Beige
B = Rose
C = Ringlotte
D = Johannisbeere

BESONDERE MASCHEN

Rmv (Reliefmasche vorne): Nd von vorne nach hinten rechts von der angegebenen M einstechen, links neben dem Schaft der M ausstechen, Faden holen und durchziehen, 1 U, Faden durch beide Schl auf der Nd ziehen.

RKmh (Reliefkettmasche hinten): Nd von hinten nach vorne rechts von der angegebenen M einstechen, links neben dem Schaft der M ausstechen, 1 U, Faden durch die Schl auf der Nd ziehen.

Anfangsring: Mit Garn A 4 Lm anschl und mit 1 Km zur Runde schließen.

Runde 1: 4 Lm (zählen als 1 Stb und 1 Lm), [1 Stb in den Ring, 1 Lm] x 7, Rd mit 1 Km in die 3. der 4 Anf-Lm schließen. (8 M, 8 Lm-ZR)

Runde 2: 1 Lm, 1 fM in den folg Lm-ZR, *1 Km in den folg Lm-ZR, 9 Lm, 1 Km in denselben Lm-ZR**, 1 fM in das folg Stb, ab * noch 6 x wdh, dann von * bis ** noch 1 x wdh, Rd mit 1 Km in die 1. fM schließen. (8 M, 8 Lm-ZR)

Runde 3: 1 Lm, *[5 fM, 2 Lm, 5 fM] in den folg 9-Lm-ZR**, 1 Km in die folg fM, ab * noch 6 x wdh, dann von * bis ** noch 1 x wdh, Rd mit 1 Km in die 1. Km schließen, dabei auf Garn B wechseln. (80 M, 16 Km, 8 Lm-ZR.) Garn A abschneiden.

Runde 4: 1 Lm, *1 fM in die 1. fM des Blütenblatts, 1 hStb in jede der folg 2 M, 1 Stb in jede der folg 2 fM, [2 Stb, 2 Lm, 2 Stb] in den folg 2-Lm-ZR, 1 Stb

in jede der folg 2 M, 1 hStb in jede der folg 2 M, 1 fM in die folg M**, 1 Rmv um das folg Stb der 1. Rd, ab * noch 6 x wdh, dann von * bis ** noch 1 x wdh, Rd mit 1 Km in die 1. fM des Blütenblatts schließen. Garn B abschneiden und durchziehen. (120 M, 8 Lm-ZR)

Runde 5: Hinter den Blütenblättern der Vor-Rd arb. Garn C mit 1 RKmh um ein Stb der 1. Rd anfügen, 3 Lm, 1 Stb überg, *1 RKmh um das folg Stb der 1. Rd, 3 Lm, 1 Stb überg, ab * noch 3 x wdh, Rd mit 1 Km in die 1. Km schließen. (4 RKmh, 4 Lm-ZR)

Runde 6: 1 Km in den folg 3-Lm-ZR, 3 Lm (zählen als 1 Stb), [2 Stb, 2 Lm, 3 Stb] in denselben Lm-ZR, 1 Lm, *[3 Stb, 2 Lm, 3 Stb] in den folg 3-Lm-ZR, 1 Lm, ab * noch 2 x wdh, Rd mit 1 Km in die obere der 3 Anf-Lm schließen. (24 M, 8 Lm-ZR)

Runde 7: Je 1 Km in die folg Stb und den folg 2-Lm-ZR, 3 Lm (zählen als 1 Stb), [2 Stb, 2 Lm, 3 Stb] in denselben Lm-ZR, 1 Lm, *3 Stb in den folg Lm-ZR, 1 Lm**, [3 Stb, 2 Lm, 3 Stb] in den folg 2-Lm-ZR, 1 Lm, ab * noch 2 x wdh, dann von * bis ** noch 1 x wdh, Rd mit 1 Km in die obere der 3 Anf-Lm schließen. (36 M, 12 Lm-ZR)

Runde 8: Je 1 Km in die folg Stb und den folg 2-Lm-ZR, 3 Lm (zählen als 1 Stb), [2 Stb, 2 Lm, 3 Stb] in denselben Lm-ZR, 1 Lm, *[3 Stb in den folg Lm-ZR, 1 Lm] x 2**, [3 Stb, 2 Lm, 3 Stb] in den folg 2-Lm-ZR, 1 Lm, ab * noch 2 x wdh, dann von * bis ** noch 1 x wdh, Rd mit 1 Km in die obere der 3 Anf-Lm schließen. (48 M, 16 Lm-ZR)

Runde 9: Je 1 Km in die folg Stb und den folg 2-Lm-ZR, 3 Lm (zählen als 1 Stb), [2 Stb, 2 Lm, 3 Stb] in denselben Lm-ZR, 1 Lm, *[3 Stb in den folg Lm-ZR, 1 Lm] x 3**, [3 Stb, 2 Lm, 3 Stb] in den folg 2-Lm-ZR, 1 Lm, ab * noch 2 x wdh, dann von * bis ** noch 1 x wdh, Rd mit 1 Km in die obere der 3 Anf-Lm schließen. (60 M, 20 Lm-ZR)

Runde 10: 1 Lm, 1 fM in denselben Lm-ZR, 1 fM in jedes der folg 2 Stb, *[1 fM, 1 hStb, 1 fM] in den folg 2-Lm-ZR, 1 fM in jedes der folg 3 Stb und den folg Lm-ZR, 1 fM in das folg Stb, 1 fM in das folg Stb der 9. Rd durch den 2-Lm-ZR des Blütenblatts der 4. Rd, 1 fM in das folg Stb, 1 fM in den folg Lm-ZR, 1 fM in jedes der folg 3 Stb, 1 fM in den folg Lm-ZR und das folg Stb, 1 fM in das folg Stb der 9. Rd durch den 2-Lm-ZR des Blütenblatts der 4. Rd, 1 fM in das folg Stb, 1 fM in den folg Lm-ZR**, 1 fM in jedes der folg 3 Stb bis zum 2-Lm-Eck-ZR, ab * noch 2 x wdh, dann von * bis ** noch 1 x wdh, Rd mit 1 Km in die 1. fM schließen made. (88 M)

Runde 11: Km bis zum Eck-hStb, 3 Lm (zählen als 1 Stb), [2 Stb, 2 Lm, 3 Stb] in denselben Lm-ZR, *[1 Lm, 1 fM überg, 1 Stb in jede der folg 3 fM] x 5, 1 Lm, folg fM überg**, [3 Stb, 2 Lm, 3 Stb] in das folg Eck-hStb, ab * noch 2 x wdh, dann von * bis ** noch 1 x wdh, Rd mit 1 Km in die obere der 3 Anf-Lm schließen.

Runde 12: Km bis zum folg 2-Lm-ZR, 3 Lm (zählen als 1 Stb), [2 Stb, 2 Lm, 3 Stb] in denselben Lm-ZR, *[1 Lm, 3 Stb in den folg Lm-ZR] x 6, 1 Lm**, [3 Stb, 2 Lm, 3 Stb] in den folg 2-Lm-Eck-ZR, ab * noch 2 x wdh, dann von * bis ** noch 1 x wdh, Rd mit 1 Km in die obere der 3 Anf-Lm schließen.

Runde 13: Km bis zum folg 2-Lm-ZR, 3 Lm (zählen als 1 Stb), [2 Stb, 2 Lm, 3 Stb] in denselben Lm-ZR, *[1 Lm, 3 Stb in den folg Lm-ZR] x 7, 1 Lm**, [3 Stb, 2 Lm, 3 Stb] in den folg 2-Lm-Eck-ZR, ab * noch 2 x wdh, dann von * bis ** noch 1 x wdh, Rd mit 1 Km in die obere der 3 Anf-Lm schließen, dabei auf Garn D wechseln. Garn C abschneiden.

Runde 14: 1 Lm, 1 fM in jedes Stb und jeden Lm-ZR und 3 fM in jeden 2-Lm-Eck-ZR der Vor-Rd arb, Rd mit 1 Km in die 1. fM schließen.

Faden abschneiden, durchziehen und alle Fadenenden vernähen.

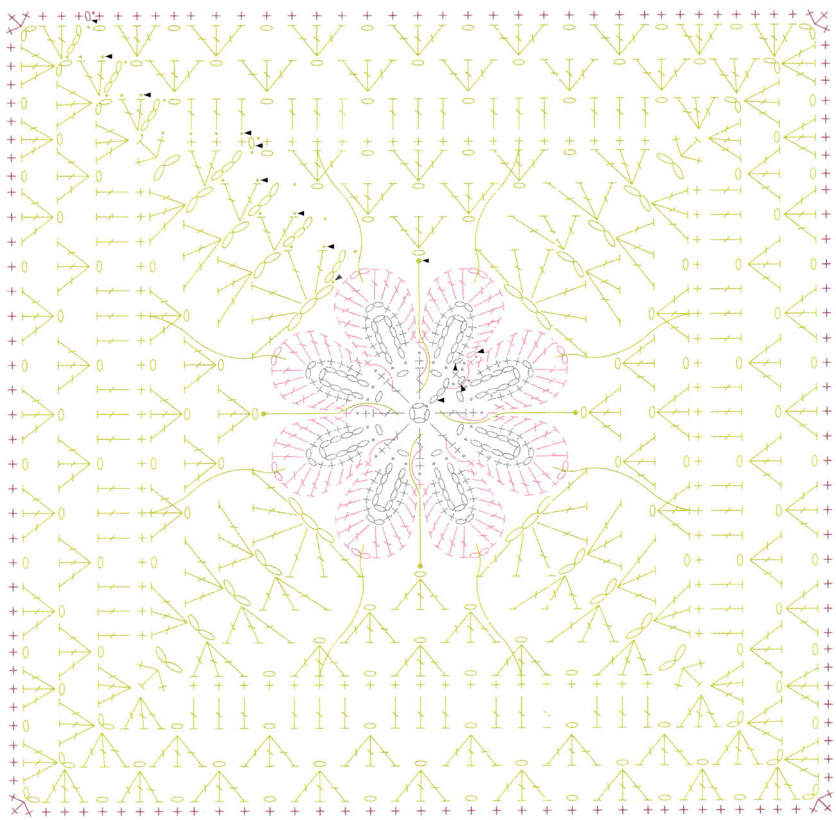

American Beauty

Siehe Seite 35

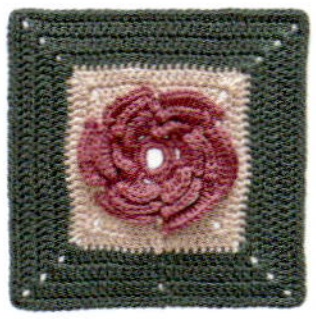

A = Rose
B = Muschelrosa
C = Waldgrün

Anfangsring: Mit Garn A 12 Lm und mit 1 Km zur Runde schließen.
Runde 1: 1 Lm, 18 fM in den Ring, Rd mit 1 Km in die 1. fM schließen. (18 fM)
Runde 2: 1 Lm, 1 fM in die 1. M der Vor-Rd, [3 Lm, 2 fM überg, 1 fM in die folg fM] x 5, 3 Lm, 2 fM überg, Rd mit 1 Km in die 1. fM schließen. (6 3-Lm-ZR)
Runde 3: 1 Lm, [1 fM, 3 Lm, 5 Stb, 3 Lm, 1 fM] in jeden der folg 6 3-Lm-ZR, Rd mit 1 Km in die 1. fM schließen. (6 Blütenblätter)
Runde 4: 1 Lm, 1 fM in die 1. M der Vor-Rd, [5 Lm hinter das Blütenblatt der Vor-Rd, 1 fM zw die folg 2 fM] x 5, 5 Lm hinter das Blütenblatt der Vor-Rd, Rd mit 1 Km in die 1. fM schließen. (6 5-Lm-ZR)
Runde 5: 1 Lm, [1 fM, 3 Lm, 7 Stb, 3 Lm, 1 fM] in jeden der folg 6 5-Lm-ZR, Rd mit 1 Km in die 1. fM schließen. (6 Blütenblätter)
Runde 6: 1 Lm, 1 fM in dieselbe M, [7 Lm hinter das Blütenblatt der Vor-Rd, 1 fM zw die folg 2 fM] x 5, 7 Lm hinter das Blütenblatt der Vor-Rd, Rd mit 1 Km in die 1. fM schließen. (6 7-Lm-ZR)
Runde 7: 1 Lm, [1 fM, 3 Lm, 9 Stb, 3 Lm, 1 fM] in jeden der folg 6 7-Lm-ZR, Rd mit 1 Km in die 1. fM schließen. (6 Blütenblätter) Garn A abschneiden und durchziehen.
Runde 8: Garn B zw 2 fM der Vor-Rd anfügen, 1 Lm, [1 fM zw die 2 fM, 8 Lm hinter das Blütenblatt der Vor-Rd] x 6, Rd mit 1 Km in die 1. fM schließen. (6 8-Lm-ZR)
Runde 9: 1 Km in den folg 8-Lm-ZR, 3 Lm (zählen als 1 Stb), [7 Stb, 2 Lm, 3 Stb] in denselben Lm-ZR, *10 Stb in den folg 8-Lm-ZR, [3 Stb, 2 Lm, 8 Stb] in den folg 8-Lm-ZR**, [8 Stb, 2 Lm, 3 Stb] in den folg 8-Lm-ZR, von * bis ** noch 1 x wdh, Rd mit 1 Km in die obere der 3 Anf-Lm schließen. (Je 16 Stb entlang den Kanten)
Runde 10: 3 Lm (zählen als 1 Stb), 1 Stb in jedes Stb und [3 Stb, 2 Lm, 3 Stb] in jeden 2-Lm-Eck-ZR der Vor-Rd arb, Rd mit 1 Km in die obere der 3 Anf-Lm schließen, dabei auf Garn C wechseln. Garn B abschneiden.
Runde 11–13: 3 Lm (zählen als 1 Stb), 1 Stb in jedes Stb und [2 Stb, 2 Lm, 2 Stb] in jeden 2-Lm-Eck-ZR der Vor-Rd arb, Rd mit 1 Km in die obere der 3 Lm schließen.
Runde 14: 1 Lm, 1 fM in jedes Stb und 3 fM in jeden 2-Lm-Eck-ZR der Vor-Rd arb, Rd mit 1 Km in die 1. fM schließen.
Faden abschneiden, durchziehen und alle Fadenenden vernähen.

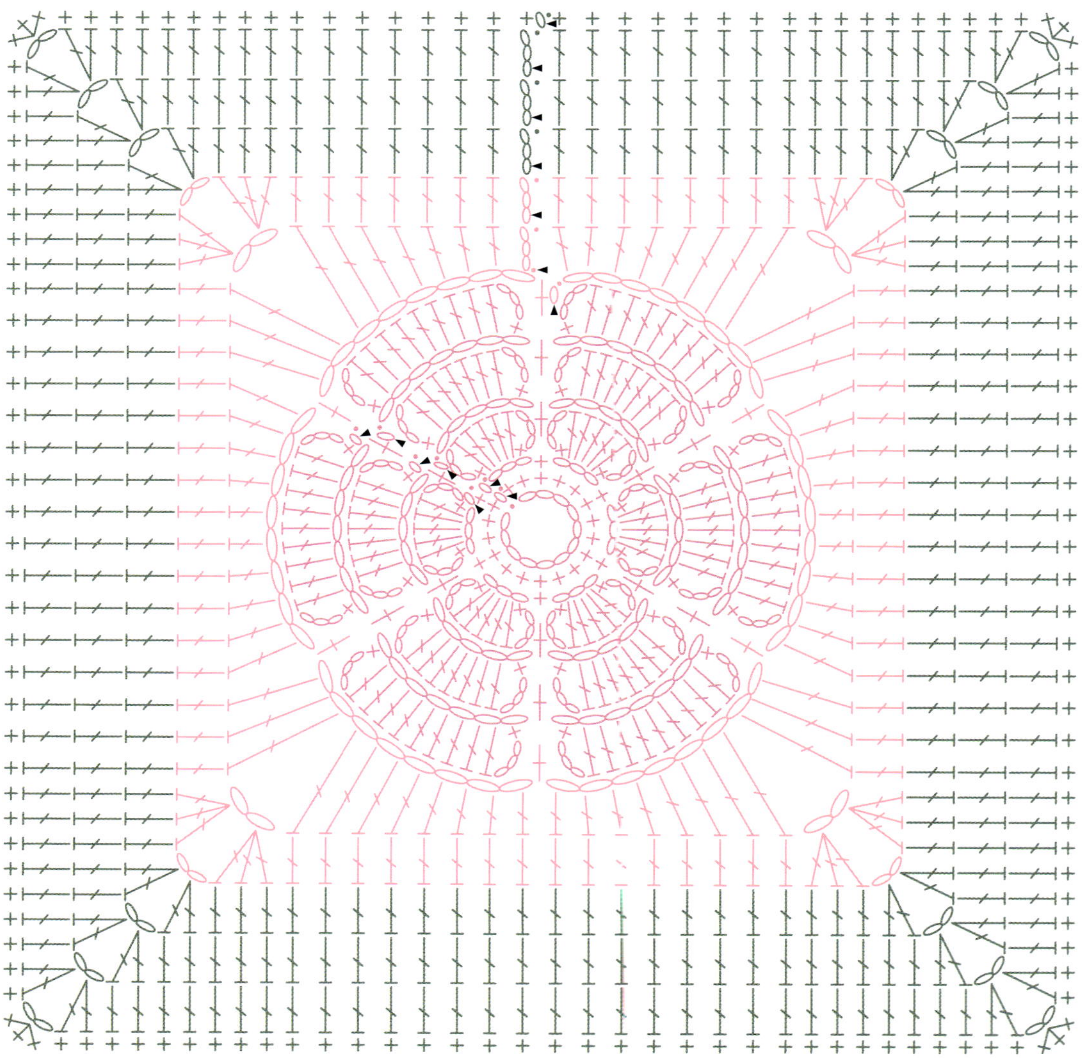

Chrysantheme

Siehe Seite 34

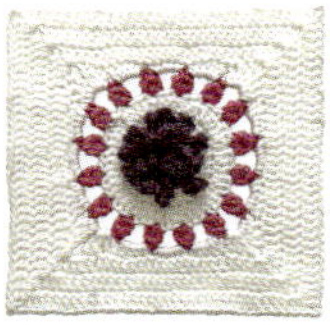

A = Johannisbeere
B = Beige
C = Rose

BESONDERE MASCHEN

Anf-Bm (Anfangs-Büschelmasche aus 3 zus abgem Stb): [1 U, in die angegebene M einstechen, Faden holen und durchziehen, 1 U, Faden durch die 1. 2 Schl auf der Nd ziehen] x 3, 1 U, Faden durch alle 4 Schl auf der Nd ziehen.

Bm (Büschelmasche aus 4 zus abgem Stb): [1 U, in die angegebene M einstechen, Faden holen und durchziehen, 1 U, Faden durch die 1. 2 Schl auf der Nd ziehen] x 4, 1 U, Faden durch alle 5 Schl auf der Nd ziehen.

Blüte: Mit Garn A 6 Lm anschl, 1 Km in die 3. M ab Nd, 2 Lm, 2 Lm überg, 1 fM in die 1. Lm, nicht wenden, [5 Lm, 1 Km in die 3. M ab Nd, 2 Lm, 2 Lm überg, 1 fM in die Seitenkante der folg fM, nicht wenden] x 8, [7 Lm, 1 Km in die 3. M ab Nd, 4 Lm, 4 Lm überg, 1 fM in die Seitenkante der folg fM, nicht wenden] x 9, [9 Lm, 1 Km in die 3. M ab Nd, 6 Lm, 6 Lm überg, 1 fM in die Seitenkante der folg fM, nicht wenden] x 9, nicht wenden. 1 Km in die 8. fM der Seitenkante. Garn A abschneiden.

Häkelquadrat

Runde 1: RS der Blüte zeigt nach oben, Garn B an das hMgl einer fM der Blüte anfügen, 3 Lm, 1 Stb in dieselbe fM, 2 Stb in das hMgl jeder der folg 7 M, 1 Km in die obere der 3 Anf-Lm. (16 Stb)

Runde 2: 3 Lm, 2 Stb in jedes folg Stb, 1 Stb in die untere der 3 Anf-Lm, 1 Km in die obere der 3 Anf-Lm. (32 Stb)

Runde 3: 3 Lm, [1 Stb in das folg Stb, 2 Stb in das folg Stb] x 15, 1 Stb in das letzte Stb, 1 Stb in die untere der 3 Anf-Lm, 1 Km in die obere der 3 Anf-Lm. (48 Stb)

Runde 4: 3 Lm, [1 Stb in jedes der folg 2 Stb, 2 Stb in das folg Stb] x 15, 1 Stb in jedes der letzten 2 Stb, 1 Stb in die untere der 3 Anf-Lm, 1 Km in die obere der 3 Anf-Lm.

Runde 5: Garn C an ein Stb der Vor-Rd anfügen, 3 Lm, Anf-Bm in dieselbe M, [4 Lm, 3 Stb überg, Bm in das folg Stb] x 15, 4 Lm, 3 Stb überg, 1 Km in die Anf-Bm. Garn C abschneiden. (80 M)

Runde 6: Garn B an einen 4-Lm-ZR der Vor-Rd anfügen, 6 Lm (zählen als 1 DStb und 2 Lm), [2 DStb, 1 Stb] in denselben 4-Lm-ZR, *[2 Stb, 3 hStb] in den folg 4-Lm-ZR, 5 hStb in den folg 4-Lm-ZR, [3 hStb, 2 Stb] in den folg 4-Lm-ZR, [1 Stb, 2 DStb, 2 Lm, 2 DStb, 1 Stb] in den folg 4-Lm-ZR, ab * 3 x wdh, dabei mit [1 Stb, 1 DStb] in den 1. Lm-ZR enden, 1 Km in die 4. der 6 Anf-Lm.

Runde 7: 1 Km in den 2-Lm-ZR, 5 Lm (zählen als 1 Stb und 2 Lm), 2 Stb in denselben 2-Lm-Eck-ZR, *1 Stb in jede der folg 21 M, [2 Stb, 2 Lm, 2 Stb] in den 2-Lm-ZR, ab * 3 x wdh, mit 1 Stb in den 1. 2-Lm-ZR enden, 1 Km in die 3. der 5 Anf-Lm.

Runde 8: 1 Km in den 2-Lm-ZR, 5 Lm (zählen als 1 Stb und 2 Lm), 2 Stb in denselben 2-Lm-Eck-ZR, *1 Stb in jede der folg 25 M, [2 Stb, 2 Lm, 2 Stb] in den folg 2-Lm-ZR, ab * 3 x wdh, dabei mit 1 Stb in den 1. Lm-ZR enden, 1 Km in die 3. der 5 Anf-Lm.

Runde 9: 1 Km in den 2-Lm-ZR, 5 Lm (zählen als 1 Stb und 2 Lm), 2 Stb in denselben 2-Lm-Eck-ZR, *1 Stb in jede der folg 29 M, [2 Stb, 2 Lm, 2 Stb] in den folg 2-Lm-ZR, ab * 3 x wdh, mit 1 Stb in den 1. Lm-ZR enden, 1 Km in die 3. der 5 Anf-Lm. (Je 33 Stb entlang den Kanten.)

Faden abschneiden, durchziehen und alle Fadenenden vernähen.

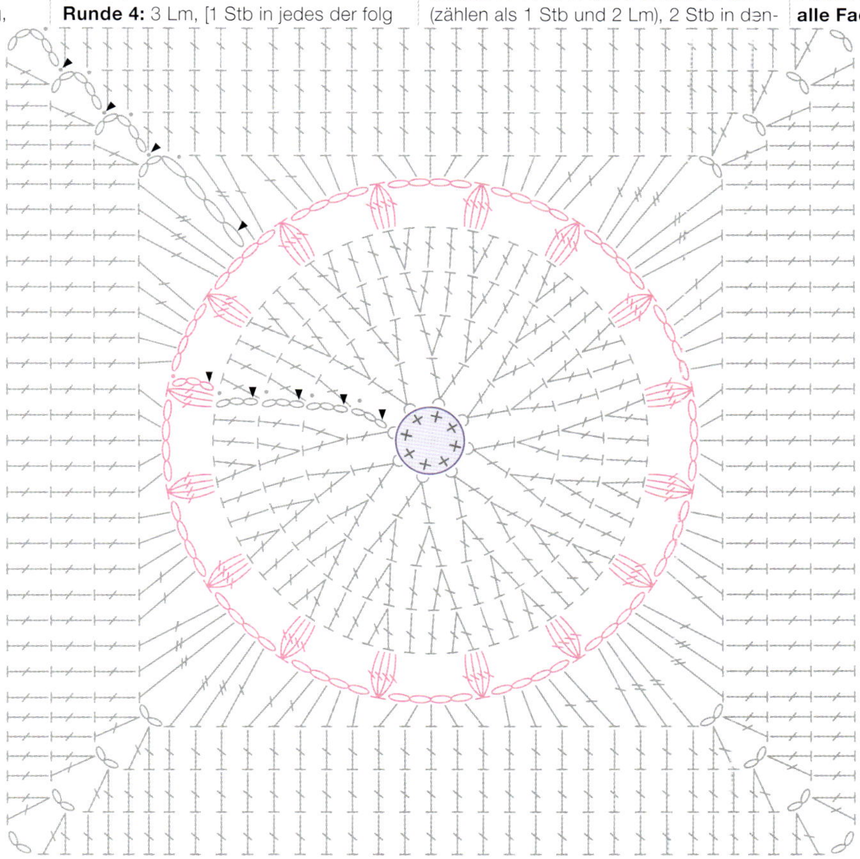

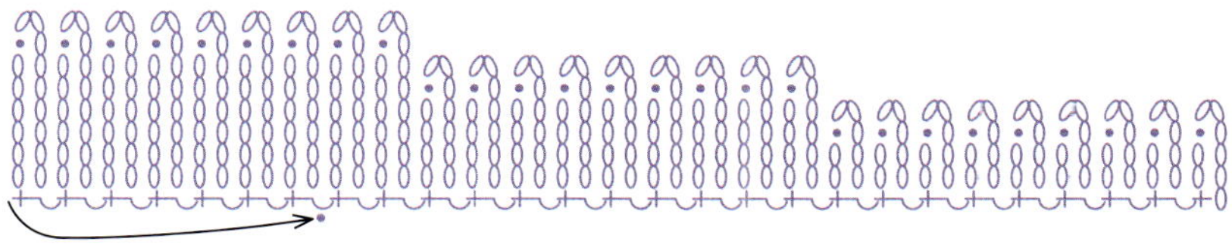

Blüte

Schlüsselblumen

Siehe Seite 33

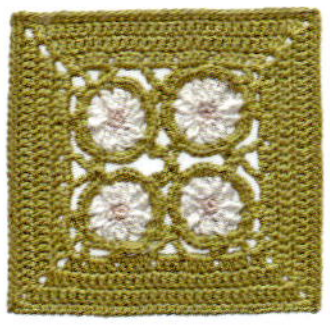

A = Muschelrosa
B = Beige
C = Ringlotte

BESONDERE MASCHEN

vStb (2 zus abgem verbundene Stb): 2 U, in die angegebene M einstechen, Faden holen und durchziehen, [1 U, Faden durch die 1. 2 Schl auf der Nd ziehen] x 2, 1 U, Nd in das untere linke Mgl der soeben ge-hk M einstechen, Faden holen und durchziehen, 1 U, Faden durch 2 Schl auf der Nd ziehen, 1 U, Faden durch alle 3 Schl auf der Nd ziehen.

5-Lm-Picot (Picot aus 5 Lm): 5 Lm, 1 Km in die 1. der 5 Lm.

7-Lm-Picot (Picot aus 7 Lm): 7 Lm, 1 Km in die 1. der 7 Lm.

Erste Schlüsselblume

Mit Garn A einen Fadenring arb.

Runde 1: 1 Km in den Ring, 1 Lm, 5 fM in den Ring, Rd mit 1 Km in die Anf-Lm schließen. Garn A abschneiden und durchziehen. (5 M)

Runde 2: Garn B an eine fM der Vor-Rd anfügen, 3 Lm, 1 Stb in die 1. der 3 Anf-Lm, 1 Lm, 1 vStb in dieselbe fM, *3 Lm, [1 vStb, 1 Lm, 1 vStb] in die folg fM, ab * noch 3 x wdh, 3 Lm, Rd mit 1 Km in das 1. Stb schließen. Garn B abschneiden und durchziehen.

Runde 3: Garn C an einen 3-Lm-ZR der Vor-Rd anfügen, 1 Lm, 2 fM in denselben Lm-ZR, *2 fm zus-hk über denselben 3-Lm-ZR und den folg Lm-ZR, 1 5-Lm-Picot, 2 fm zus-hk über denselben Lm-ZR und den folg 3-Lm-ZR, 4 fM in denselben 3-Lm-ZR**, ab * noch 1 x wdh, 2 fM zus-hk wie zuvor, 1 7-Lm-Picot, 2 fM zus-hk wie zuvor, 4 fM in den 3-Lm-ZR, von * bis ** noch 2 x wdh, dabei mit 2 fM in den 1. Lm-ZR enden, Rd mit 1 Km in die 1. Lm schließen. Faden abschneiden.

Zweite Schlüsselblume

Wie die 1. Schlüsselblume arbeiten, dabei in der letzten Rd die 1. Schlüsselblume wie folgt anfügen: 2 5-Lm-Picots sowie die 2. 7-Lm-Picots mit 1 Km statt der mittleren Lm verbinden.

Dritte Schlüsselblume

Wie die 1. Schlüsselblume arbeiten und wie oben mit der 2. Blume verbinden.

Vierte Schlüsselblume

Wie die 1. Schlüsselblume arbeiten, Garn C nicht abschneiden, und die 4. Blume in der letzten Rd mit der 1., 2. und 3. Blume wie folgt verbinden: Jeweils 2 5-Lm-Picots, 2 7-Lm-Picots und die folg 5-Lm-Picots verbinden.

Runde 4: 5 Lm (zählen als 1 Stb und 2 Lm), *1 Stb in die folg fM, 3 Lm, 1 Km in das 5-Lm-Picot, 3 Lm, [1 DStb, 3 Lm, 1 DStb] in die Km zw die folg 2 5-Lm-Picots, 3 Lm, 1 Km in das folg 5-Lm-Picot, 3 Lm**, 1 Stb in die 2. der folg 4 fM, 2 Lm, ab * noch 2 x wdh dann von * bis ** noch 1 x wdh, Rd mit 1 Km in die 3. der 5 Anf-Lm schließen.

Runde 5: 1 Km in den folg 2-Lm-ZR, 3 Lm (zählen als 1 Stb), 1 Stb in denselben Lm-ZR, 2 Lm, 2 Stb in denselben Lm-ZR, *4 Stb in jeden der folg 2 3-Lm-ZR, 3 Stb in den folg 3-Lm-ZR (zw 2 DStb), 4 Stb in jeden der folg 2 3-Lm-ZR**, [2 Stb, 2 Lm, 2 Stb] in den 2-Lm-Eck-ZR, ab * noch 2 x wdh, dann von * bis ** noch 1 x wdh, Rd mit 1 Km in die 3. der 5 Anf-Lm schließen. (Je 23 Stb entlang den Kanten.)

Runde 6: 1 Km in das folg Stb und den folg 2-Lm-ZR, 5 Lm (zählen als 1 Stb und 2 Lm), 1 Stb in denselben Lm-ZR, *1 Stb in jedes der folg 23 Stb**, [1 Stb, 2 Lm, 1 Stb] in den 2-Lm-Eck-ZR, ab * noch 2 x wdh, dann von * bis ** noch 1 x wdh, Rd mit 1 Km in die obere der 3 Anf-Lm schließen. (Je 25 Stb entlang den Kanten.)

Runde 7: 1 Km in den folg 2-Lm-ZR, 5 Lm (zählen als 1 Stb und 2 Lm), 1 Stb in denselben Lm-ZR, *1 Stb in jedes der folg 25 Stb**, [1 Stb, 2 Lm, 1 Stb] in den 2-Lm-Eck-ZR, ab * noch 2 x wdh, dann von * bis ** noch 1 x wdh, Rd mit 1 Km in die obere der 3 Anf-Lm schließen. (Je 27 Stb entlang den Kanten.)

Runde 8: 1 Km in den folg 2-Lm-ZR, 1 Lm, [1 fM, 2 Lm, 1 fM] in denselben Lm-ZR, 1 fM in jedes Stb und [1 fM, 2 Lm, 1 fM] in jeden 2-Lm-Eck-ZR der Vor-Rd arb, Rd mit 1 Km in die 1. fM schließen. (Je 29 fM entlang den Kanten.)

Faden abschneiden, durchziehen und alle Fadenenden vernähen.

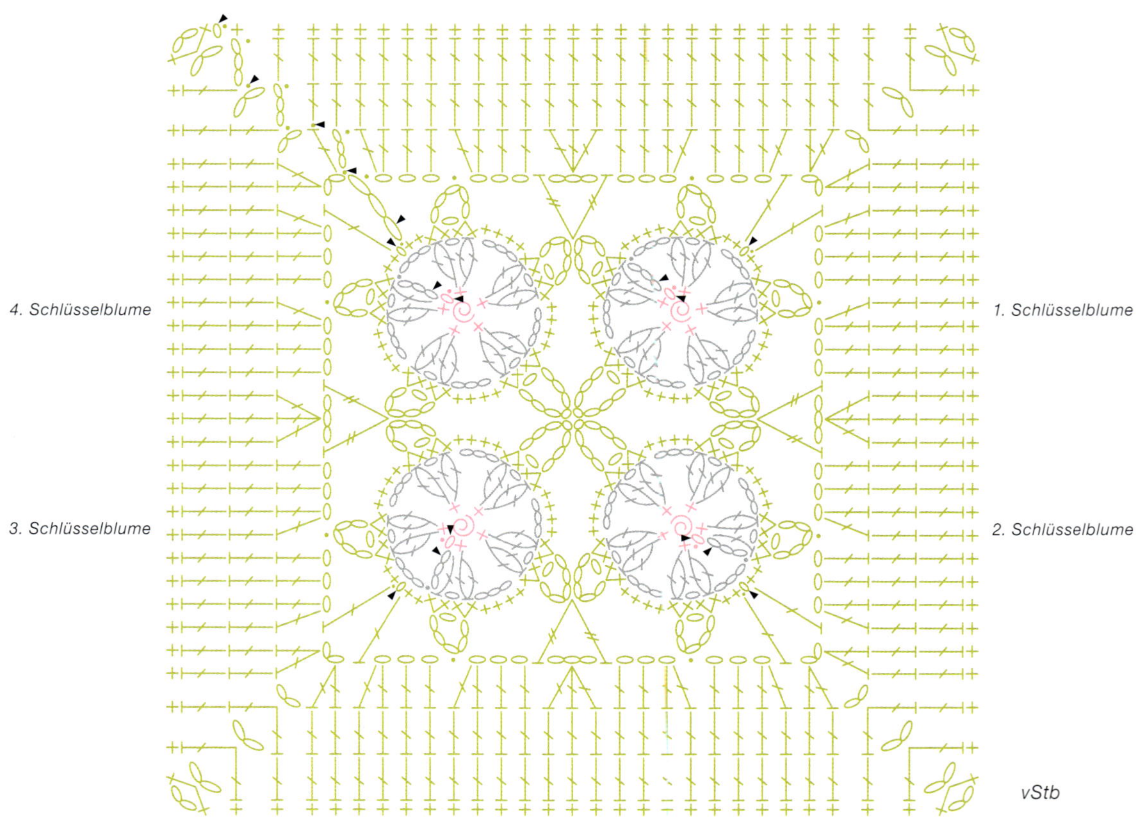

Wasserlilie

Siehe Seite 35

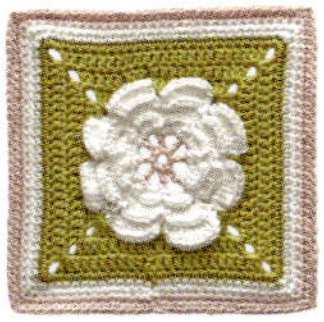

A = Muschelrosa
B = Beige
C = Ringlotte

Anfangsring: Mit Garn A 8 Lm anschl und mit 1 Km zur Runde schließen.
Runde 1: 6 Lm (zählen als 1 Stb und 3 Lm), [1 Stb in den Ring, 3 Lm] x 7, 1 Km in die obere der 3 Anf-Lm. Garn A abschneiden und durchziehen. (8 Stb und 8 Lm-ZR)
Runde 2: Garn B an einen 3-Lm-ZR der Vor-Rd anfügen, 1 Lm, [1 fM, 2 Lm, 3 Stb, 2 Lm, 1 fM] in denselben Lm-ZR, [1 fM, 2 Lm, 3 Stb, 2 Lm, 1 fM] in die folg 7 3-Lm-ZR, Rd nicht schließen. (8 Blätter)
Anmerkung: Runde 3–6 werden als Spirale gearbeitet. Verwenden Sie einen MM, um den Rd-Anfang zu markieren.
Runde 3: Hinter den Blütenblättern der Vor-Rd arb. 5 Lm, 1 Blütenblatt überg, 1 fM in das folg Stb der 1. Rd, [5 Lm, 1 Blütenblatt überg, 1 fM in das folg Stb der 1. Rd] x 7, Rd nicht schließen. (8 5-Lm-ZR)
Runde 4: *[1 fM, 2 Lm, 5 Stb, 2 Lm, 1 fM] in den folg 5-Lm-ZR, ab * bis Rd-Ende wdh, Rd nicht schließen. (8 Blätter)
Runde 5: Hinter den Blütenblättern der Vor-Rd arb. 7 Lm, 1 Blütenblatt überg, 1 fM in die folg fM der 3. Rd, [7 Lm, 1 Blütenblatt überg, 1 fM in die folg fM der 3. Rd] x 7, Rd nicht schließen. (8 7-Lm-ZR)
Runde 6: *[1 fM, 2 Lm, 7 Stb, 2 Lm, 1 fM] in den folg 7-Lm-ZR, ab * bis Rd-Ende wdh, Rd nicht schließen. Garn B abschneiden und durchziehen. (8 Blätter)
Runde 7: Hinter den Blütenblättern der Vor-Rd arb. Garn C an eine fM der 5. Rd anfügen, 3 Lm (zählen als 1 Stb), 2 Stb in dieselbe fM, 3 Lm, *für die Ecke [3 Stb, 3 Lm, 3 Stb] in die folg fM der 5. Rd, 3 Lm**, 3 Stb in die folg fM der 5. Rd, 3 Lm, ab * noch 2 x wdh, dann von * bis ** noch 1 x wdh, 1 Km in die obere der 3 Anf-Lm.
Runde 8: 3 Lm (zählen als 1 Stb), 1 Stb in jedes Stb, 3 Stb in jeden 3-Lm-ZR und [2 Stb, 3 Lm, 2 Stb] in jeden 3-Lm-Eck-ZR der Vor-Rd arb, 1 Km in die obere der 3 Anf-Lm.
Runde 9: 3 Lm (zählen als 1 Stb), 1 Stb in jedes Stb und [2 Stb, 3 Lm, 2 Stb] in jeden 3-Lm-Eck-ZR der Vor-Rd arb, 1 Km in die obere der 3 Anf-Lm.
Runde 10: 1 Lm, 1 fM in jedes Stb und [2 fM, 1 Lm, 2 fM] in jeden 3-Lm-Eck-ZR der Vor-Rd arb, 1 Km in die 1. fM, dabei auf Garn B wechseln. Garn C abschneiden.
Runde 11: 1 Lm, 1 fM in jede fM und [1 fM, 1 Lm, 1 fM] in jeden Eck-ZR der Vor-Rd arb, 1 Km in die 1. fM.
Runde 12: 1 Lm, 1 fM in jede fM und [1 fM, 1 Lm, 1 fM] in jeden Eck-ZR der Vor-Rd arb, 1 Km in die 1. fM, dabei auf Garn A wechseln. Garn B abschneiden.
Runde 13–14: 1 Lm, 1 fM in jede fM und [1 fM, 1 Lm, 1 fM] in jeden Eck-ZR der Vor-Rd arb, 1 Km in die 1. fM.
Faden abschneiden, durchziehen und alle Fadenenden vernähen.

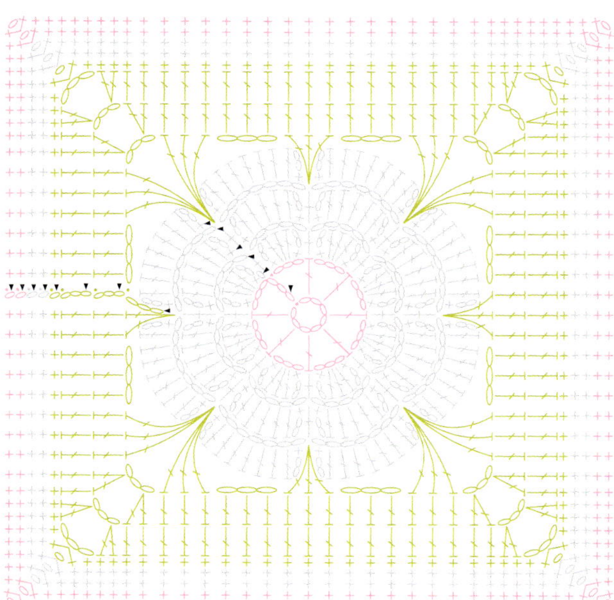

Filetblüte

Siehe Seite 34

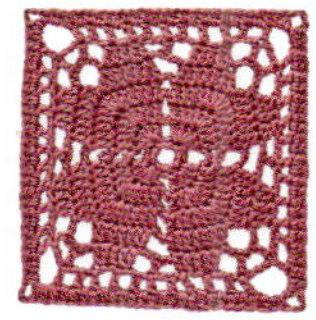

A = Rose

BESONDERE MASCHEN

2 Stb zus-hk: [1 U, in die angegebene M einstechen, Faden holen und durchziehen, 1 U, durch die 1. 2 Schl auf der Nd ziehen] x 2, 1 U, Faden durch alle 3 Schl auf der Nd ziehen.

Anfangsring: Mit Garn A 6 Lm anschl und mit 1 Km zur Runde schließen.
Runde 1: 1 Lm, 12 fM in den Ring, 1 Km in die 1. fM.
Runde 2: 3 Lm (zählen als 1 Stb), 4 Stb in die 1. fM der Vor-Rd, [3 Lm, 2 fM überg, 5 Stb in die folg fM] x 3, 3 Lm, 1 Km in die obere der 3 Anf-Lm.
Runde 3: 3 Lm (zählen als 1 Stb), 1 Stb in das folg Stb, 5 Stb in das folg Stb, 1 Stb in jedes der folg 2 Stb, *3 Lm, 3 Lm überg, 1 Stb in jedes der folg 2 Stb, 5 Stb in das folg Stb, 1 Stb in jedes der folg 2 Stb, ab * 2 x wdh, 3 Lm, 3 Lm überg, 1 Km in die obere der 3 Anf-Lm.
Runde 4: 3 Lm (zählen als 1 Stb), 1 Stb in jedes der folg 3 Stb, 5 Stb in das folg Stb, 1 Stb in jedes der folg 4 Stb, *3 Lm, 3 Lm überg, 1 Stb in jedes der folg 4 Stb, 5 Stb in das folg Stb, 1 Stb in jedes der folg 4 Stb, ab * 2 x wdh, 3 Lm, 3 Lm überg, 1 Km in die obere der 3 Anf-Lm.
Runde 5: 2 Lm, 1 Stb in jedes der folg 4 Stb, *2 Stb zus-hk über die folg 2 Stb, 7 Lm, 2 Stb zus-hk über das vorherige Stb und das folg Stb, 1 Stb in jedes der folg 3 Stb, 2 Stb zus-hk über die folg 2 Stb, 5 Lm, 3 Lm überg**, 2 Stb zus-hk über die folg 2 Stb, 1 Stb in jedes der folg 3 Stb, ab * 2 x wdh, von * bis ** 1 x wdh, 1 Km in das 1. Stb.
Runde 6: 2 Lm, 1 Stb in jedes der folg 2 Stb, *2 Stb zus-hk über die folg 2 M 3 Lm, 2 Lm überg, 1 Stb in die folg Lm, 3 Lm, 1 Lm überg, 1 Stb in die folg Lm, 3 Lm, 2 Lm überg, 2 Stb zus-hk über die folg 2 M, 1 Stb in das folg Stb, 2 Stb zus-hk über die folg 2 M, 3 Lm, 2 Lm überg, 1 Stb in die folg Lm, 3 Lm, 2 Lm überg**, 2 Stb zus-hk über die folg 2 M, 1 Stb in das folg Stb, ab * 2 x wdh, von * bis ** 1 x wdh, 1 Km in das 1. Stb.
Runde 7: 4 Lm (zählen als 1 Stb und 1 Lm), 2 Stb überg, 1 Stb in die 2 zus-gehk Stb, 1 Lm, 1 Lm überg, 1 Stb in die folg Lm, 1 Lm, 1 Lm überg, 1 Stb in das folg Stb, *5 Lm, 3 Lm überg, 1 Stb in das folg Stb, 1 Lm, 1 Lm überg, 1 Stb in die folg Lm, 1 Lm, 1 Lm überg, 1 Stb in die folg 2 zus-gehk Stb, 1 Lm, 1 Stb überg, 1 Stb in die folg 2 zus-gehk Stb, 1 Lm, 1 Lm überg, 1 Stb in die folg Lm, 1 Lm, 1 Lm überg, 1 Stb in das folg Stb, 1 Lm, 1 Lm überg, 1 Stb in die folg Lm, 1 Lm, 1 Lm überg**, 1 Stb in die folg 2 zus-gehk Stb, 1 Lm, 1 Stb überg, 1 Stb in die folg 2 zus-gehk Stb, 1 Lm, 1 Lm überg, 1 Stb in die folg Lm, 1 Lm, 1 Lm überg, 1 Stb in das folg Stb, ab * 2 x wdh, von * bis ** 1 x wdh, 1 Km in die 3. der 4 Anf-Lm.
Runde 8: 2 Lm (zählen als 1 hStb), 1 hStb in jedes Stb und jeden Lm-ZR und [2 hStb, 3 Lm, 2 hStb] in jeden 5-Lm-Eck-ZR der Vor-Rd arb, 1 Km in die obere der 2 Anf-Lm.
Faden abschneiden, durchziehen und vernähen.

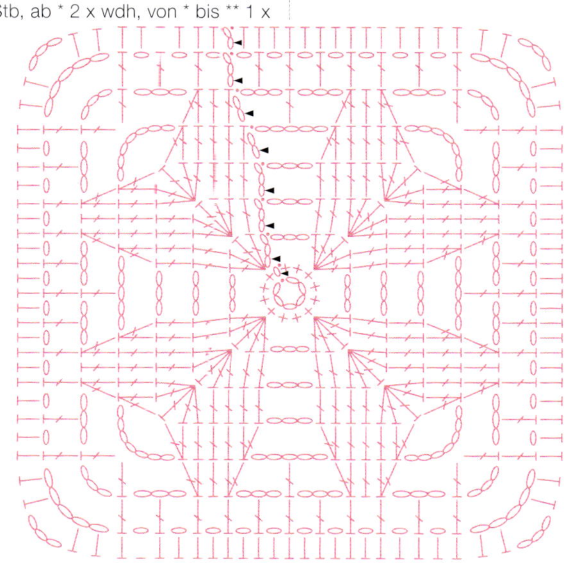

Rosetta

Siehe Seite 35

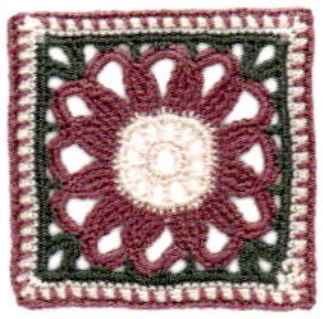

A = Muschelrosa
B = Rose
C = Waldgrün

BESONDERE MASCHEN

thStb (tiefgestochenes hStb): 1 U, Nd in die angegebene M einstechen, Faden holen und auf Höhe der Arbeits-Rd ziehen, 1 U, Faden durch alle 3 Schl auf der Nd ziehen.

Anfangsring: Mit Garn A 8 Lm anschl und mit 1 Km zur Runde schließen.
Runde 1: 1 Lm, 12 fM in den Ring, Rd mit 1 Km in die 1. fM schließen. (12 fM)
Runde 2: 5 Lm (zählen als 1 Stb und 2 Lm), [1 Stb, 2 Lm] in jede fM der Vor-Rd arb, Rd mit 1 Km in die 3. der 5 Anf-Lm schließen. (12 2-Lm-ZR)
Runde 3: 1 Lm, 1 fM in das 1. Stb der Vor-Rd, *3 fM in den folg 2-Lm-ZR**, 1 fM in das folg Stb, ab * noch 10 x wdh, dann von * bis ** noch 1 x wdh, Rd mit 1 Km in die 1. fM schließen, dabei auf Garn B wechseln. (48 M) Garn A abschneiden.
Runde 4: 5 Lm (zählen als 1 3f-Stb), 1 fM überg, 1 3f-Stb in jede der folg 3 fM, *6 Lm, 1 3f-Stb in jede der folg 4 fM, ab * noch 10 x wdh, 6 Lm, Rd mit 1 Km in die obere der 5 Anf-Lm schließen.
Runde 5: 1 Lm, 4 fM zus-hk über die folg 4 3f-Stb, *8 fM in den folg 6-Lm-ZR**, 4 fM zus-hk über die folg 4 3fStb, ab * noch 10 x wdh, dann von * bis ** noch 1 x wdh, Rd mit 1 Km in die 1. 4 zus-gehk fM schließen. Garn B abschneiden und durchziehen.
Runde 6: Garn C an 4 zus-gehk fM der Vor-Rd anfügen, 4 Lm (zählen als 1 DStb), 1 DStb in dieselbe M, *[2 Lm, folg 3 fM überg, 1 fM in jede der folg 2 fM, 2 Lm, folg 3 fM überg, 1 Stb in die folg 4 zus-gehk fM] x 2, 2 Lm, folg 3 fM überg, 1 fM in jede der folg 2 fM, 2 Lm, folg 3 fM überg**, [2 DStb, 3 Lm, 2 DStb in die folg 4 zus-gehk fM] (Ecke) ab * noch 2 x wdh, dann von * bis ** noch 1 x wdh, 2 DStb in die 1. 4 zus-gehk fM der Vor-Rd, 3 Lm, Rd mit 1 Km in die obere der 4 Anf-Lm schließen.
Runde 7: 1 Lm, 1 fM in dieselbe M, 1 fM in jede M, 2 fM in jeden 2-Lm-ZR und [2 fM, 3 Lm, 2 fM] in jeden 3-Lm-Eck-ZR der Vor-Rd arb, Rd mit 1 Km in die 1. fM schließen, dabei auf Garn A wechseln. Garn C abschneiden.
Runde 8: 1 Lm, 1 fM in dieselbe M, 1 fM in jede M und [2 fM, 1 Lm, 2 fM] in jeden 3-Lm-Eck-ZR der Vor-Rd arb, Rd mit 1 Km in die 1. fM schließen.
Runde 9: 2 Lm (zählen als 1 Lm), 1 fM in die folg fM, *1 Lm, 1 fM überg, 1 fM in die folg fM, ab * bis zur folg Ecke wdh, [1 fM, 1 Lm, 1 fM] in den Eck-ZR, ab * noch 3 x wdh, [1 Lm, 1 fM überg, 1 fM in die folg fM] wdh bis Rd-Ende, Rd mit 1 Km in die Anf-Lm schließen, dabei auf Garn B wechseln. Garn A abschneiden.
Runde 10: 3 Lm (zählen als 1 hStb und 1 Lm), 1 fM überg, *[1 thStb in die in Rd 9 überg fM der 8. Rd, 1 Lm, 1 fM überg] wdh bis zum Eck-ZR, [1 fM, 1 Lm, 1 fM] in den Eck-ZR, 1 Lm, 1 fM überg, ab * noch 3 x wdh, [1 thStb in die folg in Rd 9 überg fM der 8. Rd, 1 Lm, 1 fM überg] wdh bis Rd-Ende, Rd mit 1 Km in die 2. der 3 Anf-Lm schließen.
Faden abschneiden, durchziehen und alle Fadenenden vernähen.

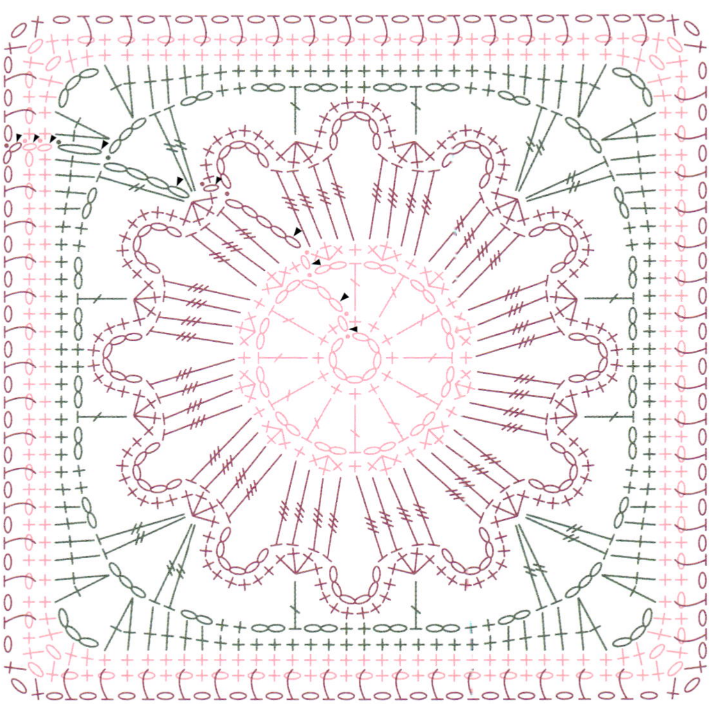

Weihnachtsstern

Siehe Seite 34

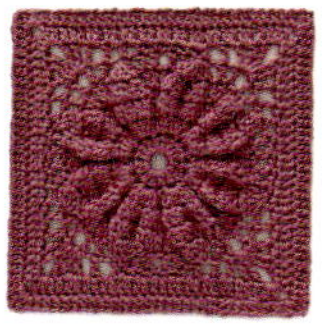

A = Rose

BESONDERE MASCHEN

2 Stb zus-hk: [1 U, in die angegebene M einstechen, Faden holen und durchziehen, 1 U, Faden durch die 1. 2 Schl auf der Nd ziehen] x 2, 1 U, Faden durch alle 3 Schl auf der Nd ziehen.

5 Stb zus-hk: [1 U, in die angegebene M einstechen, Faden holen und durchziehen, 1 U, Faden durch die 1. 2 Schl auf der Nd ziehen] x 5, 1 U, Faden durch alle 6 Schl auf der Nd ziehen.

Luftmaschenkette: Mit Garn A 6 Lm anschl und mit 1 Km zur Runde schließen.

Runde 1: 3 Lm (zählen als 1 Stb), 15 Stb in den Ring, Rd mit 1 Km in die obere der 3 Anf-Lm schließen.

Runde 2: 4 Lm (zählen als 1 Stb und 1 Lm), *5 Stb in das folg Stb, 1 Lm**, 1 Stb in das folg Stb, 1 Lm, ab * noch 6 x wdh, dann von * bis ** noch 1 x wdh, Rd mit 1 Km in die 3. der 4 Anf-Lm schließen.

Runde 3: 4 Lm (zählen als 1 Stb und 1 Lm), 1 Stb in das 1. Stb der Vor-Rd, *1 Lm, 2 Stb in jedes der folg 5 Stb, 1 Lm**, [1 Stb, 1 Lm, 1 Stb] in das folg Stb, ab * noch 6 x wdh, dann von * bis ** noch 1 x wdh, Rd mit 1 Km in die 3. der 4 Anf-Lm schließen.

Runde 4: 3 Lm (zählen als 1 Stb), 1 Stb in das 1. Stb der Vor-Rd, 1 Lm, 2 Stb in das folg Stb, 1 Lm, *[2 Stb zus-hk über die folg 2 M] x 5, 1 Lm**, [2 Stb in das folg Stb, 1 Lm] x 2, ab * noch 6 x wdh, dann von * bis ** noch 1 x wdh, Rd mit 1 Km in die obere der 3 Anf-Lm schließen.

Runde 5: 4 Lm (zählen als 1 Stb und 1 Lm), [1 Stb, 1 Lm] in jedes der folg 3 Stb, *5 Stb zus-hk über die folg 5 M 1 Lm**, [1 Stb, 1 Lm] in jedes der folg 4 Stb, ab * noch 6 x wdh, dann von * bis ** noch 1 x wdh, Rd mit 1 Km in die 3. der 4 Anf-Lm schließen.

Runde 6: 4 Lm (zählen als 1 Stb und 1 Lm), *1 Stb in das folg Stb, 1 Lm, [2 DStb, 3 Lm, 2 DStb] in den folg-Lm-ZR, [1 Lm, 1 Stb] in jedes der folg 2 Stb, 1 Lm, 1 hStb in die folg 5 zus-gehk Stb, [1 Lm, 1 fM] in jedes der folg 4 Stb, 1 Lm, 1 hStb in die folg 5 zus-gehk Stb, 1 Lm**, 1 Stb in das folg Stb, 1 Lm, ab * noch 2 x wdh, dann von * bis ** noch 1 x wdh, Rd mit 1 Km in die 3. der 4 Anf-Lm schließen.

Runde 7: 3 Lm (zählen als 1 Stb), 1 Stb in jede M, jeden Lm-ZR und [2 Stb, 2 Lm, 2 Stb] in jeden 3-Lm-Eck-ZR der Vor-Rd arb, Rd mit 1 Km in die obere der 3 Anf-Lm schließen.

Runde 8: 2 Lm (zählen als 1 hStb), 1 hStb in jede M und 3 Stb in jeden 2-Lm-Eck-ZR der Vor-Rd arb, Rd mit 1 Km in die obere der 2 Anf-Lm schließen.

Faden abschneiden, durchziehen und vernähen.

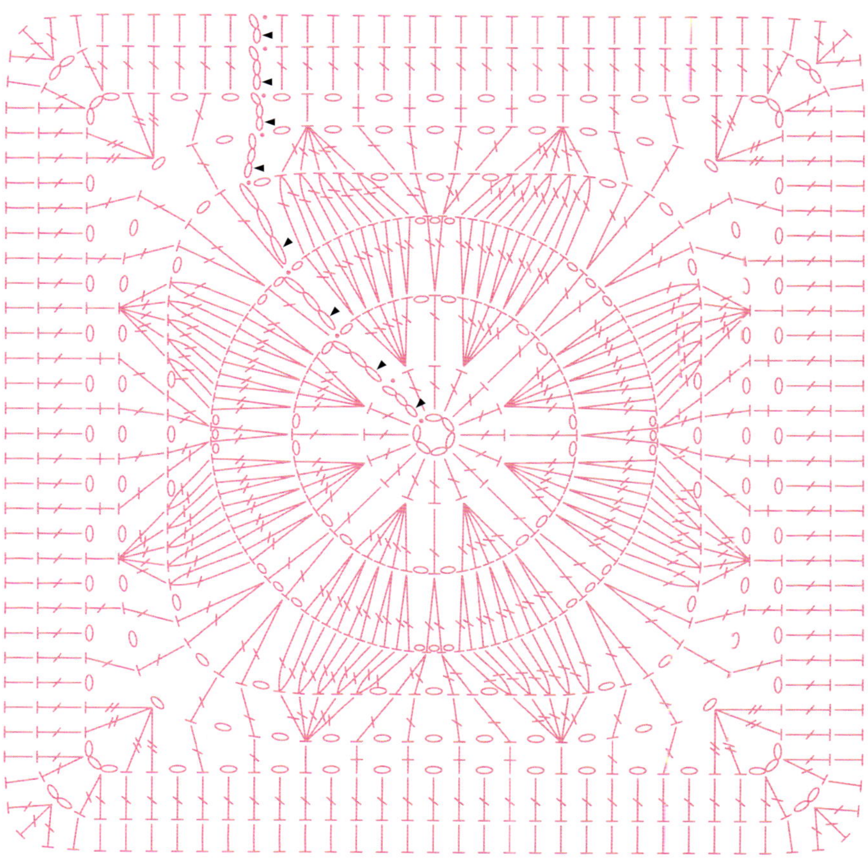

Zunehmendes Winkelmuster

Siehe Seite 37

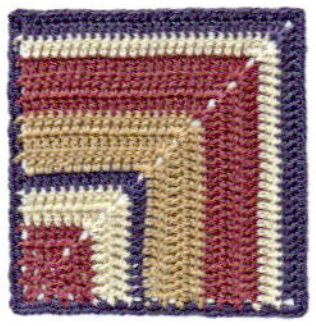

A = Rose
B = Natur
C = Violett
D = Auster

Luftmaschenkette: Mit Garn A 6 Lm anschl.
Reihe 1: 1 Stb in die 4. Lm ab Nd, 1 Stb in jede der folg 2 Lm, wenden.
Reihe 2: 3 Lm (zählen als 1 Stb), 1 Stb in jedes der folg 2 Stb, 4 Stb in den ZR zw Lm der Lmk und 1. Stb der Vor-R, wenden.
Reihe 3: 3 Lm (zählen als 1 Stb), 1 Stb in jedes der folg 2 Stb, [2 Stb, 2 Lm, 2 Stb] in das folg Stb, 1 Stb in jedes der folg 2 Stb, 1 Stb in die obere der 3 Lm, wenden.
Reihe 4: 3 Lm (zählen als 1 Stb), 1 Stb in jedes der folg 4 Stb, [2 Stb, 2 Lm, 2 Stb] in den folg 2-Lm-ZR, 1 Stb in jedes der folg 4 Stb, 1 Stb in die obere der 3 Lm, dabei auf Garn B wechseln, wenden. Garn A abschneiden.
Reihe 5: 3 Lm (zählen als 1 Stb), 1 Stb in jedes der folg 6 Stb, [2 Stb, 2 Lm, 2 Stb] in den folg 2-Lm-ZR, 1 Stb in jedes der folg 6 Stb, 1 Stb in die obere der 3 Lm, wenden.
Reihe 6: 3 Lm (zählen als 1 Stb), 1 Stb in jedes der folg 8 Stb, [2 Stb, 2 Lm, 2 Stb] in den folg 2-Lm-ZR, 1 Stb in jedes der folg 8 Stb, 1 Stb in die obere der 3 Lm, dabei auf Garn C wechseln, wenden. Garn B abschneiden.
Reihe 7: 3 Lm (zählen als 1 Stb), 1 Stb in jedes der folg 10 Stb, [2 Stb, 2 Lm, 2 Stb] in den folg 2-Lm-ZR, 1 Stb in jedes der folg 10 Stb, 1 Stb in die obere der 3 Lm, dabei auf Garn D wechseln, wenden. Garn C abschneiden.
Reihe 8: 3 Lm (zählen als 1 Stb), 1 Stb in jedes der folg 12 Stb, [2 Stb, 2 Lm, 2 Stb] in den folg 2-Lm-ZR, 1 Stb in jedes der folg 12 Stb, 1 Stb in die obere der 3 Lm, wenden.
Reihe 9: 3 Lm (zählen als 1 Stb), 1 Stb in jedes der folg 14 Stb, [2 Stb, 2 Lm, 2 Stb] in den folg 2-Lm-ZR, 1 Stb in jedes der folg 14 Stb, 1 Stb in die obere der 3 Lm, wenden.
Reihe 10: 3 Lm (zählen als 1 Stb), 1 Stb in jedes der folg 16 Stb, [2 Stb, 2 Lm, 2 Stb] in den folg 2-Lm-ZR, 1 Stb in jedes der folg 16 Stb, 1 Stb in die obere der 3 Lm, dabei auf Garn A wechseln, wenden. Garn D abschneiden.
Reihe 11: 3 Lm (zählen als 1 Stb), 1 Stb in jedes der folg 18 Stb, [2 Stb, 2 Lm, 2 Stb] in den folg 2-Lm-ZR, 1 Stb in jedes der folg 18 Stb, 1 Stb in die obere der 3 Lm, wenden.
Reihe 12: 3 Lm (zählen als 1 Stb), 1 Stb in jedes der folg 20 Stb, [2 Stb, 2 Lm, 2 Stb] in den folg 2-Lm-ZR, 1 Stb in jedes der folg 20 Stb, 1 Stb in die obere der 3 Lm, wenden.
Reihe 13: 3 Lm (zählen als 1 Stb), 1 Stb in jedes der folg 22 Stb, [2 Stb, 2 Lm, 2 Stb] in den folg 2-Lm-ZR, 1 Stb in jedes der folg 22 Stb, 1 Stb in die obere der 3 Lm, dabei auf Garn B wechseln, wenden. Garn A abschneiden.
Reihe 14: 3 Lm (zählen als 1 Stb), 1 Stb in jedes der folg 24 Stb, [2 Stb, 2 Lm, 2 Stb] in den folg 2-Lm-ZR, 1 Stb in jedes der folg 24 Stb, 1 Stb in die obere der 3 Lm, dabei auf Garn C wechseln, wenden. Garn B abschneiden.
Reihe 15: 3 Lm (zählen als 1 Stb), 1 Stb in jedes der folg 26 Stb, [2 Stb, 2 Lm, 2 Stb] in den folg 2-Lm-ZR, 1 Stb in jedes der folg 26 Stb, 1 Stb in die obere der 3 Lm, nicht wenden.

Rand

Runde 1: 1 Lm, 1 fM in das R-Ende der vorherigen R (seitlich in das letzte Stb), [2 fM in jedes R-Ende bis zur Ecke, 3 fM in die Ecke] x 2, 1 fM in jedes Stb bis zur Ecke, 3 fM in den 2-Lm-Eck-ZR, 1 fM in jedes folg Stb bis zum letzten Stb, 3 fM in das letzte Stb, Rd mit 1 Km in die 1. fM schließen.
Faden abschneiden, durchziehen und alle Fadenenden vernähen.

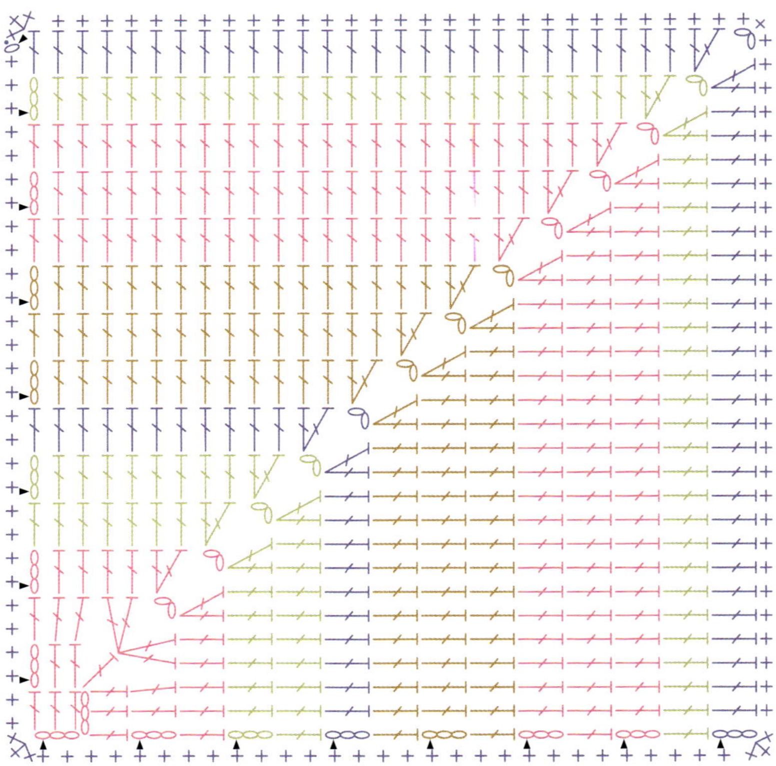

Abnehmendes Winkelmuster

Siehe Seite 37

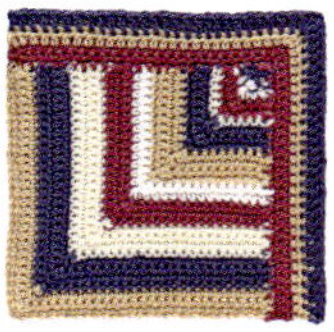

A = Auster
B = Violett
C = Natur
D = Rose
E = Beige

BESONDERE MASCHEN

3 fM zus-hk: Zwei Maschen werden abgenommen, indem die folgenden 3 festen Maschen zusammen abgemascht werden.

Luftmaschenkette: Mit Garn A 58 Lm anschl.

Anfangsreihe (LS): 1 fM in die 2. Lm ab Nd, *1 fM in die folg Lm, ab * wdh bis R-Ende, wenden. (57 fM)

Reihe 1 (RS): 1 Lm, 1 fM in jede der folg 27 fM, 3 fM zus-hk, 1 fM in jede der übrigen 27 fM, wenden. (55 fM)

Reihe 2: 1 Lm, 1 fM in jede der folg 26 fM, 3 fM zus-hk, 1 fM in jede der übrigen 26 fM, wenden. Garn A abschneiden und durchziehen. (53 fM)

Reihe 3: Garn B anfügen, 1 Lm, 1 fM in jede der folg 25 fM, 3 fM zus-hk, 1 fM in jede der übrigen 25 fM, wenden. (51 fM)

Reihe 4: 1 Lm, 1 fM in jede der folg 24 fM, 3 fM zus-hk, 1 fM in jede der übrigen 24 fM, wenden. (49 fM)

Nach diesem Muster weiterarbeiten, dabei in der Mitte jeder folgenden Reihe weiter 3 fM zus-hk und Farbwechsel wie folgt durchführen.

2 weitere R mit Garn B arb.
4 R mit Garn C arb.
3 R mit Garn D arb.
2 R mit Garn E arb.
4 R mit Garn A arb.
3 R mit Garn B arb.
1 R mit Garn C arb.
2 R mit Garn D arb.
1 R mit Garn E arb.
1 R mit Garn B arb.

Nächste Reihe: Garn D anfügen, 3 fM zus-hk. Garn D abschneiden und durchziehen.

Rand

Garn D mit 1 Km an die letzte Lm der Lmk anfügen.

Reihe 1 (RS): 1 Lm, 1 fM in jedes R-Ende bis zur Ecke, 3 fM in die Ecke, 1 fM in jedes R-Enden der folgenden Kante, wenden. (57 fM)

Reihe 2–3: 1 Lm, 1 fM in jede fM und 3 fM in jede Eck-fM (mittlere der 3 fM an der Ecke), 1 fM in jede folg fM bis R-Ende, wenden.

Garn D abschneiden und durchziehen.

Reihe 4: Garn A anfügen, 2 Lm (zähler als 1 hStb), 1 hStb in jede der fM bis zur Eck-fM (mittlere der 3 fM an der Ecke), 3 hStb in die Eck-fM, 1 hStb in jede der folg fM bis R-Ende, wenden. Garn A abschneiden und durchziehen.

Reihe 5: Garn B anfügen, 3 Lm (zählen als 1 Stb), 1 Stb in jedes der folg hStb bis zum Eck-hStb (mittleres der 3 hStb an der Ecke), 3 Stb in das Eck-hStb, 1 Stb in jedes der folg hStb bis R-Ende.

Faden abschneiden, durchziehen und alle Fadenenden vernähen.

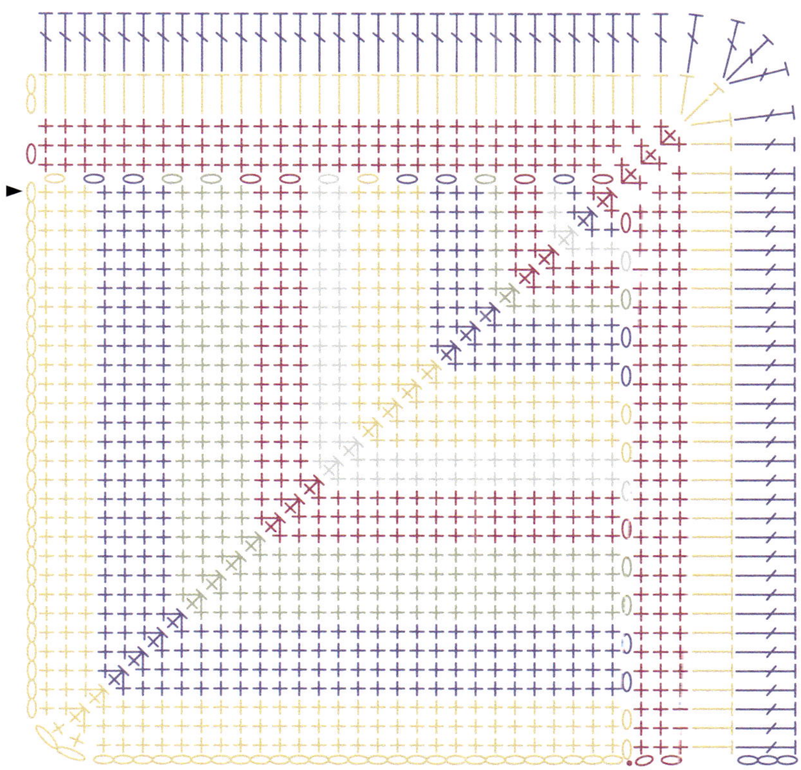

Einfaches Blockhütten-Muster

Siehe Seite 39

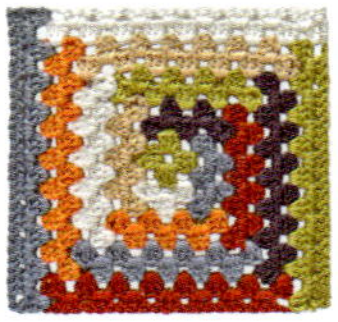

A = Ringlotte
B = Beige
C = Himmelblau
D = Johannisbeere
E = Auster
F = Kaki
G = Blutorange

Anfangsring: Mit Garn A 6 Lm anschl und mit 1 Km zur Runde schließen.
Teil 1: 3 Lm, (zählen als 1 Stb), 2 Stb in den Ring, 3 Lm, *3 Stb in den Ring, 3 Lm, ab * noch 2 x wdh, 1 Km in die obere der 3 Anf-Lm. Garn A abschneiden und durchziehen.
Teil 2: Garn B an einen 3-Lm-Eck-ZR der Vor-Rd anfügen, 3 Lm (zählen als 1 Stb), 2 Stb in denselben Eck-ZR, 3 Stb in den folg Eck-ZR, 3 Lm, wenden, 3 Stb in den ZR zw die 2 3-Stb-Mg der Vor-Rd arb, 1 Stb in die obere der 3 Anf-Lm. Garn B abschneiden und durchziehen.
Teil 3: Garn C an den 3-Lm-ZR des 2. Teils anfügen, 3 Lm, 2 Stb in denselben Lm-ZR, 3 Stb in den folg 3-Lm-ZR des 1. Teils, 3 Stb in den folg 3-Lm-Eck-ZR des 1. Teils, 3 Lm, wenden, 3 Stb in jeden ZR zw 2 Stb-Mg bis R-Ende, 1 Stb in die obere der 3 Anf-Lm. Garn C abschneiden und durchziehen.
Teil 4: Mit Garn D wie Teil 3 arb.
Teil 5: Garn E an den 3-Lm-ZR des 4. Teils anfügen, 3 Lm, 2 Stb in denselben Lm-ZR, 3 Stb in den folg 3-Lm-ZR des 1. Teils, 3 Stb in den folg Eck-ZR des 1. Teils, 1. R-Ende des 2. Teils überg, 3 Stb in das 2. R-Ende des 2. Teils, 3 Lm, wenden, 3 Stb in jeden ZR zw 2 Stb-Mg bis R-Ende, 1 Stb in die obere der 3 Anf-Lm. Garn E abschneiden und durchziehen.
Teil 6: Garn F an den 3-Lm-ZR des 5. Teils anfügen, 3 Lm, 2 Stb in denselben Lm-ZR, 3 Stb in den folg ZR zw 2 Stb-Mg, 3 Stb in den folg Wende-ZR, folg R-Ende überg, 3 Stb in das folg R-Ende, 3 Lm, wenden, 3 Stb in jeden ZR zw 2 Stb-Mg bis R-Ende, 1 Stb in die obere der 3 Anf-Lm. Garn F abschneiden und durchziehen.
Teil 7: Garn G an den 3-Lm-ZR des 6. Teils anfügen, 3 Lm, 2 Stb in denselben Lm-ZR, [3 Stb in den ZR zw 2 Stb-Mg] x 2, 3 Stb in den folg Wende-ZR, folg R-Ende überg, 3 Stb in das folg R-Ende, 3 Lm, wenden, 3 Stb in jeden ZR zw 2 Stb-Mg bis R-Ende, 1 Stb in die obere der 3 Anf-Lm. Garn G abschneiden und durchziehen.
Teil 8: Garn A an den 3-Lm-ZR des 7. Teils anfügen, 3 Lm, 2 Stb in denselben Lm-ZR, [3 Stb in den folg ZR zw 2 Stb-Mg] wdh bis zum folg Wende-ZR, 3 Stb in den Wende-ZR, folg R-Ende überg, 3 Stb in das folg R-Ende, 3 Lm, wenden, 3 Stb in jeden ZR zw 2 Stb-Mg bis R-Ende, 1 Stb in die obere der 3 Anf-Lm. Garn A abschneiden und durchziehen.
Teil 9–17: Wie Teil 8 arb, dabei nach folgendem Muster Garnfarben wechseln: B, C, D, E, F, G, A, B, C.
Faden abschneiden, durchziehen und alle Fadenenden vernähen.

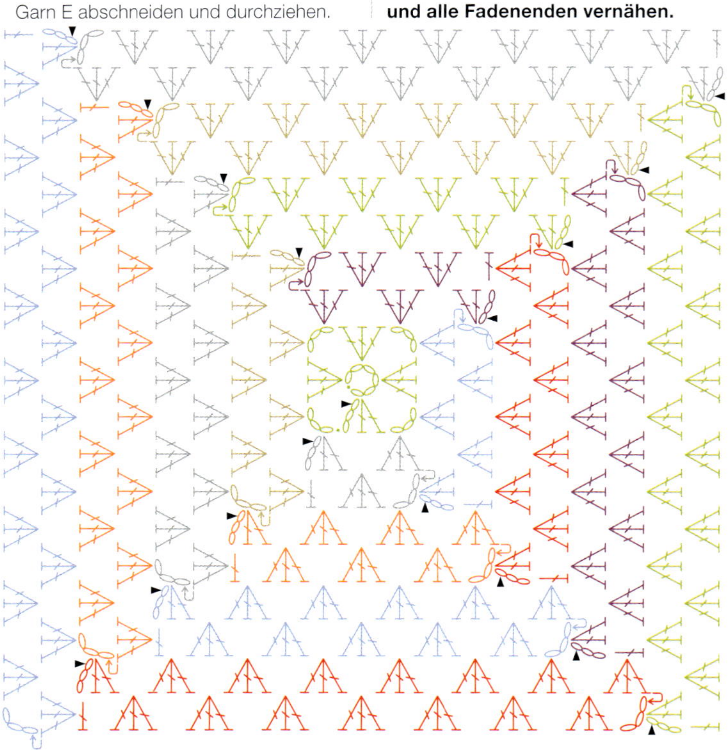

Vertikales Webmuster

Siehe Seite 37

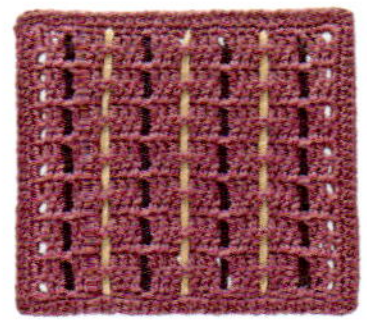

A = Rose
B = Johannisbeere
C = Auster

Luftmaschenkette: Mit Garn A 33 Lm anschl.
Reihe 1 (LS): 1 Stb in die 4. Lm ab Nd, 1 Stb in die folg Lm, *1 Lm, folg Lm überg, 1 Stb in jede der folg 3 Lm, ab * bis R-Ende wdh, wenden.
Reihe 2 (RS): 3 Lm, 1 Stb überg, 1 Stb in jedes der folg 2 Stb, *1 Lm, 1 Lm überg, 1 Stb in jedes der folg 3 Stb, ab * bis R-Ende wdh, dabei das letzte Stb in die obere der 3 Anf-Lm der Vor-R arb, wenden. Reihe 2 noch 12 x wdh. Garn A nicht abschneiden.
Rand
Runde 1: 1 Lm, 2 fM in die letzte M der Vor-R, 1 fM in jedes Stb und jeden Lm-ZR bis zur Ecke, [2 fM, 1 hStb, 2 fM] in die obere Wlm, *2 fM in jedes der folg 14 R-Enden,** [2 fM, 1 hStb, 2 fM] in das letzte R-Ende, 1 fM in jede Lm der Lmk bis zur Ecke, [2 fM, 1 hStb, 2 fM] in das folg R-Ende, von * bis ** noch 1 x wdh, [2 fM, 1 hStb] in die 1. Ecke, Rd mit 1 Km in die 1. fM schließen.
Runde 2: 2 Lm, 1 hStb in jede fM und [2 hStb, 1 Stb, 2 hStb] in jedes hStb der Vor-Rd arb, Rd mit 1 Km in die obere der 2 Anf-Lm schließen. Faden abschneiden, durchziehen und alle Fadenenden vernähen.
Webmuster
Das Foto des Musters oben (beziehungsweise auf Seite 37) dient als Webanleitung. *3 etwa 23 cm lange Fäden von Garn B abschneiden und über und unter den Lm-ZR verweben**. 3 etwa 23 cm lange Fäden von Garn C abschneiden und über und unter den Lm-ZR verweben. Ab * noch 2 x wdh, dann von * bis ** noch 1 x wdh.
Das Häkelquadrat vorsichtig in alle Richtungen glatt ziehen, damit die Webfäden nicht zu fest sitzen, und anschließend alle Fadenenden vernähen.

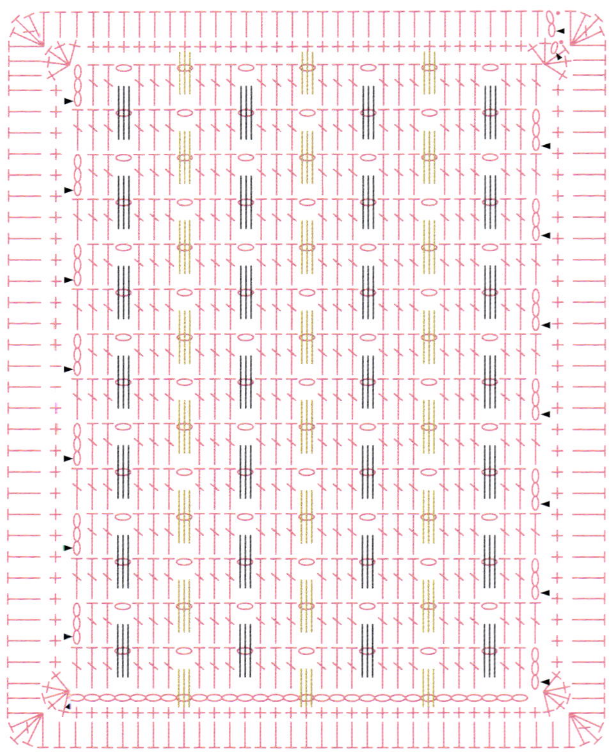

Traditionelles Blockhütten-Muster

Siehe Seite 39

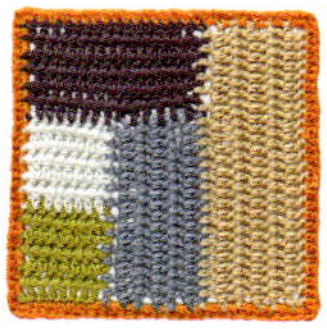

A = Ringlotte
B = Beige
C = Himmelblau
D = Johannisbeere
E = Auster
F = Kaki

Teil 1
Mit Garn A 11 Lm anschl.
Reihe 1: 1 Stb in die 4. Lm ab Nd, *1 Stb in die folg Lm, ab * wdh bis R-Ende, wenden.
Reihe 2: 2 Lm, 1 Stb überg, 1 Stb in den ZR zw 1. und 2. Stb, *folg Stb überg, 1 Stb in den folg ZR, ab * bis zum letzten Stb wdh, das letzte Stb überg, 1 Stb in die letzte Lm, wenden.
Reihe 3–6: Wie Reihe 2 arbeiten, dabei am Ende der Reihe 6 auf Garn B wechseln. Garn A abschneiden.
Reihe 7–12: Wie Reihe 2 arb, dabei am Ende der Reihe 12 Garn B abschneiden und durchziehen.
Teil 2
Reihe 1: Garn C an die letzte Lm der Lmk anfügen, 3 Lm, 1 Stb in jedes der folg 12 R-Enden, wenden.
Reihe 2: 2 Lm, 1 Stb überg, 1 Stb in den ZR zw 1. und 2. Stb, 1 Stb überg, [2 Stb in den folg ZR, 1 Stb überg, 1 Stb in den folg ZR, folg Stb überg] x 3, 1 Stb in den jeden folg ZR bis R-Ende, 1 Stb in die obere der 3 Anf-Lm, wenden.
Reihe 3: 2 Lm, 1 Stb überg, 1 Stb in den ZR zw 1. und 2. Stb, *folg Stb überg, 1 Stb in den folg ZR, ab * bis zum letzten Stb wdh, das letzte Stb überg, 1 Stb in die obere der 2 Anf-Lm, wenden.
Reihe 4–6: Wie R 3 arb, dabei am Ende der Reihe 6 Garn C abschneiden und durchziehen.
Teil 3
Reihe 1: Garn D an den letzten 2-WLm-ZR des 2. Teils anfügen, 3 Lm, 1 Stb in denselben Lm-ZR, 1 Stb in jedes der folg 5 R-Enden, 1 Stb überg, 1 Stb in jeden ZR zw 2 Stb bis R-Ende, 1 Stb in die obere der 2 Anf-Lm am R-Ende, wenden.
Reihe 2: 2 Lm, 1 Stb überg, 1 Stb in den ZR zw 1. und 2. Stb, 1 Stb überg, [1 Stb in den folg ZR, folg Stb überg] x 6, [2 Stb in den folg ZR, 1 Stb überg, 1 Stb in den folg ZR, folg Stb überg] x 3, 1 Stb in die obere der 3 Anf-Lm, wenden.
Reihe 3: 2 Lm, 1 Stb überg, 1 Stb in den ZR zw 1. und 2. Stb, *folg Stb überg, 1 Stb in den folg ZR, ab * bis zum letzten Stb wdh, das letzte Stb überg, 1 Stb in Lm-ZR, wenden.
Reihe 4–6: Wie R 3 arb, dabei am Ende der R 6 auf Garn E wechseln. Garn D abschneiden.
Teil 4
Reihe 1: 3 Lm, 1 Stb in jedes der folg 5 R-Enden, 1 Stb überg, 1 Stb in jeden ZR zw 2 Stb bis zu den letzten 2 Stb, 1 Stb überg, 1 Stb in das letzte Stb, wenden.
Reihe 2: 2 Lm, 1 Stb überg, 1 Stb in den ZR zw 1. und 2. Stb der Vor-R, 1 Stb überg, [1 Stb in den folg ZR, folg Stb überg] x 14, [2 Stb in den folg ZR, 1 Stb überg, 1 Stb in den folg ZR, folg Stb überg] x 3, 1 Stb in die obere der 3 Anf-Lm, wenden.
Reihe 3: 2 Lm, 1 Stb überg 1 Stb in den ZR zw 1. und 2. Stb, *folg Stb überg, 1 Stb in den folg ZR, ab * bis zum letzten Stb wdh, das letzte Stb überg, 1 Stb in Lm-ZR, wenden.
Reihe 4–6: Wie R 3 arb.
Faden abschneiden und durchziehen.
Rand
Runde 1: Garn F mit 1 Km an ein Stb des 4. Teils anfügen, 2 Lm, 1 hStb in jedes Stb bis zum letzten Stb der Kante, 3 hStb in das letzte Stb, [1 hStb in das folg R-Ende, 2 hStb in das folg R-Ende] x 3, 1 hStb in jedes der folg 16 Stb, 3 hStb in das folg Stb, [1 hStb in das folg R-Ende, 2 hStb in das folg R-Ende] x 9, 3 hStb in die 1. Lm der Lmk, 1 hStb in jede der folg 7 Lm der Lmk, [hStb in das folg R-Ende, 2 hStb in das folg R-Ende] x 6, 3 hStb in das folg Stb, 1 hStb in jedes folg Stb bis Rd-Ende, Rd mit 1 Km in die obere der 2 Anf-Lm schließen.
Faden abschneiden, durchziehen und alle Fadenenden vernähen.

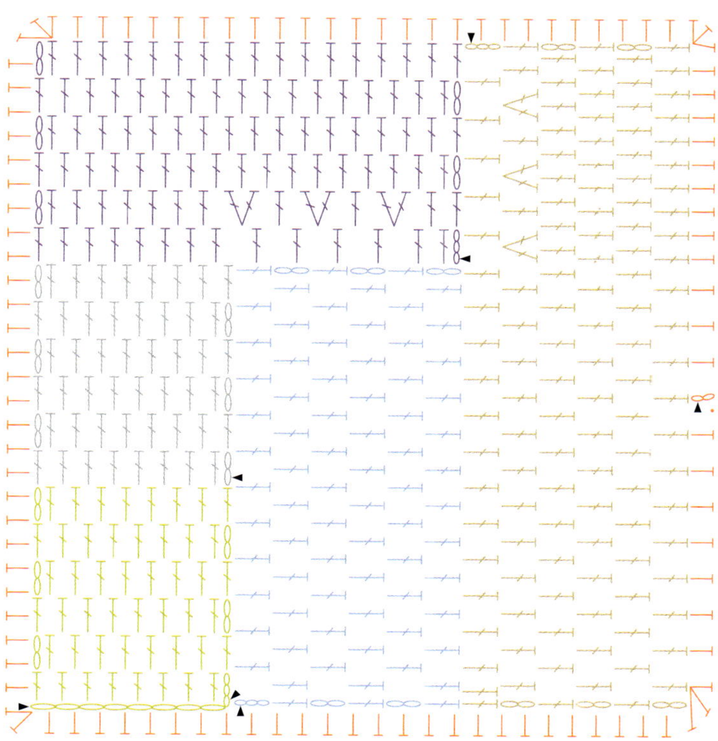

Klassisches Blockhütten-Muster

Siehe Seite 39

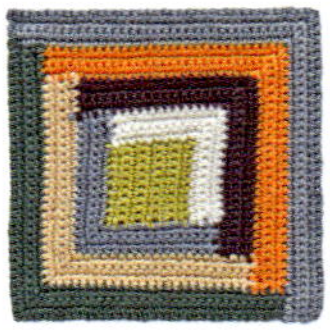

A = Ringlotte
B = Beige
C = Himmelblau
D = Johannisbeere
E = Auster
F = Kaki
G = Waldgrün

Mittelteil
Mit Garn A 11 Lm anschl.
Reihe 1: (RS): 1 fM in die 2. Lm ab Nd, *1 fM in die folg Lm, ab * wdh bis R-Ende, wenden. (10 M)
Reihe 2: 1 Lm (zählt für das ganze Muster nicht als 1. M), *1 fM in die folg fM, ab * wdh bis R-Ende, wenden.
Reihe 3–10: Wie R 2 arb.
Faden abschneiden und durchziehen.

Teil 1
RS zeigt nach oben, Lmk liegt unten, Garn B mit 1 Km an die 1. fM der oberen rechten Ecke des Mittelteils anfügen.
Reihe 1: 1 Lm, 1 fM in dieselbe M wie die Km, 1 fM in jede der folg 8 fM, 3 fM in die folg fM, 1 fM in jedes der folg 9 R-Enden, wenden.
Reihe 2: 1 Lm, 1 fM in jede der folg 10 fM, 3 fM in die folg fM, 1 fM in jede der folg 10 fM, wenden.
Reihe 3: 1 Lm, 1 fM in jede der folg 11 fM, 3 fM in die folg fM, 1 fM in jeder der folg 11 fM, wenden.
Reihe 4: 1 Lm, 1 fM in jede der folg 12 fM, 3 fM in die folg fM, 1 fM in jede der folg 12 fM. Faden abschneiden und durchziehen.

Teil 2
RS zeigt nach oben, 1. Teil liegt unten, Garn C mit 1 Km an das 1. R-Ende an der oberen rechten Ecke anfügen.
Reihe 1: 1 Lm, 1 fM in dieselbe M wie die Km, 1 fM in jedes der folg 3 R-Enden, 1 fM in jede der folg 9 Lm, 3 fM in die folg Lm, 1 fM in jedes der folg 13 R-Enden, wenden.
Reihe 2: 1 Lm, 1 fM in jede der folg 14 fM, 3 fM in die folg fM, 1 fM in jede der folg 14 fM, wenden.
Reihe 3: 1 Lm, 1 fM in jede der folg 15 fM, 3 fM in die folg fM, 1 fM in jede der folg 15 fM, wenden.
Reihe 4: 1 Lm, 1 fM in jede der folg 16 fM, 3 fM in die folg fM, 1 fM in jede der folg 16 fM. Faden abschneiden und durchziehen.

Teil 3
RS zeigt nach oben, 2. Teil liegt unten, Garn D mit 1 Km an das 1. R-Ende an der oberen rechte Ecke anfügen.
Reihe 1: 1 Lm, 1 fM in dieselbe M wie die Km, 1 fM in jedes der folg 3 R-Enden, 1 fM in jede der folg 13 fM, 3 fM in die folg fM, 1 fM in jede der folg 13 fM, wenden.
Reihe 2: 1 Lm, 1 fM in jede der folg 18 fM, 3 fM in die folg fM, 1 fM in jede der folg 18 fM, wenden.
Reihe 3: 1 Lm, 1 fM in jede der folg 19 fM, 3 fM in die folg fM, 1 fM in jede der folg 19 fM, wenden.
Reihe 4: 1 Lm, 1 fM in jede der folg 20 fM, 3 fM in die folg fM, 1 fM in jede der folg 20 fM. Faden abschneiden und durchziehen.

Teil 4
RS zeigt nach oben, 3. Teil liegt unten, Garn E mit 1 Km an das 1. R-Ende an der oberen rechten Ecke anfügen.
Reihe 1: 1 Lm, 1 fM in dieselbe M wie die Km, 1 fM in jedes der folg 3 R-Enden, 1 fM in jede der folg 17 fM, 3 fM in die folg fM, 1 fM in jede der folg 17 fM, 1 fM in jedes der folg 4 R-Enden, wenden.
Reihe 2: 1 Lm, 1 fM in jede der folg 22 fM, 3 fM in die folg fM, 1 fM in jede der folg 22 fM, wenden.
Reihe 3: 1 Lm, 1 fM in jede der folg 23 fM, 3 fM in die folg fM, 1 fM in jede der folg 23 fM, wenden.
Reihe 4: 1 Lm, 1 fM in jede der folg 24 fM, 3 fM in die folg fM, 1 fM in jede der folg 24 fM. Faden abschneiden und durchziehen.

Teil 5
RS zeigt nach oben, 4. Teil liegt unten, Garn F mit 1 Km an das 1. R-Ende an der oberen rechten Ecke anfügen.
Reihe 1: 1 Lm, 1 fM in dieselbe M wie die Km, 1 fM in jedes der folg 3 R-Enden, 1 fM in jede der folg 21 fM, 3 fM in die folg fM, 1 fM in jede der folg 21 fM, 1 fM in jedes der folg 4 R-Enden, wenden.
Reihe 2: 1 Lm, 1 fM in jede der folg 26 fM, 3 fM in die folg fM, 1 fM in jede der folg 26 fM, wenden.
Reihe 3: 1 Lm, 1 fM in jede der folg 27 fM, 3 fM in die folg fM, 1 fM in jede der folg 27 fM, wenden.
Reihe 4: 1 Lm, 1 fM in jede der folg 28 fM, 3 fM in die folg fM, 1 fM in jede der folg 28 fM. Faden abschneiden und durchziehen.

Teil 6
RS zeigt nach oben, 5. Teil liegt unten, Garn G mit 1 Km an das 1. R-Ende an der oberen rechten Ecke anfügen.
Reihe 1: 1 Lm, 1 fM in dieselbe M wie die Km, 1 fM in jedes der folg 3 R-Enden, 1 fM in jede der folg 25 fM, 3 fM in die folg fM, 1 fM in jede der folg 25 fM, 1 fM in jedes der folg 4 R-Enden, wenden.
Reihe 2: 1 Lm, 1 fM in jede der folg 30 fM, 3 fM in die folg fM, 1 fM in jede der folg 30 fM, wenden.
Reihe 3: 1 Lm, 1 fM in jede der folg 31 fM, 3 fM in die folg fM, 1 fM in jede der folg 31 fM, wenden.
Reihe 4: 1 Lm, 1 fM in jede der folg 32 fM, 3 fM in die folg fM, 1 fM in jede der folg 32 fM. Faden abschneiden und durchziehen.

Teil 7
RS zeigt nach oben, 6. Teil liegt unten, Garn C mit 1 Km an das 1. R-Ende an der oberen rechten Ecke anfügen.
Reihe 1: 1 Lm, 1 fM in dieselbe M wie die Km, 1 fM in jedes der folg 3 R-Enden, 1 fM in jede der folg 29 fM, 3 fM in die folg fM, 1 fM in jede der folg 29 fM, 1 fM in jedes der folg 4 R-Enden, wenden.
Reihe 2: 1 Lm, 1 fM in jede der folg 34 fM, 3 fM in die folg fM, 1 fM in jede der folg 34 fM, wenden.
Reihe 3: 1 Lm, 1 fM in jede der folg 35 fM, 3 fM in die folg fM, 1 fM in jede der folg 35 fM, wenden.
Reihe 4: 1 Lm, 1 fM in jede der folg 36 fM, 3 fM in die folg fM, 1 fM in jede der folg 36 fM.
Faden abschneiden, durchziehen und alle Fadenenden vernähen.

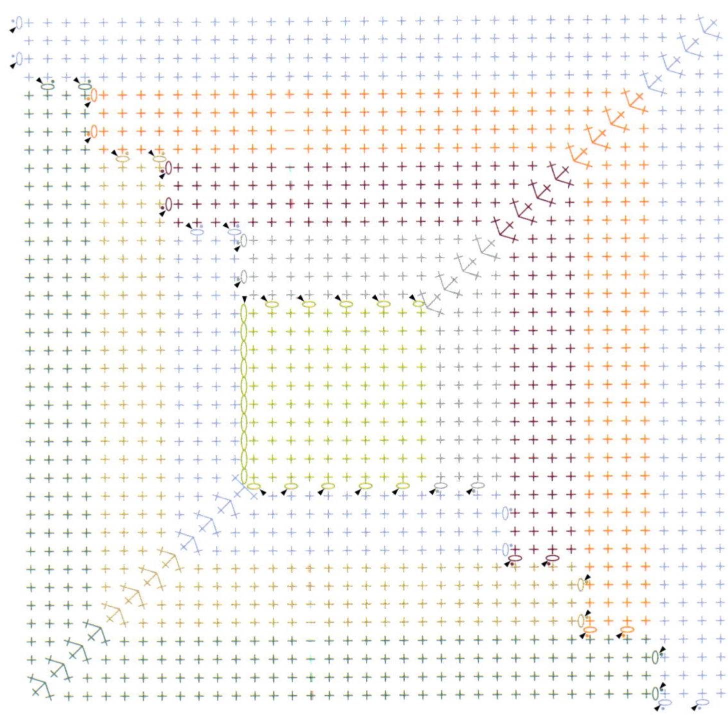

Feste Maschen mit Perlen

Siehe Seite 38

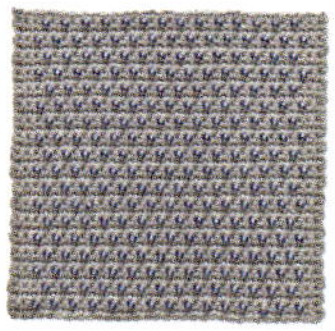

A = Hellgrau
261 Glasperlen (6 mm)

BESONDERE MASCHEN

fMP (feste Masche mit Perle): Nd in die angegebene M einstechen, Faden holen und durchziehen, eine Perle bis zur Arbeit schieben, 1 U (Faden dabei hinter der Perle greifen), Faden durch beide Schl auf der Nd ziehen.

Luftmaschenkette: Alle Perlen auf Garn A auffädeln. Mit Garn A 34 Lm anschl.

Reihe 1: 1 fM in die 2. Lm ab Nd, *1 fM in die folg Lm, ab * wdh bis R-Ende, wenden. (33 M)

Reihe 2: 1 Lm, 1. M überg, * 1 fM in die folg M, ab * wdh bis R-Ende, 1 fM in die Anf-Lm, wenden.

Reihe 3: 1 Lm, 1. M überg, 1 fM in jede der folg 2 fM, *1 fMP in die folg fM, 1 fM in die folg fM; ab * bis Ende wdh, 1 fM in die Anf-Lm, wenden.

Reihe 4: Wie Reihe 2 arbeiten.

Reihe 5: 1 Lm, 1 fM in jede der folg 3 fM, *1 fMP in die folg fM, 1 fM in die folg fM, ab * bis zu den letzten 2 M wdh, 1 fM in jede der letzten 2 M, wenden.

R 2–5 noch 8 x wdh, dann R 2 noch 1 x wdh.

Faden abschneiden, durchziehen und vernähen.

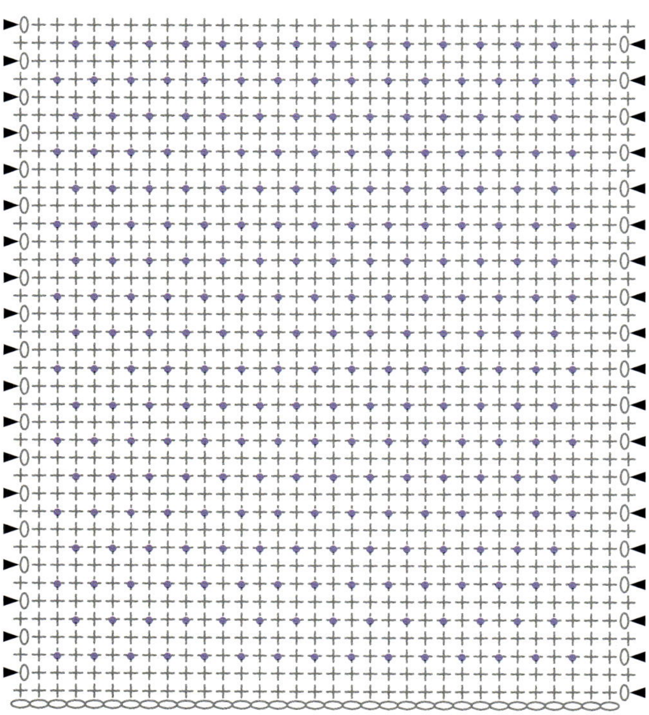

Feste Maschen mit Pailletten

Siehe Seite 38

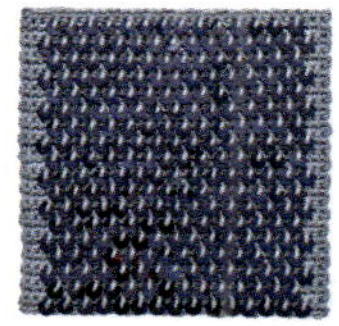

A = Himmelblau
261 Pailletten (7 mm)

BESONDERE MASCHEN

fMPail (feste Masche mit Paillette): Nd in die angegebene M einstechen, Faden holen und durchziehen, eine Paillette bis zur Arbeit schieben, 1 U (Faden dabei hinter der Paillette greifen), Faden durch beide Schl auf der Nd ziehen.

Luftmaschenkette: Alle Pailletten auf Garn A auffädeln. Mit Garn A 34 Lm anschl.

Reihe 1: 1 fM in die 2. Lm ab Nd, *1 fM in die folg Lm, ab * wdh bis R-Ende, wenden. (33 M)

Reihe 2: 1 Lm, 1. M überg, * 1 fM in die folg M, ab * wdh bis R-Ende, 1 fM in die Anf-Lm, wenden.

Reihe 3: 1 Lm, 1. M überg, 1 fM in jede der folg 2 fM, *1 fMPail in die folg fM, 1 fM in die folg fM, ab * bis Ende wdh, 1 fM in die Anf-Lm, wenden.

Reihe 4: Wie Reihe 2 arbeiten.

Reihe 5: 1 Lm, 1 fM in jede der folg 3 fM, *1 fMPail in die folg fM, 1 fM in die folg fM, ab * bis zu den letzten 2 M wdh, 1 fM in jede der letzten 2 M, wenden.

Reihe 2–5 noch 8 x wdh, dann Reihe 2 noch 1 x wdh.

Faden abschneiden, durchziehen und vernähen.

Schlaufensäulen

Siehe Seite 38

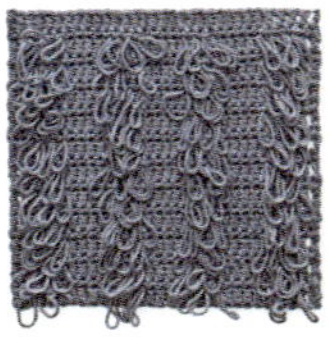

A = Himmelblau

BESONDERE MASCHEN

Sm (Schlaufenmasche): Nd in die angegebene M einstechen, den Arbeitsfaden in einer etwa 2,5 cm lange Schlaufe um den Ringfinger der linke Hand legen, beide Fäden der Schlaufe holen und durchziehen, 1 U, Faden durch alle Schl auf der Nd ziehen.

Luftmaschenkette: Mit Garn A 34 Lm anschl

Reihe 1 (RS): 1 Stb in die 4. Lm ab Nd, *1 Stb in die folg Lm, ab * wdh bis R-Ende, wenden. (31 Stb und 1 x 3 Lm)

Reihe 2: 1 Lm, 1 fM in jedes der 1. 2 Stb, *1 Sm in jedes der folg 4 Stb**, 1 fM in jedes der folg 4 Stb, ab * noch 2 x wdh, dann von * bis ** noch 1 x wdh, 1 fM in das letzte Stb, 1 fM in die obere der 3 Lm, wenden.

Reihe 3: 3 Lm (zählen als 1 Stb), 1. fM überg, 1 Stb in jede M der Vor-R, wenden.

Reihe 2–3 noch 10 x wdh.

Faden abschneiden, durchziehen und vernähen.

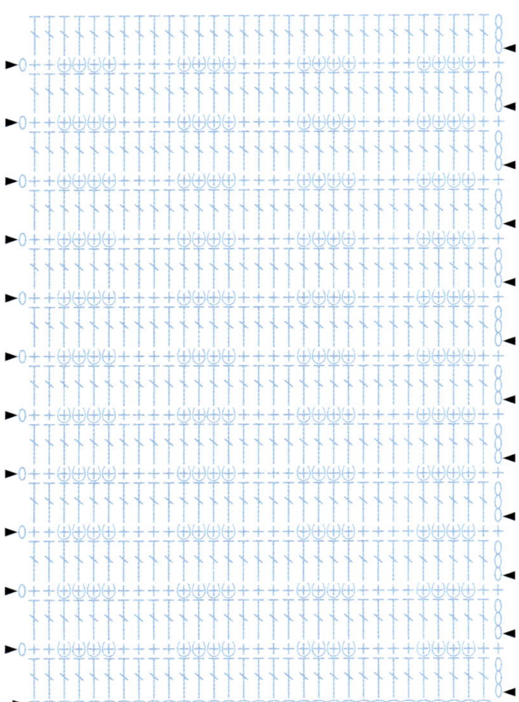

Schlaufenblüte

Siehe Seite 38

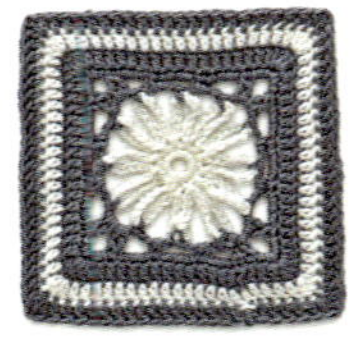

A = Beige
B = Himmelblau

Anfangsring: Mit Garn A einen Fadenring arbeiten.

Runde 1: 1 Lm, 12 fM in den Ring, Rd mit 1 Km in die 1. fM schließen. (12 fM)

Runde 2: 13 Lm, *1 Km in die folg fM, 13 Lm, ab * noch 10 x wdh, 1 Km in die Anf-Lm. Garn A abschneiden und durchziehen.

Runde 3: Garn B mit 1 Km an einen 13-Lm-ZR der Vor-Rd anfügen, 1 Lm, 1 fM in denselben Lm-ZR, 4 Lm, *1 fM in den folg 13-Lm-ZR, 4 Lm, ab * bis Rd-Ende wdh, Rd mit 1 Km in die 1. fM schließen.

Runde 4: 1 Km in den folg 4-Lm-ZR, 3 Lm, [1 Stb, 4 Lm, 2 Stb zus-hk] in denselben Lm-ZR, *[4 Lm, 1 fM in den folg 4-Lm-ZR] x 2, 4 Lm**, [2 Stb zus-hk, 4 Lm, 2 Stb zus-hk] in den folg 4-Lm-ZR, ab * noch 2 x wdh, dann von * bis ** noch 1 x wdh, Rd mit 1 Km in die obere der 3 Anf-Lm schließen.

Runde 5: 1 Lm, 1 fM in die 1. M der Vor-Rd, *[2 fM, 2 Lm, 2 fM] in den folg 4-Lm-ZR, 1 fM in die folg 2 zus-gehk Stb, [3 fM in den folg 4-Lm-ZR, 1 fM in die folg fM] x 2, 3 fM in den folg 4-Lm-ZR, 1 fM in die folg 2 zus-gehk Stb, ab * bis Rd-Ende wdh, dabei die letzte fM nicht arbeiten und stattdessen die Rd mit 1 Km in die 1. fM schließen.

Runde 6: 3 Lm (zählen als 1 Stb), 1 Stb in jede fM und 3 Stb in jeden 2-Lm-Eck-ZR der Vor-Rd arb, Rd mit 1 Km in die obere der 3 Anf-Lm schließen, dabei auf Garn A wechseln.

Runde 7: 3 Lm (zählen als 1 Stb), 1 Stb in jedes Stb und 3 Stb in jedes Eck-Stb (mittlere Stb an der Ecke) der Vor-Rd arb, Rd mit 1 Km in die obere der 3 Anf-Lm schließen, dabei auf Garn B wechseln. Garn A abschneiden und durchziehen.

Runde 8: 3 Lm (zählen als 1 Stb), 1 Stb in jedes Stb und 3 Stbin jedes Eck-Stb (mittleres Stb an der Ecke) der Vor-Rd arb, Rd mit 1 Km in die obere der 3 Anf-Lm schließen.

Faden abschneiden, durchziehen und alle Fadenenden vernähen.

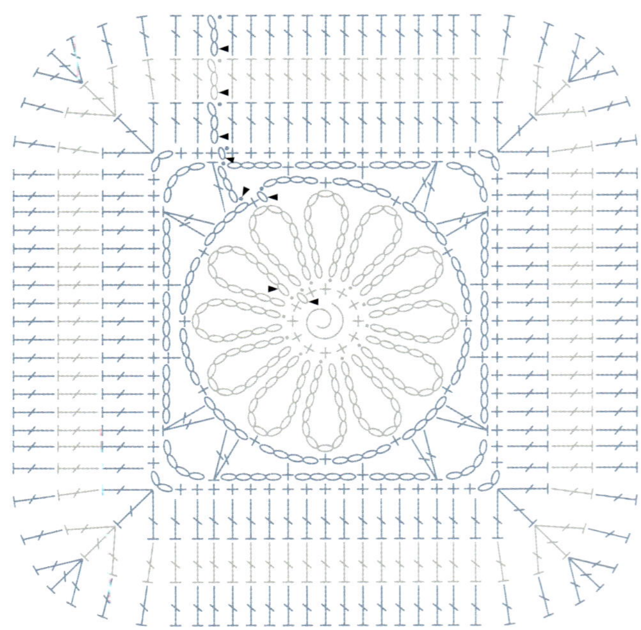

Horziontales Webmuster

Siehe Seite 37

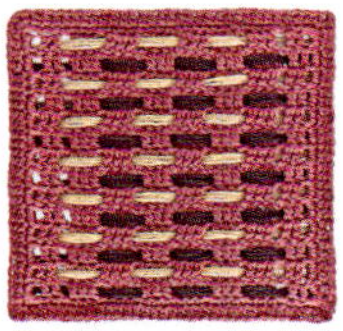

A = Rose
B = Johannisbeere
C = Auster

Luftmaschenkette: Mit Garn A 33 Lm anschl.

Reihe 1 (LS): 1 Stb in die 4. Lm ab Nd, 1 Stb in die folg Lm, *1 Lm, folg Lm überg, 1 Stb in jede der folg 3 Lm, ab * bis R-Ende wdh, wenden.

Reihe 2 (RS): 3 Lm, 1 Stb überg, 1 Stb in jedes der folg 2 Stb, *1 Lm, 1 Lm überg, 1 Stb in jedes der folg 3 Stb, ab * bis R-Ende wdh, dabei das letzte Stb in die obere der 3 WLm arb, wenden.

Reihe 2 noch 12 x wdh. Garn A nicht abschneiden.

Rand

Runde 1: 1 Lm, 2 fM in die letzte M der Vor-R, 1 fM in jedes Stb und jeden Lm-ZR bis zur Ecke, [2 fM, 1 hStb, 2 fM] in die obere der 3 WLm, 1 fM in denselben Lm-ZR, *2 fM in jedes der folg 12 R-Enden, 1 fM in das letzte R-Ende**, [2 fM, 1 hStb, 2 fM] in den Fuß des letzten R-Endes, 1 fM in jede Lm der Lmk bis zur Ecke, [2 fM, 1 hStb, 2 fM] den Fuß des folg R-Endes, 1 fM in dasselbe R-Ende, von * bis ** noch 1 x wdh, [2 fM, 1 hStb] in das 1. R-Ende, Rd mit 1 Km in die 1. fM schließen.

Runde 2: 2 Lm, 1 hStb in jede fM und [2 hStb, 1 Stb, 2 hStb] in jedes hStb der Vor-Rd arb, Rd mit 1 Km in die obere der 2 Anf-Lm schließen.

Faden abschneiden und durchziehen.

Webmuster

Das Foto des Musters oben (beziehungsweise auf Seite 37) dient als Webanleitung. *3 etwa 23 cm lange Fäden von Garn B abschneiden, rechts unten beginnen und den Faden über und unter die 3-Stb-Mg durch die Lm-ZR verweben. 3 etwa 23 cm lange Fäden von Garn C abschneiden und den Faden über und unter die 3-Stb-Bm durch die Lm-ZR verweben. Ab * noch 6 x wdh.

Das Häkelquadrat vorsichtig in alle Richtungen glatt ziehen, damit die Webfäden nicht zu fest sitzen, und anschließend alle Fadenenden vernähen.

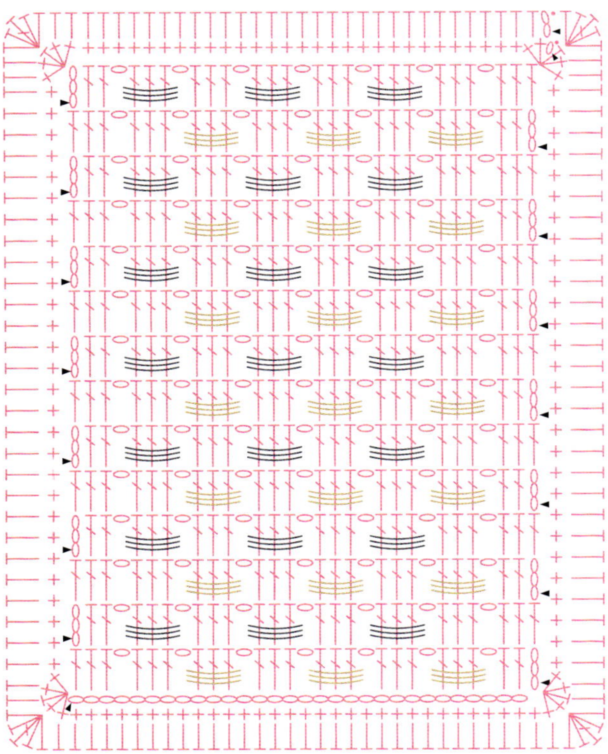

Harlekin-Muster

Siehe Seite 38

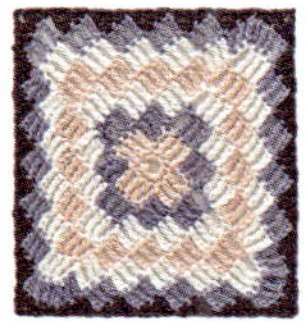

A = Musche rosa
B = Lavendel
C = Beige
D = Johannisbeere

Luftmaschenkette: Mit Garn A 6 Lm anschl und mit 1 Km zur Runde schließen.

Runde 1: 1 Lm, 12 fM in den Ring, Rd mit 1 Km in die 1. fM schließen.

Runde 2: [1 Km in die folg fM, 4 Lm, 1 Stb in jede der folg 2 fM, 4 Lm] x 4, Rd mit 1 Km in die 1. Km schließen. Faden abschneiden und durchziehen. (4 Quadrate)

Runde 3: Garn B mit 1 Km an die obere der letzten 4 Lm der Vor-Rd anfügen, *4 Lm, 1 Stb in jede der folg 2 Lm, 1 Km in die folg obere der 4 Lm der Vor-Rd, 4 Lm, 1 Stb in jedes der folg 2 Stb, 4 Lm, 1 Km in die folg obere der 4 Lm der Vor-Rd, ab * noch 3 x wdh. Faden abschneiden und durchziehen.

Runde 4: Garn C mit 1 Km an die obere der letzten 4 Lm der Vor-Rd anfügen, *4 Lm, 1 Stb in jede der folg 2 Lm, [1 Km in die obere der folg 4 Lm der Vor-Rd, 4 Lm, 1 Stb in jedes der folg 2 Stb] x 2, 4 Lm, 1 Km in die obere der folg 4 Lm der Vor-Rd, ab * wdh bis Rd-Ende. Faden abschneiden und durchziehen.

Runde 5: Garn A mit 1 Km an die obere der letzten 4 Lm der Vor-Rd anfügen, *4 Lm, 1 Stb in jede der folg 2 Lm, [1 Km in die obere der folg 4 Lm der Vor-Rd, 4 Lm, 1 Stb in jedes der folg 2 Stb] x 3, 4 Lm, 1 Km in die obere der folg 4 Lm der Vor-Rd, ab * wdh bis Rd-Ende. Faden abschneiden und durchziehen.

Runde 6: Garn C mit 1 Km an die obere der letzten 4 Lm der Vor-Rd anfügen, *4 Lm, 1 Stb in jede der folg 2 Lm, [1 Km in die obere der folg 4 Lm der Vor-Rd, 4 Lm, 1 Stb in jedes der folg 2 Stb] x 4, 4 Lm, 1 Km in die obere der folg 4 Lm der Vor-Rd, ab * wdh bis Rd-Ende. Faden abschneiden und durchziehen.

Runde 7: Garn B mit 1 Km an die obere der letzten 4 Lm der Vor-Rd anfügen, *4 Lm, 1 Stb in jede der folg 2 Lm, [1 Km in die obere der folg 4 Lm der Vor-Rd, 4 Lm, 1 Stb in jedes der folg 2 Stb] x 5, 4 Lm, 1 Km in die obere der folg 4 Lm der Vor-Rd, ab * wdh bis Rd-Ende. Faden abschneiden und durchziehen.

Runde 8: Garn D mit 1 Km an die obere der letzten 4 Lm der Vor-Rd anfügen, 1 Lm, *1 fM in die 1. Lm, 1 hStb in die folg Lm, 1 Stb in die folg Lm, 1 DStb in die folg Lm, [1 fM in die obere der folg 4 Lm, 1 hStb in das folg Stb, (1 Stb, 1 DStb) in das folg Stb] x 5, [1 fM, 1 hStb] in die obere der folg 4 Lm, [1 Stb, 2 Lm, 1 Stb] in das folg Stb, [1 hStb, 1 fM] in das folg Stb, ab * noch 3 x wdh, Rd mit 1 Km in die 1. fM schließen.

Faden abschneiden, durchziehen und alle Fadenenden vernähen.

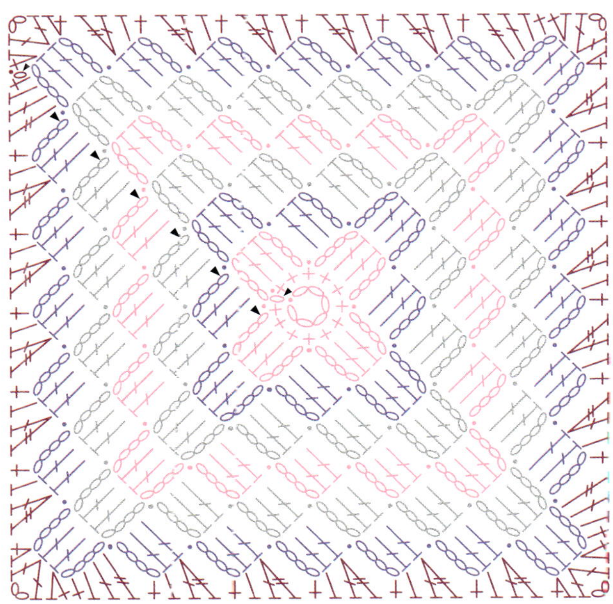

Diagonale Trennung

Siehe Seite 37

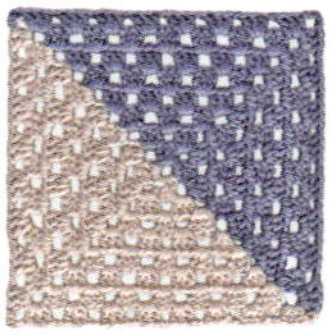

A = Muschelrosa
B = Lavendel

Anfangsring: Mit Garn A einen Fadenring arbeiten.
Runde 1: 3 Lm (zählen im ganzen Muster als 1 Stb), 2 Stb in den Ring, 2 Lm, 3 Stb in den Ring, 2 Lm. Auf Garn B wechseln. 3 Stb in den Ring, 2 Lm, 3 Stb in den Ring, 1 Lm, Rd mit 1 hStb in die obere der 3 Anf-Lm schließen, wenden.
Runde 2: Mit Garn B weiterarb. 3 Lm, 2 Stb in den Eck-ZR, 1 Lm, [3 Stb, 2 Lm, 3 Stb] in den folg ZR, 1 Lm, 3 Stb in den folg 3-Lm-ZR, 2 Lm. Auf Garn A wechseln. 3 Stb in denselben Lm-ZR, 1 Lm, [3 Stb, 2 Lm, 3 Stb] in den folg Lm-ZR, 1 Lm, 3 Stb in den folg ZR, 1 Lm, Rd mit 1 hStb in die obere der 3 Anf-Lm schließen, wenden.
Runde 3: Mit Garn A weiterarb. 3 Lm, 2 Stb in denselben Eck-ZR, 1 Lm, 3 Stb in den folg Lm-ZR, 1 Lm, [3 Stb, 3 Lm, 3 Stb] in den folg Lm-ZR, 1 Lm, 3 Stb in den folg Lm-ZR, 1 Lm, 3 Stb in den folg Lm-ZR, 2 Lm. Auf Garn B wechseln. 3 Stb in denselben Lm-ZR, 1 Lm, 3 Stb in den folg Lm-ZR, 1 Lm, [3 Stb, 2 Lm, 3 Stb] in den folg Lm-ZR, 1 Lm, [3 Stb in den folg Lm-ZR, 1 Lm] x 2, Rd mit 1 hStb in die obere der 3 Anf-Lm schließen, wenden.
Runde 4: Mit Garn B weiterarb. 3 Lm, 2 Stb in denselben Eck-ZR, [1 Lm, 3 Stb in den folg Lm-ZR] x 2, 1 Lm, [3 Stb, 3 Lm, 3 Stb] in den folg Lm-ZR, [1 Lm, 3 Stb in den folg Lm-ZR] x 3, 2 Lm. Auf Garn A wechseln. 3 Stb in denselben Lm-ZR, [1 Lm, 3 Stb in den folg Lm-ZR] x 2, 1 Lm, [3 Stb, 3 Lm, 3 Stb] in den folg Lm-ZR, [1 Lm, 3 Stb in den folg Lm-ZR] x 3, 1 Lm, Rd mit 1 hStb in die obere der 3 Anf-Lm schließen, wenden.
Runde 5: Mit Garn A weiterarb. 3 Lm (zählen als 1 Stb), 2 Stb in denselben Eck-ZR, 1 Lm, [3 Stb in den folg LmZR, 1 Lm] x 3, [3 Stb, 3 Lm, 3 Stb] in den folg Lm-ZR, 1 Lm, [3 Stb in den folg Lm-ZR, 1 Lm] x 3, 3 Stb in den folg Lm-ZR, 2 Lm. Auf Garn B wechseln, 3 Stb in denselben Lm-ZR, 1 Lm, [3 Stb in den folg Lm-ZR, 1 Lm] x 3, [3 Stb 2 Lm, 3 Stb] in den folg Lm-ZR, 1 Lm, [3 Stb in den folg Lm-ZR, 1 Lm] x 4, Rd mit 1 hStb in die obere der 3 Anf-Lm schließen, wenden.
Runde 6: Mit Garn B weiterarb. 3 Lm, 2 Stb in denselben Eck-ZR, [1 Lm, 3 Stb in den folg Lm-ZR] x 4, 1 Lm, [3 Stb, 3 Lm, 3 Stb] in den folg Lm-ZR, [1 Lm, 3 Stb in den folg Lm-ZR] x 5, 2 Lm. Auf Garn A wechseln, 3 Stb in denselben Lm-ZR, [1 Lm, 3 Stb in den folg Lm-ZR] x 4, 1 Lm, [3 Stb, 3 Lm, 3 Stb] in den folg Lm-ZR, [1 Lm, 3 Stb in den folg Lm-ZR] x 5, 1 Lm, Rd mit 1 hStb in die obere der 3 Anf-Lm schließen, wenden.
Runde 7: Mit Garn A weiterarb. 3 Lm, 2 Stb in denselben Eck-ZR, [1 Lm, 3 Stb in den folg Lm-ZR] x 5, 1 Lm, [3 Stb, 3 Lm, 3 Stb] in den folg Lm-ZR, [1 Lm, 3 Stb in den folg Lm-ZR] x 6, 2 Lm. Auf Garn B wechseln, 3 Stb in denselben Lm-ZR, [1 Lm, 3 Stb in den folg Lm-ZR] x 5, 1 Lm, [3 Stb, 3 Lm, 3 Stb] in den folg Lm-ZR, [1 Lm, 3 Stb in den folg Lm-ZR] x 6, 1 Lm, Rd mit 1 hStb in die obere der 3 Anf-Lm schließen, wenden.
Runde 8: Mit Garn B weiterarb. 3 Lm, 2 Stb in denselben Eck-ZR, [1 Lm, 3 Stb in den folg Lm-ZR] x 6, 1 Lm, [3 Stb, 3 Lm, 3 Stb] in den folg Lm-ZR, [1 Lm, 3 Stb in den folg Lm-ZR] x 7, 2 Lm. Auf Garn A wechseln, 3 Stb in denselben Lm-ZR, [1 Lm, 3 Stb in den folg Lm-ZR] x 6, 1 Lm, [3 Stb, 3 Lm, 3 Stb] in den folg Lm-ZR, [1 Lm, 3 Stb in den folg Lm-ZR] x 7, 1 Lm, Rd mit 1 hStb in die obere der 3 Anf-Lm schließen, wenden.
Faden abschneiden, durchziehen und alle Fadenenden vernähen.

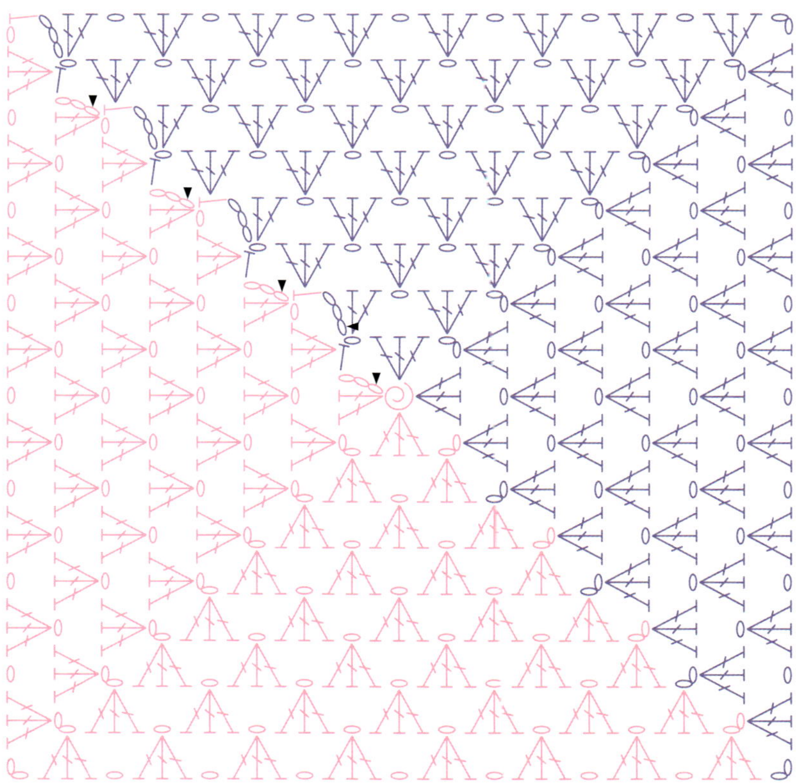

Muschelbordüre

Siehe Seite 36

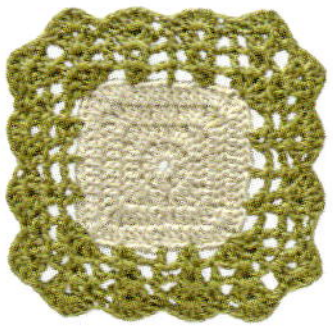

A = Natur
B = Ringlotte

BESONDERE MASCHEN

V-Stb (V-Stäbchen): [1 Stb, 1 Lm, 1 Stb] in die angegebene M arb.
Muschel: [2 Stb, 1 Lm, 2 Stb] in die angegebene M arb.

Mittelteil
Anfangsring: Mit Garn A 4 Lm anschl und mit 1 Km zur Runde schließen.
Runde 1: 3 Lm (zählen als 1 Stb), 11 Stb in den Ring, Rd mit 1 Km in die obere der 3 Anf-Lm schließen.
Runde 2: 3 Lm (zählen als 1 Stb), *[2 Stb, 1 DStb] in das folg Stb, [1 DStb, 2 Stb] in das folg Stb**, 1 Stb in das folg Stb, ab * noch 2 x wdh, dann von * bis ** noch 1 x wdh, Rd mit 1 Km in die obere der 3 Anf-Lm schließen.
Runde 3: 3 Lm (zählen als 1 Stb), 1 Stb in jedes der folg 2 Stb, *[2 Stb, 1 DStb] in das folg DStb, [1 DStb, 2 Stb] in das folg DStb**, 1 Stb in jedes der folg 5 Stb, ab * noch 2 x wdh, dann von * bis ** noch 1 x wdh, 1 Stb in jedes der folg 2 Stb, Rd mit 1 Km in die obere der 3 Anf-Lm schließen.
Runde 4: 3 Lm (zählen als 1 Stb), 1 Stb in jedes der folg 4 Stb, *[2 Stb, 1 DStb] in das folg DStb, 1 DStb in den ZR vor dem folg DStb, [1 DStb, 2 Stb] in das folg DStb**, 1 Stb in jedes der folg 9 Stb, ab * noch 2 x wdh, dann von * bis ** noch 1 x wdh, 1 Stb in jedes der folg 4 Stb, Rd mit 1 Km in die obere der 3 Anf-Lm schließen. Faden abschneiden und durchziehen.

Rand
Garn B mit 1 Km an die 4. M links von einer Eck-M der Vor-Rd anfügen.
Runde 1: 4 Lm (zählen als 1 Stb und 1 Lm), 1 Stb in dieselbe M wie die Km, *2 Lm, 3 M überg, 1 Stb in die folg M, 2 Lm, 3 M überg, V-Stb in die folg M, 2 Lm, 3 M überg, [1 Stb, (1 Lm, 1 Stb) x 4] in das mittlere DStb, 2 Lm, 3 M überg**, V-Stb in die folg M, ab * noch 2 x wdh, dann von * bis ** noch 1 x wdh, Rd mit 1 Km in die 3. der 4 Anf-Lm schließen.
Runde 2: 1 Km in den folg Lm-ZR, 4 Lm (zählen als 1 Stb und 1 Lm), 1 Stb in denselben Lm-ZR, 2 Lm, *1 Stb überg, 1 Stb in das folg Stb, 2 Lm, V-Stb in den Lm-ZR des folg V-Stb, 2 Lm, 1 Stb überg, 1 Stb in das folg Stb, 2 Lm, 1 Stb überg, V-Stb in den folg Lm-ZR, 1 Lm, V-Stb in den folg Lm-ZR, 2 Lm, 1 Stb überg, 1 Stb in das folg Stb, 2 Lm**, V-Stb in den Lm-ZR des folg V-Stb, 2 Lm, ab * noch 2 x wdh, dann von * bis ** noch 1 x wdh, Rd mit 1 Km in die 3. der 4 Anf-Lm schließen.
Runde 3: 1 Km in den folg Lm-ZR, 3 Lm (zählen als 1 Stb), [1 Stb, 1 Lm, 2 Stb] in denselben Lm-ZR, *1 Lm, 1 Stb überg, 1 Stb in das folg Stb 1 Lm, Muschel in den Lm-ZR des folg V-Stb, 1 Lm, 1 Stb überg, 1 Stb in das folg Stb, 1 Lm, Muschel in den Lm-ZR des folg V-Stb, 1 Lm, Muschel in den Lm-ZR des folg V-Stb, 1 Lm, 1 Stb überg, 1 Stb in das folg Stb, 1 Lm, Muschel in den Lm-ZR des folg V-Stb, ab * noch 3 x wdh, dabei bei der letzten Wdh vor der letzten Muschel enden, Rd mit 1 Km in die obere der 3 Anf-Lm schließen. Garn B abschneiden und durchziehen.
Runde 4: Garn B an das letzte Stb der Vor-Rd anfügen, 1 Lm, 1 fM in dasselbe Stb, [5 Stb in den Lm-ZR der folg Muschel, 2 Stb überg, 1 fM in das folg Stb] x 2, 5 Stb in den Lm-ZR der folg Muschel, *1 fM in den Eck-ZR, [5 Stb in den Lm-ZR der folg Muschel, 2 Stb überg, 1 fM in das folg Stb] x 3, 5 Stb in den Lm-ZR der folg Muschel, ab * noch 2 x wdh, 1 fM in den Eck-ZR, 5 Stb in den Lm-ZR der folg Muschel, Rd mit 1 Km in die 1. fM schließen.
Faden abschneiden, durchziehen und alle Fadenenden vernähen.

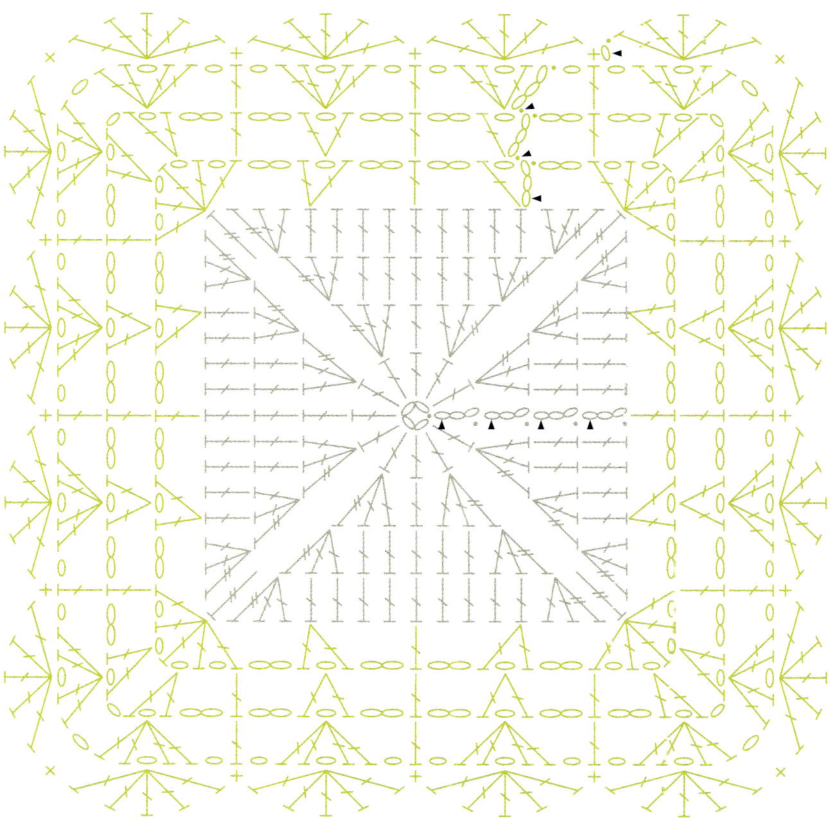

Bordüre aus verbundenen Muscheln Siehe Seite 36

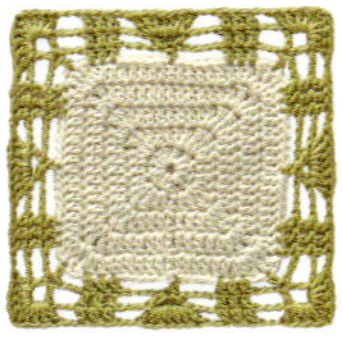

A = Natur
B = Ringlotte

Mittelteil

Anfangsring: Mit Garn A 4 Lm anschl und mit 1 Km zur Runde schließen.

Runde 1: 3 Lm (zählen als 1 Stb), 11 Stb in den Ring, 1 Km in die obere der 3 Anf-Lm.

Runde 2: 3 Lm, *[2 Stb, 1 DStb] in das folg Stb, [1 DStb, 2 Stb] in das folg Stb**, 1 Stb in das folg Stb, ab * noch 2 x wdh, dann von * bis ** noch 1 x wdh, 1 Km in die obere der 3 Anf-Lm.

Runde 3: 3 Lm, 1 Stb in jedes der folg 2 Stb, *[2 Stb, 1 DStb] in das folg DStb, [1 DStb, 2 Stb] in das folg DStb **, 1 Stb in jedes der folg 5 Stb, ab * noch 2 x wdh, dann von * bis ** noch 1 x wdh, 1 Stb in jedes der folg 2 Stb, 1 Km in die obere der 3 Anf-Lm.

Runde 4: 3 Lm, 1 Stb in jedes der folg 4 Stb, *[2 Stb, 1 DStb] in das folg DStb, [1 DStb, 2 Stb] in das folg DStb **, 1 Stb in jedes der folg 9 Stb, ab * noch 2 x wdh, dann von * bis ** noch 1 x wdh, 1 Stb in jedes der folg 4 Stb, 1 Km in die obere der 3 Anf-Lm.

Runde 5: 3 Lm, 1 Stb in jedes der folg 6 Stb, *[2 Stb, 1 DStb] in das folg DStb, 1 DStb in den ZR vor der folg M, [1 DStb, 2 Stb] in das folg DStb**, 1 Stb in jedes der folg 13 Stb, ab * noch 2 x wdh, dann von * bis ** noch 1 x wdh, 1 Stb in jedes der folg 6 Stb, 1 Km in die obere der 3 Anf-Lm. Faden abschneiden und durchziehen.

Rand Garn B 2 M links von einer Eck-M der Vor-Rd anfügen.

Runde 1: 3 Lm (zählen als 1 Stb), *1 Stb in jedes der folg 2 Stb, 5 Lm, 5 Stb überg, 1 Stb in das folg Stb, 5 Lm, 5 Stb überg, 1 Stb in jedes der folg 3 Stb, 3 Lm, 1 DStb überg, 1 Stb in das Eck-DStb, 3 Lm, 1 DStb überg, 1 Stb in das folg Stb, ab * bis Rd-Ende wdh, dabei bei der letzten Wdh vor dem letzten Stb enden, 1 Km in die obere der 3 Anf-Lm.

Runde 2: 3 Lm (zählen als 1 Stb), *1 Stb in jedes der folg 2 Stb, 3 Lm, [1 Stb, 2 Lm, 1 Stb] in das folg Stb, 3 Lm, 1 Stb in jedes der folg 3 Stb, 3 Lm, [1 Stb, 3 Lm, 1 Stb] in das folg Stb, 3 Lm, 1 Stb in das folg Stb, ab * bis Rd-Ende wdh, dabei bei der letzten Wdh vor dem letzten Stb enden, 1 Km in die obere der 3 Anf-Lm.

Runde 3: 3 Lm (zählen als 1 Stb), *1 Stb in jedes der folg 2 Stb, 2 Lm, 1 Stb überg, 7 Stb in den folg 2-Lm-ZR, 2 Lm, 1 Stb überg, 1 Stb in jedes der folg 3 Stb, 2 Lm, 9 Stb in den 3-Lm-Eck-ZR, 2 Lm, 1 Stb überg, 1 Stb in das folg Stb, ab * bis Rd-Ende wdh, dabei bei der letzten Wdh vor dem letzten Stb enden, Rd mit 1 Km in die obere der 3 Anf-Lm schließen.

Faden abschneiden, durchziehen und alle Fadenenden vernähen.

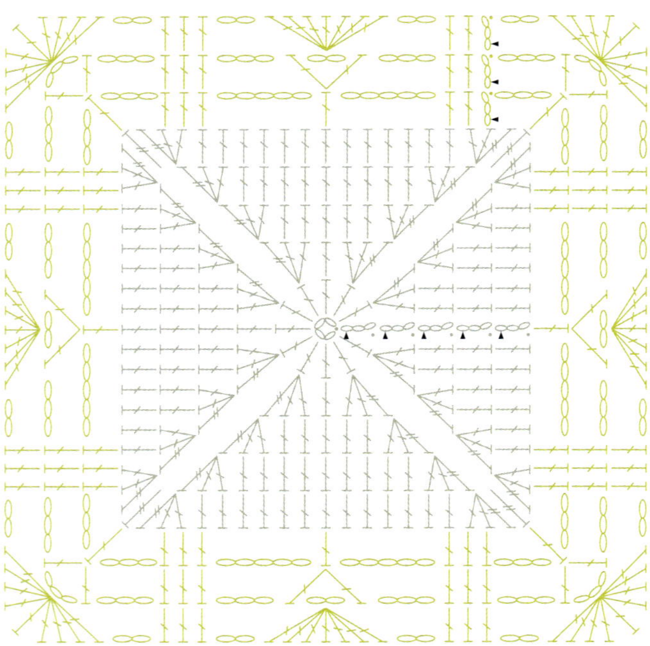

Picotbordüre Siehe Seite 36

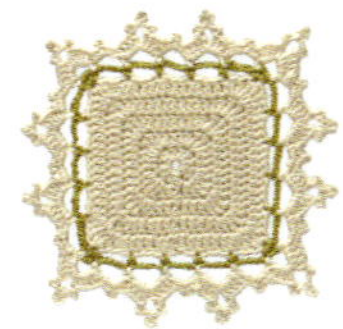

A = Natur
B = Ringlotte

BESONDERE MASCHEN

3-Lm-Picot (Picot aus 3 Lm): 3 Lm, 1 Km in die 1. der 3 Lm.

5-Lm-Picot (Picot aus 5 Lm): 5 Lm, 1 Km in die 1. der 5 Lm.

Mittelteil

Anfangsring: Mit Garn A 4 Lm anschl und mit 1 Km zur Runde schließen.

Runde 1: 3 Lm (zählen als 1 Stb), 11 Stb in den Ring, 1 Km in die obere der 3 Anf-Lm.

Runde 2: 3 Lm (zählen als 1 Stb), *[2 Stb, 1 DStb] in das folg Stb, [1 DStb, 2 Stb] in das folg Stb**, 1 Stb in das folg Stb, ab * noch 2 x wdh, dann von * bis ** noch 1 x wdh, 1 Km in die obere der 3 Anf-Lm.

Runde 3: 3 Lm (zählen als 1 Stb), 1 Stb in jedes der folg 2 Stb, *[2 Stb, 1 DStb] in das folg DStb, [1 DStb, 2 Stb] in das folg DStb**, 1 Stb in jedes der folg 5 Stb, ab * noch 2 x wdh, dann von * bis ** noch 1 x wdh, 1 Stb in jedes der folg 2 Stb, Rd mit 1 Km in die obere der 3 Anf-Lm schließen.

Runde 4: 3 Lm (zählen als 1 Stb), 1 Stb in jedes der folg 4 Stb, *[2 Stb, 1 DStb] in das folg DStb, [1 DStb, 2 Stb] in das folg DStb**, 1 Stb in jedes der folg 9 Stb, ab * noch 2 x wdh, dann von * bis ** noch 1 x wdh, 1 Stb in jedes der folg 4 Stb, 1 Km in die obere der 3 Anf-Lm.

Runde 5: 3 Lm (zählen als 1 Stb), 1 Stb in jedes der folg 6 Stb, *[2 Stb, 1 DStb] in das folg DStb, 1 DStb in den ZR vor der folg M, [1 DStb, 2 Stb] in das folg DStb**, 1 Stb in jedes der folg 13 Stb, ab * noch 2 x wdh, dann von * bis ** noch 1 x wdh, 1 Stb in jedes der folg 6 Stb, 1 Km in die obere der 3 Anf-Lm. Faden abschneiden und durchziehen.

Rand Garn B 4 M links von einer Eck-M der Vor-Rd anfügen.

Runde 1: 1 Lm, 1 fM in dieselbe M, 5 Lm, 3 M überg, [1 fM in die folg M, 5 Lm, 3 M überg] x 3, *[1 fM, 3 Lm, 1 fM] in die Eck-M, 5 Lm**, 3 M überg, [1 fM in die folg M, 5 Lm, 3 M überg] x 4, ab * noch 2 x wdh, dann von * bis ** noch 1 x wdh, 1 Km in die 1. fM, dabei auf Garn A wechseln. Garn B abschneiden.

Runde 2: 1 Lm, 1 fM in dieselbe M, 5 Lm, *1 fM in die folg fM, 5 Lm, ab * bis Rd-Ende wdh, 1 Km in die 1. fM.

Runde 3: 1 Km in den folg 5-Lm-ZR, 3 Lm (zählen als 1 Stb), [3 Stb, 3-Lm-Picot, 5-Lm-Picot, 3-Lm-Picot, 4 Stb] in denselben Lm-ZR, *[2 fM, 3 Lm, 2 fM] in den folg Lm-ZR**, [4 Stb, 3-Lm-Picot, 5-Lm-Picot, 3-Lm-Picot, 4 Stb] in den folg Lm-ZR, ab * noch 10 x wdh, dann von * bis ** noch 1 x wdh, 1 Km in die 1. der 3 Anf-Lm.

Faden abschneiden, durchziehen und alle Fadenenden vernähen.

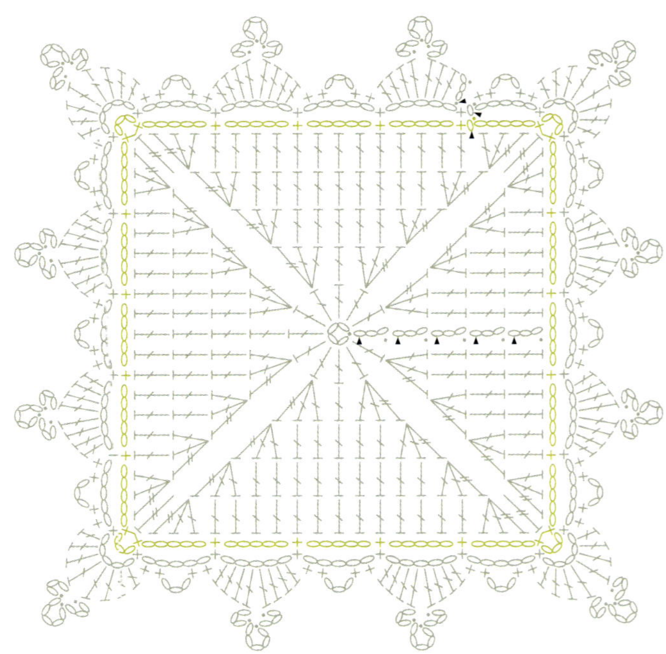

Fächerbordüre

Siehe Seite 36

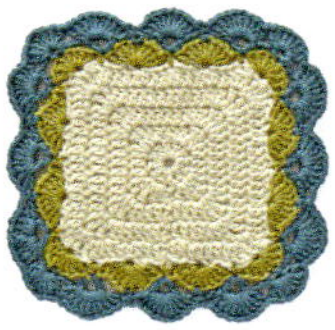

A = Natur
B = Ringlotte
C = Graublau

BESONDERE MASCHEN

V-Stb: (1 Stb, 1 Lm, 1 Stb) in die angegebene M arb.

Muschel: 9 Stb in die angegebene M arb.

Mittelteil

Anfangsring: Mit Garn A 4 Lm anschl und mit 1 Km zur Runde schließen.

Runde 1: 3 Lm (zählen als 1 Stb), 11 Stb in den Ring, 1 Km in die obere der 3 Anf-Lm.

Runde 2: 3 Lm, *[2 Stb, 1 DStb] in das folg Stb, [1 DStb, 2 Stb] in das folg Stb**, 1 Stb in das folg Stb, ab * noch 2 x wdh, dann von * bis ** noch 1 x wdh, 1 Km in die obere der 3 Anf-Lm.

Runde 3: 3 Lm, 1 Stb in jedes der folg 2 Stb, *[2 Stb, 1 DStb] in das folg DStb, [1 DStb, 2 Stb] in das folg DStb**, 1 Stb in jedes der folg 5 Stb, ab * noch 2 x wdh, dann von * bis ** noch 1 x wdh, 1 Stb in jedes der folg 2 Stb, 1 Km in die obere der 3 Anf-Lm.

Runde 4: 3 Lm, 1 Stb in jedes der folg 4 Stb, *[2 Stb, 1 DStb] in das folg DStb, 1 DStb in den ZR vor der folg M, [1 DStb, 2 Stb] in das folg DStb**, 1 Stb in jedes der folg 9 Stb, ab * noch 2 x wdh, dann von * bis ** noch 1 x wdh, 1 Stb in jedes der folg 4 Stb, 1 Km in die obere der 3 Anf-Lm.

Runde 5: 3 Lm (zählen als 1 Stb), 1 Stb in jedes der folg 6 Stb, *[2 Stb, 1 DStb] in das folg DStb, 1 DStb in den ZR vor der folg M, [1 DStb, 2 Stb] in das folg DStb**, 1 Stb in jedes der folg 13 Stb, ab * noch 2 x wdh, dann von * bis ** noch 1 x wdh, 1 Stb in jedes der folg 6 Stb, 1 Km in die obere der 3 Anf-Lm. Faden abschneiden und durchziehen.

Rand Garn B 2 M links von einer Eck-M der Vor-Rd anfügen.

Runde 1: 1 Lm, 1 fM in dieselbe M, *[3 M überg, Muschel in die folg M, 3 M überg, 1 fM in die folg M] x 2, 1 M überg, 7 Stb in das Eck-DStb, 1 M überg, 1 fM in die folg M, ab * bis Rd-Ende wdh, dabei bei der letzten Wdh vor der letzten fM enden, 1 Km in die 1. fM, dabei auf Garn C wechseln. Garn B abschneiden.

Runde 2: 4 Lm (zählen als 1 Stb und 1 Lm), 1 Stb in die 1. M der Vor-Rd, *[2 Lm, folg 4 Stb überg, 1 fM in das folg Stb (5. Stb der Muschel), folg 4 Stb überg, 2 Lm, V-Stb in die folg fM] x 2, 2 Lm, 3 Stb überg, [1 fM, 1 Lm, 1 fM] in das Eck-Stb, 2 Lm, V-Stb in die folg fM, ab * bis Rd-Ende wdh, dabei bei der letzten Wdh vor dem letzten V-Stb enden, 1 Km in die 3. der 4 Anf-Lm.

Runde 3: 1 Km in den folg Lm-ZR, 3 Lm (zählen als 1 Stb), 8 Stb in denselben Lm-ZR, 1 fM in die folg fM, *[Muschel in Lm-ZR des folg V-Stb, 1 fM in die folg fM] x 2, 7 Stb in den Eck-ZR, 1 fM in die folg fM,**, Muschel in Lm-ZR des folg V-Stb, 1 fM in die folg fM, ab * noch 2 x wdh, dann von * bis ** noch 1 x wdh, 1 Km in die obere der 3 Anf-Lm

Faden abschneiden, durchziehen und alle Fadenenden vernähen.

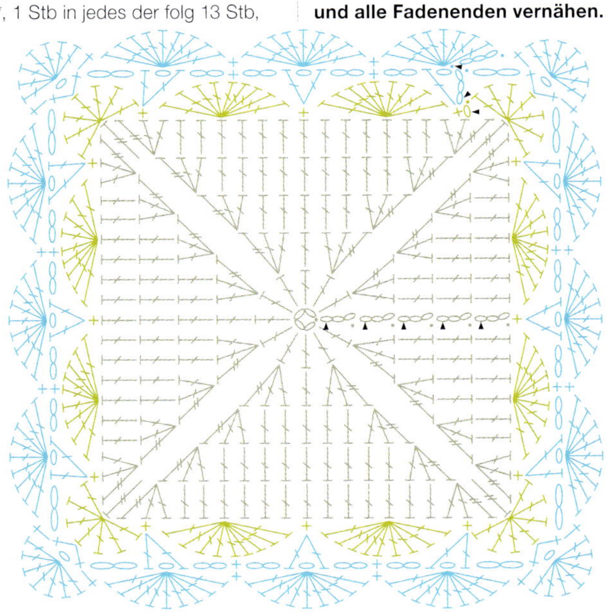

Bogenbordüre

Siehe Seite 36

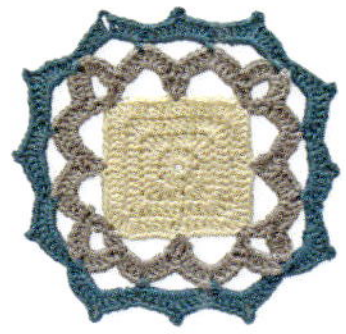

A = Natur
B = Hellgrau
C = Graublau

BESONDERE MASCHEN

2 Stb zus-hk: 1 U, Nd in die angegebene M einstechen, Faden holen und durchziehen, 1 U, Faden durch 2 Schl auf der Nd ziehen, 1 U, Nd in die angegebene M einstechen, Faden holen und durchziehen, 1 U, Faden durch 2 Schl auf der Nd ziehen, 1 U, Faden durch alle 3 Schl auf der Nd ziehen.

Mittelteil

Anfangsring: Mit Garn A 4 Lm anschl und mit 1 Km zur Runde schließen

Runde 1: 3 Lm, 11 Stb in den Ring, 1 Km in die obere der 3 Anf-Lm.

Runde 2: 3 Lm, *[2 Stb, 1 DStb] in das folg Stb, [1 DStb, 2 Stb] in das folg Stb**, 1 Stb in das folg Stb, ab * noch 2 x wdh, dann von * bis ** noch 1 x wdh, 1 Km in die obere der 3 Anf-Lm.

Runde 3: 3 Lm, 1 Stb in jedes der folg 2 Stb, *[2 Stb, 1 DStb] in das folg DStb, [1 DStb, 2 Stb] in das folg DStb**, 1 Stb in jedes der folg 5 Stb, ab * noch 2 x wdh, dann von * bis ** noch 1 x wdh, 1 Stb in jedes der folg 2 Stb, 1 Km in die obere der 3 Anf-Lm.

Runde 4: 3 Lm, 1 Stb in jedes der folg 4 Stb, *[2 Stb, 1 DStb] in das folg DStb, 1 DStb in den ZR vor dem folg DStb, [1 DStb, 2 Stb] in das folg DStb**, 1 Stb in jedes der folg 9 Stb, ab * noch 2 x wdh, dann von * bis ** noch 1 x wdh, 1 Stb in jedes der folg 4 Stb, 1 Km in die obere der 3 Anf-Lm. Faden abschneiden und durchziehen.

Rand Garn B an die 8. M links von einer Eck-M anfügen (mittleres Stb der Kante).

Runde 1: 5 Lm (zählen als 1 DStb und 1 Lm), 1 Stb in dieselbe M, 7 Lm, 7 M überg, *[1 Stb, 1 Lm, 1 Stb, 7 Lm, 1 Stb, 1 Lm, 1 Stb] in das Eck-DStb, 7 Lm, 7 M überg**, [1 Stb, 1 Lm, 1 DStb, 1 Lm, 1 Stb] in das folg Stb, 7 Lm, 7 M überg, ab * noch 2 x wdh, dann von * bis ** noch 1 x wdh, 1 Stb in die 1. der 5 Anf-Lm, 1 Lm, 1 Km in die 4. der 5 Anf-Lm.

Runde 2: 1 Lm, 1 fM in dieselbe M [4 Stb, 1 Lm, 4 Stb] in den folg 7-Lm-ZR, *1 fM in den folg Lm-ZR, [4 Stb, 1 Lm, 4 Stb] in den Eck-ZR, 1 fM in den folg Lm-ZR, [4 Stb, 1 Lm, 4 Stb] in den folg 7-Lm-ZR**, 1 fM in das folg DStb, [4 Stb, 1 Lm, 4 Stb] in den folg 7-Lm-ZR, ab * noch 2 x wdh, dann von * bis ** noch 1 x wdh, 1 Km in die 1. fM. Garn B abschneiden und durchziehen.

Runde 3: Garn C an den letzten Lm-ZR der Vor-Rd anfügen, 1 Lm, 1 fM in denselben Lm-ZR, 7 Lm, 1 fM in den folg Lm-ZR, 7 Lm, *[1 fM, 1 Lm, 1 fM] in den Eck-ZR, 7 Lm**, [1 fM in den folg Lm-ZR, 7 Lm] x 2, ab * noch 2 x wdh, dann von * bis ** noch 1 x wdh, 1 Km in die 1. fM.

Runde 4: 1 Km in den folg Lm-ZR, 2 Lm, [4 Stb, 3 Lm, 4 Stb] in denselben Lm-ZR, 2 Stb zus-hk über denselben Lm-ZR und den folg ZR, [4 Stb, 3 Lm, 5 Stb] in denselben Lm-ZR, *1 fM in den Eck-ZR, [5 Stb, 3 Lm, 4 Stb] in den folg Lm-ZR**, [2 Stb zus-hk über denselben Lm-ZR und den folg ZR, (4 Stb, 3 Lm, 4 Stb) in denselben Lm-ZR] x 2, 1 Stb in den letzten Lm-ZR, ab * noch 2 x wdh, dann von * bis ** noch 1 x wdh, 1 Km in die obere der 2 Anf-Lm.

Faden abschneiden, durchziehen und alle Fadenenden vernähen.

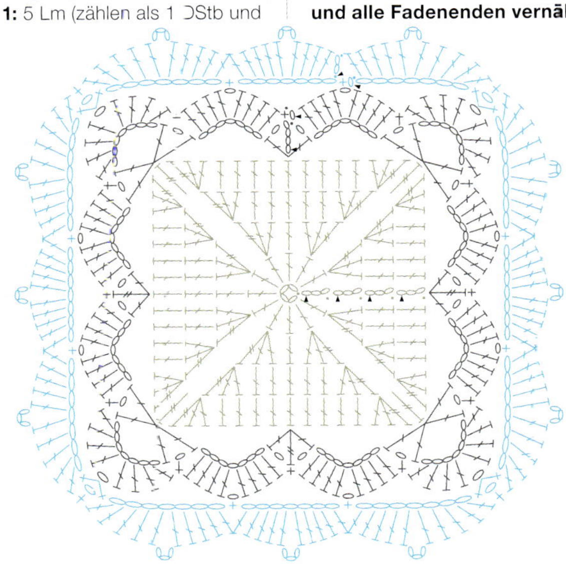

Wellenbordüre

Siehe Seite 39

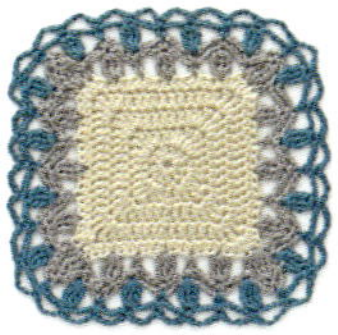

A = Natur
B = Hellgrau
C = Graublau

BESONDERE MASCHEN

Anf-Bm (Anfangs-Büschelmasche aus 2 zus abgem DStb): [2 U, in die angegebene M einstechen, Faden holen und durchziehen, (1 U, Faden durch die 1. 2 Schl auf der Nd ziehen) x 2] x 2, 1 U, Faden durch alle 3 Schl auf der Nd ziehen.

Bm (Büschelmasche aus 3 zus abgem DStb): [2 U, in die angegebene M einstechen, Faden holen und durchziehen, (1 U, Faden durch die 1. 2 Schl auf der Nd ziehen) x 2] x 3, 1 U, Faden durch alle 4 Schl auf der Nd ziehen.

Mittelteil

Anfangsring: Mit Garn A 4 Lm anschl und mit 1 Km zur Runde schließen.

Runde 1: 3 Lm (zählen als 1 Stb), 11 Stb in den Ring, Rd mit 1 Km in die obere der 3 Anf-Lm schließen.

Runde 2: 3 Lm (zählen als 1 Stb), *[2 Stb, 1 DStb] in das folg Stb, [1 DStb, 2 Stb] in das folg Stb**, 1 Stb in das folg Stb, ab * noch 2 x wdh, dann von * bis ** noch 1 x wdh, Rd mit 1 Km in die obere der 3 Anf-Lm schließen.

Runde 3: 3 Lm (zählen als 1 Stb), 1 Stb in jedes der folg 2 Stb, *[2 Stb, 1 DStb] in das folg DStb, [1 DStb, 2 Stb] in das folg DStb**, 1 Stb in jedes der folg 5 Stb, ab * noch 2 x wdh, dann von * bis ** noch 1 x wdh, 1 Stb in jedes der folg 2 Stb, Rd mit 1 Km in die obere der 3 Anf-Lm schließen.

Runde 4: 3 Lm (zählen als 1 Stb), 1 Stb in jedes der folg 4 Stb, *[2 Stb, 1 DStb] in das folg DStb, [1 DStb, 2 Stb] in das folg DStb**, 1 Stb in jedes der folg 9 Stb, ab * noch 2 x wdh, dann von * bis ** noch 1 x wdh, 1 Stb in jedes der folg 4 Stb, Rd mit 1 Km in die obere der 3 Anf-Lm schließen.

Runde 5: 3 Lm (zählen als 1 Stb), 1 Stb in jedes der folg 6 Stb, *[2 Stb, 1 DStb] in das folg DStb, 1 DStb in den ZR vor der folg M, [1 DStb, 2 Stb] in das folg DStb**, 1 Stb in jedes der folg 13 Stb, ab * noch 2 x wdh, dann von * bis ** noch 1 x wdh, 1 Stb in jedes der folg 6 Stb, Rd mit 1 Km in die obere der 3 Anf-Lm schließen. Faden abschneiden und durchziehen.

Rand Garn B 1 M links von einer Eck-M der Vor-Rd anfügen.

Runde 1: 1 Lm, 1 fM in dieselbe M, *[4 Lm, 2 M überg, Bm in die folg M, 4 Lm, 2 M überg, 1 fM in die folg M] x 3, 4 Lm, Bm in die Eck-M, 4 Lm, 1 fM in die folg M, ab * bis Rd-Ende wdh, dabei bei der letzten Wdh vor der letzten fM enden, Rd mit 1 Km in die 1. fM schließen.

Runde 2: 1 Lm, 1 fM in die 1. M der Vor-Rd, *4 Lm, 1 fM in die Bm, 4 Lm, 1 fM in die folg Bm, ab * bis Rd-Ende wdh, dabei bei der letzten Wdh vor der letzten fM enden, Rd mit 1 Km in 1. fM schließen, dabei auf Garn C wechseln. Garn B abschneiden.

Runde 3: 4 Lm, Anf-Bm in die 1. M der Vor-Rd, *4 Lm, 1 fM in die folg fM, 4 Lm, Bm in die folg fM, ab * bis Rd-Ende wdh, dabei bei der letzten Wdh vor der letzten Bm enden, Rd mit 1 Km in die obere der 4 Lm schließen.

Runde 4: 1 Lm, 1 fM in die 1. M der Vor-Rd, *4 Lm, 1 fM in die folg fM, 4 Lm, 1 fM in die folg Bm, ab * bis Rd-Ende wdh, dabei bei der letzten Wdh vor der letzten fM enden, Rd mit 1 Km in die 1. fM schließen.

Faden abschneiden, durchziehen und alle Fadenenden vernähen.

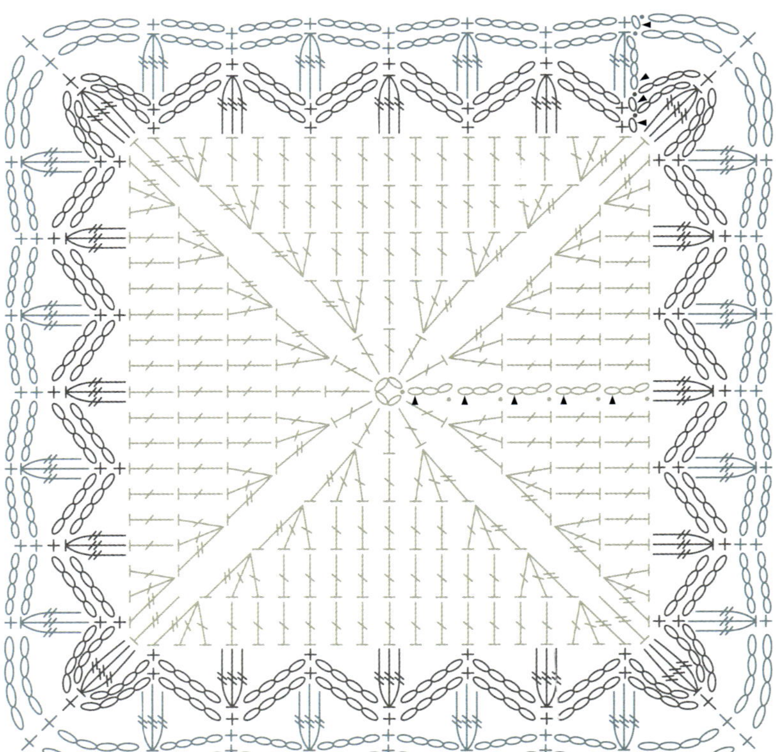

Kreuzbordüre

Siehe Seite 39

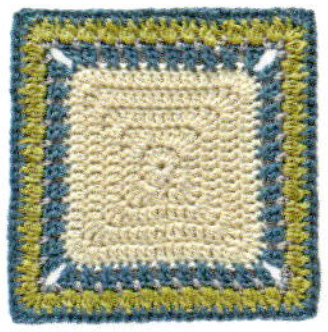

A = Natur
B = Graublau
C = Hellgrau
D = Ringlotte

BESONDERE MASCHEN

Bm (Büschelmasche aus 5 zus abgem Stb): [1 U, in die angegebene M einstechen, Faden holen und durchziehen, 1 U, Faden durch die 1. 2 Schl auf der Nd ziehen] x 5, 1 U, Faden durch alle 6 Schl auf der Nd ziehen.
KStb (Kreuzstäbchen): 1 M überg, 1 Stb in die folg M, hinter dem soeben gehäkelten Stb in die überg M einstechen und 1 Stb arb.

Mittelteil

Anfangsring: Mit Garn A 4 Lm anschl und mit 1 Km zur Runde schließen.
Runde 1: 3 Lm (zählen als 1 Stb), 11 Stb in den Ring, Rd mit 1 Km in die 3. Lm des 3-Lm-ZR schließen.
Runde 2: 3 Lm (zählen als 1 Stb), *[2 Stb, 1 DStb] in das folg Stb, [1 DStb, 2 Stb] in das folg Stb**, 1 Stb in das folg Stb, ab * noch 2 x wdh, dann von * bis ** noch 1 x wdh, Rd mit 1 Km in die obere der 3 Lm schließen.
Runde 3: 3 Lm (zählen als 1 Stb), 1 Stb in jedes der folg 2 Stb, *[2 Stb, 1 DStb] in das folg DStb, [1 DStb, 2 Stb] in das folg DStb**, 1 Stb in jedes der folg 5 Stb, ab * noch 2 x wdh, dann von * bis ** noch 1 x wdh, 1 Stb in jedes der folg 2 Stb, Rd mit 1 Km in die obere der 3 Anf-Lm schließen.
Runde 4: 3 Lm (zählen als 1 Stb), 1 Stb in jedes der folg 4 Stb, *[2 Stb, 1 DStb] in das folg DStb, [1 DStb, 2 Stb] in das folg DStb**, 1 Stb in jedes der folg 9 Stb, ab * noch 2 x wdh, dann von * bis ** noch 1 x wdh, 1 Stb in jedes der folg 4 Stb, Rd mit 1 Km in die obere der 3 Anf-Lm schließen.
Runde 5: 3 Lm (zählen als 1 Stb), 1 Stb in jedes der folg 6 Stb, *[2 Stb, 1 DStb] in das folg DStb, 1 DStb in den ZR vor der folg M, [1 DStb, 2 Stb] in das folg DStb**, 1 Stb in jedes der folg 13 Stb, ab * noch 2 x wdh, dann von * bis ** noch 1 x wdh, 1 Stb in jedes der folg 6 Stb, Rd mit 1 Km in die obere der 3 Anf-Lm schließen. Faden abschneiden und durchziehen.
Rand Garn B an die 3. M links von einer Eck-M der Vor-Rd anfügen.
Runde 1: 3 Lm (zählen als 1 Stb), 1 Stb rechts hinter das letzte Stb arb, *[1 KStb über die folg 2 M arb] wdh bis zur Ecke (dabei das 1. Stb des letzten KStb in das Eck-DStb arb), 3 Lm, 1 KStb in die folg M und die Eck-M, ab * bis Rd-Ende wdh, Rd mit 1 Km in das 1. KStb schließen. Garn B abschneiden und durchziehen.
Runde 2: Garn C an einen ZR zw 2 KStb der Vor-Rd anfügen, 1 Lm, 1 fM in denselben ZR, *1 Lm, 1 KStb überg, [1 fM in den ZR des folg KStb, 1 Lm, 1 KStb überg] wdh bis zum Eck-ZR, [1 fM, 1 Lm, 1 fM, 1 Lm, 1 fM] in den Eck-ZR, ab * noch 3 x wdh, 1 Lm, Rd mit 1 Km in die 1. fM schließen, dabei auf Garn D wechseln. Garn C abschneiden.
Runde 3: 3 Lm (zählen als 1 Stb), Bm in den folg Lm-ZR, *[1 Stb in die folg fM, Bm in den folg Lm-ZR] wdh bis zum Eck-ZR, 3 Stb in die Eck-fM, Bm in den folg Lm-ZR, ab * noch 3 x wdh, 1 Stb in die folg fM, 1 Bm in den folg Lm-ZR, Rd mit 1 Km in die obere der 3 Anf-Lm schließen, dabei auf Garn B wechseln. Garn D abschneiden.
Runde 4: 1 Lm, 1 fM in die 1. M der Vor-Rd, *[1 Lm, 1 M überg, 1 fM in das folg Stb] wdh bis zum Eck-ZR, 1 Lm, [1 fM, 1 Lm] x 2 in das Eck-Stb, 1 fM in das folg Stb, ab * noch 3 x wdh, 1 Lm, 1 M überg, 1 fM in das folg Stb, 1 Lm, Rd mit 1 fM in die 1. fM schließen
Faden abschneiden, durchziehen und alle Fadenenden vernähen.

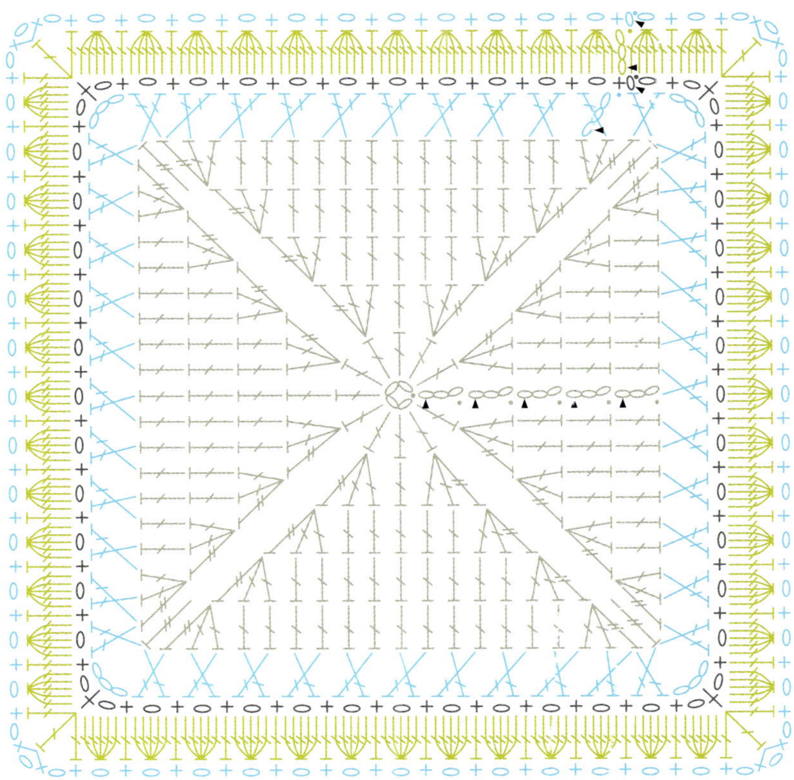

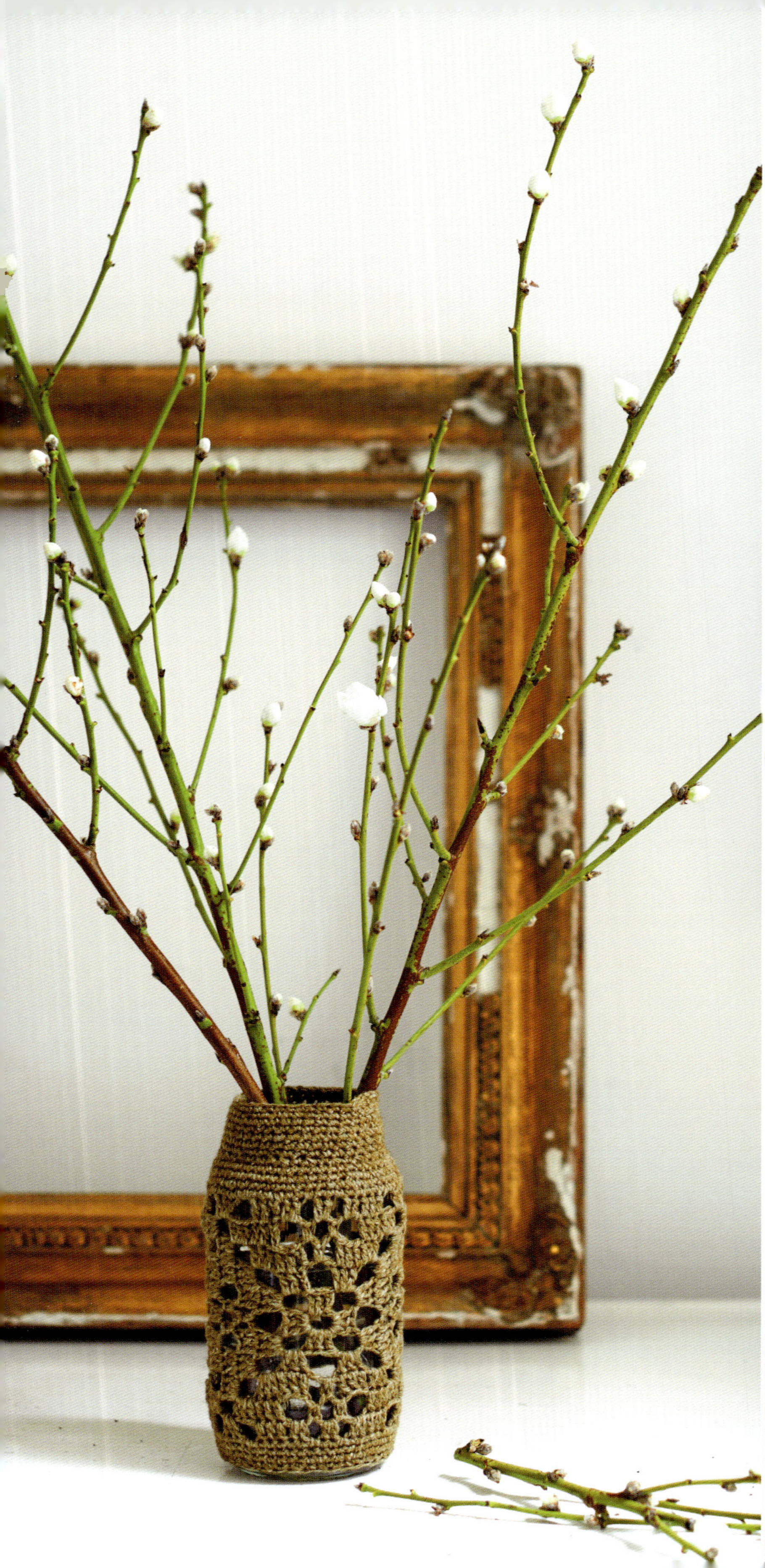
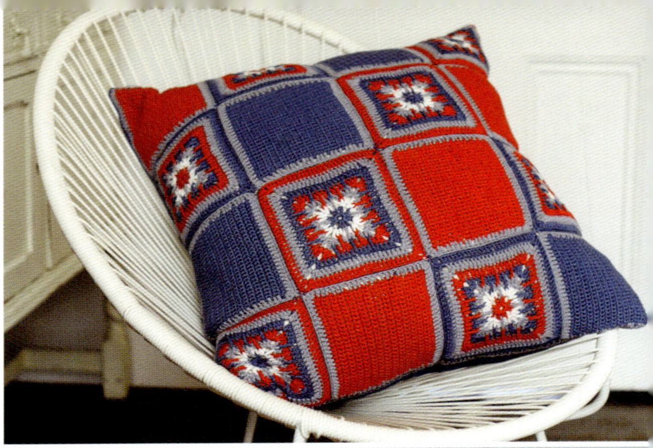
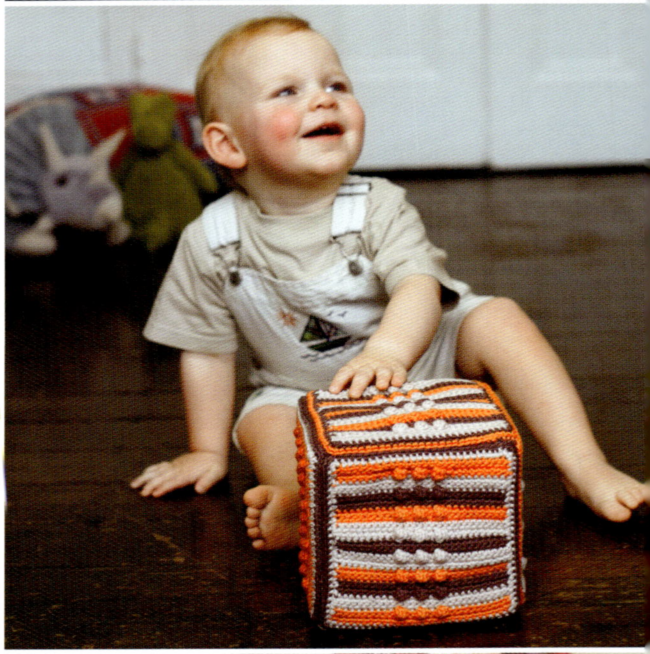
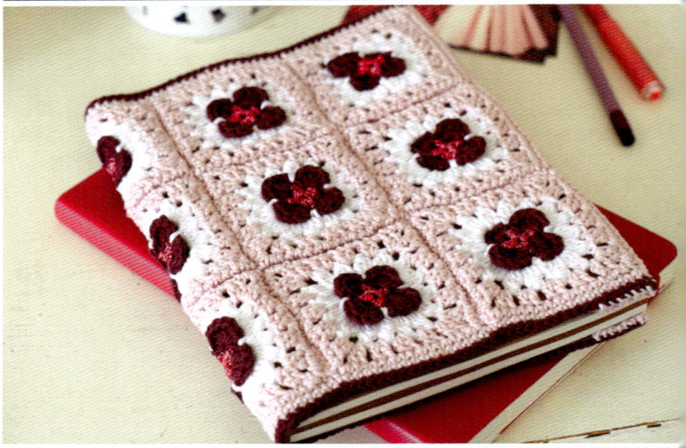
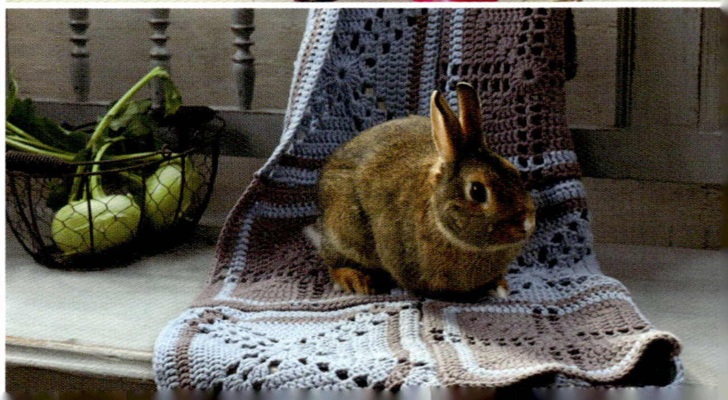

3

Projekte

Die in diesem Buch enthaltenen Häkelquadrate lassen sich auf unterschiedliche Weise kombinieren. Experimentieren Sie mit den Gestaltungsmöglichkeiten und schaffen Sie so einzigartige Accessoires und tolle Kreationen für Ihr Zuhause! Diese Beispielprojekte zeigen nur einige Einsatzmöglichkeiten der bunten Häkelquadrate – von stylishen Wohnaccessoires bis zu Spielsachen und tollen Geschenkideen sind der Fantasie keine Grenzen gesetzt!

DAS BRAUCHEN SIE

- 2 x 100 g dickes Wollmischgarn in Rot (Leinen-Baumwoll-Mix)
- 2 x 100 g dickes Wollmischgarn in Blau (Leinen-Baumwoll-Mix)
- 1 x 100 g dickes Wollmischgarn in Weiß (Leinen-Baumwoll-Mix)
- 1 x 100 g dickes Wollmischgarn in Grau (Leinen-Baumwoll-Mix)
- Kisseninlett, 60 x 60 cm
- einfarbiger Stoff, 62 x 62 cm (2 cm Nahtzugabe)
- Häkelnadel Nr. 3,5

Kissen

Ein bunt gemustertes Kissen macht jeden Raum auf Anhieb gemütlich. Das einfache geometrische Muster und das stabile Garn machen dieses Kissen zu einem robusten und trotzdem stylishen Accessoire.

HÄKELANLEITUNG

Anfertigen: 4 × Zackenmuster (siehe Seite 107) mit Garn A in Blau, Garn B in Weiß, Garn C in Grau, Garn D in Rot (A)
Anfertigen: 4 × Zackenmuster mit Garn A in Rot, Garn B in Weiß, Garn C in Grau und Garn D in Blau (B)
Abmessung Häkelquadrate: Nach dem Bügeln sollten die Quadrate 15 x 15 cm messen.
Abmessung Kissen: 60 × 60 cm

EINFACHES QUADRAT AUS FESTEN MASCHEN

29 Lm anschlagen.
Reihe 1: 1 fM in die 2. Lm ab Nd, *1 fM in die folg Lm, ab * wdh bis R-Ende, wenden.
Reihe 2: 1 Lm, *1 fM in die folg fM, ab * wdh bis R-Ende, wenden.
Reihe 2 wdh, bis ein Quadrat entsteht. Faden abschneiden und durchziehen. Garn in Kontrastfarbe an eine Lm der Lmk anfügen.
Runde 1: 3 Lm (zählen als 1 Stb), 1 Stb in jede Lm und jedes R-Ende und 3 Stb in jede Ecke arb, Rd mit 1 Km in die obere der 3 Anf-Lm schließen. Faden abschneiden und durchziehen.
4 einfache Quadrate in Blau mit grauem Rand arb. (C)
4 einfache Quadrate in Rot mit grauem Rand arb. (D)

FERTIGSTELLUNG

Alle Fadenenden vernähen und die Quadrate gemäß den Angaben auf den Garnbanderolen bügeln. Die Quadrate wie folgt anordnen:
Reihe 1: D, B, C, A
Reihe 2: B, C, A, D
Reihe 3: C, A, D, B
Reihe 4: A, D, B, C
Die Quadrate an den Kanten mit Kettmaschen zusammenhäkeln. Den einfarbigen Stoff und das fertige große Häkelquadrat links auf links aufeinander legen und an 3 Kanten zusammennähen. Die Kissenhülle wenden, das Kisseninlett einlegen und die offene Kante mit einem Saumstich schließen.

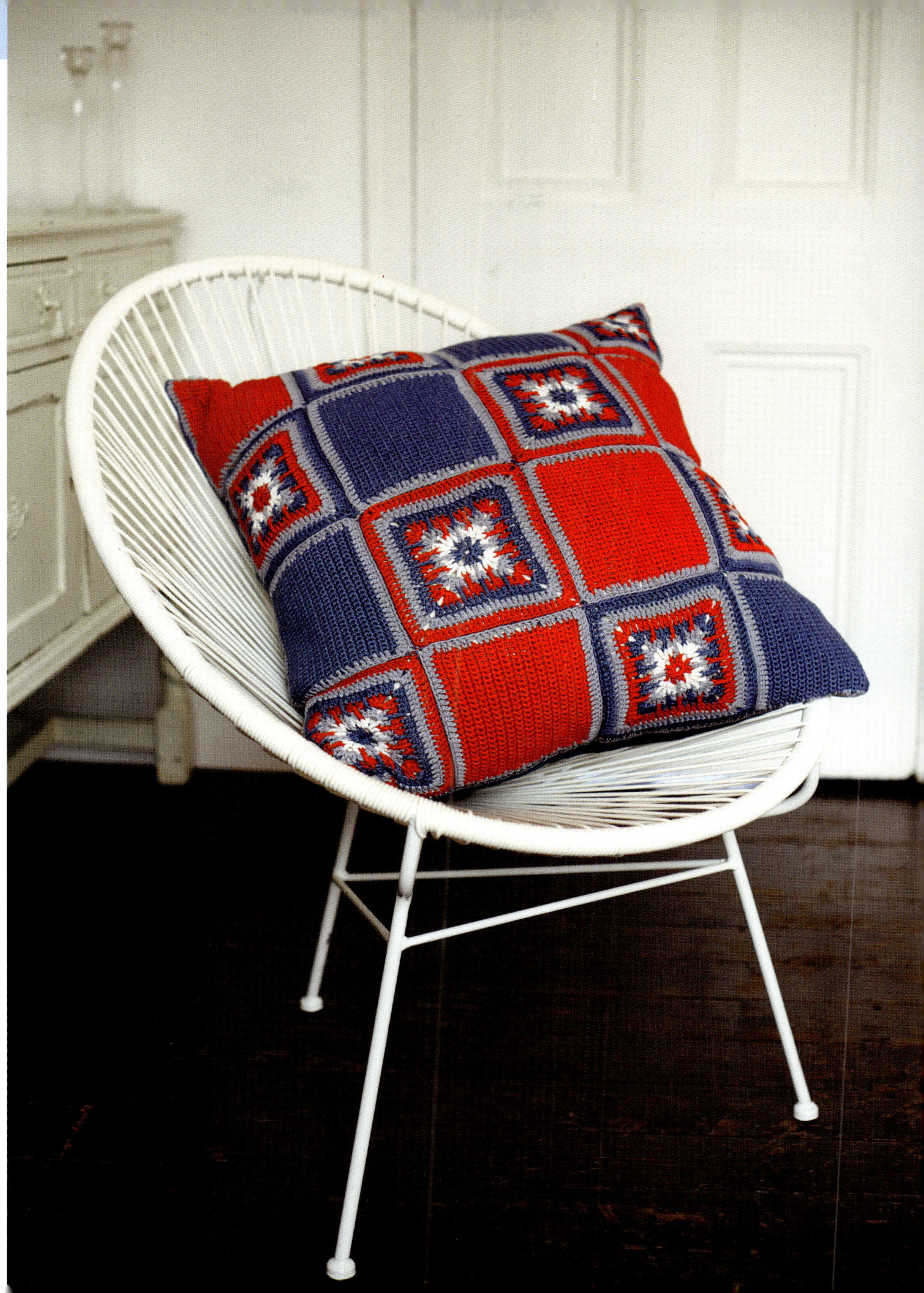

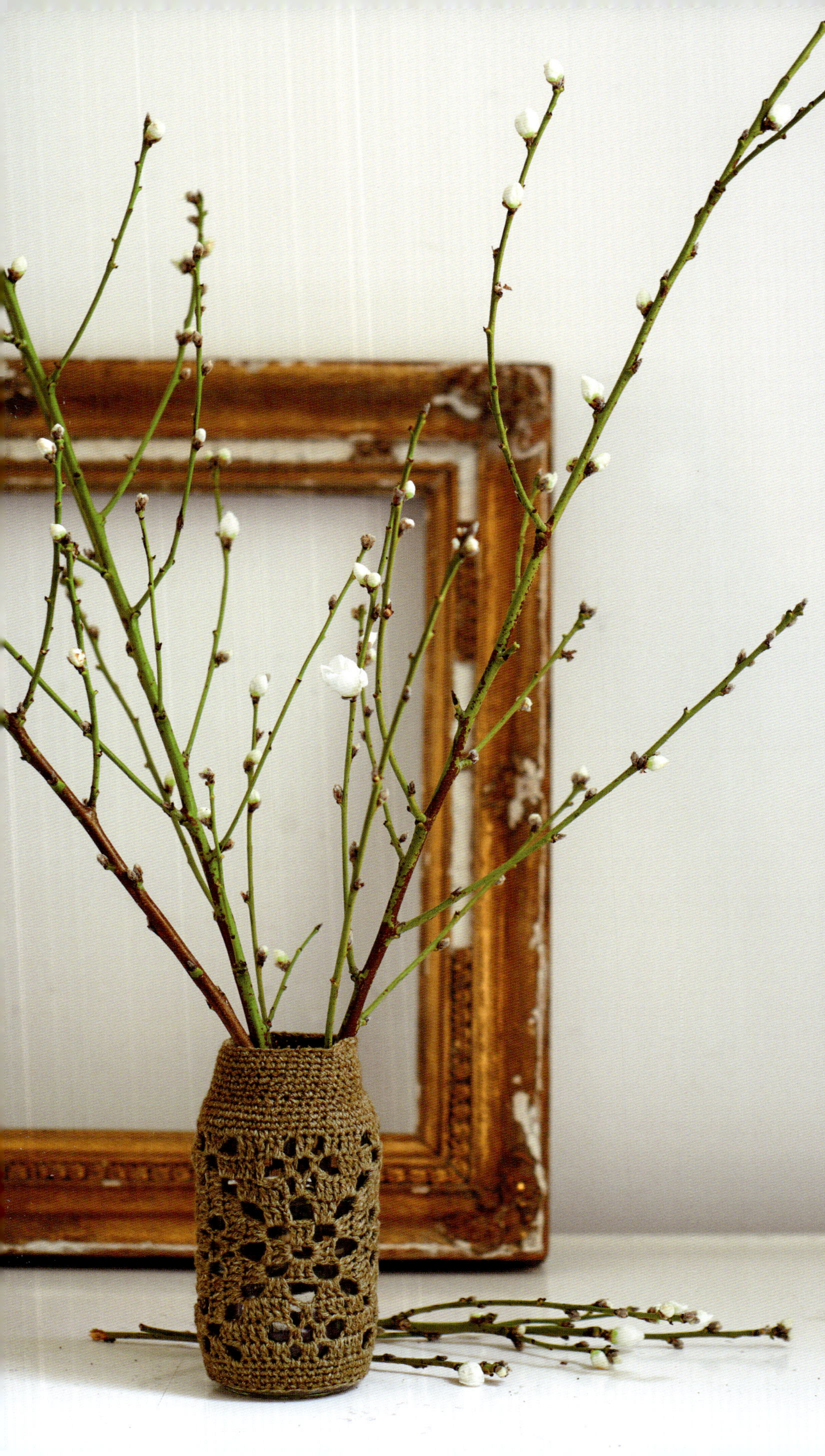

DAS BRAUCHEN SIE

- 1 x 50 g dünnes Baumwollgarn in einer Farbe nach Ihrer Wahl
- Häkelnadel Nr. 2,5
- sauberes Glas mit Schraubverschluss, ca. 8 cm Durchmesser und 26 cm hoch

Vasenhülle

Mit nur einigen wenigen Handgriffen wird aus einem gewöhnlichen Schraubglas ein nützliches und dekoratives Accessoire. Einfach einen Strauß hübsche Blumen in die Vase stellen oder das Glas mithilfe eines Teelichts in ein Windlicht umfunktionieren – so kommt das Spitzenmuster toll zur Geltung!

HÄKELANLEITUNG

Anfertigen: 2 × Wiener Spitze (siehe Seite 62)
Abmessung Häkelquadrate: Nach dem Bügeln sollten die Quadrate 13 x 13 cm messen.
Abmessung Vasenhülle: Hängt von der Größe des verwendeten Schraubglases ab.

FERTIGSTELLUNG

Alle Fadenenden vernähen und die Quadrate gemäß den Angaben auf der Garnbanderole bügeln. Die Quadrate entlang je zweier Seitenkanten mit Kettmaschen zusammenhäkeln. Garn mit einer Häkelnadel der Stärke 2,5 an die untere Kante der Hülle anfügen und vier Runden feste Maschen häkeln, dabei wenn nötig Maschen abnehmen, damit die Hülle gut auf dem Glas sitzt. Ebenso oben einen Rand aus vier Reihen festen Maschen häkeln und dabei wenn nötig Maschen abnehmen, dann weiter etwa 6–8 Runden feste Maschen häkeln, bis das Schraubglas ganz in der Hülle verschwindet. Faden abschneiden, durchziehen und vernähen.

DAS BRAUCHEN SIE

1 × 50 g dünnes Baumwollgarn in Maulbeere

1 × 50 g dünnes Baumwollgarn in Weiß

1 × 50 g dünnes Baumwollgarn in Hellrosa

1 × 25 g dünnes Metallic-Garn in kräftigem Pink

Häkelnadel Nr. 3

Notizbuch, 15 × 22 cm

Tagebucheinband

Ein Tagebuch ist ein sehr persönlicher Gegenstand – verschönern Sie Ihres doch mit einem hübschen, individuellen Einband! Zusammen mit einem neuen Notizbuch eignet sich der Einband auch perfekt als DIY-Geschenk für die beste Freundin.

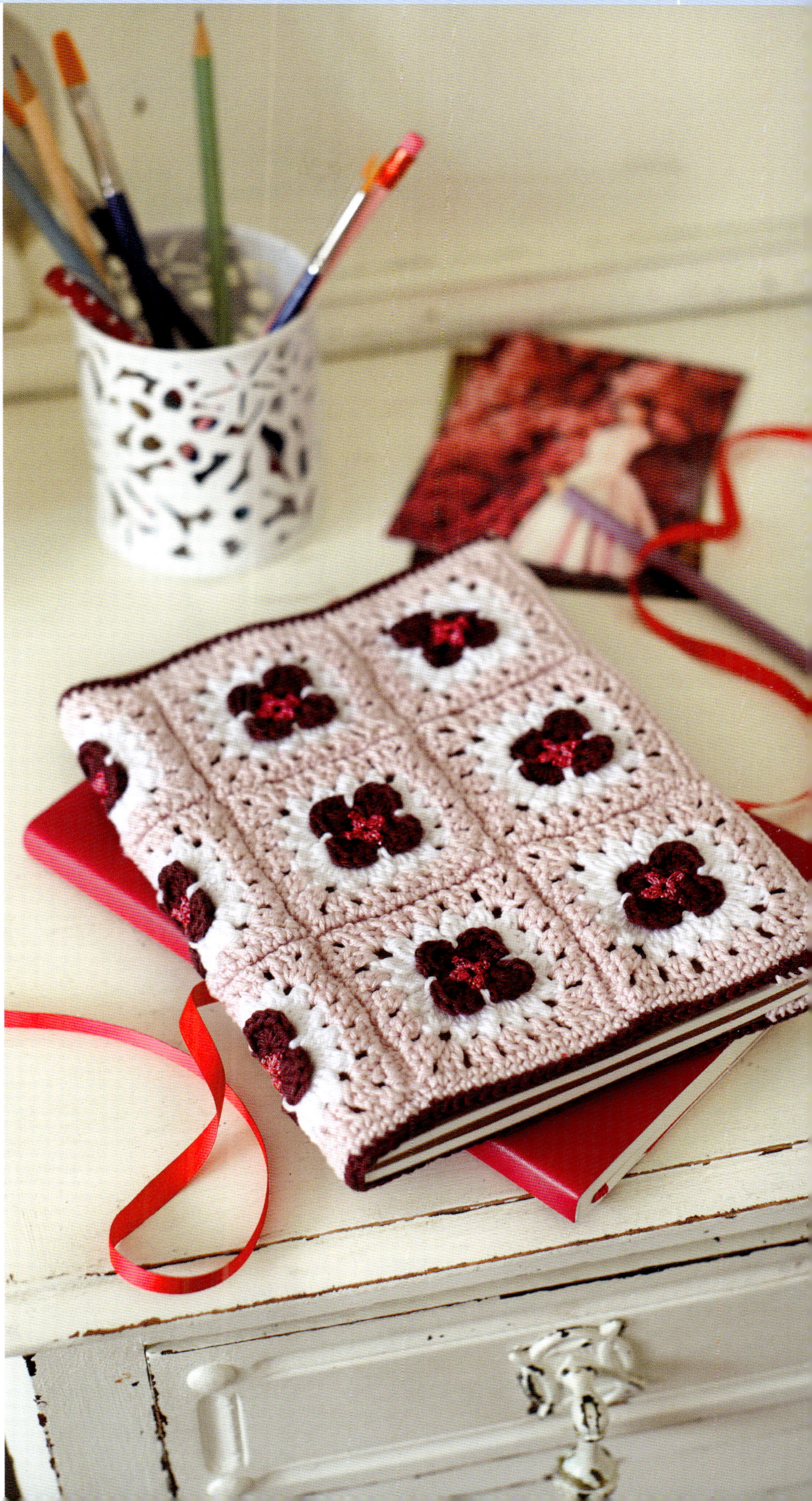

HÄKELANLEITUNG

Anfertigen: 15 x Vierblättrige 3-D-Blüte (siehe Seite 112) mit Garn A in Pink, Garn B in Maulbeere, Garn C in Weiß und Garn D in Hellrosa
Abmessung Häkelquadrate: Nach dem Bügeln sollten die Quadrate 7 x 7 cm messen.
Abmessung Einband: 38 × 22 cm

FERTIGSTELLUNG

Alle Fadenenden vernähen und die Quadrate gemäß den Angaben auf den Garnbanderolen bügeln. Die Quadrate in drei Reihen zu je fünf Quadraten arrangieren und entlang der Kanten mit Kettmaschen zusammenhäkeln.
Garn D an ein Stäbchen einer Außenkante anfügen.
Runde 1: 1 Lm, 1 fM in jede fM und jedes R-Ende und 3 fM in jede Eck-fM arb, Rd mit 1 Km in die 1. fM schließen. Faden abschneiden und durchziehen.
Garn B an die mittlere fM der oberen rechten Ecke anfügen.
Reihe 1: 1 Lm, 1 fM in jede fM bis zur mittleren fM der oberen linken Ecke arb. Faden abschneiden und durchziehen.
Garn B an die mittlere fM der unteren linken Ecke anfügen.
Reihe 2: 1 Lm, 1 fM in jede fM bis zur mittleren fM der unteren rechten Ecke arb. Faden abschneiden und durchziehen.

SEITENTEILE

Garn D an die untere rechte Ecke anfügen.
Reihe 1: 1 Lm, *1 fM in die folg fM, ab * wdh bis R-Ende (obere rechte Ecke), wenden.
Reihe 1 noch 8 x wdh. Faden abschneiden und durchziehen.
Nach dem gleichen Muster das linke Seitenteil häkeln.
Seitenteile nach innen klappen, die Kanten oben und unten mit Kettmaschen schließen und das Notizbuch einlegen.

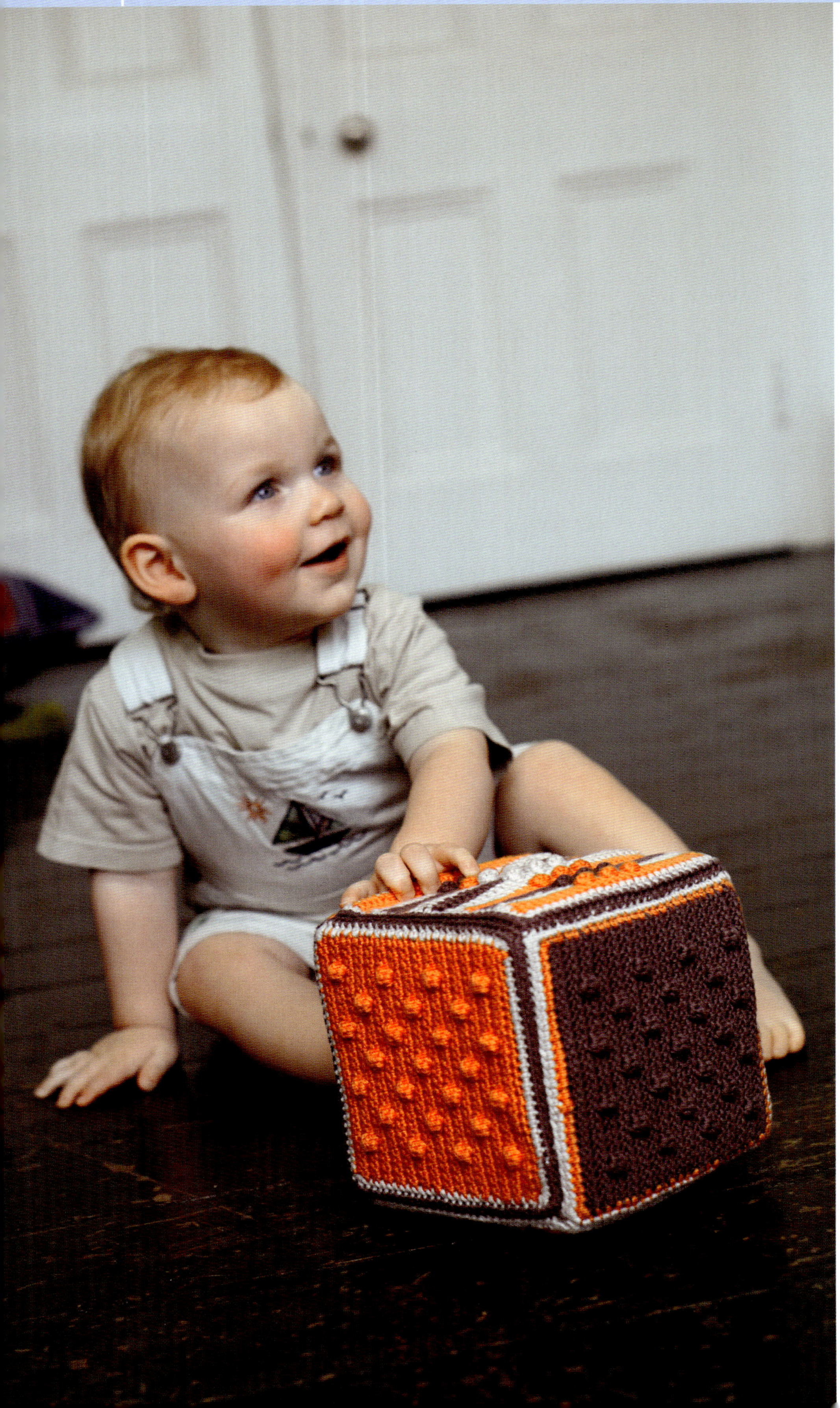

DAS BRAUCHEN SIE

- 3 × 50 g weiches, dickes Baumwollgarn in drei Farben
- Häkelnadel Nr. 3,5
- Schaumstoffwürfel, 15 x 15 cm

Spielwürfel

Dieser weiche Würfel ist ein tolles Spielzeug für Kleinkinder. Die hier verwendeten Muster mit Noppen sorgen für eine interessante Textur zum Greifen und Fühlen. Und größere Geschwister können mit den bunten Noppen das Zählen üben!

HÄKELANLEITUNG

Anfertigen: 1 × Streifen und Noppen (siehe Seite 50) mit Garn A in Braun, Garn B in Orange und Garn C in Beige
Anfertigen: 1 × Streifen und Noppen mit Garn A in Orange, Garn B in Beige und Garn C in Braun
Anfertigen: 1 × Streifen und Noppen mit Garn A in Beige, Garn B in Braun und Garn C in Orange
Dabei die Farben bei allen 3 Quadraten mit Streifen und Noppen reihenweise abwechseln!
Anfertigen: 1 × Noppen im Wechsel mit Garn A in Braun, Garn B in Orange und Garn C in Beige
Anfertigen: 1 × Noppen im Wechsel mit Garn A in Orange, Garn B in Beige und Garn C in Braun
Anfertigen: 1 × Noppen im Wechsel mit Garn A in Beige, Garn B in Brown und Garn C in Orange
Abmessung Häkelquadrate: Nach dem Bügeln sollten die Quadrate 15 x 15 cm messen.
Abmessung Spielwürfel: 15 × 15 × 15 cm

FERTIGSTELLUNG

Alle Fadenenden vernähen und die Quadrate gemäß den Angaben auf den Garnbanderolen bügeln. Die Quadrate mit den Streifen und Noppen zu einem langen Streifen zusammenhäkeln. Das erste Quadrat mit den Noppen im Wechsel an eine Kante des mittleren Quadrat des Streifens häkeln. Das zweite Quadrat mit den Noppen im Wechsel an das erste und dann das dritte an das zweite häkeln. Anschließend das dritte Quadrat an die gegenüberliegende Kante des mittleren Quadrats des Streifens mit den Streifen und Noppen häkeln. Den Schaumstoffwürfel in die Hülle geben und die restlichen Kanten zusammenhäkeln.

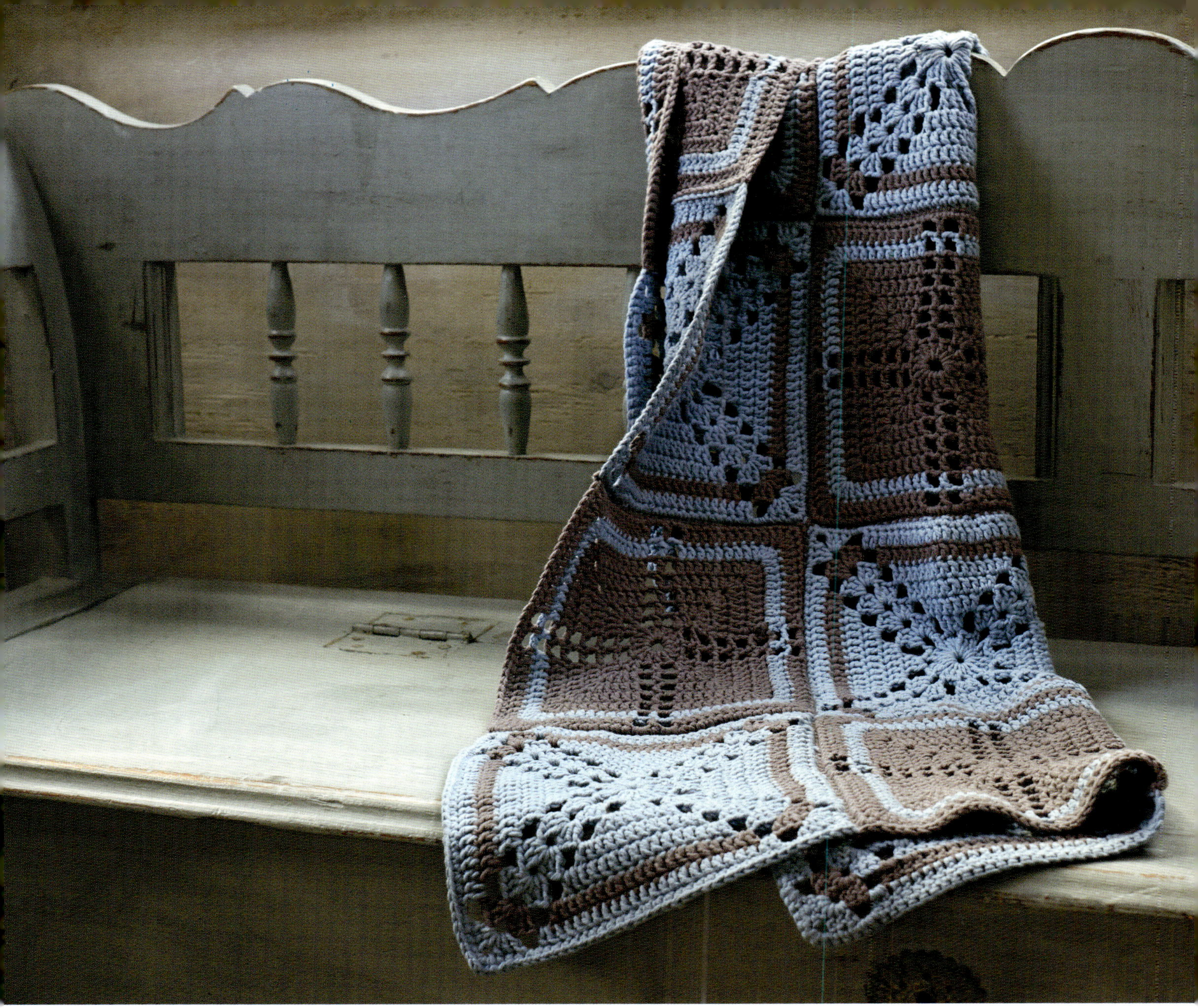

Kuscheldecke

DAS BRAUCHEN SIE

- 6 × 50 g dickes Baumwollgarn in Blaugrau (Garn A)
- 6 × 50 g dickes Baumwollgarn in Dunkelgrau (Garn B)
- Häkelnadel Nr. 5

Diese kleine Decke ist super praktisch – und eignet sich zum Kuscheln auf der Couch genauso wie zum Picknick am Strand! Die versetzt angeordneten Quadrate mit durchbrochenem Kreuzmuster geben dieser DIY-Decke einen interessanten Look.

HÄKELANLEITUNG

Anfertigen: 7 x Spitzenkreuz (siehe Seite 86), dabei Runde 1–5 und 7 mit Garn B und Runde 6 mit Garn A arbeiten, und 8 x Wisteria (siehe Seite 95), dabei Runde 1–4 und 6–7 mit Garn A und Runde 5 mit Garn B arbeiten.

Abmessung Häkelquadrate: Nach dem Bügeln sollten die Quadrate 23 x 23 cm messen.

Abmessung Decke: Ca. 70 × 115 cm

FERTIGSTELLUNG

Alle Fadenenden vernähen und die Quadrate gemäß den Angaben auf den Garnbanderolen bügeln.

Die Quadrate nach dem folgenden Muster arrangieren:

Reihe 1, 3, 5: Wisteria, Spitzenkreuz, Wisteria.

Reihe 2, 4: Spitzenkreuz, Wisteria, Spitzenkreuz.

Die Quadrate entlang der Kanten mit Kettmaschen zusammenhäkeln.

Häkelgrundlagen

Dieses Kapitel bietet Häkelanfängern (und allen, die eine Auffrischung im Hinblick auf wichtige Häkeltechniken gebrauchen können) einen Überblick über die in diesem Buch verwendeten Maschentypen und Häkeltechniken.

HÄKELNADEL UND FADEN HALTEN

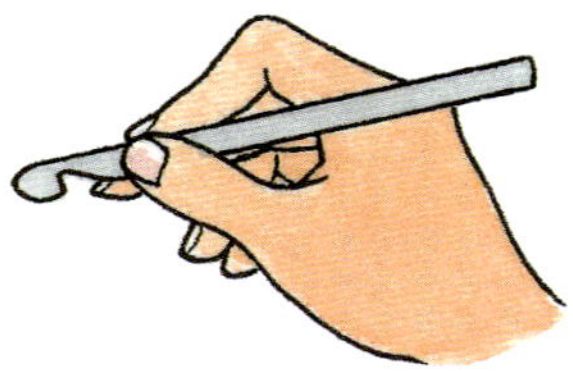

1 Die Stifthaltung ist eine mögliche Art, die Häkelnadel zu halten. Dabei wird der flache Teil des Häkelnadel wie einen Stift zwischen Daumen und Zeigefinger der rechten Hand gehalten.

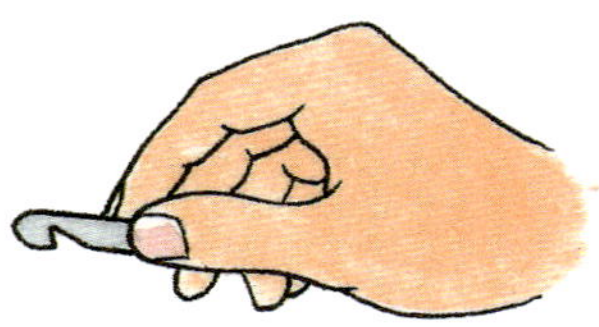

2 Alternativ dazu gibt es die Messerhaltung, bei der die Häkelnadel wie ein Messer zwischen Handfläche und Daumen der rechten Hand liegt und der flache Teil mit Daumen und Zeigefinger gegriffen wird.

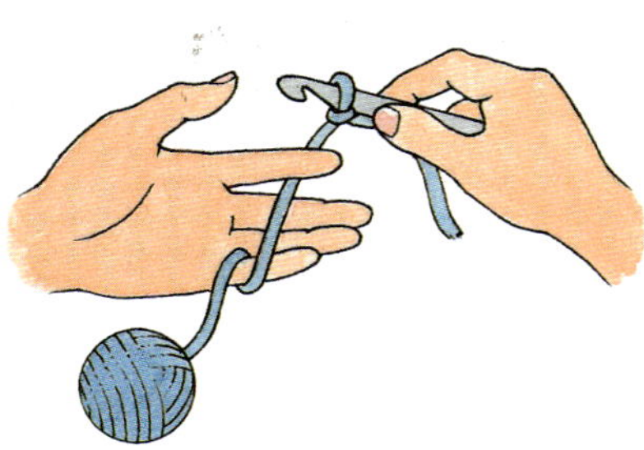

3 Um für eine gleichmäßige Fadenspannung zu sorgen, das kurze Ende des Fadens mit dem Daumen der rechten Hand festhalten. Den Arbeitsfaden einmal locker um den kleinen Finger der linken Hand legen und zwischen Mittel- und Zeigefinger nach hinten führen – bei Bedarf den Faden noch ein- oder zweimal um den Zeigefinger wickeln. Mit dem Zeigefinger wird so die Fadenspannung kontrolliert, während das Häkelstück auf Mittel- und Ringfinger aufliegt und mit dem Daumen gehalten wird. Linkshänder arbeiten seitenverkehrt, das heißt mit der Häkelnadel in der linken und dem Faden in der rechten Hand.

ANFANGSSCHLINGE

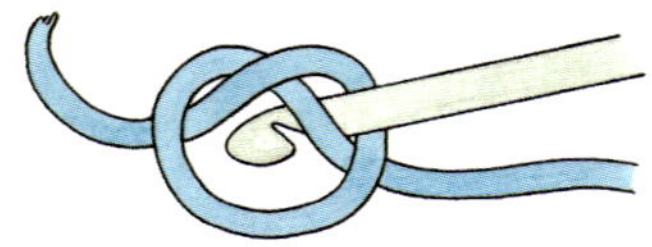

1 Den Faden wie oben zu einer Schlinge legen, die Häkelnadel in die Schlinge führen, den Arbeitsfaden von unten mit der Nadel greifen und nach oben durch die Schlinge ziehen.

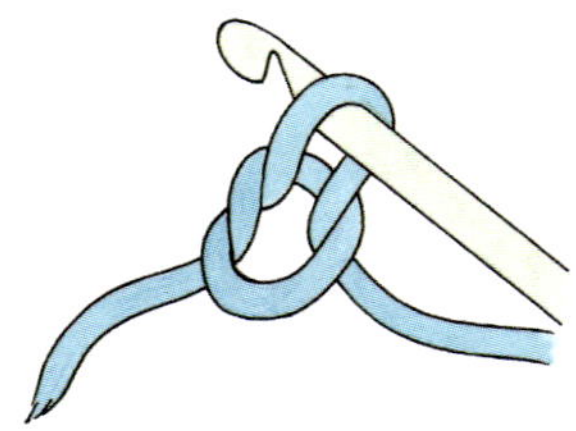

2 Arbeitsfaden und Fadenende festhalten und die Schlinge vorsichtig festziehen. Die so entstandene Anfangsschlinge bildet die Grundlage für die erste Reihe aus Luftmaschen.

KETTMASCHEN (Km)

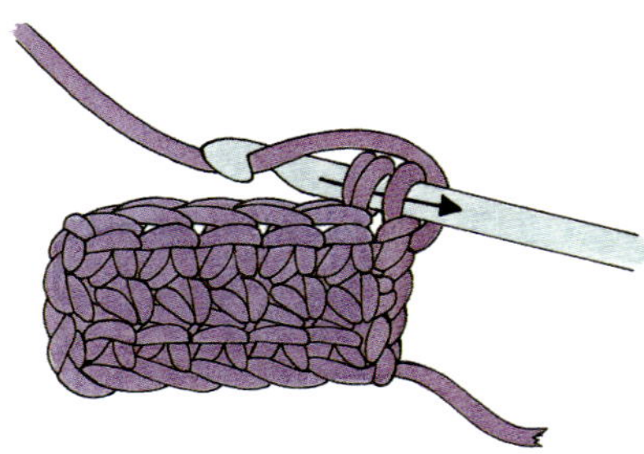

Kettmaschen werden verwendet, um Runden zu schließen, aber auch um am Schluss einer Häkelarbeit einen Rand zu häkeln, Häkelstücke miteinander zu verbinden, einen neuen Faden anzufügen sowie zum unauffälligen Positionswechsel innerhalb einer Reihe. Mit der Nadel von vorne nach hinten in die angegebene Masche stechen. Den Arbeitsfaden von hinten nach vorne um die Nadel legen (Umschlag) und durch die Masche und die Schlinge auf der Nadel ziehen. Damit bleibt eine Schlinge auf der Nadel und eine Kettmasche wurde gehäkelt.

LUFTMASCHENKETTE (Lmk)

Die Luftmaschenkette ist das Äquivalent zum Maschenanschlag beim Stricken. Bei allen Häkelprojekten ist es wichtig, die angegebene Anzahl Luftmaschen anzuschlagen, um mit dem jeweiligen Muster fortfahren zu können. Jede V-förmige Schlinge wird als eine Luftmasche gezählt, die auf der Häkelnadel sitzende Schlinge zählt nicht als fertige Luftmasche. Sie können die Maschen auch auf der Rückseite zählen, wenn Ihnen das leichter fällt.

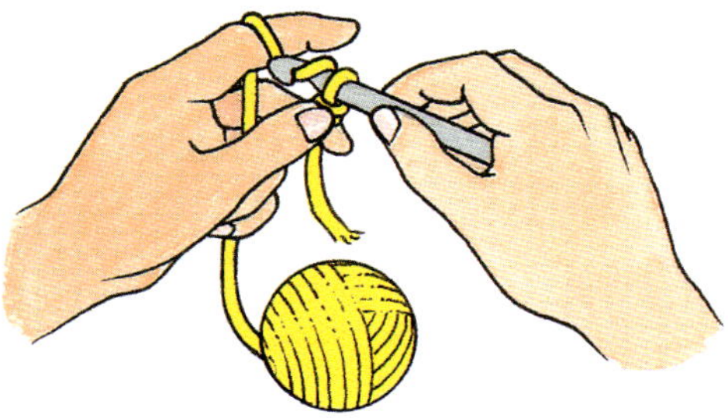

1 Das Fadenende der Anfangsschlinge mit Mittelfinger und Daumen der linken Hand festhalten. Den Arbeitsfaden von hinten nach vorne um die Nadel legen und den so entstehenden Umschlag durch die auf der Nadel sitzende Schlinge ziehen. Fertig ist die erste Luftmasche!

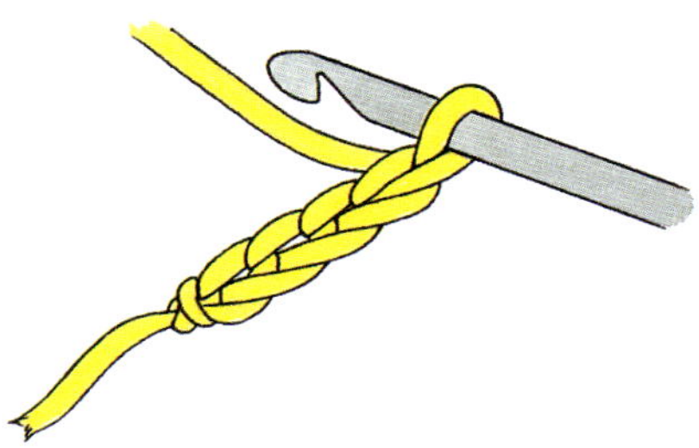

2 Schritt 1 wiederholen, bis die benötigte Anzahl Luftmaschen gehäkelt wurde. Daumen und Mittelfinger der linken Hand greifen dabei immer wieder nach, um die Fadenspannung aufrechtzuhalten – so wird sichergestellt, dass alle Luftmaschen gleichmäßig gearbeitet werden. Um die erste Reihe Maschen in die Luftmaschenkette zu häkeln, einfach in die angegebene Luftmasche einstechen – und zwar entweder so, dass eine Schlinge (für einen lockereren Rand) oder zwei Schlinge (für einen festeren Rand) auf der Häkelnadel liegen – und die angegebene Masche häkeln.

FESTE MASCHEN (fM)

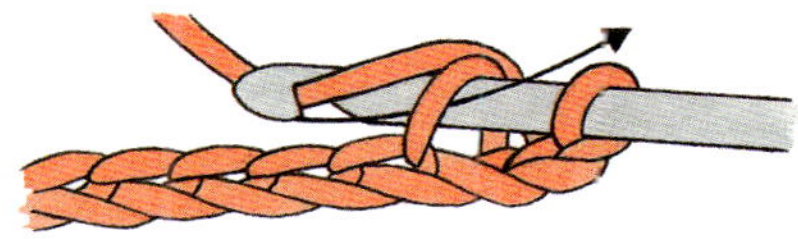

1 Eine Luftmaschenkette in der erforderlichen Länge häkeln (siehe links). Mit der Häkeladel von vorne nach hinten in die von der Nadel aus gesehen zweite Luftmasche einstechen, den Arbeitsfaden von hinten nach vorne um die Nadel legen (Umschlag) und durch die Luftmasche ziehen, sodass zwei Schlingen auf der Nadel liegen.

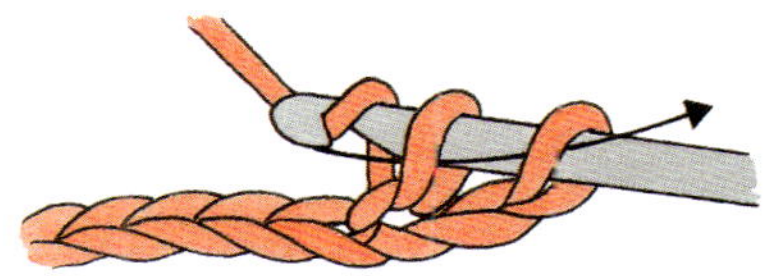

2 Den Arbeitsfaden wieder von hinten nach vorne um die Nadel legen und durch beide auf der Nadel liegende Schlingen ziehen. Somit bleibt eine Schlinge auf der Nadel und die erste feste Masche ist fertig. Um weitere feste Maschen zu häkeln, Schritt 1 und 2 wiederholen, dabei in jede folgende Luftmasche eine feste Masche arbeiten.

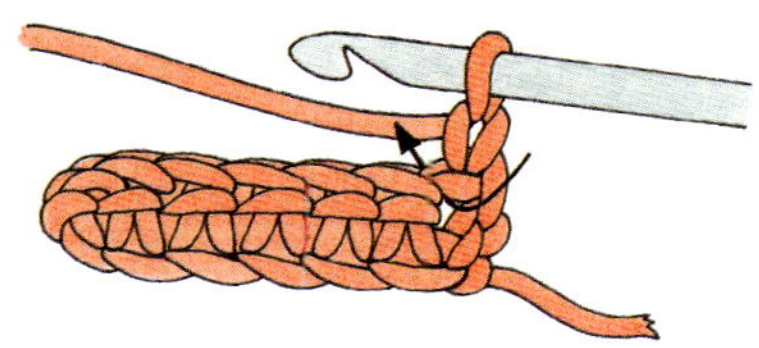

3 Am Ende der Reihe die Arbeit wenden und eine Luftmasche häkeln (Achtung: Diese sogenannte Wende- oder Hebeluftmasche zählt nicht als erste Masche der nächsten Reihe!). Anschließend mit der Häkelnadel in die erste feste Masche der darunterliegenden Reihe einstechen und eine feste Masche häkeln. Weiter feste Maschen häkeln, dabei in jede feste Masche der Vorreihe eine feste Masche arbeiten – aber nicht in die Wendeluftmasche.

HALBE STÄBCHEN (hStb)

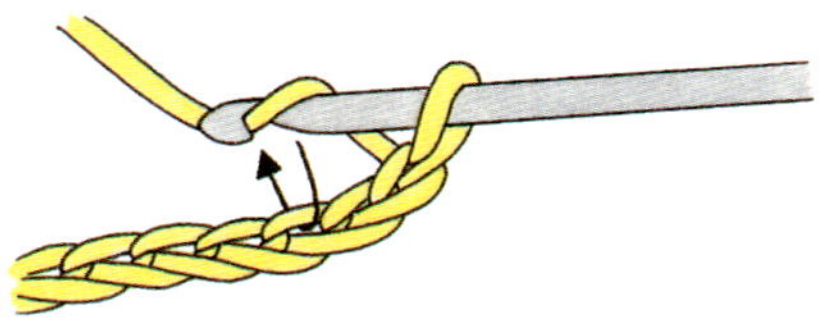

1 Eine Luftmaschenkette in der erforderlichen Länge häkeln (siehe Seite 147). Den Faden von hinten nach vorne um die Nadel legen (Umschlag) – so liegen bereits vor dem Einstechen zwei Schlingen auf der Nadel – und in die von der Nadel aus gesehen dritte Luftmasche einstechen.

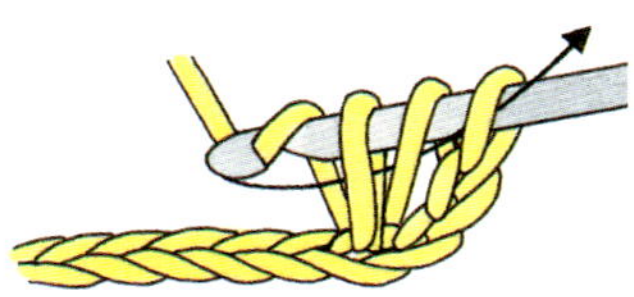

2 Den Faden holen und durchziehen – somit liegen drei Schlingen auf der Nadel. Einen Umschlag machen und den Faden durch alle drei Schlingen auf der Nadel ziehen. Damit ist das erste halbe Stäbchen fertig.

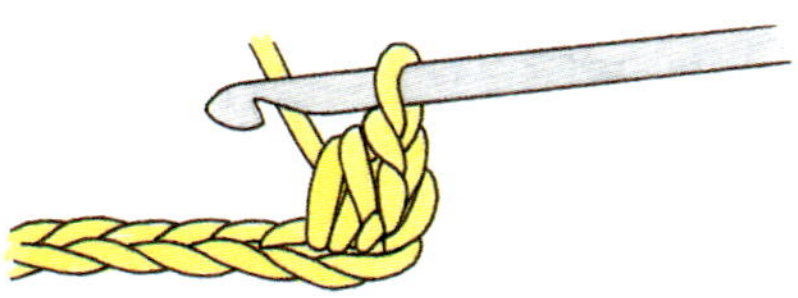

3 Nach diesem Prinzip in jede weitere Luftmasche ein halbes Stäbchen häkeln. Am Ende der Reihe zwei Luftmaschen häkeln und die Arbeit wenden. Einen Umschlag machen, in die von der Nadel aus gesehen zweite Masche der Vorreihe einstechen und ein halbes Stäbchen häkeln. Bis zum Ende der Reihe in jede Masche ein weiteres halbes Stäbchen häkeln, das letzte halbe Stäbchen der Reihe wird dabei in die obere der beiden Wendeluftmaschen gehäkelt.

EINFACHE STÄBCHEN (Stb)

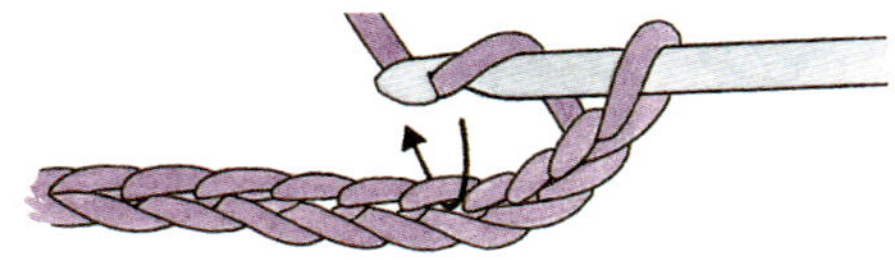

1 Eine Luftmaschenkette in der erforderlichen Länge häkeln (siehe Seite 147). Für das erste Stäbchen den Faden von hinten nach vorne um die Nadel legen (Umschlag) und in die von der Nadel aus gesehen vierte Luftmasche einstechen.

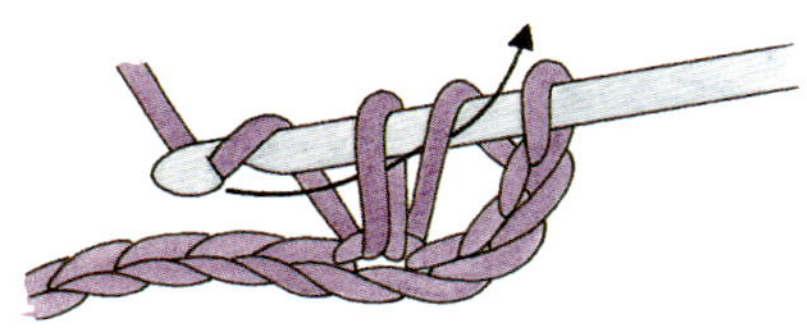

2 Den Faden holen und durchziehen – somit liegen wie beim halben Stäbchen drei Schlingen auf der Nadel. Den Faden nochmals holen und durch die ersten beiden Schlingen auf der Nadel ziehen. Somit bleiben zwei Schlingen auf der Nadel.

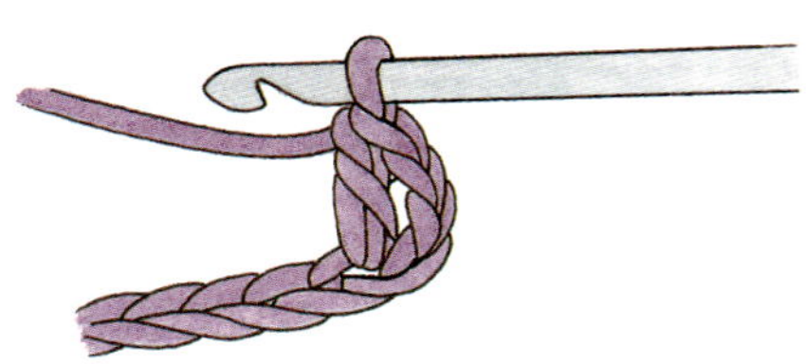

3 Den Faden holen und durch die verbleibenden zwei Schlingen ziehen – damit ist das erste Stäbchen fertig. Ebenso in jede weitere Luftmasche ein Stäbchen häkeln. Am Ende der Reihe drei Luftmaschen häkeln und die Arbeit wenden. Einen Umschlag machen, in die von der Nadel aus gesehen zweite Masche einstechen und ein Stäbchen häkeln. Bis zum Ende der Reihe in jede Masche ein weiteres Stäbchen häkeln, das letzte Stäbchen der Reihe wird dabei in die obere der drei Wendeluftmaschen gehäkelt.

DOPPELSTÄBCHEN (DStb)

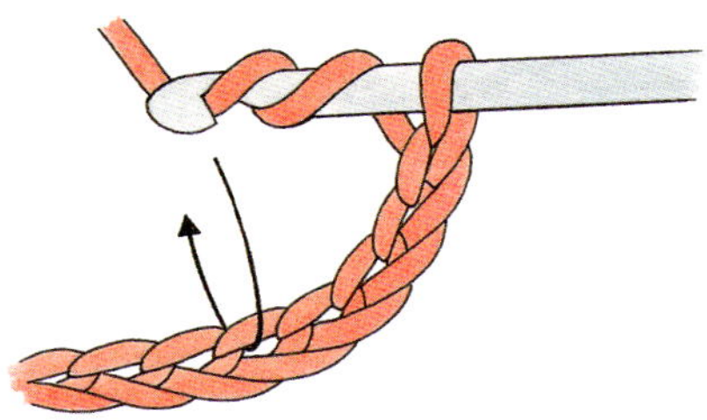

1 Eine Luftmaschenkette in der erforderlichen Länge häkeln (siehe Seite 147). Den Faden von hinten nach vorne zweimal um die Nadel legen (zwei Umschläge) und in die von der Nadel aus gesehen fünfte Luftmasche einstechen.

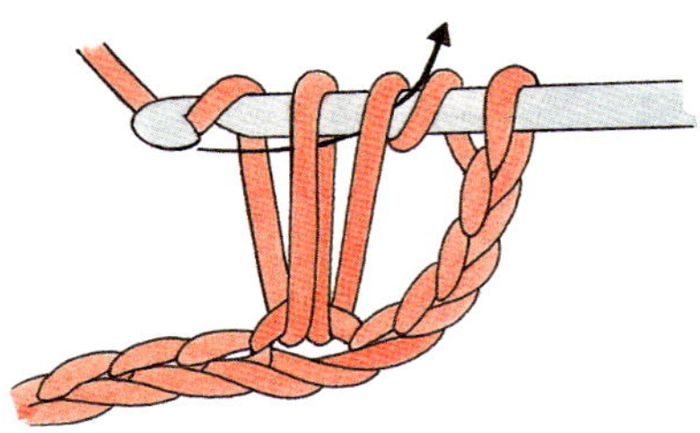

2 Den Faden holen und durchziehen – somit liegen vier Schlingen auf der Nadel. Den Faden holen und durch die ersten beiden Schlingen auf der Nadel ziehen. Somit bleiben drei Schlingen auf der Nadel.

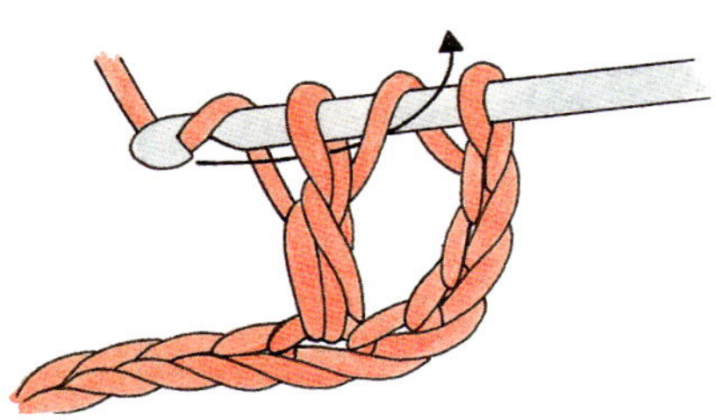

3 Den Faden holen und wieder durch die ersten beiden Schlingen auf der Nadel ziehen. Somit bleiben zwei Schlingen auf der Nadel.

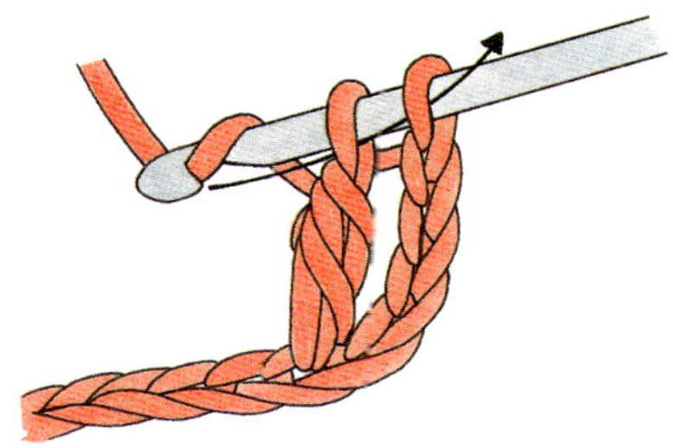

4 Den Faden holen und durch die verbleibenden zwei Schlingen ziehen. Fertig ist das erste Doppelstäbchen!

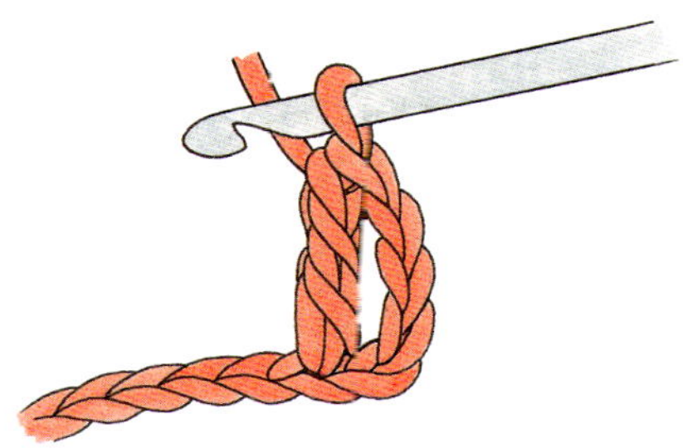

5 Ebenso in jede weitere Luftmasche ein Doppelstäbchen häkeln. Am Ende der Reihe vier Luftmaschen häkeln und die Arbeit wenden. Den Arbeitsfaden zweimal um die Nadel legen, in die von der Nadel aus gesehen zweite Masche einstechen und ein Doppelstäbchen häkeln. Bis zum Ende der Reihe in jede Masche ein weiteres Doppelstäbchen häkeln, das letzte Doppelstäbchen der Reihe wird dabei in die obere der vier Wendeluftmaschen gehäkelt.

MEHRFACHSTÄBCHEN

Nach dem Prinzip des Doppelstäbchens lassen sich nun auch Dreifach- und Vierfachstäbchen (oder sogar noch längere Stäbchen) häkeln. Wie in Schritt 1 den Faden drei- beziehungsweise viermal oder noch öfter um die Nadel legen. Schritt 2 arbeiten und dann Schritt 3 so oft wiederholen, bis noch zwei Schlingen auf der Nadel liegen. Anschließend Schritt 4 arbeiten – und fertig ist das erste Mehrfachstäbchen. Bei Mehrfachstäbchen am Ende jeder Reihe zwei Luftmaschen mehr häkeln, als am Anfang Umschläge gemacht wurden – zum Beispiel fünf Wendeluftmaschen für ein Dreifachstäbchen, sechs Wendeluftmaschen für ein Vierfachstäbchen und so weiter.

POPCORNMASCHE (Pm)

Eine Popcornmasche besteht aus mehreren Stäbchen (bzw. Doppel- oder Mehrfachstäbchen), die alle in dieselbe Einstichmasche gehäkelt werden. Ist die gewünschte Anzahl Stäbchen gehäkelt, wird das letzte Stäbchen mit dem ersten verbunden, wodurch sich die Popcornmasche nach außen wölbt. Hier häkeln wir eine Popcornmasche bestehend aus vier Stäbchen.

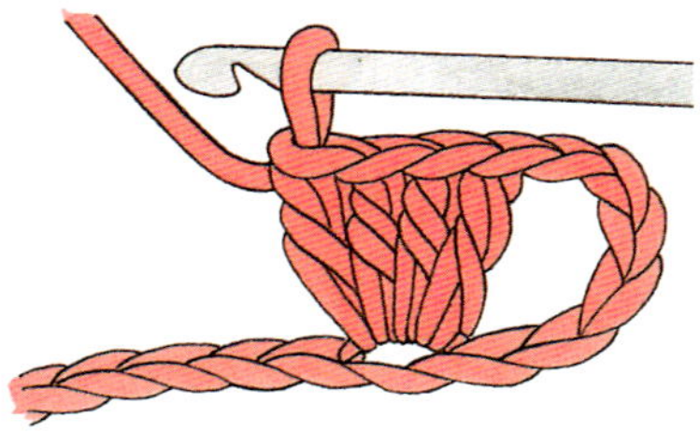

1 Vier Stäbchen (oder mehr, je nachdem, wie viele in der Anleitung angegeben sind) in dieselbe Grundmasche häkeln.

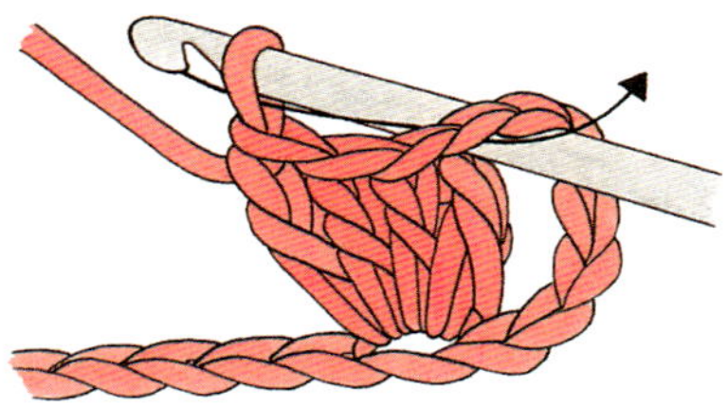

2 Anschließend die Schlinge vorsichtig von der Nadel nehmen, mit der Nadel von vorne nach hinten in das Köpfchen des ersten Stäbchens einstechen, die Schlinge wieder auf die Nadel nehmen und durchziehen. (Bei einer linken Reihe die Nadel von hinten in das erste Stäbchen einstechen, damit sich die Popcornmasche auf der richtigen Seite nach außen wölbt.)

NOPPEN (N)

Noppen bestehen aus drei oder mehr halben Stäbchen (oder anderen Maschen), die in eine Masche gehäkelt und dann zusammen abgemascht werden. Hier häkeln wir eine Noppe aus drei zusammen abgemaschten halben Stäbchen.

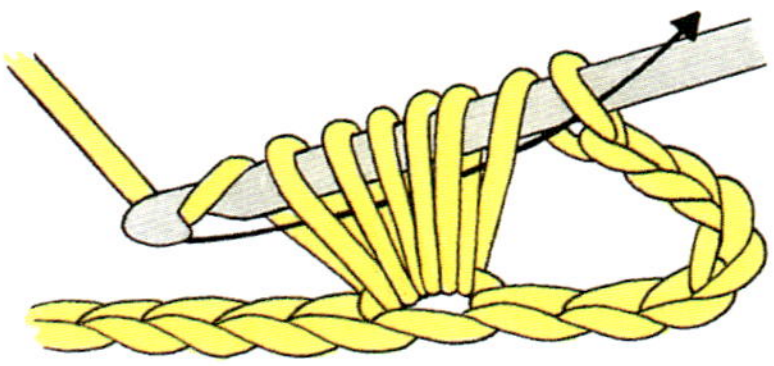

1 *Den Faden von hinten nach vorne um die Nadel legen, in die gewünschte Grundmasche einstechen, Faden holen und durchziehen. Ab * noch zweimal (oder öfter) wiederholen, dabei immer in dieselbe Grundmasche einstechen. Nun liegen sieben (oder mehr) Schlingen auf der Nadel. Den Faden holen und durch alle sieben Schlingen ziehen.

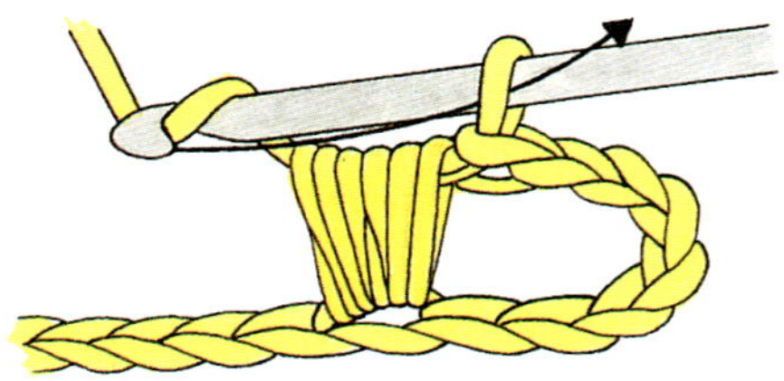

2 Oft wird nun noch eine Luftmasche gehäkelt, um die Noppe zu sichern.

TIEFGESTOCHENE MASCHEN

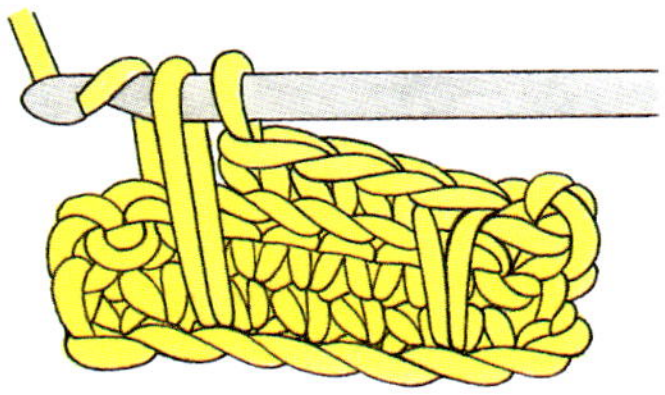

Bei zahlreichen Mustern wird mit tiefgestochenen Maschen gearbeitet. Das bedeutet, dass in Maschen einer der Reihen unterhalb der Arbeitsreihe eingestochen wird und sich der Arbeitsfaden so über die Häkelfläche spannt. Die Einstichstelle kann sich dabei entweder direkt unterhalb der folgenden Masche oder aber eine oder zwei Maschen weiter rechts oder links befinden. Mit der Häkelnadel in die gewünschte Masche einstechen, den Faden holen und auf Höhe der Maschen der Arbeitsreihe ziehen. Die Masche wie angegeben fertig häkeln. (Hier sehen Sie eine tiefgestochene feste Masche [tfM].)

IN DAS VORDERE ODER HINTERE MASCHENGLIED ARBEITEN

Wenn nicht anders angegeben, wird die Nadel beim Einstechen immer unter beide Schlingen der darunterliegende Masche geführt.

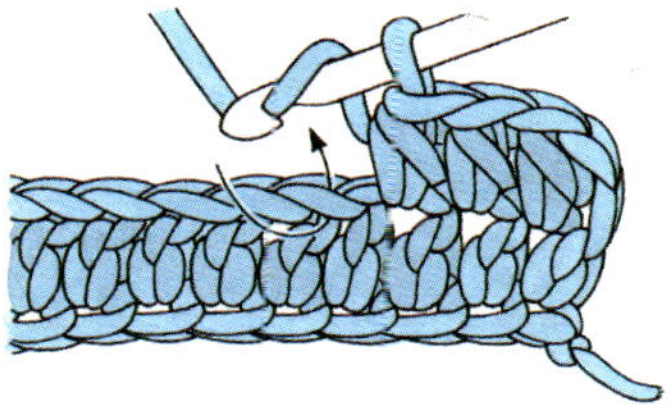

In das vordere Maschenglied arbeiten Ist angegeben, dass Maschen nur in das vordere Maschenglied gearbeitet werden sollen, mit der Häkelnadel nur in die vordere Schlinge der nächsten Masche der Vorreihe einstechen.

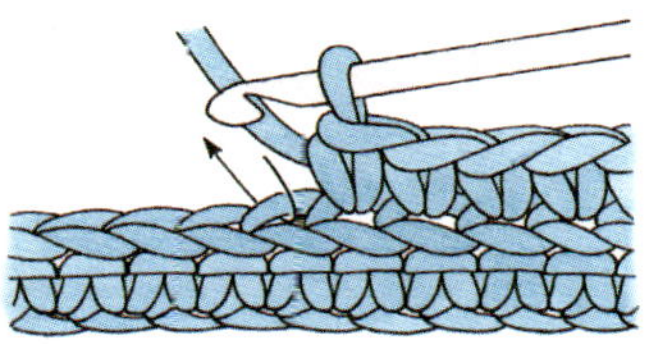

In das hintere Maschenglied arbeiten Ebenso kann nur in das hintere Maschenglied gearbeitet werden. Dabei wird mit der Häkelnadel nur in die hintere Schlinge der nächsten Masche der Vorreihe eingestochen.

FARBWECHSEL

Bei vielen Mustern ist es notwendig, während des Häkelns auf ein andersfarbiges Garn zu wechseln.

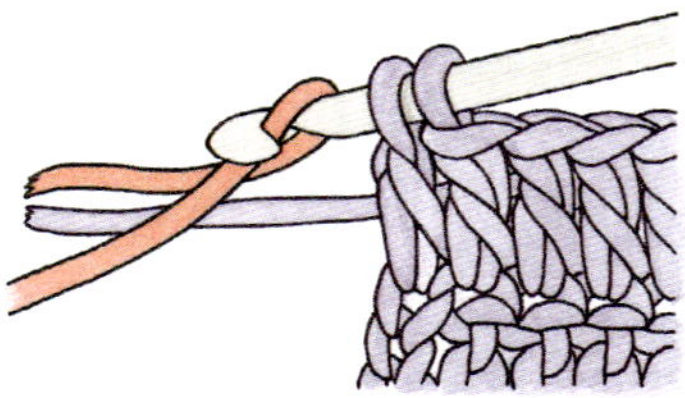

1 Um einen besonders unauffälligen Übergang von einer Farbe zu einer neuen Farbe zu erzielen, die letzte Masche der Reihe unvollständig lassen, sodass zwei Schlingen auf der Nadel liegen, und den neuen Arbeitsfaden einmal von hinten nach vorne um die Nadel legen.

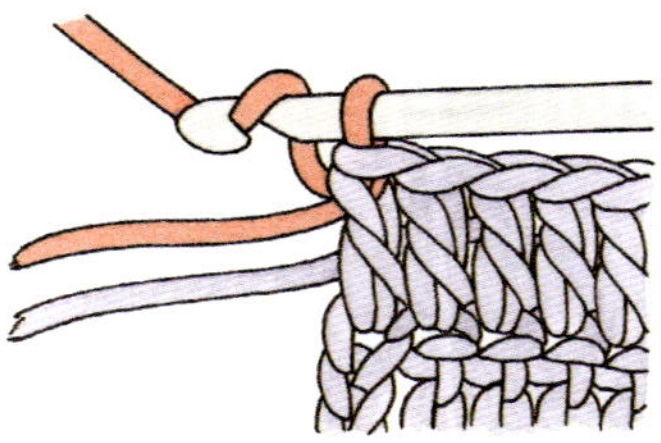

2 Den Faden durchziehen, um die Masche fertig zu häkeln. Anschließend mit der neuen Farbe weiterhäkeln. Hier sehen Sie einen Farbwechsel nach einer Reihe einfacher Stäbchen – aber auch bei anderen Maschentypen lässt sich das Garn auf diese Weise wechseln.

HÄKELSTÜCKE SPANNEN

Separat gehäkelte Bordüren oder Einfassungen, die anschließend an eine Häkelarbeit genäht werden sollen, neigen dazu, sich einzurollen. (Das gilt vor allem für Bordüren, die längs gehäkelt werden.) Spannen sie Bordüren zunächst – sie lassen sich so leichter annähen, anhäkeln oder festkleben! Dafür die Bordüre in kaltes Wasser legen, vollsaugen lassen und anschließend auf einem Handtuch ausbreiten, flach drücken, eventuell feststecken und komplett trocknen lassen.

Rundhäkeln

Die meisten Muster werden rundgehäkelt, das bedeutet, dass zuerst ein Anfangs- oder Fadenring gearbeitet wird, von dem ausgehend dann Runden mit verschiedenen Maschen gehäkelt werden können.

ANFANGSRING

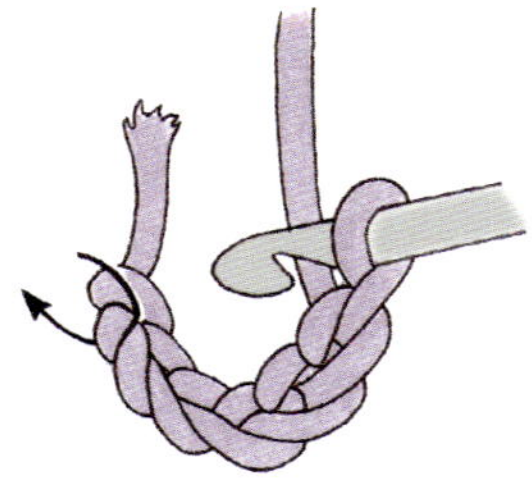

1 Eine Luftmaschenkette in der in der Anleitung angegebenen Länge häkeln (siehe Seite 147). Anschließend in die erste Luftmasche einstechen und den Ring mit einer Kettmasche zur Runde schließen.

ERSTE RUNDE IM ANFANGSRING

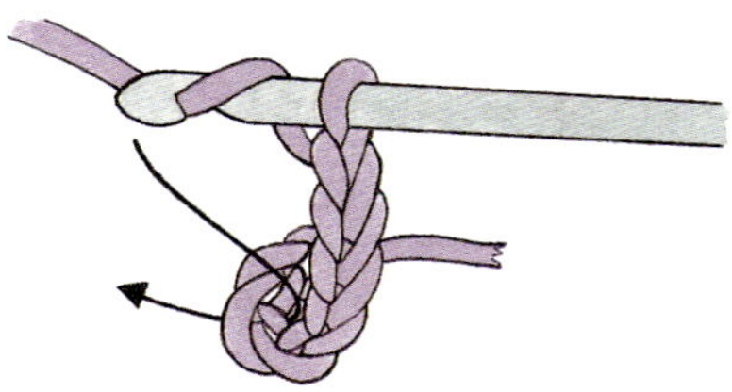

1 Die angegebene Anzahl Luftmaschen häkeln – hier arbeiten wir mit drei Luftmaschen (zählen als erstes Stäbchen der Runde). Nun die Maschen der ersten Runde in den Ring häkeln, dabei stets in die Mitte des Anfangsrings einstechen. Zählen Sie die Maschen anschließend nochmals, um sicherzugehen, dass Sie die richtige Anzahl gehäkelt haben!

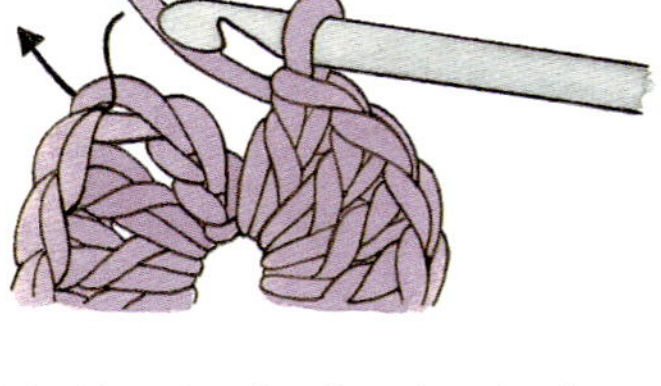

2 Die erste und letzte Masche der Runde – in diesem Fall das erste und letzte Stäbchen – mithilfe einer Kettmasche in die obere der Anfangsluftmaschen schließen.

FADENRING

Anstatt eines Anfangsrings können Sie auch einen Fadenring arbeiten. Der Vorteil eines Fadenrings besteht darin, dass der Ring, sobald die erste Runde gehäkelt wurde, mithilfe des Fadenendes zusammengezogen werden kann, sodass in der Mitte kein Loch entsteht.

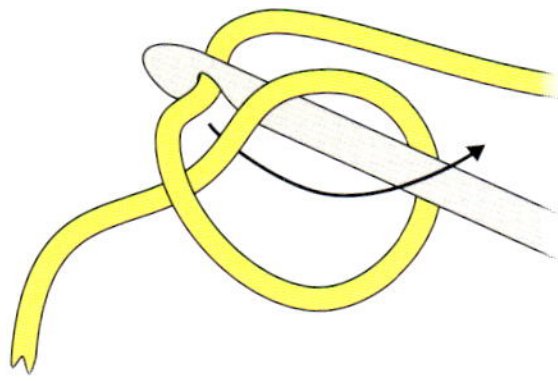

1 Mit dem Faden eine Schlinge bilden – der Arbeitsfaden liegt dabei rechts oben und das Fadenende links unten.

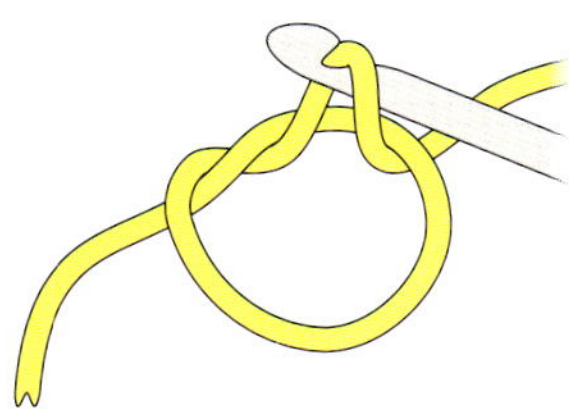

2 An der Stelle, an der sich die Fäden überkreuzen, mit der Nadel den Arbeitsfaden holen, sodass eine Schlinge auf der Nadel liegt.

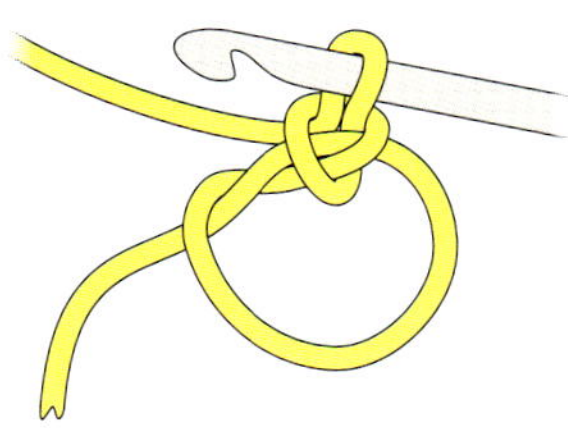

3 Anschließend die gewünschte Anzahl Anfangsmaschen in den Fadenring häkeln.

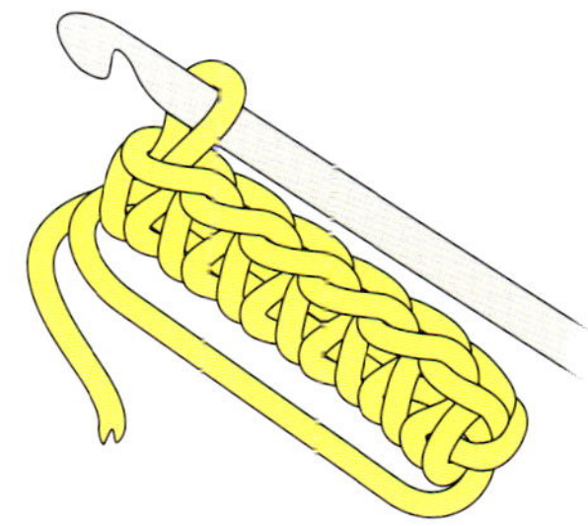

4 Wie beim Anfangsring alle Maschen der ersten Runde in den Fadenring arbeiten.

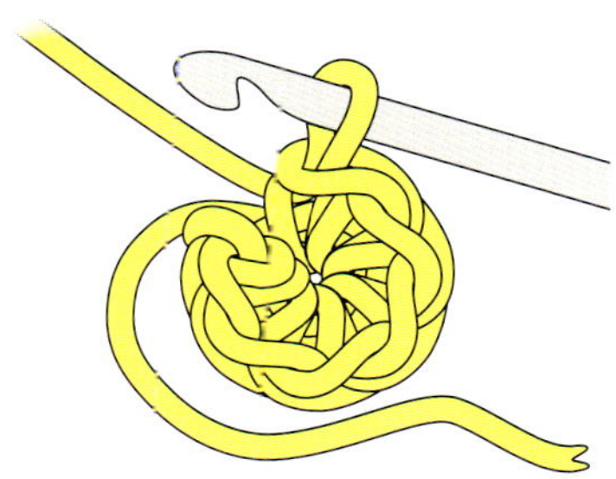

5 Ist die erste Runde fertig, fest am Fadenende ziehen, um den Ring zu schließen.

Symbole & Abkürzungen

Im Folgenden finden Sie die Symbole und Abkürzungen, die für die Häkelmuster und Anleitungen in diesem Buch verwendet werden. Die Häkelschriften, die bei jeder Anleitung zu finden sind, zeigen Ihnen, wie das Muster aufgebaut ist – die fertige Häkelarbeit kann also komplett anders aussehen. Arbeiten Sie daher nie nur nach der Häkelschrift, sondern lesen Sie auch immer die jeweilige Anleitung!

GRUNDMASCHEN, ABKÜRZUNGEN & SYMBOLE

Im Folgenden finden Sie eine Übersicht über die wichtigsten Grundmaschen und die dazugehörigen Abkürzungen und Symbole. Anleitungen zum Häkeln dieser Grundmaschen finden Sie auf den Seiten 146–153.

Masche	Abkürzung	Symbol
Luftmasche	**Lm**	
Kettmasche	**Km**	
feste Masche	**fM**	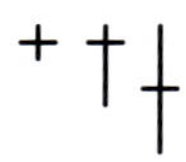
verlängerte feste Masche	**vfM**	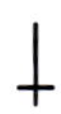
halbes Stäbchen	**hStb**	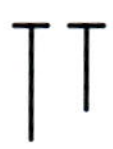
Stäbchen	**Stb**	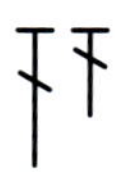
Doppelstäbchen	**DStb**	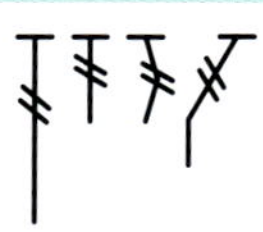
Dreifachstäbchen	**3f-Stb**	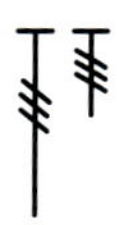
Fünffachstäbchen	**5f-Stb**	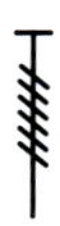

ZUSÄTZLICHE SYMBOLE

Bei einigen Häkelschriften werden zusätzliche Symbole verwendet, die weitere Informationen zur Arbeitsweise geben.

Masche	Abkürzung	Symbol
Arbeitsrichtung	**-**	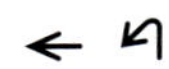
feste Masche/Stäbchen nur in vorderes Maschenglied arbeiten	**fM in vMgl** **Stb in vMgl**	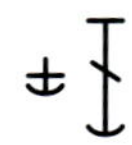
feste Masche/Stäbchen nur in hinteres Maschenglied arbeiten	**fM in hMgl** **Stb in hMgl**	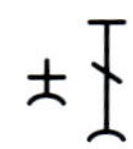
feste Masche mit Perle	**fMP**	
Stäbchen mit Perle	**StbP**	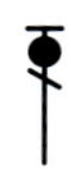
feste Masche mit Paillette	**fMPail**	
Stäbchen mit Paillette	**StbPail**	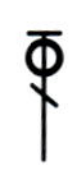
Nur in hintere (LS)/vordere (RS) Maschenglieder arbeiten	**in h/vMgl**	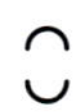

BESONDERE MASCHEN

Bei einige Mustern kommen besondere Maschen zum Einsatz. Ist dies bei einem Häkelquadrat der Fall, werden die verwendeten besonderen Maschen am Anfang der Anleitung kurz erklärt. Dort finden Sie auch die Abkürzungen für die in der Anleitung verwendeten besonderen Maschen. Hier finden Sie einen Überblick über häufig vorkommende besondere Maschen – halten Sie sich in den Projekten aber immer an die Anleitungen, die Sie dort finden!

Masche	Abkürzung	Symbol
Reliefmasche vorne	**Rmv**	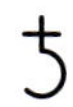
Reliefmasche hinten	**Rmh**	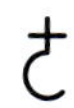
Reliefstäbchen vorne (LS); Reliefstäbchen hinten (RS)	**RStbv; RStbh**	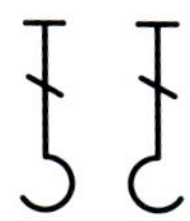
doppeltes Reliefstäbchen vorne	**DRStbv**	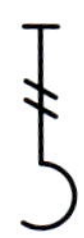
dreifaches Reliefstäbchen vorne	**3f-RStbv**	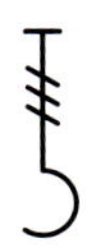
tiefgestochene feste Masche	**tfM**	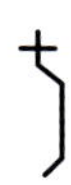
Büschelmasche	**Bm**	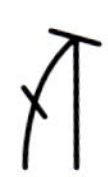

Masche	Abkürzung	Symbol
verlängertes halbes Stäbchen	**vhStb**	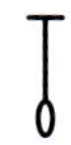
Fadenring	-	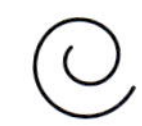
Ananasmasche	**Am**	
Noppe	**N**	
Popcornmasche	**Pm**	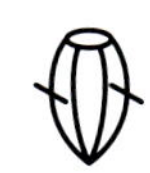
Schlaufenmasche	**Sm**	
Verbindungsfaden	-	

ANORDNUNG DER HÄKELSYMBOLE

Beschreibung	Symbol	Erklärung
oben verbundene Symbole	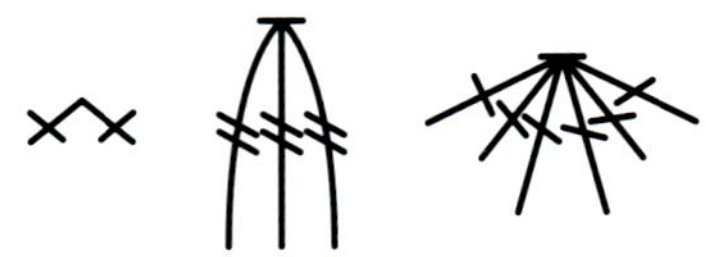	Wenn Häkelsymbole oben miteinander verbunden dargestellt werden, heißt das, sie werden zusammen abgemascht oder zusammengehäkelt.
unten verbundene Symbole	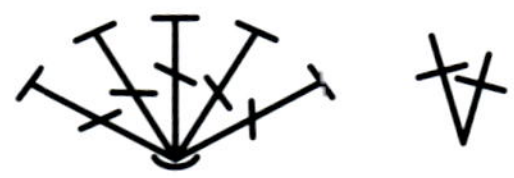	Maschen, die unten verbunden dargestellt werden, werden alle in dieselbe Einstich- oder Grundmasche gearbeitet.
oben und unten verbundene Symbole	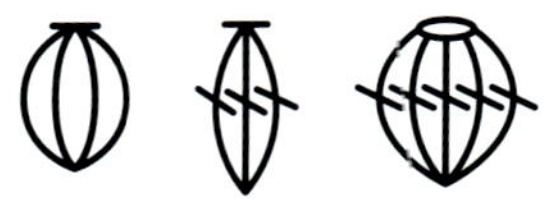	Bei manchen Mustern werden Maschen in dieselbe Einstichmasche gearbeitet und zusammen abgemascht oder auf andere Weise verbunden. So entstehen Muster mit Struktur – beispielsweise Noppen oder Popcornmaschen (siehe Seite 150).
um eine Rundung angeordnete Symbole		Bei vielen Mustern ist es notwendig, um Ecken zu häkeln – vor allem, wenn man im Quadrat häkelt. In der Häkelschrift werden diese Maschen schräg dargestellt.
verlängerte oder gekrümmte Symbole	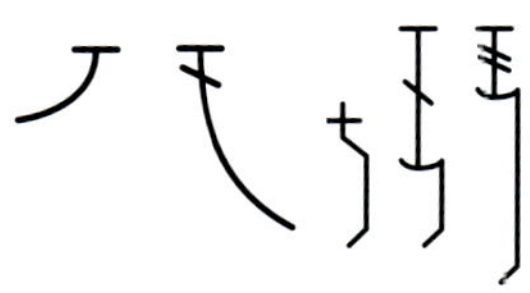	Manchmal werden Häkelsymbole verlängert oder gekrümmt – so wird angezeigt, in welche darunterliegende Masche die Häkelnadel eingestochen werden soll (siehe auch tiefgestochene Maschen, Seite 151).

SONSTIGE GÄNGIGE ABKÜRZUNGEN

Begriff	Abkürzung
Maschen(n)	**M**
Luftmaschenzwischenraum	**Lm-ZR**
Lm-ZR aus 3 (/5/7) Lm	**3-(/5/7)-Lm-ZR**
zusammen	**zus**
Umschlag	**U**
Rechte Seite (vorne)	**RS (v)**
Linke Seite (hinten)	**LS (h)**
arbeiten	**arb**
häkeln	**hk**
zusammenhäkeln	**zus-hk**
Wendeluftmasche	**Wlm**
Anfang(s)	**Anf(-)**
Schlinge	**Schl**
anschlagen	**anschl**
Maschengruppe	**Mg**
Reihe/Runde	**R/Rd**
zwischen	**zw**

Register

Danksagung

Quarto bedankt sich beim Unternehmen Rowan Yarns, das freundlicherweise alle für die Projekte in diesem Buch verwendeten Garne zur Verfügung gestellt hat. Unser ganz besonderer Dank geht an David MacLeod und Vicky Sedgewick.

Die Autorin bedankt sich herzlich bei Amanda Goll und Jools Yeo für ihre Begeisterung und ihre wunderschönen Häkelarbeiten.

Der Richtigkeit und Vollständigkeit der Informationen in diesem Buch wurde größte Sorgfältigkeit gewidmet. Sollte unbeabsichtigterweise dennoch ein Urheber nicht angegeben oder sollten Informationen fehlerhaft oder unzureichend sein, werden wir dies nach Kenntnisnahme in der nächsten Ausgabe berichtigen.

Für meinen Mann Paul, der mich immer unterstützt – beim Stricken, Häkeln, Leben und Lieben!